Rainer Oberheim

Der Anwalt im Berufungsverfahren

Der Anwalt im Berufungsverfahren

Strategien und Fehlervermeidung

von

Dr. Rainer Oberheim

Richter am Oberlandesgericht, Frankfurt am Main

Luchterhand

Die Deutsche Bibliothek – CIP Einheitsaufnahme

Bibliografische Information Der Deutschen Bibliothek
Die deutsche Bibliothek verzeichnet diese Publikation in der Deutschen Nationalbiografie; detaillierte bibliografische Daten sind im Internet über http:/dnb.ddb.de aufrufbar.

ISBN 3-472-05392-5

Luchterhand, eine Marke der Wolters Kluwer Deutschland GmbH

Umschlaggestaltung: Andreas Ruers, futurweiss kommunikationen, Wiesbaden
Satz: Satz-Offizin Hümmer, Waldbüttelbrunn
Druck: Betz-Druck, Darmstadt
Printed in Germany, Mai 2003
Gedruckt auf säurefreiem, alterungsbeständigem und chlorfreiem Papier
www.wolters-kluwer.de

HERRN PROF. DR. ARTHUR KREUZER
ZUM 65. GEBURTSTAG

Übersicht

Inhaltsverzeichnis

Verzeichnis der Schaubilder und Muster

Schaubilder

Muster

Abkürzungsverzeichnis

a. A.	anderer Ansicht
a. F.	alte Fassung
Anm.	Anmerkung
AnwBl	Anwaltsblatt
ARB	Allgemeine Bedingungen für die Rechtsschutzversicherung
Aufl.	Auflage
BAG	Bundesarbeitsgericht
BayObLG	Bayerisches Oberstes Landesgericht
BEG	Gesetz zur Entschädigung der Opfer der nationalsozialistischen Verfolgung (Bundesentschädigungsgesetz)
BFH	Bundesfinanzhof
BGB	Bürgerliches Gesetzbuch
BGBl.	Bundesgesetzblatt
BGH	Bundesgerichtshof
BGHZ	Entscheidungen des Bundesgerichtshofs in Zivilsachen
Bl.	Blatt
BLAH	Baumbach/Lauterbach/Albers/Hartmann, Zivilprozessordnung, 61. Aufl., München 2003
BRAGO	Bundesrechtsanwaltsgebührenordnung
BRAK-Mitt.	Mitteilungen der Bundesrechtsanwaltskammer
BSG	Bundessozialgericht
BVerfG	Bundesverfassungsgericht
BVerfGE	Entscheidungen des Bundesverfassungsgerichts
BVerwG	Bundesverwaltungsgericht
BVerwGE	Entscheidungen des Bundesverwaltungsgerichts
d. A.	der Akte
EGZPO	Einführungsgesetz zur Zivilprozessordnung
FamRZ	Zeitschrift für das gesamte Familienrecht
f.	folgende
ff.	fortfolgende
Fn.	Fußnote
gez.	gezeichnet
GG	Grundgesetz
GKG	Gerichtskostengesetz
GVG	Gerichtsverfassungsgesetz
h. L.	herrschende Lehre

h. M.	herrschende Meinung
Hs.	Halbsatz
i. d. F.	in der Fassung
i. S. d.	im Sinne der/des
i. V. m.	in Verbindung mit
JA	Juristische Arbeitsblätter
JuMoG	Gesetz zur Modernisierung der Justiz (Justizmodernisierungsgesetz)
JuS	Juristische Schulung
KV	Kostenverzeichnis zum Gerichtskostengesetz
LG	Landgericht
LM	Lindenmaier/Möhring (Hrsg.), Nachschlagewerk des Bundesgerichtshofs
m.Anm.	mit Anmerkung
MDR	Monatsschrift für Deutsches Recht
m. w. N.	mit weiteren Nachweisen
MüKo	Münchner Kommentar zur Zivilprozessordnung, München 1992
n. F.	neue Fassung
NJW	Neue Juristische Wochenschrift
NJW-RR	NJW-Rechtsprechungs-Report Zivilrecht
OLG	Oberlandesgericht
OLGZ	Entscheidungen der Oberlandesgerichte in Zivilsachen
RA('in)	Rechtsanwalt/Rechtsanwältin
RGZ	Entscheidungen des Reichsgerichts
Rn.	Randnummer
S.	Seite / Satz
St/J	Stein/Jonas, Kommentar zur Zivilprozessordnung, 21. / 22. Aufl., München 1999 / 2003
Th/P	Thomas/Putzo, Zivilprozessordnung, 24. Aufl., München 2002
UKlaG	Gesetz über Unterlassungsklagen bei Verbraucherrechts- und anderen Verstößen
VersR	Versicherungsrecht
VGH	Verwaltungsgerichtshof
WM	Wertpapiermitteilungen
ZAP	Zeitschrift für die Anwaltspraxis
ZPO	Zivilprozessordnung

§§ ohne Zusatz sind solche der Zivilprozessordnung

Literaturverzeichnis

Kommentare, Lehrbücher, Monographien

Alternativkommentar zur Zivilprozessordnung, Neuwied 1987

Baumbach/Lauterbach/Albers/Hartmann (BLAH) Zivilprozessordnung, 61. Aufl. München 2003

Büchting/Heussen, Beck'sches Rechtsanwalts-Handbuch 2001/2002, 7. Aufl. München 2001

Büttner, Wiedereinsetzung in den vorigen Stand, 2. Aufl., Bonn 1998

Doukoff, Die zivilrechtliche Berufung nach neuem Recht, 2. Aufl., München 2002

Grunsky, Taktik im Zivilprozess, 2. Aufl., Köln 1996

Meyke, Die erfolgreiche Berufung im Zivilverfahren, Bonn 2000

Münchner Kommentar zur Zivilprozessordnung, 2. Aufl., München 1999

Musielak, Zivilprozessordnung, 3. Aufl. München 2002

Oberheim, Die Reform des Zivilprozesses, Neuwied 2002

Oberheim, Zivilprozessrecht für Referendare, 5. Aufl., Neuwied 2002

Oelkers/Müller, Anwaltliche Strategien im Zivilprozess, 4. Aufl., Neuwied 2001

Prechtel, Erfolgreiche Taktik im Zivilprozess, Neuwied 2002

Rinsche, Prozesstaktik, 4. Aufl. 1999

Schumann/Kramer, Die Berufung in Zivilsachen, 6. Aufl. 2002

Stein/Jonas (St/J), Kommentar zur Zivilprozessordnung, 4 Bd., 21. Aufl. Tübingen 1999

Thomas/Putzo(Th/P), Zivilprozessordnung, 24. Aufl. München 2002

Vogt/Zimmermann, Die erfolgreiche Kanzleiorganisation, Köln 2002

Zimmermann, Zivilprozessordnung, 6. Aufl. Heidelberg 2002

Zöller, Kommentar zur Zivilprozessordnung, 23. Aufl. Köln 2002

Aufsätze

Althammer, »Beschwer« und »Beschwerdegegenstand« im reformierten Berufungsrecht gem. § 511 II Nr. 1, 2, IV ZPO, NJW 2003, 1079

Barth, Zum Tatsachenstoff im Berufungsverfahren nach der Reform der ZPO – eine Erwiderung, NJW 2002, 1702

Bergerfurth, Erledigung der Hauptsache im Zivilprozess, NJW 1992, 1655

Boin, Die Prüfung der Rechtswegfrage i. S. d. § 17 a GVG durch das Rechtsmittelgericht, NJW 1998, 3747

Borgmann, Der Anwalt und sein Büro: Büroorganisation, BRAK-Mitteilungen 1998, 16

Borgmann, Auftrag an einen Rechtsmittelanwalt, BRAK-Mitteilungen 1999, 75

Borgmann, Haftpflichtfragen, AnwBl 1992, 83 und 1994, 137

Brehm, Verfahrenskontrolle und Entscheidung des Berufungsgerichts, ZZP 107, 463

Büttner, Revisionsverfahren – Änderungen durch das Zivilprozessreformgesetz, MDR 2001, 1201

Chab, Büroorganisation bei Eintragung der Berufungsbegründungsfrist, BRAK-Mitt 2002, 25

Crückeberg, Tatsachenfeststellungen im Urteil der ersten Instanz, MDR 2003, 199

Crückeberg, Unstreitige neue Tatsachen in zweiter Instanz, MDR 2003, 10

von Cube, Berufungsrücknahme per Zwischenruf?, NJW 2002, 40

Dethloff, Verträge zur Prozessfinanzierung gegen Erfolgsbeteiligung, NJW 2000, 2225

Doms, Neue ZPO – Umsetzung in der anwaltlichen Praxis, NJW 2002, 777

Ebel, Die Berufung im Zivilprozessrechtsreformgesetz, ZRP 2001, 309

Fellner, Erste Erfahrungen im Berufungsverfahren, MDR 2003, 69

Finger, Kostenentscheidung bei unselbstständiger Anschlussberufung, MDR 1986, 881

Fischer, Der Wert des Beschwerdegegenstands in § 511 II Nr. 1 ZPO n. F., NJW 2002, 1551

Fischer, Bezugnahmen in Tatbeständen und Schriftsätzen im Zivilprozess, JuS 1995, 535 und 623

Fölsch, Keine Zulassung der Berufung bei einem Wert der Beschwer von über 600 Euro?, NJW 2002, 3758

Friedrich, Aktuelle Entscheidungen zur § 15 a EGZPO, NJW 2002, 3223

Gaier, Klageänderung bei Berufungseinlegung, NJW 2001, 3289

Gehrlein, Erste Erfahrungen mit der reformierten ZPO – Erstinstanzliches Verfahren und Berufung, MDR 2003, 421

Gehrlein, Erste Erfahrungen mit der reformierten ZPO-Revision und Beschwerde, MDR 2003, 547

Geißler, Die Vollstreckungsklagen im Rechtsbehelfssystem der Zwangsvollstreckung, NJW 1985, 1865

Gerken, Probleme der Anschlussberufung nach § 524 ZPO, NJW 2002, 1095

Grams, Wiedereinsetzung in den vorigen Stand – Antrag wegen Fristversäumnissen, MDR 2002, 1179
Greger, Zweifelsfragen und erste Entscheidungen zur neuen ZPO, NJW 2002, 3049
Grunsky, Zum Tatsachenstoff im Berufungsverfahren nach der Reform der ZPO, NJW 2002, 800
Hager, Rechtsschutz gegen Ehrverletzungen durch Richter, NJW 1989, 885
Hartmann, Zivilprozess 2001/2002 – Hunderte wichtiger Änderungen, NJW 2001, 2577
Heiderhoff, Zur Abschaffung der Anschlussberufung, NJW 2002, 1402
Hendel, Strategien des Anwalts beim zivilrechtlichen Vergleich, AnwBl 1997, 509
Henssler/Kilian, Die Neuregelung des Rechts der Vertretung durch Rechtsanwälte vor den Oberlandesgerichten durch das OLG-Vertretungsänderungsgesetz, NJW 2002, 2817
Hinz, Zulassungsberufung und Abhilfeverfahren nach der ZPO-Reform, WuM 2002, 3
Hinz, ZPO-Reform – Die wichtigsten Neuerungen für den Mietprozess, WuM 2002, 352
Hirtz, Reform des Zivilprozesses – Einführung der Beschlussverwerfung, MDR 2001, 1265
Huber, Verfahren und Urteile erster Instanz nach dem Zivilprozessreformgesetz, JuS 2002, 483, 593, 690
Jauernig, Der BGH und die Beschwer im neuen Rechtsmittelrecht, NJW 2003, 465
Jauernig, Die »Beschwer« mit der neuen Berufung: § 511 II Nr. 1 ZPO, NJW 2001, 3027
König, Die vorläufige Vollstreckbarkeit nach der ZPO-Reform, NJW 2003, 1372
Kramer, ZPO-Reform – Prozesskostenhilfe und Berufungsfristen nach neuem Recht, MDR 2003, 434
Krüger/Büttner, Justitia goes online – Elektronischer Rechtsverkehr im Zivilprozess, MDR 2003, 181
Liesching, Die Verlängerung der Berufungserwiderungsfrist im Zivilprozess – Fristverlängerung ohne Wert?, NJW 2003, 1224
Lipp, Beschwerden wegen »greifbarer Gesetzwidrigkeit« nach der ZPO-Reform 2002, NJW 2002, 1700
Lange, Bezugnahme im Schriftsatz, NJW 1989, 438
Ludwig, Kosten der Ausschlussberufung bei Zurückweisung der Berufung gem. § 522 Abs. 2 ZPO n. F., MDR 2003, 670

Madert, Der Gebührenerstattungsanspruch des Berufungsbeklagten bei nur zur Fristwahrung eingelegter Berufung, NJW 2003, 1496
Maurer, Die Kosten unselbständiger Anschlussrechtsmittel, NJW 1991, 72
Müller, Die Rechtsprechung des BGH zur Wiedereinsetzung in den vorigen Stand, NJW 1998, 497 und 2000, 322
Müller, Typische Fehler bei der Wiedereinsetzung in den vorigen Stand, NJW 1993, 681
Müller-Rabe, Beschränkter Prüfungsumfang im Berufungsverfahren, NJW 1990, 283
Müther, Prozesstaktik im Zivilprozess, MDR 1998, 1335
Nasall, Irrwege. Wege. – Die Rechtsmittelzulassung durch den BGH, NJW 2003, 1345
Neuhaus, Richterliche Hinweis- und Aufklärungspflicht der alten und neuen ZPO: Überblick und Praxishilfen, MDR 2002, 438
Oberheim, ZPO-Reform Update 1 und 2, JA 2002, 408, 493
Oehlers, Zur Beschwer bei Klage und Widerklage, NJW 1992, 1667
v. Olshausen, Wer zu spät kommt, den belohnt die neue ZPO – jedenfalls manchmal, NJW 2002, 802
Pantle, Zur Einheitlichkeit des Verfahrens bei mehrfacher Berufungseinlegung, NJW 1988, 2773
Pape, Kostenrisiko des Anschlussberufungsklägers bei einstimmiger Zurückweisung der Berufung, NJW 2003, 1150
Pape/Notthoff, Prozessrechtliche Probleme bei der Verwendung von Telefax, NJW 1996, 417
Pentz, Die Rechtsprechung des BGH zur Wiedereinsetzung in den vorigen Stand, NJW 2003, 858
Peter, Telefax im Prozessrecht, JA-ÜbBlRef 1995, 516
Piekenbrock, Die Neuregelung der Anschlussberufung, MDR 2002, 675
Piekenbrock, Umfang und Bedeutung der richterlichen Hinweispflicht, NJW 1999, 1360
Rensen, Richterliche Hinweispflicht – Streichung der Dokumentationspflicht und der obligatorischen Schriftsatzfrist?, MDR 2003, 483
Rimmelspacher, Die Rechtsmittel im Zivilprozess nach der Reform, Jura 2002, 11
Rimmelspacher, Die Berufungsgründe im reformierten Zivilprozess, NJW 2002, 1897
Schack, Drittwirkung der Rechtskraft?, NJW 1988, 865
Schaefer, Was ist neu an der neuen Hinweispflicht, NJW 2002, 849
Schapernack, Der Vergleich mit Widerrufsvorbehalt – Fakten und Formulierungshinweise, MDR 1996, 883

Schellhammer, Zivilprozessreform und Berufung, MDR 2001, 1141
Schenkel, Rechtsmittelverfahren – Durchführung im Rahmen der Anwendung des Meistbegünstigungsprinzips, MDR 2003, 136
Schlee, Haftpflichtfragen – Anwaltliche Beratungspflichten vor Rechtsmitteleinlegung, AnwBl 1989, 223
Schmidt, Abhilfeverfahren gemäß § 321 a ZPO n. F. – Selbstkorrektur der Gerichte bei Verfahrensverletzungen, MDR 2002, 915
Schnauder, Berufung und Beschwerde nach dem Zivilprozessreformgesetz, JuS 2002, 68, 162
Schneider, Verspätungsrecht im Berufungsverfahren, NJW 2003, 1434
Schneider, Der vorbereitende Einzelrichter im Berufungsverfahren, MDR 2003, 374
Schneider, ZPO-Reform – Vergütung im Verfahren über die Zulassung der Sprungrevision nach § 566 ZPO n. F., MDR 2003, 250
Schneider, Kostenrechtliche Betrachtungen zum Verfahren über die Gehörsrüge nach § 321 a ZPO, NJW 2002, 1094
Schneider, Auslegung eines Begründungsverzichts als konkludenter Rechtsmittelverzicht, MDR 2000, 987
Schneider, Über gekrümmte Linien, Bogen, Striche, Haken und Unterschriften, NJW 1998, 1842
Schneider, Beweisrechtsverstöße in der Praxis, MDR 1998, 1255
Schneider, Verweisungsantrag an die KfH in der Berufungsbegründungsschrift?, NJW 1997, 992
Schneider, Gesonderte Berufungsbegründung bei Kostenmischfällen?, MDR 1997, 704
Schneider, Analoge Anwendung des § 506 ZPO in der landgerichtlichen Berufungsinstanz?, MDR 1997, 221
Schneider, Widerklage und materielle Beschwer, NJW 1992, 2680
Schneider, Das Geständnis im Zivilprozess, MDR 1991, 297
Schneider, Akteneinsicht durch Aktenüberlassung, MDR 1984, 108
Schneider, Förmlichkeiten der Einlegung und Begründung von Rechtsmitteln, MDR 1979, 1
Schultzky, Videokonferenzen im Zivilprozess, NJW 2003, 313
Schumann, Zur Beweiskraft des Tatbestands im Rechtsmittelverfahren, NJW 1993, 2786
Seutemann, Die kostengünstige Beendigung des Zivilprozesses, MDR 1996, 555
Siegel, Das Berufungsverfahren – Gerichtliche Praxis seit der ZPO-Reform, MDR 2003, 481

Stackmann, Die Neugestaltung des Berufungs- und Beschwerdeverfahrens in Zivilsachen durch das Zivilprozessreformgesetz, NJW 2002, 781

Stackmann, Die erfolgsversprechende Berufungsschrift in Zivilsachen, NJW 2003, 169

Wenzel, Das neue zivilprozessuale Revisionszulassungsrecht in der Bewährung, NJW 2002, 3353

Wunsch, Zustellungsreformgesetz – Vereinfachung und Vereinheitlichung des Zustellwesens, JuS 2003, 276

Erster Teil: Einführung

I. Anwaltszulassung und ZPO-Reform

Erst seit dem Sommer 2002 besteht die Möglichkeit, als Rechtsanwalt eine Zulassung sowohl bei einem Amts- oder Landgericht als auch bei einem Oberlandesgericht zu erwirken und dann vor allen Amtsgerichten, Landgerichten und Oberlandesgerichten **postulationsfähig** zu sein, das heißt dort selbstständig auftreten zu können. 1

Bis Ende 1999 konnte jeder Rechtsanwalt in Zivilsachen nur bei einem Amts- bzw. Landgericht oder (nach mindestens fünfjähriger Berufstätigkeit) bei einem Oberlandesgericht (§§ 20 I Nr. 4, 25 BRAO a. F.) zugelassen werden und war nur vor diesem Gericht postulationsfähig (§ 78 a. F.).

Seit dem 1. 1. 2000 dürfen Rechtsanwälte, die bei einem Landgericht zugelassen sind, bei allen Landgerichten auftreten (BGBl. I 1999, 2448).

Zum 1. 1. 2002 fiel durch eine Entscheidung des Bundesverfassungsgerichts (NJW 01, 353) das Verbot der Doppelzulassung (§ 25 BRAO a. F.) weg, so dass Rechtsanwälte sich jetzt gleichzeitig bei einem Landgericht und (bei Vorliegen der Zulassungsvoraussetzungen, § 20 I Nr. 2BRAO) einem Oberlandesgericht zulassen können.

Seit dem zum 1. 8. 2002 in Kraft getretenen OLG-Vertretungsänderungsgesetz (BGBl. I S. 2850; *Henssler/Kilian* NJW 02, 2817) reicht die Zulassung bei einem Oberlandesgericht, um bei allen Oberlandesgerichten auftreten zu können (§ 78).

Eine Singularzulassung gibt es nur noch beim Bundesgerichtshof. Dort wird sie zunächst auch Bestand haben, weil das für die Revisionsinstanz erforderliche Spezialwissen einerseits und die Besonderheiten der Sozietätsbildung der beim BGH zugelassenen Anwälte andererseits (kein Zusammenschluss mit nicht beim BGH zugelassenen Anwälten, maximal Zweiersozietäten) insoweit eine Ausnahme rechtfertigen. Die vom Gesetzgeber 1998 vorgenommene Bestätigung ist deswegen 2001 sowohl vom BGH (NJW 02, 1725) als auch vom BVerfG (NJW 02, 3765) für verfassungskonform angesehen worden, auch wenn das BVerfG zu erkennen gegeben hat, dass eine Überprüfung erforderlich sein dürfte, sobald erste Erfahrungen mit dem neuen Rechtsmittelrecht vorliegen.

Von den neuen Zulassungsmöglichkeiten haben Rechtsanwälte in großem Umfang Gebrauch gemacht. Allein die Zahl der beim OLG Frankfurt am Main zugelassenen Rechtsanwälte hat sich im Jahr 2002 mehr als verzehnfacht. Viele Rechtsanwälte kommen damit zum ersten Mal in Kontakt zu Berufungsverfahren in Zivilsachen.

2 Das darf nicht darüber hinweg täuschen, dass Berufungsrecht – wie viele andere Rechtsgebiete auch – eine eigenständige Materie ist und deswegen eine Spezialisierung erfordert. Den besonderen Anforderungen der Berufungsinstanz kann nicht allein durch die nach § 226 II BRAO für die Simultanzulassung erforderliche mindestens fünfjährige Berufsausübung Rechnung getragen werden. Nicht überraschend ist deswegen der wieder lauter werdende Ruf nach einem »**Fachanwalt für Berufungsrecht**« (*Becker*, Spezialisierung und Fachanwaltschaften, 7. Aufl. 1997, 85, 96; *Koch* AnwBl 90, 577, 582; *Stobbe* AnwBl 91, 430, 436), auch wenn dieser auf absehbare Zeit wenig Aussicht auf Realisierung haben dürfte.

3 Hinzu kommt, dass mit der **ZPO-Reform** zum 1. Januar 2002 insbesondere das Rechtsmittelrecht in Zivilsachen vollständig neu geregelt wurde (*Oberheim*, Reform des Zivilprozesses, 2001, S. 1 ff.) und auch Anwälte, die seit Jahren erfolgreich Berufungsverfahren betreiben, vor der Notwendigkeit stehen, sich in die Rechtsmaterie neu einzuarbeiten.

Die vorliegende Abhandlung will die besonderen Anforderungen und Schwierigkeiten dieser Mandate aufzeigen, helfen, sie sicher zu bewältigen und so Haftungsfälle zu vermeiden.

II. Funktion von Rechtsmitteln

4 Der im Rechtsstaatsprinzip des Art. 20 GG verfassungsrechtlich abgesicherte Justizgewährungsanspruch stellt nur den Zugang zu den Gerichten sicher, die Existenz von Rechtsmitteln erzwingt er nicht. Ob und in welchem Umfang diese eingerichtet werden, steht zur Disposition des Gesetzgebers.

In jeder Verfahrensordnung kann der Gesetzgeber entscheiden, ob er ein nach Möglichkeit materiell richtiges Ergebnis durch ein nur eine Instanz umfassendes, auf volle Sach- und Rechtsprüfung ausgelegtes und in jeder Hinsicht unbeschränktes Verfahren erreichen will, oder ob die Richtigkeitsgewähr durch Kontrolle und Korrektur des erstinstanzlichen Ergebnisses im Rechtsmittelzug erreicht werden soll, wobei dann die Möglichkeit der Parteien und die Aufgaben des Gerichts in den einzelnen Instanzen beschränkt sein können.

5 Rechtsmittel sind zunächst mit zahlreichen **Nachteilen** verbunden. Sie reduzieren nicht nur die Akzeptanz erstinstanzlicher Entscheidungen durch die Allgemeinheit, sie verlängern die Verfahren auch und machen sie teurer. Wenn es trotz dieser Nachteile in jeder Verfahrensordnung grundsätzlich Rechtsmittel gibt, dann, weil ihnen **Vorteile** gegenüberstehen, die letztlich

überwiegen. Durch Rechtsmittel kann nicht nur die Chance auf ein richtiges, gerechtes Urteil erhöht werden, über sie erfolgt auch eine Selbstkontrolle der Tätigkeit der Justiz, indem die Möglichkeit einer Überprüfung zu größerer Sorgfalt beim Erlass der Erstentscheidung führt. Zudem sichert der hierarchische Aufbau der Rechtsmittelgerichte eine einheitliche Anwendung des Rechts im gesamten Bundesgebiet.

Diesen unterschiedlichen Zwecken von Rechtsmitteln wird in den einzelnen **6**
Verfahrensordnungen differenziert Rechnung getragen. Im Zivilprozess manifestieren sich die **Rechtsmittelzwecke** in den den Instanzen jeweils zugewiesenen Funktionen.

Der Zugang zur **ersten Instanz** ist (abgesehen von der Notwendigkeit eines Kostenvorschusses) grundsätzlich unbeschränkt. Die Aufgabe der ersten Instanz besteht in einer vollständigen Aufklärung des Sachverhalts, nach Möglichkeit einer gütlichen Streitbeilegung, andernfalls in einer umfassenden Verhandlung und einer von den Beteiligten akzeptierbaren streitigen Entscheidung. Hierzu können und müssen die Parteien ihre Angriffs- und Verteidigungsmittel umfassend und vollständig vortragen, Grenzen hierfür bilden allein die Verspätungsvorschriften (§ 296).

Auch die **zweite Instanz** ist weitgehend frei zugänglich, lediglich für Sachen, die sowohl wirtschaftlich als auch rechtlich unbedeutend sind, bleibt sie verschlossen. Aufgabe der zweiten Instanz ist die Kontrolle und – wo erforderlich – Korrektur der erstinstanzlichen Entscheidung in tatsächlicher und rechtlicher Hinsicht. Diese Fehlerkontrolle und -korrektur setzt voraus, dass der Prozessstoff der ersten Instanz gegenüber unverändert bleibt, neue Angriffs- und Verteidigungsmittel also grundsätzlich ausgeschlossen sind (§ 529 I).

Nach der bis zur ZPO-Reform beibehaltenen Konzeption des historischen Gesetzgebers, sollte die Berufung den Parteien eine vollwertige Wiederholung des Rechtsstreits vor einem anderen Gericht eröffnen (§ 525 a. F.). Mit der Reform wurde dieses Ziel aufgegeben und die Berufung auf die Nachprüfung und Berichtigung des erstinstanzlichen Urteils beschränkt. Dadurch werden die Möglichkeiten des Berufungsgerichts zur Abänderung und damit auch die Rechtsschutzmöglichkeiten der Parteien erheblich reduziert.

Eine **dritte Instanz** gibt es nur noch ausnahmsweise. Der Zugang in diese ist von einer gerichtlichen Zulassung abhängig (§ 543 I), während einer Übergangszeit teilweise auch vom Überschreiten einer Wertgrenze (Art. 26 Nr. 8 EGZPO: 20.000,– €). Sie dient nicht mehr der Herstellung der Einzelfallgerechtigkeit, sondern allein allgemeinem Rechtsinteresse (grundsätzliche Bedeutung der Sache, Fortbildung des Rechts, Sicherung einer einheitlichen

Rechtsprechung; § 543 II) und ist auf die Nachprüfung von Rechtsfragen beschränkt.

7 Rechtsmittel spielen in der **forensischen Praxis** des Zivilprozesses eine nicht unerhebliche Rolle. Rund 1/5 aller amtsgerichtlichen und rund 3/5 aller landgerichtlichen Urteile erster Instanz werden mit der Berufung angefochten. Es finden deswegen jährlich knapp 100.000 Berufungsverhandlungen vor den Landgerichten und rund 64.000 Berufungsverhandlungen vor den Oberlandesgerichten statt. Deren Erfolgsquote liegt bei etwa 20%.

Zweiter Teil:
Die Tätigkeit des Anwalts für den Berufungskläger

Welche Tätigkeiten des Rechtsanwalts auf die einzelnen Instanzen entfallen, ist nicht eindeutig abgrenzbar. Während die **Instanz im prozessualen Sinne** in der Regel mit Klage bzw. Rechtsmitteleinlegung beginnt und mit der abschließenden gerichtlichen Entscheidung endet, die einzelnen Instanzen dabei durch klar definierte Zäsuren voneinander abgegrenzt sind, definiert § 37 BRAGO den Begriff der Instanz anders. Zum **»Auftrag« des Rechtsanwalts** gehören Arbeiten vor dem Beginn der Instanz genauso, wie Arbeiten nach deren Beendigung. **8**

So setzt die Tätigkeit des Rechtsanwalts schon vor Beginn der ersten Instanz im prozessualen Sinn (das heißt der Rechtshängigkeit) ein. Die Beratung des Mandaten über die Möglichkeiten und Gefahren einer Klageerhebung gehören nach § 37 Nr. 1 BRAGO genauso dazu, wie sonstige klagevorbereitende Tätigkeiten. Auch nach Beendigung der Instanz im prozessualen Sinn (durch Erlass des Endurteils) setzt sich die Tätigkeit des Rechtsanwalts im Rahmen seines Auftrags nach § 37 Nr. 7 BRAGO fort, zum Beispiel durch Erörterung der Entscheidung mit dem Mandanten oder Entgegennahme von Zustellungen des Rechtsmittelgerichts (§ 172 II).

Damit kommt es zu **Überschneidungen** im Tätigkeitsbereich der in den verschiedenen Instanzen tätigen Rechtsanwälte. Die Prüfung des erstinstanzlichen Urteils und die Erörterung von Anfechtungsmöglichkeiten gehört noch zu den Aufgaben des erstinstanzlich tätigen Bevollmächtigten, fällt aber im gleichen Maß auch beim zweitinstanzlich Bevollmächtigten an. Entsprechende Überschneidungen gibt es auch beim Übergang in die Revisionsinstanz.

Wo genau die Grenzen verlaufen, ist nicht nur gebühren- sondern auch haftungsrechtlich von Bedeutung. Die sachliche Auseinandersetzung mit dem Entscheidungsinhalt und die damit verbundene Prüfung der Erfolgsaussichten eines Rechtsmittels ist in jedem Fall bereits der nächsten Instanz zuzurechnen (*Gerold/Schmidt/Madert* § 20 Rn. 8).

Die Tätigkeiten des Rechtsanwalts in der Berufungsinstanz lassen sich zunächst danach differenzieren, ob er für den Berufungskläger, für den Berufungsbeklagten oder für sonstige Verfahrensbeteiligte tätig wird. Im Vordergrund steht dabei die Tätigkeit für den Berufungskläger, die sich grob wie folgt **gliedern** lässt: **9**

- Wichtig ist zunächst eine besondere Organisation der eigenen Arbeit. Neben den mit der Übernahme des zweitinstanzlichen Mandats verbundenen Besonderheiten gehört dazu ein sorgfältiges und zuverlässiges Fristenmanagement.
- Nach Übernahme des Mandats ist es erforderlich, das vorliegende Urteil darauf zu überprüfen, ob und inwieweit es fehlerbehaftet und damit anfechtbar ist. Die Berufung tragende Fehler können dabei im Verfahrensablauf oder in der Entscheidung selbst vorgekommen sein, formeller oder materieller Natur sein.
- Mit dem Mandaten ist zu klären, ob, womit und in welchem Umfang das Urteil angefochten und worauf die Berufung gestützt werden soll.
- Zur Vorbereitung der Berufung ist häufig eine Korrektur der Entscheidung erforderlich, sei es durch Berichtigung, sei es durch Ergänzung.
- Die Einlegung der Berufung selbst setzt die Einhaltung einer Reihe von Formalien voraus.
- Zu den bei der Begründung der Berufung einzuhaltenden Formalia gehört insbesondere die hinreichende Darlegung eines der gesetzlich vorgesehenen Berufungsgründe.
- Der Ablauf des Berufungsverfahrens weist dem erstinstanzlichen Verfahren gegenüber einige Besonderheiten auf.
- Beendet werden kann das Berufungsverfahren nicht nur durch ein streitiges Urteil, sondern auch durch Dispositionsakte der Parteien (Rücknahme, Verzicht, Vergleich, Erledigung).
- Schon während des Berufungsverfahrens sollten Aspekte einer gegebenenfalls folgenden Revision beachtet werden.

Diesen Tätigkeitsbereichen entsprechend ist die nachfolgende Darstellung gegliedert.

I. Organisation

10 Die für die Bearbeitung von Berufungsmandaten durch den Rechtsanwalt erforderliche Organisation der Kanzleiabläufe und der eigenen Arbeit entspricht weitgehend der der erstinstanzlichen Tätigkeit und bedarf insoweit hier keiner Darstellung. Zwei Fragen aber stehen stärker im Vordergrund, nämlich die Übernahme des Mandats (dazu Rn. 11) und die Einhaltung laufender Fristen (Rn. 15).

1. Auftrag

Das Mandat des Berufungsanwalts beginnt mit der Übernahme des Auftrags. Dieser stammt vom Mandanten selbst oder seinem erstinstanzlichen Bevollmächtigten. 11

Der zu Zeiten der Singularzulassung notwendig gebotene **Anwaltswechsel** findet zunehmend seltener statt, ist in der Sache aber nach wie vor der Weiterbearbeitung des Mandats durch den erstinstanzlich Bevollmächtigten vorzuziehen. Dabei nämlich besteht die Gefahr, auf den vorgegebenen Gleisen zu verbleiben, die Chance, den Sachverhalt rechtlich unbefangen neu zu beurteilen ist vertan. In diesem Fall gerät der Anwalt leicht in Nachteil gegenüber dem Gericht, auf dessen Seite stets ein neuer Richter tätig wird (§ 41 Nr. 6). Demgegenüber treten die Vorteile (Wegfall der Notwendigkeit einer neuen Einarbeitung, vertiefte Kenntnisse aus dem Sachverhalt oder dem Verfahrensablauf, die in der Gerichts- oder Handakte nicht dokumentiert sind) deutlich in den Hintergrund (dazu unten Rn. 71; *Vorwerk/Teubel* Kap. 65 Rn. 5).

Das **Angebot** zur Übernahme eines Berufungsmandats muss alle für die Berufung relevanten Umstände erkennen lassen (*Borgmann* BRAK-Mitteilungen 99, 75). Dazu gehört die eindeutige Bezeichnung beider Parteien unter besonderer Klarstellung, welche Partei vertreten werden soll, die Bezeichnung des anzufechtenden Urteils (Gericht, Geschäftsnummer, Entscheidungsdatum) und die Mitteilung des Zustellungszeitpunkts. 12

Das Angebot zur Übernahme des Mandats ist nicht formbedürftig, kann also schriftlich, per Fax oder telefonisch erfolgen. Im Fall telefonischer Beauftragung verlangt die Rechtsprechung wegen der Gefahr von Missverständnissen besondere Sorgfalt und Vorsicht, mindestens eine Wiederholung der relevanten Daten durch den Angerufenen (BGH NJW 00, 3071). Unproblematisch ist das Angebot durch den Mandanten selbst, die Abgabe durch den erstinstanzlichen Bevollmächtigten ist regelmäßig von dessen Vollmacht gedeckt (§ 81). Probleme sind möglich, wenn der Auftrag nicht durch den erstinstanzlichen Prozessbevollmächtigten selbst, sondern durch einen Mitarbeiter abgegeben wird. Hier bedarf dessen Bevollmächtigung besonderer Prüfung.

Die Angabe der relevanten Berufungsumstände im Auftrag gehört zu den Pflichten des erstinstanzlichen Bevollmächtigten (BGH NJW-RR 95, 839; VersR 99, 913), der zweitinstanzliche Prozessbevollmächtigte ist verpflichtet, die Vollständigkeit und (soweit möglich) Richtigkeit dieser Angaben zu kontrollieren (BGH NJW 01, 1579).

Nimmt der Beauftragte das Mandat an, so hat er dies zu **bestätigen** (BGH NJW 00, 815). 13

Auch diese Bestätigung ist formfrei und grundsätzlich nur durch den Anwalt selbst, nicht durch einen Mitarbeiter möglich. Erfolgt die Bestätigung nicht, ist der Beauftragende gehalten, sich nach dem Eingang seines Auftrags zu erkundigen (BGH NJW 91, 3035; OLG Düsseldorf NJW 03, 833).

Mit der Übernahme des Mandats geht die Verantwortung für den Rechtsstreit auf den Berufungsanwalt über, der damit auch das Haftungsrisiko für Fehler übernimmt.

Kommt es infolge einer fehlerhaften Mandatsübertragung zu einem Schaden beim Mandanten, kann eine Pflichtverletzung sowohl beim erst- als auch beim zweitinstanzlichen Bevollmächtigten vorliegen (*Meyke* § 8 Rn. 25).

Neben den durch die allgemeine Büroorganisation bedingten Arbeiten (Anlage der Mandantenakte) empfiehlt sich die alsbaldige Beschaffung des anzufechtenden Urteils, einer schriftliche Vollmacht des Mandanten und nach Möglichkeit auch der Handakte des erstinstanzlichen Bevollmächtigten.

Die Möglichkeit, bundesweit vor allen Berufungsgerichten auftreten zu können, führt häufiger als früher (zu der früher verbreiteten Praxis bloßer »Stempelmandate« unten Rn. 279) zur Einschaltung von **Unterbevollmächtigten**, so dass Beratung des Mandanten, Fertigung von Schriftsätzen und Terminsvertretung von unterschiedlichen Rechtsanwälten wahrgenommen werden. Schwierigkeiten treten dabei nicht bloß hinsichtlich der Verteilung und Erstattung der Gebühren (dazu *Reinelt/Strahl* in Locher/Mes, Beck'sches Prozessformularbuch, S. 2) auf, sondern auch hinsichtlich der Erteilung und des genauen Inhalts des Mandats sowie der Verteilung der Verantwortlichkeiten (OLG Koblenz NJW-RR 93, 695; BGH NJW 88, 1079).

14 Die **Beendigung** eines übernommenen Mandats durch Kündigung (§§ 675, 627 BGB) ist jederzeit möglich, ohne Vorliegen eines wichtigen Grundes allerdings nur in der Art, dass sich der Mandant die Dienste anderweitig beschaffen kann. »Zur Unzeit« erfolgt eine Kündigung, wenn damit die fristgerechte Wahrnehmung von Prozesshandlungen durch einen anderen zu beauftragenden Rechtsanwalt, insbesondere die Berufungseinlegung, Berufungsbegründung oder die Wahrnehmung eines Termins, gefährdet wird.

Zugelassen hat die Rechtsprechung eine Kündigung 13 Tage vor Ablauf der Begründungsfrist (BGH NJW 98, 3783), kurzfristigere Kündigungen, wenn zugleich bei Gericht eine Fristverlängerung beantragt wurde (OLG Düsseldorf NJW 00, 874).

Trotz der Mandatskündigung bestehen die Pflichten aus dem Auftrag weiter, bis sich ein anderer Anwalt bestellt hat (§ 87 I). Insbesondere erfolgen Zustellungen weiter an ihn (§ 172), die er an die Partei weiterleiten muss (BGH NJW 80, 999).

2. Fristenmanagement

Deutlich wichtiger als in erster Instanz ist in der Berufung ein funktionierendes Fristenmanagement. 15

Mit der Übernahme eines Berufungsmandats sind eine Reihe von Fristen zu überwachen:

- Bereits **zwei Wochen** nach Zustellung des Urteils enden die Fristen zur Berichtigung des Tatbestands (§ 320 I, II), zur Ergänzung des Urteils (§ 321 II) oder zur Erhebung der Gehörsrüge (§ 321 a II).
- Die Einlegung der Berufung hat binnen **eines Monats** ab Zustellung zu erfolgen (§ 517).
- Die Frist zur Begründung der Berufung beträgt **zwei Monate** ab Zustellung (§ 520 II 1).
- Liegt das Urteil noch nicht in vollständig abgefasster Form vor, so müssen auch die absolute Frist zur Tatbestandsberichtigung (§ 320 II 3) von **drei Monaten** und die absolute Berufungsfrist (§ 517) von **sechs Monaten** ab Verkündung notiert werden (BGH MDR 89, 345, 346).

Die Fristen sind von zentraler **Bedeutung**, ihre Versäumung ist nur teilweise mit der Wiedereinsetzung zu beseitigen, kann also einen endgültigen Rechtsverlust zur Folge haben. Hinzu kommt, dass die Fristen zum Teil recht knapp sind und ihre Einhaltung eine Vielzahl von Einzeltätigkeiten voraussetzt, die zudem nicht allein im Verantwortungsbereich des Berufungsanwalts liegen, er insoweit vielmehr vom Kollegen der Vorinstanz (rechtzeitige Beauftragung, Information, Weitergabe von Unterlagen), vom Mandanten (Informationsbeschaffung, Beratung, Entscheidungen) und vom Gericht (Akteneinsicht) abhängig ist. 16

Zu den ersten Tätigkeiten muss deswegen die Berechnung und Notierung der einzelnen Fristen gehören. Die für die Berufung relevanten Fristen beginnen regelmäßig mit der (wirksamen) **Zustellung** des erstinstanzlichen Urteils. 17

Der Berufungsanwalt darf sich dabei nicht mit der Mitteilung des Zeitpunkts begnügen, zu dem nach Auffassung des Erstanwalts Berufung einzulegen ist. Die Einhaltung der Frist gehört zu seinen Aufgaben, er muss eigenverantwortlich prüfen, wann die Frist begonnen hat und wann sie abläuft (BGH MDR 03, 299). Erforderlich ist deswegen die Mitteilung des Zustellungszeitpunkts, gegebenenfalls auch die der Zustellungsumstände, um klären zu können, ob die Zustellung wirksam war.

Die Voraussetzungen einer wirksamen Zustellung haben sich durch die Zustellungsreform im Sommer 2002 (Zustellungsreformgesetz vom 25. 6. 2001,

BGBl. I, 1206) erheblich geändert. Generell sind die Zustellungsmöglichkeiten deutlich erweitert und vereinfacht worden, dennoch gibt es nach wie vor Fallgestaltungen, die zur Unwirksamkeit der Zustellung oder zu Zweifeln am Zustellungszeitpunkt führen können (*Wunsch* JuS 03, 276).

Zuzustellen ist eine Ausfertigung des Urteils oder eine beglaubigte Abschrift der Ausfertigung (§ 317), fehlt der Ausfertigungsvermerk, ist die Zustellung unwirksam (RGZ 125, 25, 27; RGZ 164, 52, 56). Dies gilt auch, wenn der Mandant erstinstanzlich anwaltlich vertreten war, die Zustellung aber dennoch an ihn selbst erfolgte (§ 172). Zugestellt ist das Urteil an einen Anwalt erst mit dessen Bereitschaft zur Entgegennahme; dieser Zeitpunkt muss nicht identisch mit dem auf dem Empfangsbekenntnis widergegebenen Zeitpunkt des Eingangs in der Kanzlei sein (BGH NJW 97, 3319; BGH NJW-RR 97, 769; BGH NJW 96, 3014). Zustellungsmängel können nachträglich geheilt worden sein (§ 189), was die Zustellung zu diesem Zeitpunkt wirksam macht.

Auf die mit der Berechnung der Frist verbundenen Probleme soll später eingegangen werden (unten Rn. 190)

18 Zu den Grundanforderungen an jede Anwaltskanzlei gehört es, laufende Fristen zu erkennen, sie zutreffend zu berechnen und zuverlässig zu wahren. Dabei darf der Anwalt sich für einfache Aufgaben (»die weder besondere Geistesarbeit noch juristische Schulung verlangen«, Zöller/*Greger* § 233 Rn. 23) hinreichend ausgebildeter, erfahrener und überwachter Mitarbeiter bedienen, muss aber über allgemeine Arbeitsanweisungen eine **Organisationsstruktur** vorhalten, die die Erfüllung dieser Anforderungen auch in Problemfällen gewährleistet (BGH NJW 02, 3782; *Borgmann* BRAK-Mitteilungen 98, 16).

Sichergestellt sein muss, dass der Ausgangspunkt für die Fristberechnung (Urteilszustellung) eindeutig geklärt und aktenmäßig festgehalten wird (BGH MDR 88, 213). Gleichzeitig oder zumindest alsbald muss die Frist berechnet und ihr Ende in den Fristenkalender eingetragen werden. In diesem müssen Not-, Rechtsmittel- und Rechtsmittelbegründungsfristen besonders gekennzeichnet (BGH NJW 89, 2393) und mit Vorfristen abgesichert sein (BGH NJW 00, 365). Die Verwendung loser Zettel reicht nie aus, computergestützte Fristenüberwachungssysteme müssen Vorkehrungen gegen Fehleingaben enthalten und über einen Servicevertrag gegen Störungen gesichert sein. Auch nach rechtzeitiger Vorlage an den Anwalt muss die tatsächliche Wahrung der Frist durch eine Ausgangskontrolle sichergestellt sein (BGH VersR 99, 1303), erst dann darf eine Frist gelöscht werden (*Chab* BRAK-Mitteilungen 02, 25).

Als Verschulden des Rechtsanwalts behandelt die Rechtsprechung nicht nur mangelnde Sorgfalt bei der Auswahl, Belehrung und Überwachung des Personals (BGH VersR 72, 557), sondern zum Beispiel auch eine Arbeitsüberlastung des Personals (OLG Koblenz OLGR 97, 300) oder eine unklare Kompetenzzuweisung (BGH VersR 93,206), wobei die Beweislast für das Fehlen eigenen Verschuldens bei ihm liegt (BGH VersR 83, 401).

Von der Rechtsprechung überprüft wird die hinreichende Büroorganisation des Anwalts immer dann, wenn er gegen die Versäumung einer Frist Wiedereinsetzung in den vorigen Stand begehrt (Rn. 194).

II. Prüfung der anzufechtenden Entscheidung

Entsprechend der Funktion der Berufungsinstanz als Fehlerkontrolle und **19**
-korrektur muss die anzufechtende Entscheidung zunächst auf solche Fehler hin untersucht werden. Fehler können in der Entscheidung selbst oder in dem ihr vorangegangenen Verfahren aufgetreten sein. Beides ist aus der Verfahrensakte des Gerichts ersichtlich.

1. Gerichtsakte

Zur Vorbereitung einer Berufung sollte in jedem Fall (*Vorwerk* AnwBl 90, 474) **20**
Einsicht in die Gerichtsakte genommen werden (§ 299). Aus dieser ergeben sich häufig Umstände, die den Verfahrensbeteiligten in erster Instanz nicht oder nicht so bekannt geworden sind.

Die Parteien haben (jedenfalls bis zur Rechtskraft des Urteils) ein **Recht auf Einsicht** in die Akten. Wird das Recht von einem Prozessbevollmächtigten wahrgenommen, muss dieser seine Bevollmächtigung – nach herrschender Meinung zumindest, wenn sie sich nicht zweifelsfrei aus den Akten selbst ergibt, nach anderer Auffassung sogar in jedem Fall (Zöller/*Greger* § 299, Rn. 2) – durch eine schriftliche Vollmacht auch dann nachweisen, wenn er Rechtsanwalt ist.

Die Akteneinsicht erstreckt sich auf die gesamten Akten mit Ausnahme der Entwürfe und Vorarbeiten zu den Entscheidungen (§ 299 III) und die mit einem Prozesskostenhilfegesuch vorgelegten Angaben und Nachweise zu den Vermögensverhältnissen (BVerfG NJW 91, 2078; BGH NJW 84, 740). Die Einsicht in **beigezogene Akten** anderer Gerichte und Behörden wird nur dann gewährt, wenn dies von der aktenführenden Stelle nicht ausgeschlossen wurde und wenn die Akten sich noch bei der Gerichtsakte befinden, was zwischen den Instanzen nicht immer der Fall ist, weil häufig unmittelbar nach der Urteilsverkündung Beiakten getrennt und zurückgesandt werden. Gegebenenfalls muss deswegen die Einsicht in Beiakten gesondert bei der jeweils aktenführenden Behörde beantragt werden.

Das Recht auf Akteneinsicht beinhaltet lediglich die Möglichkeit, auf der Geschäftsstelle des Gerichts in die Akten Einblick zu nehmen (BGH NJW 61, 559), die Herausgabe der Akten oder deren **Versendung ins Büro** des Anwalts steht im Ermessen des Prozessgerichts, wobei streitig ist, ob hier der Vorsitzende (BGH MDR 73, 580) oder das Gericht insgesamt (*Schneider* MDR 84, 108) entscheidet. Dieses Ermessen kann sich – auch durch ständige Übung – auf Null reduzieren und so zu einem Recht auf Aktenübersendung erstarken.

Die Akteneinsicht ist kostenfrei, für die Versendung der Akten fallen nach Nr. 9003 KV Auslagen in Höhe von 8,– € an.

Wird die beantragte Akteneinsicht versagt, ist gegen die Entscheidung des Urkundsbeamten der Geschäftsstelle die Erinnerung nach § 573, gegen die Entscheidung des Gerichts die sofortige Beschwerde (§ 567 I Nr. 2) gegeben.

Der **Antrag** auf Akteneinsicht ist vor Einlegung der Berufung beim erstinstanzlichen Gericht, danach beim Berufungsgericht zu stellen (§ 541 I).

21 Eine **Kontrolle** der Verfahrensakte kann nach den Urhebern der darin enthaltenen Informationen gegliedert werden. Diese können stammen

- von den Parteien selbst (Schriftsätze, Anlagen, Empfangsbekenntnisse)
- von Dritten (Zustellungsnachweise, Beiakten, Schreiben Dritter)
- vom Gericht (Entscheidungen, Hinweise nach § 139 IV, Bearbeitungsnotizen).

Ziel der Akteneinsicht ist neben der Abgleichung und gegebenenfalls Vervollständigung der eigenen Handakte die Gewinnung von Informationen, die nur aus der Gerichtsakte ersichtlich sind.

Hierzu gehören zum Beispiel Zustellungsformen und -zeitpunkte oder die Aktenkundigkeit von Hinweisen des Gerichts (§ 139 IV 2). Obwohl das Einsichtsrecht sich nicht auf Entwürfe und Vorarbeiten zu den Entscheidungen erstreckt (§ 299 III), befinden sie sich manchmal noch in der Akte, in anderen Fällen lassen die bei der Aktenbearbeitung angebrachten Randbemerkungen Rückschlüsse für die eigene Sachbearbeitung zu.

2. Erstinstanzliches Verfahren

22 Anhand der Akte ist lässt sich kontrollieren, ob und inwieweit das Verfahren ordnungsgemäß abgelaufen ist, ob und welche Verfahrensfehler vorliegen (*Brehm* ZZP 107, 463).

Erstinstanzlichen Verfahrensfehlern kommt – anders als noch vor der ZPO-Reform 2002 – für die Berufungsverfahren eine große **Bedeutung** zu. Während früher die vollständige Neuverhandlung des Rechtsstreits (§ 525 a. F.) vorinstanzliche Verfahrensfehler bedeutungslos machte, sind sie nach neuem Recht für die Erfolgsaussichten der Berufung von zentraler Bedeutung. Alle denkbaren Berufungsgründe können durch Verfahrensfehler ausgefüllt werden. Verfahrensfehler können eine Rechtsverletzung i. S. d. §§ 520 III Nr. 2, 513 I 1. Alt., 546 darstellen (Rn. 331, 335), konkrete Anhaltspunkte für Zweifel an der Richtigkeit oder Vollständigkeit der erstinstanzlichen Tatsachenfeststellungen begründen (und damit Anlass für eine erneute oder erstmalige Beweisaufnahme in zweiter Instanz sein), §§ 520 III Nr. 3, 513 I 2. Alt., 529 I Nr. 1 (Rn. 343) oder nach §§ 520 III Nr. 4, 513 I 2. Alt., 529 I Nr. 2, 531 II Nr. 2 Grund für die Zulassung neuer Angriffs- und Verteidigungsmittel in zweiter Instanz sein (Rn. 356). Zu Recht ist deswegen die Rede davon, dass das Berufungsverfahren wesentlich vom Streit um Verfahrensfehler bestimmt wird (*Schnauder* JuS 02, 68, 74 f.).

Fehler im Ablauf des erstinstanzlichen Verfahrens liegen vor, wenn zwingende gesetzliche Bestimmungen der Verfahrensordnung nicht eingehalten wurden. Sie sind deswegen in vielfältiger Form denkbar.

Zum unterschiedlichen **Gewicht** von Verfahrensmängeln, die von der bloßen Fehlerhaftigkeit über die Nichtigkeit der Entscheidung bis hin zum völligen Fehlen einer wirksamen Entscheidung führen können unten Rn. 123.

a) Verletzung der materiellen Prozessleitungspflicht

Eine der wichtigsten und praktisch häufigsten Verfahrensfehler besteht in der Verletzung der materiellen Prozessleitungspflicht des Gerichts (§ 139). **23**

Diese materielle Prozessleitungspflicht (früher als richterliche Aufklärungs- und Hinweispflicht bezeichnet) ergibt sich aus dem in Art. 103 GG normierten **Anspruch auf rechtliches Gehör**. Dieses Verfahrensgrundrecht verlangt nicht nur, dass das Gericht eine Partei vor der Entscheidung anhört, sondern auch, dass die Partei Kenntnis erhält vom gesamten Prozessstoff und damit auch von den rechtlichen Erwägungen des Gerichts.

Das Gericht ist nicht nur verantwortlich für den prozessordnungsgemäßen äußeren Ablauf des Prozesses (formelle Prozessleitungspflicht, § 136), sondern auch für ein materiell richtiges Ergebnis des Prozesses. Es darf sich deswegen nicht auf eine bloß förmlich korrekte Abwicklung des Verfahrens auf der Grundlage des Parteivortrags beschränken, sondern ist mitverantwortlich dafür, dass der Parteivortrag ausreicht, um eine materiell richtige (gerechte) Entscheidung zu stützen.

Der in § 139 geregelten Pflicht des Gerichts zur Erwirkung einer sachgerechten Entscheidung steht die Pflicht des Gerichts zur Unparteilichkeit entgegen. In dieser findet die Hinweispflicht ihre **Grenze**. Hinweise an die eine Partei dürfen nicht zur Benachteiligung der anderen Partei führen. Verhilft der Richter durch die Hinweise einer Partei zum Prozesserfolg, so kann dies für die andere Partei ein Grund sein, den Richter wegen Besorgnis der Befangenheit abzulehnen (§ 42). Verfahrensfehlerhaft sind damit sowohl zu weit reichende, überschießende Hinweise, als auch zu dürftige, fehlende Hinweise. **24**

Diese Pflichtenantinomie lässt sich mit zivilprozessualen Überlegungen alleine nicht lösen. Beide Pflichten resultieren aus verfassungsrechtlichen Grundprinzipen, so dass letztlich die Pflicht zur Unparteilichkeit des Richters mit dem materiellen Gerechtigkeitsgebot kollidiert (BVerfG NJW 76, 1391). Umfang und Grenzen der Hinweispflicht lassen sich deswegen häufig nur durch eine Güterabwägung unter Berücksichtigung aller Umstände des Einzelfalles bestimmen.

Eine – praktisch aber nicht immer brauchbare – Abgrenzungsformel stellt auf die im bisherigen Vortrag der Partei erkennbar gewordenen Umstände ab. Hinweise des Gerichts sind danach erforderlich auf Umstände, die im bisherigen Vortrag der Partei zumindest ansatzweise bereits erkennbar sind. Hinweise sind untersagt auf Umstände, die im bisherigen Vortrag der Partei auch nicht ansatzweise erkennbar sind.

Begründet der Beklagte seine – kaum substanziierte – Verteidigung damit, der Vorgang liege schon so lange zurück, dass er sich hieran nicht mehr erinnern könne, Unterlagen nicht mehr auffindbar und Zeugen nicht mehr vorhanden seien, so kann darin der Ansatz der Verjährungseinrede liegen.

25 Hinweise müssen **aktenkundig** sein (§ 139 IV 2), welche Hinweise erteilt wurden, kann sich deswegen nur aus der Akte selbst ergeben.

Das Gebot der Aktenkundigkeit soll einen Streit der Parteien in zweiter Instanz darüber ausschließen, ob und mit welchem Inhalt Hinweise in der Vorinstanz erteilt wurden.

Aktenkundig im Sinne dieser Vorschrift sind Hinweise dann, wenn sie schriftlich in der Akte fixiert sind. Dies kann durch einen schriftlichen Hinweisbeschluss an die Parteien, die Protokollierung eines mündlichen Hinweises im Termin oder auch einen Aktenvermerk über ein Telefonat erfüllt sein. Aktenkundig sind schließlich auch die Umstände, die (nur) im Text der Entscheidung selbst enthalten sind, so dass es ausreicht, wenn der Richter einen vorher erteilten, damals aber nicht schriftlich fixierten Hinweis in Tatbestand oder Entscheidungsgründe des Urteils aufnimmt (»Im Termin zur mündlichen Verhandlung ist dieser Umstand mit den Parteien erörtert worden«).

Ist ein Hinweis nicht aktenkundig, gilt er als nicht erteilt.

26 Aus der Sicht einer erstinstanzlich unterlegenen Partei kann ein Verfahrensfehler des Gerichts im Rahmen der materiellen Prozessleitung zum einen darin bestehen, dass dem Gegner ein von § 139 **nicht gedeckter Hinweis erteilt** wurde, aufgrund dessen bzw. aufgrund seiner Reaktion hierauf er obsiegt hat. Hiergegen ist eine Ablehnung des Richters nur sofort möglich, das heißt noch in erster Instanz vor der nächsten eigenen Einlassung (§ 43). Ist eine solches Ablehnungsgesuch gestellt worden, in der Sache jedoch erfolglos geblieben, ist hiergegen die sofortige Beschwerde statthaft (§ 46). Mit der Berufung ist weder der Hinweisfehler des Gerichts noch die Ablehnungsentscheidung zu rügen.

Für die Berufung relevant sind damit nur die nicht oder nicht ausreichend erteilten Hinweise. Ist die obsiegende Partei auf einen Umstand nicht hingewiesen worden, so ist ein darin möglicherweise liegender Verfahrensverstoß jedenfalls nicht kausal geworden, der Umstand regelmäßig nicht entscheidungserheblich gewesen. Für die Berufung verbleiben damit allein Verfahrensfehler, die darin liegen, dass die unterlegene Partei vom Gericht auf die später zum Unterliegen führenden Umstände **nicht oder nur unzureichend hingewiesen wurde**.

Hinweise können erforderlich sein auf unsachgemäße Anträge, unzureichenden Tatsachenvortrag, fehlenden Beweisantritt oder eine unzutreffende rechtliche Bewertung. **27**

Ein **Antrag** ist dann nicht sachdienlich, wenn er nach Auffassung des Gerichts das im Prozess erkennbar gewordene Rechtsschutzziel nicht erreichen lässt.

Hinweisen muss das Gericht auf die Unzulässigkeit eines Antrags (zum Beispiel wegen Unbestimmtheit oder fehlendem Rechtsschutzbedürfnis) oder auch auf Bedenken an der Durchsetzbarkeit des Antrags in der Zwangsvollstreckung. Zur Hinweispflicht kann auch die Pflicht gehören, bei der Klarstellung oder Präzisierung des Antrags helfen. Dies gilt insbesondere für praktisch schwer zu fassende Unterlassungsanträge (BGH NJW 00, 1794). Ist ein angekündigter Antrag erkennbar versehentlich nicht gestellt oder zurückgenommen worden, muss das Gericht seine Stellung anregen. Das Gebot, auf die Stellung sachdienlicher Anträge hinzuwirken, erstreckt sich auch auf Verfahrensanträge, zum Beispiel die Anregung einer Erledigungserklärung oder das Verhältnis von Haupt- und Hilfsanträgen, nicht jedoch auf die Möglichkeit einer Flucht in die Säumnis (OLG München NJW 94, 60) oder die Möglichkeit einer Wiedereinsetzung in den vorigen Stand (BGH VersR 65, 981, 982).

Tatsachenvortrag ist unzureichend, wenn sich aus ihm der erstrebte Prozesserfolg nicht begründen lässt. Im Vordergrund steht dabei die mangelnde Schlüssigkeit des Klägervortrags, die mangelnde Erheblichkeit des Beklagtenvortrags oder die unzureichende Substanziierung von Tatsachenbehauptungen. Dazu gehört auch das Fehlen eines Beweisantritts für streitiges, entscheidungserhebliches Vorbringen.

Der Hinweis kann hier dahin erforderlich sein, zu allgemein gehaltenen Tatsachenvortrag zu konkretisieren, Rechtsbegriffe (»Kaufvertrag«; »Vorfahrt«) in Einzeltatsachen aufzulösen oder fehlende Anspruchsvoraussetzungen (Fälligkeit des Darlehensrückzahlungsanspruchs) nachzutragen. Nimmt eine Partei erkennbar ein Recht für sich in Anspruch (Anspruchsgrundlage, Einwand/Einrede) und reichen die vorgetragenen Tatsachen zur Ausfüllung der dafür erforderlichen Voraussetzungen nicht aus, bedarf es eines richterlichen Hinweises. Die Abweisung eines Rechts mangels Schlüssigkeit oder Substanziierung ohne vorherigen Hinweis stellt regelmäßig eine Verletzung des § 139 dar.

Der Hinweis auf die Geltendmachung von Gegenrechten (Einrede der Verjährung, Zurückbehaltungsrecht, Entlastungsbeweis) ist nur ausnahmsweise möglich, wenn im Vortrag der Partei nicht nur die Voraussetzungen des Rechts, sondern auch die Absicht, sich hierauf berufen zu wollen, zumindest ansatzweise bereits erkennbar sind (BGH NJW 69, 691, 693; OLG Hamburg NJW 84, 2710; BGH LM § 13 StVO Nr. 6).

§ 139 II erstreckt die Hinweispflicht über die Anträge und die Angriffs- und Verteidigungsmittel hinaus auch auf die **rechtliche Beurteilung** des Rechtsstreits durch die Parteien und verbietet Überraschungsentscheidungen.

Regelmäßig wird jede Partei davon ausgehen, aufgrund ihres Vortrags den Prozess zu gewinnen und wird von einem ihr ungünstigen Ausgang des Rechtsstreits überrascht. § 139 II ist dabei nur dann verletzt, wenn die Partei diejenigen rechtlichen Erwägungen, auf die das Gericht seine Entscheidung stützt, vorher überhaupt nicht ernstlich in Betracht gezogen hat, das darin liegende Risiko nicht gesehen oder falsch eingeschätzt hat und deswegen in ihrer Prozessführung hierauf auch nicht ausreichend eingegangen ist.

Dies ist zum Beispiel der Fall, wenn die Parteien um das Bestehen eines vertraglichen Schuldverhältnisses streiten und auch nur hierzu vortragen, das Gericht diese Frage dann dahin stehen lässt und seine Entscheidung auf Bereicherung stützt.

28 Ausnahmsweise ist ein nach den vorstehenden Grundsätzen erforderlicher **Hinweis entbehrlich.** Dies gilt insbesondere dann, wenn das Gericht davon ausgehen darf, dass die Partei bereits hinreichend auf den Mangel ihrer Prozessführung hingewiesen ist oder dass auch ein Hinweis nicht zu einer Behebung des Mangels führen wird.

aA ?

Wichtigster Fall hierbei ist, dass der hinweisbedürftige Umstand bereits zwischen den Parteien im Streit steht, indem der Gegner den Mangel aufgreift und ausdrücklich rügt. Hier bedarf es eines zusätzlichen Hinweises des Gerichts nicht (BGH NJW 84, 310, 311). Denkbar ist auch, dass die Partei den Mangel selbst erkannt, aber nicht behoben hat oder sie anderweitig (zum Beispiel im Mahnverfahren oder vom Rechtspfleger) darauf hingewiesen wurde. Keines Hinweises durch das Gericht bedarf es auch, wenn das Gericht davon ausgehen darf, die Partei könne oder wolle auch nach einem Hinweis nicht näher vortragen (*Piekenbrock* NJW 99, 1360).

29 Ein Verstoß gegen die materielle Prozessleitungspflicht kann auch in **Zeitpunkt und Form** eines erteilten Hinweises liegen. Der Hinweis hat so früh wie möglich zu erfolgen (§ 139 IV 1) und der Partei eine Behebung des Mangels erlauben, gegebenenfalls nach Einräumung einer Schriftsatznachlassfrist (§§ 139 V, 283). Er muss den vom Gericht gerügten Mangel so konkret bezeichnen, dass er für die Partei nachvollziehbar ist und sie erkennen kann, was zur Beseitigung des Mangels erforderlich ist. Allerdings braucht das Ge-

richt die von ihm beabsichtigte Entscheidung nicht in Form eines »Vorbescheids« konkret darzulegen und zu begründen.

So früh wie möglich heißt dabei nicht, dass das Gericht verpflichtet wäre, den gesamten Rechtsstreit bei Eingehen jedes neuen Schriftsatzes völlig neu rechtlich zu überdenken, um eventuelle Hinweise geben zu können. Erforderlich und ausreichend ist der Hinweis, sobald seine Notwendigkeit dem Gericht bei ordnungsgemäßer Sachbearbeitung erkennbar wird, sei es beim Lesen eines neu eingegangenen Schriftsatzes, sei es auch erst bei umfassender Vorbereitung eines anstehenden Termins zur mündlichen Verhandlung.

Der Hinweis darf nicht pauschal und unsubstanziiert formuliert sein (»Bedenken in tatsächlicher und rechtlicher Hinsicht«; »Frage in Rechtsprechung und Lehre streitig«).

Erhält die persönlich erschienene und anwaltlich vertretene Partei im Termin einen Hinweis, der weiteren Tatsachenvortrag erfordert, so wird ihr vielfach eine sofortige Reaktion möglich und zumutbar sein, so dass es eines Schriftsatznachlasses nicht bedarf. In allen anderen Fällen stellt die Versagung eines beantragten Schriftsatznachlasses häufig eine Verletzung rechtlichen Gehörs dar (BVerfG NJW 92, 2144; *Rensen* MDR 03, 483).

Ob und inwieweit der Umfang der gerichtlichen Hinweispflicht von der Ver- **30**
tretung der Partei durch einen **Rechtsanwalt** abhängig ist, ist nach wie vor umstritten. Soll zur Begründung einer Berufung eine Verletzung der materiellen Prozessleitungspflicht des Gerichts erster Instanz angenommen werden, ist es vertretbar, zu argumentieren, die Hinweispflicht bestehe uneingeschränkt auch der anwaltlich vertretenen Partei gegenüber (BGH WPM 90, 764). Nicht ausgeschlossen werden kann aber, dass Gegner und/oder Berufungsgericht demgegenüber die Auffassung vertreten, das erstinstanzliche Gericht habe die anwaltlich vertretene Partei auf für einen Juristen evidente Umstände nicht hinweisen müssen (BGH NJW 84, 310).

Die Verletzung der materiellen Prozessleitungspflicht kommt in einer Vielzahl **31**
unterschiedlicher Erscheinungsformen in Betracht (vgl. hierzu das »Rechtsprechungslexikon« von *Neuhaus* MDR 02, 439). Insoweit hat die ZPO-Reform zwar nicht Inhalt und Umfang der Hinweispflichten geändert (*Schaefer* NJW 02, 849), wohl aber die Bedeutung von Verletzungen erheblich gesteigert (Rn. 22).

b) Sonstige Verfahrensfehler

Als Verfahrensfehler kommt darüber hinaus die Verletzung nahezu jeder das **32**
erstinstanzliche Erkenntnisverfahren betreffenden Norm der ZPO in Betracht. Die nachfolgende Aufzählung ist deswegen nicht abschließend, sondern kann nur exemplarischen Charakter haben.

33 Hat das erstinstanzliche Gericht die Notwendigkeit eines **vorgerichtlichen Güteverfahrens** nach § 15 a EGZPO übersehen, kann dies mit der Berufung gerügt werden.

§ 15 a EGZPO ermächtigt die einzelnen Landesgesetzgeber, in ihrem Zuständigkeitsbereich die Zulässigkeit einer Klage davon abhängig zu machen, dass zunächst versucht worden ist, die Streitigkeit außergerichtlich einvernehmlich beizulegen. Von dieser Ermächtigung hat etwa die Hälfte der Bundesländer Gebrauch gemacht (*Schmitt* DAR 01, 481).

Erforderlich ist dort das Vorverfahren bei vermögensrechtlichen Streitigkeit bis zu einem Wert von 750,– €, bei Nachbar- und bei Ehrstreitigkeiten, soweit nicht ein Ausnahmetatbestand greift, insbesondere ein Mahnverfahren vorangegangen ist.

Die Klage kann nachträglich weder durch Klageänderung bzw. Klageerweiterung noch durch Nachholung des Güteverfahrens zulässig gemacht werden (*Friedrich* NJW 02, 3223; a. A. AG Königstein NJW 03, 1954).

34 Verfahrensfehlerhaft kann auch die Nichtbeachtung **formeller Voraussetzungen der Klageerhebung** sein.

Die Klageschrift muss nach § 253 II als verfahrenseinleitender Schriftsatz Gericht und Parteien erkennen lassen, einen bestimmten Antrag enthalten sowie Gegenstand und Grund des erhobenen Anspruchs bezeichnen und von einer postulationsfähigen Person unterzeichnet sein. Fehlt es an einer dieser Voraussetzungen, kann die dennoch erfolgte Zustellung zwar ein Prozessrechtsverhältnis begründet haben, führt aber zur auch in zweiter Instanz festzustellenden Unzulässigkeit der Klage (RGZ 99, 126).

Nach § 253 I, 271 I ist die Klage von Amts wegen zuzustellen. Ist dies nicht (wirksam) erfolgt, fehlt es an einem Prozessrechtsverhältnis. Zur Neuregelung des Zustellungsrechts Rn. 17.

35 **Weitere Verfahrensfehler** können begründet sein in der Nichteinhaltung gesetzlicher Einlassung- oder Ladungsfristen (§§ 217, 274), der fehlerhaften Vorbereitung (§ 273 II) oder Gestaltung der mündlichen Verhandlung (§§ 136, 137) oder des Beweisverfahrens (§§ 355 ff.), der Verletzung von Protokollierungsvorschriften (§§ 159 ff.), der unberechtigte Gewährung oder Verweigerung eines Schriftsatznachlasses (§ 283) oder Fehlern bei der Urteilsverkündung (§ 311).

c) **Kausalität**

36 Gestützt werden kann die Berufung auf einen Verfahrensverstoß nur, wenn die Entscheidung darauf beruht. Die Rechtsverletzung muss für die Fehlerhaftigkeit des Urteils ursächlich geworden sein.

Eine entsprechende Regelung für die Revisionsinstanz enthält § 546, eine unwiderlegliche Vermutung der Kausalität in den Fällen absoluter Revisionsgründe § 547. Für die Berufungsinstanz werden diese Vorschriften entsprechend angewandt, soweit sich das Ursächlichkeitserfordernis nicht bereits aus den Berufungsgründen selbst ergibt (§ 529 I; Rn. 335, 348).

Erforderlich ist deswegen die Feststellung im Einzelfall, dass bei richtiger Rechtsanwendung eine inhaltlich abweichende Entscheidung ergangen wäre (BGH NJW 90, 122). Allerdings können Zweifel dabei nicht zu Lasten des Berufungsführers gehen, so dass es ausreicht, wenn ein anderes Ergebnis nicht ausgeschlossen werden kann (Th/P/*Reichold* § 545 Rn. 12). 37

d) Heilung von Verfahrensfehlern

Verfahrensfehler können mit einem Rechtsmittel nur gerügt werden, wenn sie nicht bereits in erster Instanz geheilt wurden. 38

Eine solche Heilung ist durch **Nachholung** zunächst nicht erfüllter Prozessvoraussetzungen möglich.

Wurde die Klage formunwirksam erhoben, fällt dieser Mangel weg, wenn eine ordnungsgemäße Klageschrift nachgereicht wird. Eine solche Nachholung ist regelmäßig auch noch in der Berufungsinstanz möglich, so dass die Einlegung eines allein auf einen solchen Verfahrensfehler gestützten Rechtsmittels häufig nur einen vordergründigen Erfolg bringt: Die Berufung ist zwar zulässig, nach Behebung des Verfahrensmangels aber unbegründet (Rn. 50, 52 m. w. N.).

Für einzelne Verfahrensfehler sieht das Gesetz **besondere Heilungsmöglichkeiten** vor. 39

So wird eine zunächst unwirksame Zustellung in dem Zeitpunkt wirksam, in dem das Schriftstück der Person, an die zugestellt werden konnte, tatsächlich zugegangen ist (§ 189). Dies gilt – anders als vor der Zustellungsreform (§ 187 S. 2 a. F.) – auch, wenn durch die Zustellung eine Notfrist in Gang gesetzt werden soll.

Die praktisch wichtigste, allgemeine Heilungsmöglichkeit enthält **§ 295**. Danach kann die Verletzung einer das Verfahren und insbesondere die Form einer Prozesshandlung betreffenden Vorschrift nicht mehr gerügt werden, wenn die Partei auf die Befolgung der Vorschrift verzichtet oder sie den Mangel bei der nächsten mündlichen Verhandlung nicht gerügt hat, obwohl er ihr bekannt war oder bekannt sein musste. Hat die Partei das Rügerecht nach dieser Vorschrift verloren, kann der Mangel auch in der Berufung nicht mehr geltend gemacht werden (§ 534). 40

Nach § 295 heilbar sind nur formelle Verfahrensmängel, deren Geltendmachung verzichtbar ist. Dazu gehören formelle Mängel von bestimmenden Schriftsätzen (Unterschrift), Fehler der Zuständigkeit nach der Geschäftsverteilung, bei der Zustellung und Ladung, beim Beweisverfahren (Vernehmung einer Partei als Zeugen, Verletzung der Öffentlichkeit und Unmittelbarkeit, fehlende Belehrungen) oder bei der Drittbeteiligung (Streitgenossenschaft, §§ 59 f.; Nebenintervention §§ 66 ff.). Nicht verzichtbar ist die Einhaltung der Normen, die dem öffentlichen Interesse dienen, insbesondere der von Amts wegen zu beachtenden Punkte wie die Zulässigkeit von Klage (mit Ausnahme der sachlichen und örtlichen Zuständigkeit: §§ 38 ff.) und sonstigen Rechtsbehelfen (Einspruch, Wiedereinsetzung, Rechtsmittel), die Bindung des Richters an die Sachanträge (§ 308 I) oder die Wahrung von Notfristen.

An die Unkenntnis des Verfahrensfehlers stellt die Rechtsprechung hohe Anforderungen. Insbesondere die anwaltlich vertretene Partei muss Verfahrensfehler regelmäßig erkennen, nicht erkennbar sind allein die gerichtsintern gebliebenen Umstände (BGH NJW 99, 363, 364).

41 Ist eine Heilung eingetreten, bedarf die Frage des **Heilungszeitpunkts** besonderer Betrachtung. Während die Heilung nach § 295 regelmäßig rückwirkend eintritt, führt die Nachholung einer Prozesshandlung nur zu deren Wirksamkeit ex nunc (BGHZ 22, 257), so dass einzelne, vor der Heilung vorgenommene Prozesshandlungen unwirksam bleiben können.

3. Entscheidungsform

42 Eine Kontrolle des Urteils sollte mit den Formalia beginnen: Enthält das Urteil die nach § 311 ff., insbesondere § 313 erforderlichen Bestandteile?

Gemäß § 313 hat das Urteil zu enthalten:
1. die Bezeichnung der Parteien, ihrer gesetzlichen Vertreter und der Prozessbevollmächtigten,
2. die Bezeichnung des Gerichts und die Namen der Richter, die bei der Entscheidung mitgewirkt haben,
3. den Tag, an dem die mündliche Verhandlung geschlossen worden ist,
4. die Urteilsformel,
5. den Tatbestand und
6. die Entscheidungsgründe.

Hinzu kommen die Bezeichnung von Gericht und Geschäftsnummer (Aktenzeichen, § 4 AktO), der Verkündungsvermerk (§ 315 III), die Eingangsfloskel »Im Namen des Volkes« (§ 311 I) und die Unterschriften der Richter (§ 315 I). Die Angabe der Urteilsart ist nur bei Versäumnis-, Anerkenntnis- oder Verzichtsurteil vorgeschrieben (§ 313 b I 2), in allen anderen Fällen lediglich üblich.

Die Parteien erhalten nicht das **Originalurteil**, sondern lediglich eine **Ausfertigung** zugestellt (§ 317). Zu unterscheiden ist deswegen, ob ein Mangel am Originalurteil vorhanden ist – was sich nur durch eine Einsicht in die Gerichtsakte feststellen lässt – oder ein Mangel an der zugestellten Ausfertigung. 43

Mängel am Originalurteil können dazu führen, dass eine wirksame Entscheidung gar nicht vorliegt. Eine Berufung wäre dann nicht möglich. Es besteht indes Einigkeit dahin, dass auch solche Urteile aufgrund des von ihnen ausgehenden Rechtsscheins beschwerende Wirkungen entfalten können und es deswegen möglich sein muss, sie mit der Berufung anzugreifen (dazu unten Rn. 124).

Mängel an der Ausfertigung stehen nicht der Wirksamkeit des Urteils, wohl aber der der Zustellung entgegen. Damit liegt zwar eine mit der Berufung anfechtbare Entscheidung vor, die Berufungsfrist aber hat regelmäßig nicht zu laufen begonnen (dazu unten Rn. 188).

Im folgenden soll zunächst auf mögliche Mängel des (Original)Urteils eingegangen werden, Mängel der Ausfertigung sind bei der Frage darzustellen, ob die Berufungsfrist in Gang gesetzt wurde (Rn. 188).

a) Urteilseingang und Verkündungsvermerk

Das Fehlen der **Eingangsfloskel** ist unschädlich (LG Dortmund WoM 95, 548). 44

Fehler im **Rubrum** (§ 313 Nr. 1 bis 3) können (und sollten zur Vermeidung von Schwierigkeiten für Zwangsvollstreckung und Rechtskraft) nach § 319 berichtigt werden (dazu unten Rn. 169), Anlass für eine Berufung sind sie nicht. Dies gilt auch für die Angabe der Geschäftsnummer (Aktenzeichen). 45

Unschädlich ist zudem das Fehlen des **Verkündungsvermerks**, sei es auf der Urteilsurschrift, sei es auf der Ausfertigung. Die wirksame Verkündung wird allein durch das Sitzungsprotokoll, nicht durch den Vermerk bewiesen (BGH VersR 89, 604), für die Wirksamkeit der Zustellung ist der Vermerk nicht von Bedeutung (BGHZ 8, 303). 46

b) Unterschrift der Richter

Fehlt die (wirksame) Unterschrift eines Richters, so ist zunächst zu prüfen, ob diese nicht nach § 315 I 2 ersetzt wurde. 47

Dann ist allerdings erforderlich, dass ein ausreichender **Verhinderungsvermerk** vorhanden ist. Dieser muss erkennen lassen, wessen Unterschrift ersetzt wird, warum dieser an der eigenen Unterschriftsleistung verhindert ist (BGH VersR 84, 586) und durch wen die Ersetzung vorgenommen wird (BGH NJW 61, 782).

Ist die fehlende Unterschrift nicht wirksam ersetzt worden, so hängen die Folgen des Fehlens von der Form der Verkündung des Urteils ab.

48 Ist das Urteil **nach § 311 verkündet** worden, so liegt ein wirksames, aber mangelhaftes Urteil vor. Eine wirksame Ausfertigung dieses Urteils kann wegen § 317 II nicht erteilt werden, die Zustellung einer dennoch erteilten Ausfertigung setzt die Berufungsfrist nicht in Gang (BGH VersR 78, 138).

Ein solches Urteil kann gemäß § 517 innerhalb von sechs Monaten ab Verkündung mit der Berufung angefochten werden.

49 Soll das Urteil **durch Zustellung verkündet** werden (§ 310 III), geht dies ohne Unterschrift nicht (§ 317 II). In diesem Fall liegt nur ein Urteilsentwurf vor, dessen Zustellung Rechtsmittelfristen nicht in Gang setzt und das nicht Gegenstand eines Rechtsmittelverfahrens sein kann (Zöller/*Vollkommer* § 315, Rn. 8). Ist den Parteien eine Urteilsausfertigung mit Unterschriften zugestellt worden, so dürfen sie nach den Grundsätzen des Scheinurteils auf dessen Wirksamkeit vertrauen. Eine gegen ein solchermaßen fehlerhaftes Urteil eingelegte Berufung ist dann wirksam.

Die Berufung gegen ein solches Scheinurteil kann nicht nur fristfrei eingelegt werden, sondern ist grundsätzlich von keiner Zulässigkeitsvoraussetzung abhängig. Dazu unten Rn. 124.

50 Zwar kann ein Rechtsmittel auf den Verfahrensmangel der fehlenden Unterschrift gestützt werden, die fehlende Unterschrift aber kann jederzeit **nachgeholt** werden (BGH NJW 98, 610; Rn. 38). Hierzu kann das Rechtsmittelgericht die Akte an das Erstgericht zurücksenden, wodurch der Verfahrensmangel entfällt und dem Rechtsmittel die Grundlage entzogen wird (BGHZ 18, 530).

c) Urteilsformel

51 Besondere Bedeutung bei der Urteilskontrolle kommt der Urteilsformel (dem Tenor) zu. Diese muss einerseits dem von der Partei gestellten **Antrag** entsprechen (§ 308 I), andererseits muss sie eine geeignete Grundlage für die **Zwangsvollstreckung** abgeben (§ 704 I).

Die Urteilsformel ist Teil ein viergliedrigen Kette, die mit dem materiellen Anspruch des Gläubigers beginnt, sich über den vom ihm gestellten Antrag hin zum Urteilstenor fortsetzt und mit der Zwangsvollstreckung endet. Jedes Glied der Kette ist einerseits von den vorherigen Gliedern abhängig und muss andererseits auf die nachfolgenden Glieder Rücksicht nehmen. Aus dem materiellen Anspruch ergibt sich, was der Kläger vom Beklagten verlangen kann. Er ist damit Grundlage für den Klageantrag (§ 253 II Nr. 2), mit dem der Kläger sein Prozessziel formuliert. Über diesen Klageantrag hat das Gericht mit dem Tenor zu entscheiden (§ 308 I), der seinerseits die Zwangsvollstreckung bestimmt (§§ 803 ff., 883 ff.).

Erforderlich ist damit zunächst, dass der Urteilstenor den Antrag vollständig ausschöpft, die Klage also, soweit ihr nicht stattgegeben wird (zumindest im Übrigen) abweist. Dies gilt auch für die geltend gemachten Nebenforderungen, regelmäßig den Zinsanspruch, der im Fall der Klagestattgabe mit Zinshöhe und Beginn der Verzinsungspflicht anzugeben ist.

Korrekt formuliert ist der Hauptsachetenor, wenn er das Ergebnis des Prozesses so knapp wie möglich und so detailliert wie erforderlich beschreibt. Wegzulassen sind einerseits alle überflüssigen Bestandteile, insbesondere Begründungselemente (»Schmerzensgeld«). Etwas anderes kann gelten bei Urteilen ohne Tatbestand und Entscheidungsgründe (§ 313 a), wo für den Umfang der Rechtskraft eine Bestimmung des Streitgegenstands im Tenor erfolgen kann, und bei materiellrechtlich notwendigen Beschränkungen der Leistungspflicht (Verurteilung »als Gesamtschuldner« oder »als Bürge«, BGH WM 68, 918). Erforderlich ist andererseits, dass der Tenor aus sich selbst heraus verständlich und (weil die vollstreckbare Ausfertigung Tatbestand und Entscheidungsgründe nicht enthalten muss; §§ 317, 750) vollstreckbar ist. Schwierigkeiten dabei ergeben sich insbesondere bei Herausgabe- und Unterlassungsurteilen, wo die herauszugebende Sache bzw. das zu unterlassende Verhalten hinreichend konkret bezeichnet werden muss (BGH NJW-RR 96, 1195).

Leistungsurteile sollen regelmäßig mit der Floskel »Der Beklagte wird verurteilt, ...«, Feststellungsurteile mit »Es wird festgestellt, dass ...« eingeleitet werden. Zahlungsverurteilungen müssen seit dem 1. 1. 2002 auf Euro lauten, auch wenn der materielle Anspruch aus DM berechnet wird.

Ganz ausnahmsweise kann die Urteilsformel völlig fehlen (§ 313 b II 4).

Fehler im Urteilstenor sind selten. Selbst wenn sie vorliegen, machen sie das Urteil nur ausnahmsweise mit der Berufung angreifbar. 52

Überflüssige Bestandteile des Tenors sind unschädlich, Unklarheiten in der Formulierung sind durch Auslegung zu beseitigen (BGH NJW 97, 3448), wozu auch die Entscheidungsgründe herangezogen werden können.

Bei unvollständigem Tenor ist zu unterscheiden: Hat das Gericht bewusst nicht über den offenen Rest entschieden, liegt ein Teilurteil vor, so dass das Verfahren erster Instanz diesbezüglich fortgesetzt wird. Ist das Gericht irrtümlich davon ausgegangen, der nicht entschiedene Teil sei (zum Beispiel infolge einer Rücknahme) nicht mehr rechtshängig, kommt möglicherweise eine Tatbestands- oder Urteilsberichtigung (§§ 319, 320) in Betracht. Hat das Gericht den Teil versehentlich übergangen, kann das Urteil ergänzt werden (§ 321). Eine Berufung ist in keinem Fall möglich, da mangels Vorliegen einer Entscheidung keine Beschwer gegeben ist; das Unterlassen einer Entscheidung stellt weder eine formelle noch eine materielle Beschwer dar (dazu unten Rn. 127). Etwas anderes gilt nur, wenn durch die Nichtberücksichtigung das anzufechtende Urteil inhaltlich falsch wird, so beim Fehlen eines Vorbehalts (§ 302).

53 Auf Mängel des Tenors gestützt werden kann eine Berufung nur, wenn es sich um schwere formelle Mängel handelt, oder wenn das Gericht über den vom Kläger gestellten Antrag hinaus gegangen ist. In beiden Fällen kann der Verfahrensfehler aber in der Berufungsinstanz geheilt werden (Rn. 38).

Hat das Gericht dem Kläger mehr zugesprochen als beantragt, begründet dies eine Beschwer des Beklagten, die mit der Berufung angegriffen werden kann. Der in dem Verstoß gegen § 308 liegende Verfahrensfehler kann in der Berufung dadurch geheilt werden, dass der Kläger sich (im Wege der Anschlussberufung, gegebenenfalls auch nur hilfsweise) die Antragsüberschreitung zu eigen macht (BGH NJW 99, 61), wovon im Wege der Auslegung möglicherweise schon dann auszugehen ist, wenn er lediglich Zurückweisung der auf die Antragsüberschreitung gestützten Berufung des Beklagten beantragt (BGH NJW 90, 1910). Wird die Antragsüberschreitung in der Berufungsinstanz Streitgegenstand, ist die Berufung unbegründet.

Ist der Tenor unbestimmt, unklar, widersprüchlich oder aufgrund sonstiger Mängel nicht vollstreckbar und lassen sich diese Mängel auch im Wege der Auslegung nicht beheben, kann das Urteil zwar mit der Berufung angefochten werden, im Berufungsurteil erfolgt dann jedoch lediglich eine ordnungsgemäße Tenorierung. Für den Beklagten stellt dies nur ausnahmsweise einen Sacherfolg dar.

Ist ein fehlerhaft tenoriertes Urteil formell rechtskräftig geworden, kann es – soweit möglich – als Feststellungsurteil (teilweise) materielle Rechtskraft entfalten, ansonsten ist es völlig wirkungslos und steht einer neuen Klage nicht entgegen (BGHZ 142, 393).

d) Urteilstatbestand

54 Häufig unterschätzt wird die Bedeutung des Tatbestands. In diesem sollen die erhobenen Ansprüche und die dazu vorgebrachten Angriffs- und Verteidigungsmittel dargestellt werden (§ 313 II). **Funktion** der ersten Instanz ist die vollständige Ermittlung des Sachverhalts, der im Tatbestand festgehalten wird und in dieser Form die Entscheidungsgrundlage für alle Instanzen bis hin zur Revision darstellt.

Das Berufungsgericht hat seiner Verhandlung und Entscheidung nach § 529 I Nr. 1 grundsätzlich die vom Gericht des ersten Rechtszugs festgestellten Tatsachen zugrunde zu legen. Eine abweichende eigene Tatsachenfeststellung – sei es aufgrund unrichtig festgestellter erstinstanzlicher Tatsachen, sei es aufgrund neuen Vortrags der Parteien – ist nur ausnahmsweise möglich. Im Berufungsurteil wird auf die tatsächlichen Feststellungen des erstinstanzlichen Urteils unter Darstellung etwaiger Änderungen oder Ergänzungen Bezug genommen (§ 540 I Nr. 1), der Beurteilung des Revisionsgerichts unterliegt nach § 559 I nur dasjenige Parteivorbringen, das aus dem Berufungsurteil ersichtlich ist.

Die Bindung der Rechtsmittelinstanzen an die erstinstanzlich »festgestellten Tatsachen« umfasst alle der Entscheidung zugrunde gelegten Tatsachen, unabhängig davon, ob diese durch eine Beweisaufnahme oder durch die Bewertung als unstreitig festgestellt wurden (Rn 339).

Welche Tatsachen der Entscheidung in erster Instanz zugrunde gelegt wurden, 55
ergibt sich aus dem Tatbestand. Dieser stellt eine öffentliche Urkunde dar (§§ 415, 417, 418) und erbringt **Beweis** für das Vorbringen der Parteien (§ 314). Bewiesen ist sowohl, dass eine im Tatbestand enthaltene Tatsache von den Parteien vorgetragen wurde, als auch, dass eine im Tatbestand nicht dargestellte Tatsache nicht vorgetragen wurde (BGH VersR 90, 974; *Schumann* NJW 93, 2786).

Tatbestand i. S. d. § 314 ist nicht nur der so bezeichnete Teil des Urteils. Dazu gehören alle tatsächlichen Feststellungen des Gerichts, auch dann, wenn sie sich in den Entscheidungsgründen finden. Tatbestandlich festgestellt ist nicht nur das ausdrücklich wiedergegebene Vorbringen der Parteien, sondern gemäß § 313 II 2 auch das durch Verweisungen auf den Akteninhalt in Bezug genommene Vorbringen (BGH NJW-RR 96, 379). Bedenkenlos wirksam sind indes nur konkrete Einzelverweisungen, das heißt Verweisungen wegen einer genau bezeichneten Einzelheit auf einen genau bezeichneten Teil der Akte. Pauschale Bezugnahmen (»Wegen des Parteivorbringens im Übrigen wird auf den Inhalt der Akte verwiesen«) sind nach h. M. unwirksam (OLG Hamburg NJW 88, 2678). § 313 II verlangt eine Aufnahme des wesentlichen Vorbringens in den Tatbestand und lässt eine Verweisung nur wegen Einzelheiten zu. Wo die Grenze der Zulässigkeit genau verläuft, ist Frage des Einzelfalles und kaum sicher zu prognostizieren (vgl. auch Rn. 177, 325). Ist wesentliches Vorbringen im Tatbestand nicht ausdrücklich erwähnt und ein Tatbestandsberichtigungsantrag unterblieben, kann zumindest versucht werden, das Vorbringen erster Instanz mit der pauschalen Verweisung des Tatbestands zu beweisen.

Trotz ihrer Aufnahme in den Tatbestand nicht von der Beweiskraft des § 314 erfasst werden rechtliche Wertungen der Parteien, Prozesstatsachen oder Zeugenaussagen. Keine Beweiskraft kommt einem widersprüchlichen Tatbestand zu (BGH NJW 99, 1339).

Dass der Tatbestand das Vorbringen der Parteien falsch oder unvollständig wiedergibt, kann nur durch das **Sitzungsprotokoll** bewiesen werden.

Dabei muss es sich um das Protokoll der letzten mündlichen Verhandlung handeln, ein früheres Protokoll reicht nicht, da die dortigen Feststellungen in einer späteren Verhandlung überholt worden sein können. Aus dem gleichen Grund reicht auch der Nachweis vom Tatbestand abweichenden Vortrags durch einen vorbereitenden Schriftsatz nicht aus. Beweiskräftig ist nur eine ausdrückliche Feststellung im Protokoll, dessen bloßes Schweigen beweist gar nichts (BGH VersR 84, 946). Praktisch möglich ist ein solcher Gegenbeweis häufig bei falsch wiedergegebenen Anträgen, die stets ins Protokoll aufgenommen sind, während Tatsachenvortrag nur ausnahmsweise protokolliert ist.

56 Dem Tatbestand des erstinstanzlichen Urteils kommt deswegen für die Berufung gleich in mehrfacher Hinsicht **Bedeutung** zu: Aus ihm folgt zum einen, ob ein Vorbringen »neu« i. S. d. § 529 I Nr. 2 ist und deswegen den Beschränkungen des § 531 II unterliegt (Rn. 352). Zum anderen können sich aus ihm konkrete Anhaltspunkte für Zweifel an der Richtigkeit oder Vollständigkeit der entscheidungserheblichen Feststellungen ergeben, die eine erneute Tatsachenfeststellung gebieten (§ 529 I Nr. 1; Rn. 345).

Zu der streitigen Frage, ob Zweifel an der Richtigkeit oder Vollständigkeit der entscheidungserheblichen Feststellungen sich auch aus einer erkennbaren Divergenz von Akteninhalt (vorbereitenden Schriftsätzen) und Tatbestand ergeben können (Rn. 175, 344, 352).

57 Sorgfältiger **Prüfung** bedürfen deswegen die Fragen:

- Sind alle von der Partei vorgetragenen Angriffs- und Verteidigungsmittel im Tatbestand wiedergegeben?
- Sind alle im Tatbestand wiedergegebenen Angriffs- und Verteidigungsmittel auch von der Partei vorgetragen worden?
- Sind die im Tatbestand wiedergegebenen Angriffs- und Verteidigungsmittel richtig (als unstreitig oder streitig) wiedergegeben?

Dabei kommt dem Aufbau des Tatbestands entscheidende Bedeutung zu. Der Inhalt des Einleitungssatzes ist nicht Vorbringen der Parteien, erst recht folgt aus ihm nicht, ob darin enthaltene Tatsachen streitig oder unstreitig sind. Als unstreitig hat das Gericht diejenigen Tatsachen angesehen, die sich in direkter Rede in dem an den Einleitungssatz anschließenden Abschnitt finden. Es folgen die Abschnitte, in denen – getrennt durch die Anträge – in indirekter Rede das streitige Vorbringen von Kläger und Beklagtem wiedergeben wird. Regelmäßig am Ende steht die entscheidungserhebliche Prozessgeschichte, insbesondere (meist in Form der Verweisung) das Ergebnis einer Beweisaufnahme.

Ausnahmsweise kann Streitiges auch im Unstreitigen (und umgekehrt) dargestellt werden, wenn es entsprechend kenntlich gemacht ist. Dazu kann die Darstellung in direkter bzw. indirekter Rede genügen. Vortrag, der sich im Tatbestand nicht findet, kann auch in den Entscheidungsgründen dargestellt sein.

Ergeben sich hierbei wesentliche Fehler, ist zur Vorbereitung der Berufung ein Antrag auf Ergänzung oder Berichtigung des Tatbestands geboten (dazu unten Rn. 175 ff.). Mit der Berufung selbst ist eine **Abänderung** des Tatbestands nicht zu erreichen (OLG Stuttgart NJW 69, 2056), selbst wenn im Berufungsurteil das Vorbringen der Partei in erster Instanz anders dargestellt wird, kommt dem für die Revisionsinstanz keine Bedeutung zu (BGHZ 96, 90). 58

Versäumnis-, Anerkenntnis- und Verzichtsurteil enthalten keinen Tatbestand (§ 313 b). **Fehlt** ein **Tatbestand** bei einem anderen Urteil, so ist Vorsicht geboten. Möglich ist, dass das Gericht einen Fall des § 313 a angenommen hat. Danach bedarf es eines Tatbestands nicht, wenn ein Rechtsmittel gegen das Urteil unzweifelhaft nicht zulässig ist oder beide Parteien auf ein Rechtsmittel gegen das Urteil verzichtet haben (§ 313 a I 1, II) 59

Diese Voraussetzungen für das Weglassen des Tatbestands stünde der Einlegung der Berufung entgegen. Ihr Vorliegen bedarf deswegen sorgfältiger Prüfung. Wird Berufung eingelegt, empfiehlt es sich, die vom erstinstanzlichen Gericht angenommene Unzulässigkeit ausdrücklich zu widerlegen.

Probleme können sich insbesondere bei der Frage ergeben, ob ein wirksamer Rechtsmittelverzicht vorliegt (dazu näher unten Rn. 438). Da der Verzicht formlos und damit auch konkludent möglich ist, wird vereinzelt vertreten, der bloße Verzicht auf die Begründung einer Entscheidung beinhalte zugleich den Verzicht auf ein Rechtsmittel (OLG Köln MDR 00, 472; a. A. *Schneider* MDR 00, 987 m. w. N.; OLG Braunschweig MDR 01, 1009 m. Anm. *Schneider*). Wenn die Verzichtserklärung in erster Instanz nicht mit einem eindeutigen Zusatz versehen war (»ohne Verzicht auf ein Rechtsmittel«) besteht damit die Gefahr einer Berufungsverwerfung.

Liegt kein Ausnahmefall nach §§ 313 a, 313 b vor, so stellt das völlige Fehlen eines Tatbestands einen wesentlichen Verfahrensmangel dar, der die Aufhebung und Zurückverweisung rechtfertigt (§ 538 II Nr. 1).

e) Entscheidungsgründe

Zentrale Bedeutung für die Frage einer Fehlerhaftigkeit des erstinstanzlichen Urteils und damit für die Erfolgsaussichten einer Berufung kommt naturgemäß den Entscheidungsgründen zu. 60

Nur in den Fällen der §§ 313 a, 313 b kann ein **Urteil ohne Entscheidungsgründe** ergehen. Soll ein Urteil ohne Entscheidungsgründe angefochten werden, gelten die zum Fehlen eines Tatbestands gemachten Ausführungen entsprechend (oben Rn. 59).

Ansonsten enthalten die Entscheidungsgründe eine kurze Zusammenfassung der Erwägungen, auf denen die Entscheidung in tatsächlicher und rechtlicher Hinsicht beruht (§ 313 III). Die Entscheidungsgründe dienen damit der Selbstkontrolle des Gerichts, der Überzeugung der Parteien, insbesondere der unterlegenen Partei, und der Nachvollziehbarkeit der Entscheidung für das Berufungsgericht.

61 Die **Kontrolle** der Entscheidungsgründe dient der Frage nach der inhaltlichen Richtigkeit der Entscheidung (dazu unten Rn. 70 f.), sollte aber mit einer formellen Prüfung begonnen werden. Ob die Gründe vollständig und überzeugend sind, erschließt sich häufig bereits aus einem Blick auf den Aufbau. Dieser folgt den Grundsätzen der Logik und ist deswegen nicht beliebig (*Huber* JuS 02, 483, 593, 690).

An den Beginn der Entscheidungsgründe gehört die Darlegung der Zulässigkeit der Klage. Nur wenn die Sachentscheidungsvoraussetzungen vorliegen, kann das Gericht zur Begründetheit oder Unbegründetheit der Klage Aussagen treffen. Die Zulässigkeit der Klage darf deswegen nicht dahin gestellt bleiben (BGH WM 78, 470). Ausführungen zur Zulässigkeit sind indes nur insoweit erforderlich, als einzelne Voraussetzungen auch wirklich zweifelhaft sind (zur inhaltlichen Prüfung der Zulässigkeitsvoraussetzungen Rn. 65 ff.). Liegt die Zulässigkeit der Klage für jeden prozessual erfahrenen Beteiligten offen zutage, bedarf sie keiner näheren Darlegung, in diesem Fall ist auch die ohne nähere Begründung isoliert gebrauchte Floskel »Die Klage ist zulässig« nicht bloß entbehrlich, sondern überflüssig. Das Fehlen von Ausführungen zur Zulässigkeit der Klage in den Entscheidungsgründen stellt deswegen keinen Mangel des Urteils dar, sondern macht nur deutlich, dass das Gericht in diesem Bereich Probleme nicht gesehen, die Klage unbedenklich für zulässig gehalten hat.

Am Ende der Entscheidungsgründe werden die prozessual erforderlichen Nebenentscheidungen (Kosten, vorläufige Vollstreckbarkeit, Rechtsmittelzulassung) begründet (dazu unten Rn. 72 ff.). Verbreitet beschränkt sich die Begründung hier auf die Angabe der Rechtsgrundlage (*Furtner*, Das Urteil im Zivilprozess, 5. Aufl., S. 459) und ist damit häufig weder überzeugend noch auch nur nachvollziehbar begründet. Solche formellen Lücken stellen aufgrund ihrer Allgemeinüblichkeit keinen Mangel dar.

Im Hauptteil dazwischen erfolgt die Darlegung der Begründetheit oder Unbegründetheit der Klage.

62 **Begründet** ist die Klage, wenn eine Anspruchsgrundlage mit all ihren Voraussetzungen erfüllt ist und Gegenrechte des Beklagten nicht durchgreifen. Bei der begründeten Klage müssen die Gründe deswegen eine Anspruchsgrundlage vollständig mit sämtlichen Voraussetzungen darlegen und sich mit allen Verteidigungseinwänden des Beklagten auseinandersetzen.

Unbegründet ist eine Klage, wenn keine Anspruchsgrundlage mit ihren sämtlichen Voraussetzungen vorliegt oder ein Gegenrecht des Beklagten durchgreift. Bei der unbegründeten Klage müssen in den Entscheidungsgründen deswegen alle in Betracht kommenden Anspruchsgrundlagen mit jeweils einer fehlenden Voraussetzung oder ein durchgreifendes Gegenrecht des Beklagten dargelegt sein.

Fehler in diesem Aufbau rechtfertigen eine Anfechtung des Urteils nicht aus sich selbst heraus, sind aber regelmäßig Indizien für eine unrichtige oder unvollständige Sachbehandlung und weisen deswegen häufig auf einen Rechtsfehler hin.

Wegen möglicher inhaltlicher Fehler Rn. 70.

Ist der Aufbau prinzipiell richtig, muss die formelle Prüfung auf die Frage ausgedehnt werden, ob die Gründe **vollständig und überzeugend** sind. Zudem sollte ein besonders Augenmerk bereits an dieser Stelle auf eventuell überflüssige Bestandteile der Begründung gerichtet werden, weil diese für die spätere Begründung der Berufung Bedeutung erlangen können. **63**

Werden wesentliche, für die Entscheidung erhebliche Tatsachenbehauptungen der Parteien in den Entscheidungsgründen nicht behandelt und ist deswegen zu vermuten, dass das Gericht den Vortrag nicht zur Kenntnis genommen oder ersichtlich nicht erwogen hat, so stellt dies zumindest einen Verfahrensmangel, gegebenenfalls sogar eine Verletzung des Anspruchs auf rechtliches Gehör dar (BVerfG NJW 80, 278).

In den Entscheidungsgründen haben Ausführungen, die die getroffene Entscheidung nicht tragen, keinen Platz. Obiter dicta (beiläufige Bemerkungen), allgemeine und lehrbuchhafte Ausführungen zu Rechtsfragen sind stets überflüssig, zeugen von wenig souveräner Urteilstechnik des Gerichts, begründen aber weder eine Beschwer noch eine Rechtsverletzung und rechtfertigen deswegen die Berufung grundsätzlich nicht.

Etwas anderes gilt für **Hilfsbegründungen**. Für die Entscheidung hätte bereits die Hauptbegründung ausgereicht, so dass es der zum gleichen Ergebnis führenden Hilfsgründung nicht bedurft hätte. Ein wirksamer Berufungsangriff setzt hier aber voraus, dass sowohl die Haupt- als auch die Hilfsbegründung angegriffen wird (dazu unten Rn. 293, 324).

Beispielsfall: Das Landgericht hat die Klage abgewiesen. In den Entscheidungsgründen wird ein Anspruch aus § 812 BGB mangels Leistung des Klägers an den Beklagten verneint, wolle man dennoch eine Leistung annehmen, so liege hierfür ein Rechtsgrund vor. Beschränkt der Kläger hier seine Berufung auf Ausführungen zur Leistung, fehlt es an einem wirksamen Angriff gegen die Hilfsbegründung, so dass das Rechtsmittel mangels wirksamer Begründung unzulässig ist (BGH NZBau 00, 204; BGH NJW 98, 3126 m. w. N.).

4. Entscheidungsinhalt

a) Zulässigkeit der Klage

64 Nur selten von Bedeutung für die Berufung sind die Zulässigkeitsvoraussetzungen der Klage. Geprüft werden sollten diese im Rahmen einer Prüfung möglicher Erfolgsaussichten der Berufung aber immer.

Die Berufung gegen ein klagestattgebendes Urteil kann erfolgreich sein, wenn sich die Unzulässigkeit der Klage feststellen lässt, die Berufung gegen ein klageabweisendes Urteil kann nur dann erfolgreich sein, wenn Bedenken an der Zulässigkeit der Klage nicht bestehen. In all diesen Fällen reicht regelmäßig eine kursorische Prüfung der Zulässigkeitsvoraussetzungen aus. Dies gilt insbesondere für alle in den Gründen des anzufechtenden Urteils nicht besonders angesprochenen Zulässigkeitsvoraussetzungen. Deren Vorliegen hat das Gericht regelmäßig als unproblematisch erfüllt angesehen (Rn. 61).

Fehlende Zulässigkeitsvoraussetzungen können nachträglich geschaffen, Mängel insoweit teilweise auch noch in zweiter Instanz geheilt werden.

Einer intensiven **Prüfung** bedürfen diejenigen Zulässigkeitsvoraussetzungen, die im anzufechtenden Urteil besonders angesprochen sind. Zum einen hatte das erstinstanzliche Gericht bezüglich dieser Punkte Anlass zu Zweifeln, über die in zweiter Instanz nicht leichtfertig hinweggegangen werden sollte, zum anderen ist zu erwarten, dass der Gegner diese Punkte aufgreifen und versuchen wird, über sie zum Erfolg zu gelangen.

Der in der Lehre noch immer nicht entschiedene Streit über den möglichen **Vorrang** einzelner Zulässigkeitsvoraussetzungen vor anderen (Th/P/*Reichold*, vor § 253 Rn. 8 m. w. N.) ist praktisch nicht von Bedeutung. Die Klage ist nur zulässig, wenn alle Voraussetzungen vorliegen, fehlt eine Voraussetzung, ist eine Sachentscheidung nicht möglich. Die Prüfungsreihenfolge ist deswegen genauso wenig von Bedeutung wie eine Einteilung in einzelne Gruppen.

Die nachfolgende Darstellungsreihenfolge und Einteilung der Zulässigkeitsvoraussetzungen nach ihrem Bezugsobjekt ist deswegen nicht dogmatisch bedingt, sondern dient allein der leichteren Orientierung.

65 Zulässigkeitsvoraussetzungen, die auf Seiten der Parteien (und nicht nur für die Klage, sondern für alle Prozesshandlungen) vorliegen müssen, sind

- die **Parteifähigkeit**, das heißt die Fähigkeit, Partei eines Prozesses sein zu können. Diese kommt nach § 50 jedem zu, der rechtsfähig ist, also natürlichen Personen (§ 1 BGB) genauso, wie juristischen Personen (zum Beispiel §§ 21 BGB, 1 I AktG). OHG und KG stehen den juristischen Personen gleich (§ 124 HGB), die Gesellschaft bürgerlichen Rechts wird von der neueren Rechtsprechung ebenfalls als uneingeschränkt parteifähig angesehen (BGH NJW 01, 1056).

- die **Prozessfähigkeit**, das heißt die Fähigkeit, einen Prozess selbst führen zu können. § 52 knüpft dabei an die materielle Geschäftsfähigkeit an (§§ 2, 104, 106 BGB). Beschränkt geschäftsfähige Minderjährige sind genauso wie juristische Personen prozessunfähig und bedürfen deswegen der Vertretung (siehe unten). Unter Betreuung stehende Personen bleiben geschäfts- und damit prozessfähig, solange kein Einwilligungsvorbehalt angeordnet ist (§ 1903 BGB); divergierende Prozesshandlungen von Betreuer und Betreutem verhindert § 53.
- die **Postulationsfähigkeit**, das heißt die Fähigkeit, vor Gericht selbst auftreten zu können. Diese Fähigkeit kommt im Parteiprozess (Zivilsachen vor dem Amtsgericht) jeder prozessfähigen Person (§ 79), im Anwaltsprozess (alle übrigen Verfahren) nur zugelassenen Rechtsanwälten zu (§ 78; dazu Rn. 1).
- die **Prozessführungsbefugnis**, das heißt die Befugnis, das mit der Klage verfolgte Recht im eigenen Namen geltend zu machen (§ 51). Grundsätzlich können im eigenen Namen nur eigene Rechte geltend gemacht werden, zur Geltendmachung fremder Rechte ist eine besondere Ermächtigung (Prozessstandschaft) erforderlich, die sich aus Gesetz oder aus einer Vereinbarung mit dem Rechtsinhaber ergeben kann.
- die **Vertretungsbefugnis**, das heißt die Befugnis, im fremden Namen (für die Partei) auftreten zu können (§ 51). Eine solche Befugnis kann sich aus einer gesetzlichen Vertretungsmacht (zum Beispiel § 1629 BGB; § 35 GmbHG), aus einer rechtsgeschäftlich erteilten Vollmacht (§§ 80 ff; §§ 164 ff. BGB) oder aus einer gerichtlichen Anordnung (zum Beispiel § 121) ergeben.

Die Prüfung der Zulässigkeitsvoraussetzungen, die auf Seiten des Gerichts vorliegen müssen, lohnt nur bedingt, weil deren Fehlen mit der Berufung nur eingeschränkt gerügt werden kann (§ 513 II; dazu Rn. 362). Im Einzelnen sind dies: **66**

- die **deutsche Gerichtsbarkeit**, das heißt das Bestehen der Gerichtshoheit der Bundesrepublik Deutschland über Parteien und Streitgegenstand (§§ 18 ff. GVG) .
- die **internationale Zuständigkeit**, mit der die Zuständigkeit der deutschen Gerichte von der Zuständigkeit ausländischer Gerichte abgegrenzt wird, sei es durch spezielle Regelungen (zum Beispiel § 606 a), sei es durch internationale Vereinbarungen (zum Beispiel die EuGVO), hilfsweise auch über den Grundsatz, dass international die deutschen Gerichte immer dann zuständig sind, wenn ein deutsches Gericht örtlich zuständig ist.
- die **Zulässigkeit des Rechtswegs** zu den ordentlichen Gerichten, die nach § 13 GVG für alle bürgerlichen Rechtsstreitigkeiten gegeben ist.
- die **sachliche Zuständigkeit**, nach der ein Rechtsstreit erstinstanzlich beim Amts- oder beim Landgericht beginnt und die primär (aber nicht allein, zum Beispiel §§ 33, 34; §§ 23 a GVG, 61 III GmbHG) vom Streitwert abhängig ist (§ 1; §§ 23, 71 GVG).
- die **örtliche Zuständigkeit**, nach der die Zuständigkeit gleichrangiger Gerichte räumlich voneinander abgegrenzt wird. Die §§ 12 ff. regeln insoweit die Anknüpfungstatsachen, die im Gerichtsbezirk vorliegen müssen, um eine Zuständigkeit zu begründen, die Gerichtsbezirke selbst werden durch die Gerichtsorganisationsgesetze der einzelnen Bundesländer bestimmt. Die Parteien können die gesetzlichen Regelungen der (örtlichen und sachlichen) Zuständigkeiten modifizieren und erwei-

tern (§§ 38 ff.). Häufig stehen mehrere örtliche Zuständigkeiten nebeneinander, insoweit hat der Kläger die freie Wahl (§ 35).

- die **funktionelle Zuständigkeit**, mit der das für eine konkrete Prozesshandlung zuständige Gerichtsorgan bestimmt wird, also zum Beispiel eine Abgrenzung der Zuständigkeitsbereiche von Rechtspfleger und Richter vorgenommen wird (§§ 14 ff. RPflG).

67 Zulässigkeitsvoraussetzungen, die mit Bezug auf die Klage vorliegen müssen, sind

- der Abschluss eines eventuell erforderlichen **außergerichtlichen Güteverfahrens** (§ 15 a EGZPO i. V. m. dem entsprechenden Landesausführungsgesetz; dazu oben Rn. 33).
- eine **ordnungsgemäße Klageerhebung**, insbesondere eine den formellen Anforderungen des § 253 II genügende Klageschrift.
- gegebenenfalls die Voraussetzungen einer **besonderen Klageart**, zum Beispiel nach §§ 33, 256 ff., 323, 592.

68 Zulässigkeitsvoraussetzungen, die mit Bezug auf den Streitgegenstand vorliegen müssen, sind

- das Fehlen einer bereits **rechtskräftigen Entscheidung** über den Streitgegenstand (§ 322).
- keine **anderweitige Rechtshängigkeit** des Streitgegenstands (§ 261 III Nr. 2).
- das Vorliegen eines **Rechtsschutzbedürfnisses**, das bei der Leistungsklage regelmäßig vermutet wird und praktische Bedeutung nur bei der Feststellungsklage hat (§ 256).
- die **Klagbarkeit des Anspruchs**, das heißt das Fehlen eines materiellen Verbots zur gerichtlichen Durchsetzung des materiellen Rechts (zum Beispiel § 1297 I BGB).

69 Zulässigkeitsvoraussetzungen, die nur auf Geltendmachung durch den Beklagten hin beachtet werden, sind

- die **Einrede der Schiedsgerichtsvereinbarung**, durch die infolge einer Parteivereinbarung der Zugang zum staatlichen Gericht von der vorherigen Anrufung eines privaten Schiedsgerichts abhängig gemacht ist (§ 1027 a).
- die **Einrede der mangelnden Prozesssicherheit** oder Kostenerstattung, bei der der Kläger vor Klageerhebung Sicherheit für die Prozesskosten des Beklagten leisten muss (§§ 110 ff., 269 VI).
- die **Einrede einer sonstigen Vereinbarung** zwischen den Parteien, die der Erhebung einer Klage entgegensteht.

b) Begründetheit der Klage

Die Prüfung, ob die Hauptsacheentscheidung im erstinstanzlichen Urteil richtig ist oder nicht, erfordert eine **materiellrechtliche Begutachtung** des Falles. 70

Die Klageabweisung durch das erstinstanzliche Gericht ist fehlerhaft, wenn es eine Anspruchsgrundlage gibt, die mit all ihren Voraussetzungen erfüllt ist, ohne dass ein Gegenrecht des Beklagten durchgreift. Die Klagestattgabe ist fehlerhaft, wenn keine denkbare Anspruchsgrundlage mit all ihren Voraussetzungen vorliegt oder wenn ein Gegenrecht der Verurteilung entgegensteht.

Ausgangspunkt der Prüfung sind dabei die Entscheidungsgründe des anzufechtenden Urteils, doch darf sie sich darauf nicht beschränken. Erforderlich ist eine **umfassende** Rechtsprüfung, die über die vom erstinstanzlichen Gericht dargestellten Rechtsfragen hinaus geht und im Rahmen einer autonomen und umfassenden Rechtsprüfung alle denkbaren Lösungsansätze einbezieht. Da die Begründung des angefochtenen Urteils sich regelmäßig nur auf einen die Entscheidung tragenden Gesichtspunkt stützt und weitere, am Ergebnis nichts ändernde Gesichtspunkte nicht anspricht (Rn. 62), können dem eigenen Erfolg zusätzliche Hindernisse entgegen stehen die in den Gründen nicht erwähnt sind.

Hat das erstinstanzliche Gericht der Klage unter dem Gesichtspunkt vertraglicher Erfüllung stattgegeben, reicht es nicht aus, mit der Berufung das Fehlen eines wirksamen Vertrages darzutun, wenn auch ein Anspruch auf Herausgabe aus ungerechtfertigter Bereicherung in Betracht kommt. Ist die Schadensersatzklage mangels Verschulden des Beklagte abgewiesen worden, reicht es nicht, dieses zu begründen, wenn auch die Kausalität der Handlung für den eingetretenen Schaden fehlt.

In die materielle Prüfung einbezogen werden sollte auch die Entscheidung über **Nebenforderungen**, insbesondere über den geltend gemachten Zinsanspruch.

Wirtschaftlich macht der Zinsanspruch häufig einen erheblichen Teil der Gesamtforderung aus. Die Geltendmachung als bloße Nebenforderung führt aber zu einer nur kursorischen Darlegung durch die Partei und einer genauso kursorischen Prüfung durch das Gericht. Für die Berufung des Klägers ist zu überlegen, ob der abgewiesene eigene Zinsanspruch näherer Darlegungen bedarf, für die Berufung des Beklagten ist zu prüfen, ob das Gericht eine hinreichende Sachprüfung des zugesprochenen Zinsanspruchs vorgenommen hat

Die bei einer solchen Sachprüfung erforderliche Distanz zu den erörterten 71
Rechtsfragen lässt sich leichter gewinnen, wenn mit der Berufung ein **neuer**

Sachbearbeiter tätig wird (dazu auch oben Rn. 11). Verfolgt der bereits erstinstanzlich tätige Anwalt die Sache weiter, besteht die Gefahr, auf den vorgegebenen Gleisen zu verbleiben, die Chance, den Sachverhalt rechtlich unbefangen neu zu beurteilen ist vertan. In diesem Fall gerät der Anwalt leicht in Nachteil gegenüber dem Gericht, auf dessen Seite stets ein neuer Richter tätig wird (§ 41 Nr. 6).

Die kritische Prüfung des anzufechtenden Urteils darf sich nicht darauf beschränken, die eigene erstinstanzlich vorgetragene Auffassung beizubehalten. Diese muss vielmehr mit dem Urteil verglichen und auf ihre rechtliche und tatsächliche Tragfähigkeit überprüft werden. Die dabei erforderliche sachliche Distanz ist für den bereits erstinstanzlich mit dem Fall befassten Anwalt schwerer zu erreichen als für einem neuen Prozessbevollmächtigten.

Zwar sind mit der Fortdauer der Sachbearbeitung durch den erstinstanzlich Bevollmächtigten sicher auch Vorteile verbunden. Dieser erspart sich eine neue Einarbeitung und verfügt möglicherweise über Kenntnisse aus dem Sachverhalt oder dem Verfahrensablauf, die in der Gerichts- oder Handakte nicht dokumentiert sind. Diese Umstände vermögen aber wegen der auch die Einarbeitung abdeckenden Gebühren des zweitinstanzlichen Bevollmächtigten, der Möglichkeit einer Befragung von Mandant und erstinstanzlichem Bevollmächtigten und der sachlich sinnvollen Prüfung durch einen Unbefangenen die Nachteile nicht aufzuwiegen.

Inhalt und Methodik der gebotenen Sachprüfung ergeben sich aus dem materiellen Recht und können deswegen in der vorliegenden prozessualen Abhandlung keine nähere Darstellung erfahren.

c) Nebenentscheidungen

72 Regelmäßig unterschätzt wird die Bedeutung der Nebenentscheidungen.

Als Nebenentscheidungen bezeichnet man die auch ohne Antrag der Parteien von Amts wegen zu treffenden Entscheidungen über die Kosten des Rechtsstreits (§ 308 II), die vorläufige Vollstreckbarkeit des Urteils (§§ 708 ff.) und die Zulassung der Berufung (§ 511 IV). Sie sind zu unterscheiden von der Entscheidung über die Nebenforderungen, die zur Sachentscheidung gehört (Rn. 70).

Fehler in den Nebenentscheidungen rechtfertigen die Berufung regelmäßig nicht aus sich heraus. Die **isolierte Anfechtung** der Kostenentscheidung ist unzulässig (§ 99 I), die Nichtzulassung der Berufung ist überhaupt nicht anfechtbar, einzig auf die Abänderung des Ausspruchs über die vorläufige Vollstreckbarkeit kann die Berufung beschränkt werden (OLG Nürnberg MDR 89, 363; Th/P/*Putzo* vor § 708 Rn. 16). Dennoch können wirtschaftliche oder rechtliche Nachteile für die Partei aus diesen Nebenentscheidungen ausschlaggebende Bedeutung für die Frage haben, ob die Hauptsacheentscheidung angegriffen und im Rahmen dieser Berufung versucht werden soll, auch eine Abänderung der Nebenentscheidungen zu erreichen.

Die wirtschaftliche Bedeutung der **Kostenentscheidung** erschließt sich, wenn 73
man bedenkt, dass die Kosten eines Rechtsstreits (zumindest unter Einbeziehung der Rechtsmittelinstanz) den Wert der Hauptsache erreichen oder gar überschreiten können.

So betragen bei einem Streitwert von 2.000,– € die Kosten des Rechtsstreits in beiden Instanzen rund 2.800,– €, bei einem Streitwert von 10.000,– € rund 9.500,– €. Zur Berechnung der in zweiter Instanz anfallenden Kosten unten Rn. 79.

Die Prüfung der Kostenentscheidung sollte sich darauf erstrecken, ob das Gericht diese dem Grunde nach auf die richtige Rechtsgrundlage gestützt und – im Fall einer Kostenteilung – die Höhe der auf die Partei entfallenden Quote richtig berechnet hat.

Nicht immer folgt die Kostenentscheidung dem Unterliegensprinzip (»Wer verliert, bezahlt«).

Verdrängt wird dieses insbesondere durch die §§ 93 ff., bei denen Billigkeitserwägungen eine abweichende Kostenverteilung angezeigt erscheinen lassen. Trotz seines Unterliegens trägt der Beklagte keine Kosten, wenn er zur Erhebung der Klage keine Veranlassung gegeben und die Klageforderung sofort anerkannt hat (§ 93). In Ehesachen und bei Vaterschaftsfeststellungen werden die Kosten regelmäßig gegeneinander aufgehoben (§§ 93 a, 93 c).

Unterbleibt eine Sachentscheidung des Gerichts, anhand derer sich das Unterliegen einer Partei feststellen ließe, belastet das Gesetz entweder den Kläger als Veranlasser des Verfahrens mit den Kosten (§ 269 III 2 1. Alt.) oder lässt eine Entscheidung unter Berücksichtigung des bisherigen Sach- und Streitstands nach billigem Ermessen des Gerichts zu (§§ 269 III 3, 91 a I).

Auch im Rahmen des Unterliegensprinzips ist eine völlige Kostenfreistellung der nur geringfügig unterlegenen Partei möglich (§ 92 II). Da seit der ZPO-Reform hier eine aufwändige Vergleichsberechnung anzustellen ist (»geringfügig höhere Kosten verursacht»?), treten viele Gerichte in die Prüfung einer solchen Möglichkeit erst gar nicht ein.

Erfolgt eine Kostenquotelung sollte die ausgeworfene Quote nachgerechnet werden, auch wenn dies – weil die Berechnung in den Entscheidungsgründen regelmäßig nicht mitgeteilt wird – im Einzelfall mühsam ist. Dies gilt insbesondere in den Fällen, in denen nicht bloß eine einfache streitwertbezogene Quotelung erfolgt, sondern (zum Beispiel infolge von Streitwertänderungen innerhalb der ersten Instanz) eine gebührenbezogene Quotelung erforderlich war oder (zum Beispiel im Rahmen einer »Baumbach'schen Kostenformel« bei unterschiedlichem Erfolg von Streitgenossen oder bei Klagehäufung,

Hilfswiderklage, Hilfsaufrechnung) komplexere Berechnungen erforderlich sind. Wegen der dabei anzustellenden Berechnungen sei auf die entsprechende Spezialliteratur verwiesen (zum Beispiel *Olivet*, Die Kostenentscheidung im Zivilprozess, 3. Aufl. 1996).

74 Auch die **Entscheidung zur vorläufigen Vollstreckbarkeit** kann Nachteile für beide Parteien beinhalten.

Ist das Urteil (zum Beispiel nach § 704 II oder weil das Gericht vom Fehlen eines vollstreckungsfähigen Inhalts des Urteils ausging) nicht für vorläufig vollstreckbar erklärt worden, muss der Kläger den Eintritt der Rechtskraft abwarten und trägt das bis dahin bestehende Insolvenzrisiko des Beklagten. Ist das Urteil für vorläufig vollstreckbar erklärt, können dem Kläger Nachteile aus der Notwendigkeit einer vorherigen Sicherheitsleistung (§ 709), ausnahmsweise auch aus der Möglichkeit einer Vollstreckungsabwendung durch den Beklagten (§ 711) erwachsen. Für den Beklagten ergeben sich Nachteile bei fehlender (§ 708 Nr. 1–3) oder nur gegen Sicherheitsleistung zugelassener Abwendung der Vollstreckung (§ 711).

Die Höhe einer (nach § 709 oder § 711) erforderlichen Sicherheitsleistung wird seit der ZPO-Reform in aller Regel nicht mehr vom Prozessgericht festgesetzt. Soweit wegen einer Geldforderung vollstreckt werden soll, genügt es, wenn die Höhe der Sicherheitsleistung in einem bestimmten Verhältnis zur Höhe des jeweils zu vollstreckenden (so nach § 709) oder zur Höhe des aufgrund des Urteils vollstreckbaren (so nach § 711) Betrags angegeben wird.

Der Betrag der Sicherheitsleistung muss höher als der Vollstreckungsbetrag sein, weil er mögliche, über den Vollstreckungsbetrag hinausgehende Vollstreckungsschäden abdecken muss (*König* NJW 03, 1372). Das »bestimmte Verhältnis« nehmen die Gerichte meist mit 110% oder 120% an. Der auf den ersten Blick unscheinbare Unterschied in der Bezugsgröße bei den §§ 709, 711 ermöglicht für den Gläubiger Teilvollstreckungen, schließt aber Teilabwendungen durch den Schuldner aus und ist deswegen praktisch wichtig. Die konkrete Berechnung der Höhe der Sicherheitsleistung erfolgt erst in der Zwangsvollstreckung und muss deswegen dort mit den vollstreckungsrechtlichen Rechtsbehelfen (§§ 751 II, 766) angegriffen werden.

Einer Berechnung der Sicherheitsleistung durch das Prozessgericht bedarf es nach wie vor, wenn das Urteil die Vollstreckung aus einem nicht auf Zahlung gerichteten Anspruch ermöglicht, zum Beispiel auf Herausgabe einer Sache lautet.

Die Einlegung der Berufung alleine hindert die vorläufige Vollstreckung nicht. Erforderlich sind deswegen gegebenenfalls ergänzende Anträge nach den §§ 716, 718, 719, 537 (dazu unten Rn. 250 ff.).

III. Mandantengespräch

Ob die Entscheidung angefochten werden soll, muss mit dem Mandanten **75** erörtert werden. Damit er diese Entscheidung sachgerecht treffen kann, ist eine Beratung über eine ganze Reihe von Teilaspekten erforderlich.

- Welche Vor- und Nachteile sind mit der Anfechtung des Urteils verbunden und hat eine Anfechtung Aussicht auf Erfolg?
  Dazu unten 1., Rn. 77 ff.
- Mit welchen Rechtsbehelfen kann / soll das Urteil angefochten werden?
  Dazu unten 2., Rn. 87 ff.
- Kann/soll das vorliegende Urteil mit der Berufung angefochten werden?
  Dazu unten 3., Rn. 103 ff.
- In welchem Umfang kann/soll das Urteil subjektiv und objektiv angefochten werden?
  Dazu unten 4., Rn. 141 ff.
- Wie kann/soll die Anfechtung finanziert werden?
  Dazu unten 5., Rn. 155 ff.

Die Beratung des Mandaten kann **schriftlich** oder in einem Gespräch erfolgen. **76** Zur Vermeidung haftungsrechtlicher Zweifelsfragen sollte auch im letzteren Fall eine schriftliche Fixierung erfolgen. Zudem sollte eindeutig geklärt werden, bis zu welchem Zeitpunkt eine Entscheidung vorliegen muss, gegebenenfalls ist dem Mandanten hierzu eine Frist zu setzen.

Unterschiedliche Ansichten existieren zu der Frage, wie **nachdrücklich** eine Beratung des Mandanten zu sein hat. Vertreten wird, dem Mandaten müsse die Sach- und Rechtslage, insbesondere das mit der Anfechtung verbundene Risiko »deutlich vor Augen geführt werden« (BGH NJW 93, 2676; BGH NJW 00, 725), in klaren Fällen sei ihm »mit Nachdruck« oder »dringend« zur Einlegung oder Nichteinlegung zu raten. Vereinzelt wird sogar gefordert, die Ablehnung der Mandatsübernahme oder die Mandatsniederlegung zumindest anzudrohen (*Schlee* AnwBl. 89, 223; OLG Hamm AnwBl 87, 331). Letzteres ist sicher überzogen. Im Übrigen kann nur im Einzelfall unter Berücksichtigung der Erfolgsaussichten einer Berufung einerseits und der Rechtserfahrenheit und Einsichtsfähigkeit der Partei andererseits abgewogen werden, wie deutlich der eigene Rat zu formulieren ist.

Liegt bis zum Ablauf der Berufungsfrist eine eindeutige Entscheidung des Mandanten nicht vor, wird verbreitet eine **vorsorgliche Berufungseinlegung** angeraten, gegebenenfalls beschränkt auf einen später erweiterbaren Teil des Streitgegenstands (*Commicheau* Rn. 403; *Rinsche* Rn. 181 f.). Die Rechtsprechung verlangt dies nicht (OLG Karlsruhe AnwBl 79, 64), ohne besondere Umstände nicht einmal, dass vor Ablauf der Frist nochmals ausdrücklich nachgefragt wird (BGH NJW 02, 292). Dennoch handelt es sich um eine für den Anwalt missliche, haftungsträchtige Situation. Er läuft entweder Gefahr wegen Nichteinlegung der Berufung Schadensersatz leisten oder wegen auftragsloser Berufungseinlegung die damit verbundenen Kosten tragen zu müssen. Zumindest abgemildert werden kann diese Konfliktsituation, indem der Partei mit der zur Entscheidung gesetzten Frist auch mitgeteilt wird, wie bei Untätigbleiben verfahren werden wird.

1. Abwägung der Anfechtung

77 Wesentlich für die Frage, ob eine Anfechtung des Urteils erfolgen soll, sind für den Mandanten regelmäßig eine Abwägung der damit verbundenen Vor- und Nachteile und eine Abschätzung der Erfolgsaussichten.

a) Vor- und Nachteile der Anfechtung

78 Für eine Anfechtung des Urteils spricht, dass damit eine Reihe von Vorteilen verbunden sein kann.

Im Vordergrund steht dabei die Möglichkeit, eine **Abänderung** des materiellen Ergebnisses zu erreichen.

Der verurteilte Beklagte kann Klageabweisung erreichen, der mit seine Klage abgewiesene Kläger Verurteilung des Beklagten. Der Umfang der Abänderung ist nicht bloß auf die Hauptforderung beschränkt, sondern kann auch die Nebenforderungen (Zinsen) und Nebenentscheidungen (Kosten) umfassen.

In Betracht kommen aber auch andere Gründe einer Anfechtung. So kann ein Mandant zwar bereit sein, das Ergebnis hinzunehmen, erstrebt aber eine andere **Begründung**.

Ein solch formeller Erfolg kann rechtlich wichtig sein, wenn festgestellte Schuldformen, Mitverschuldensquoten oder auch angewandte Rechtsnormen andere Rechtsverhältnisse (Regressprozesse, Rechtsschutzversicherung) berühren. Manchmal fühlt sich der Mandant auch durch Formulierungen in seiner beruflichen oder privaten Ehre getroffen und will insoweit eine Abänderung des Urteils. Dies reicht zwar regelmäßig nicht als Berufungsgrund, kann aber als apokryphes Anfechtungsmotiv von Bedeutung sein.

Manchmal ist es erforderlich, die **Rechtshängigkeit** der Sache **fortzusetzen,** weil in erster Instanz nicht alle erforderlichen Prozesshandlungen vorgenommen wurden.

Dabei ist die früher im Vordergrund stehende Möglichkeit des Vortrags neuer Angriffs- und Verteidigungsmittel durch die ZPO-Reform stark beschränkt, aber nicht völlig ausgeschlossen worden. Erforderlich sein kann eine Fortsetzung der Rechtshängigkeit, wenn die Hauptsache sich nach Schluss der mündlichen Verhandlung erster Instanz erledigt hat (Rn. 449, 455), oder wenn einem Dritten noch der Streit verkündet werden soll (Rn. 538, 551), so dass dieser an das Ergebnis des Rechtsstreits gebunden wird (§§ 74 III, 68; *Grunsky*, Der Anwalt in Berufungssachen, S. 4).

Obwohl die Partei von der Richtigkeit des erstinstanzlichen Urteils überzeugt ist, muss sie es anfechten, wenn für ihr eigentliches Ziel eine **Erschöpfung des Rechtswegs** erforderlich ist.

Wichtigster Fall dabei ist die Verfassungsbeschwerde, die erst erhoben werden kann, wenn alle Instanzen des gegebenen Rechtswegs erfolglos durchlaufen wurden (§ 90 II 1 BVerfGG). Für eine Amtshaftungsklage ist im Fall fahrlässiger Amtspflichtverletzung Voraussetzung, dass keine anderweitige Ersatzmöglichkeit besteht (§ 839 I 2 BGB), was praktisch häufig ebenfalls durch Erschöpfung des Rechtswegs nachgewiesen sein muss.

Letztlich kommt eine Anfechtung allein mit dem Ziel in Betracht, **Zeit** vor Eintritt der Rechtskraft **zu gewinnen**.

Muss eine vorläufige Vollstreckung nicht befürchtet werden, erscheint eine solche Verzögerung vielen Parteien reizvoll. Zum einen aber entstehen damit weitere ersatzpflichtige Verzugsschäden, zum anderen ist die erreichbare Verzögerung durch die Möglichkeit der Beschlussentscheidung über substanzlose Rechtsmittel (§ 522 I, II) recht gering geworden.

Mit der Anfechtung sind für den Mandanten aber auch Nachteile und Risiken **79**
verbunden.

So entstehen durch die Fortsetzung des Verfahrens weitere **Kosten**, die die Kosten erster Instanz regelmäßig übersteigen. Insbesondere im unteren Streitwertbereich können damit die Kosten des Rechtsstreits höher werden als der Wert der Hauptsache (Rn. 73).

Bereits die Beratung über die Erfolgsaussichten einer Berufung löst einen Gebührenanspruch des Rechtsanwalts aus. Erfolgt die Beratung ohne sofortige Erteilung des Auftrags zur Vertretung im Berufungsrechtszug, entsteht dadurch die Gebühr aus § 20 I BRAGO in Höhe von 1/10 bis 10/10 einer vollen Gebühr, bei einer Erstberatung höchstens 180,– €. Rät der Anwalt von der Einlegung der Berufung ab, beträgt die Gebühr 13/20. Da noch kein Auftrag für die Berufungsinstanz erteilt ist, findet einerseits keine Anrechnung auf eventuelle spätere Gebühren der Berufungsinstanz, andererseits keine Erhöhung der Ratsgebühr nach § 11 I 4 BRAGO statt.

Erstellt der Rechtsanwalt ein schriftliches Gutachten über die Erfolgsaussichten der Berufung, erhält er dafür die Gutachtensgebühr aus § 21 a BRAGO in Höhe von 13/10 (§ 11 I 4 BRAGO); diese Gebühr wird auf eine später entstehende Prozessgebühr angerechnet. Wird vom erstinstanzlich bevollmächtigten Rechtsanwalt im Einverständnis mit dem Mandanten ein Gutachten erstellt und zusammen mit den Akten an den Berufungsanwalt übersandt, so erhält dieser dafür eine 13/10 Gebühr (§ 52 II BRAGO).

Wird sofort der Auftrag zur Vertretung in der Berufungsinstanz erteilt, entsteht eine (nach § 11 I 4 BRAGO erhöhte) Prozessgebühr nach § 31 I Nr. 1 in Höhe von 13/10. Sieht der Mandant von der Einlegung der Berufung aufgrund der Prüfung der Erfolgsaussichten dann doch noch ab, ermäßigt sich diese Gebühr auf die Hälfte (§ 32 BRAGO), das heißt auf 13/20.

Für die Durchführung des Berufungsverfahrens können auf Seiten der beteiligten Rechtsanwälte grundsätzlich die gleichen Gebühren entstehen wie in erster Instanz (Prozessgebühr, Verhandlungs- oder Erörterungsgebühr, Beweisgebühr, Vergleichsgebühr, §§ 31, 23 BRAGO). Jede Gebühr erhöht sich dabei um drei Zehntel (§ 11 I 4 BRAGO).

Zu beachten ist, dass für die Gerichtsgebühren in der Berufungsinstanz noch die alte Struktur (Teilung in Verfahrens- und Urteilsgebühr) gilt. Für das Verfahren im Allgemeinen entsteht eine 1,5-fache Gebühr (Nr. 1220 KV), für die verfahrensbeendende Entscheidung (Urteil mit Begründung, Zurückweisungsbeschluss nach § 522 II) eine 3-fache Gebühr (Nr. 1226 KV). Möglichkeiten einer Kostenersparnis liegen in der Rücknahme (Ermäßigung der Verfahrensgebühr auf 0,5: Nr. 1221 KV; Wegfall der Urteilsgebühr) oder in einem Verzicht auf die Begründung der Entscheidung (Ermäßigung der Urteilsgebühr auf 1,5: Nr. 1227 KV).

Inwieweit die zu erwartende Reform des Gebührenrechts hier Änderungen für Anwalts- und Gerichtsgebühren bringen wird, bleibt abzuwarten.

Durch die Berufung wird der Abschluss des Verfahrens erheblich **verzögert**.

Amtliche Verfahrensstatistiken weisen (noch für das alte Recht) die durchschnittliche Bearbeitungsdauer der Berufungsverfahren bei den Landgerichten mit rund sechs Monaten, bei den Oberlandesgerichten mit rund neun Monaten aus. Zwischen einzelnen Gerichten und Spruchkörpern gibt es dabei erhebliche Unterschiede, so dass ein Berufungsverfahren im Einzelfall (insbesondere bei einer Beweisaufnahme) auch deutlich länger dauern kann.

b) Verbot der Abänderung ohne Antrag

80 Regelmäßig braucht die Befürchtung, mit einer Berufung das bereits erreichte Prozessergebnis zu verschlechtern, der Einlegung des Rechtsmittels nicht entgegen zu stehen.

Wie das Gericht erster Instanz (§ 308 I) ist auch das Berufungsgericht als Folge der Parteiherrschaft an die Anträge der Parteien gebunden, darf nicht über diese hinaus gehen (§ 528 I 2). Damit ist die Entscheidungsbefugnis des Gerichts in zweifacher Hinsicht beschränkt:

- Das Berufungsgericht darf das angefochtene Urteil nicht über die vom Berufungskläger gestellten Anträge hinaus abändern, dem Berufungskläger kann nicht mehr zugesprochen werden, als er beantragt hat (Verbesserungsverbot, **Verbot der reformatio in melius**).

  Der Berufungsbeklagte kann damit das Risiko des Berufungsverfahrens abschätzen und überlegen, ob und mit welchem Aufwand er sich gegen das Rechtsmittel verteidigen will.

- Das Berufungsgericht darf das angefochtene Urteil nicht zum Nachteil des Berufungsklägers abändern, dem Berufungskläger kann nicht weniger zugesprochen werden, als ihm in erster Instanz bereits zugesprochen wurde (Verschlechterungsverbot, **Verbot der reformatio in peius**).

  Der Berufungskläger ist damit davor geschützt, dass das Ergebnis des Rechtsstreits auf seine Berufung hin für ihn ungünstiger wird, er riskiert allein die Zurückweisung seiner Berufung. Der Beklagte muss nicht befürchten, zu einer höheren Zahlung verurteilt zu werden, der Kläger muss nicht befürchten, weniger zu erhalten, als bereits zugesprochen.

Was mit den Berufungsanträgen nicht angegriffen ist, kann auch dann nicht **81** abgeändert werden, wenn es offensichtlich falsch ist. Werden mehrere Ansprüche geltend gemacht, gilt das Abänderungsverbot für jeden einzelnen Anspruch, selbst dann, wenn sie auf einem einheitlichen Klagegrund beruhen. Eine unzulässige Abänderung liegt nicht nur in quantitativen, sondern auch in qualitativen Abweichungen vom Antrag. Beide Verbote beziehen sich allein auf die tenorierte Rechtsfolge zur Hauptsache, nicht auf deren Begründung, so dass eine andere Begründung für das unverändert bleibende Ergebnis möglich ist. Die Abgrenzung, zwischen der unzulässigen inhaltlichen Änderung und der zulässigen Änderung der Begründung ist nicht immer einfach.

Ist in erster Instanz die Klage wegen begründeter Hilfsaufrechnung des Beklagten abgewiesen worden, kann auf die Berufung des Klägers nur das Bestehen der Aufrechnungsforderung, auf die Berufung des Beklagte nur das Bestehen der Klageforderung überprüft werden (BGH NJW-RR 95, 241).

Nicht möglich ist bei einer Zug-um-Zug-Verurteilung der Wegfall des Vorbehalts zum Nachteil des Beklagten oder die völlige Klageabweisung zum Nachteil des Klägers. Hat das Landgericht auf Naturalrestitution erkannt, kann das Berufungsgericht ohne Antrag nicht auf Wertersatz umstellen.

Als bloße Änderung der Begründung möglich ist der Austausch von (Anspruchs- oder Gegenrechts-)Normen, eine Änderung der zugrunde gelegten Schuldform (Vorsatz statt

Fahrlässigkeit), die Neueinbeziehung, Weglassung oder Umgewichtung von Bemessungsfaktoren für Schmerzensgeld oder Mitverschulden. Auch die Abänderung einzelner Rechnungsposten in einer einheitlichen Abrechnung kann erfolgen, wenn der Gesamtbetrag nicht unzulässig verändert wird. Die Nebenentscheidungen (Kosten, vorläufige Vollstreckbarkeit) können inhaltlich auch zu Lasten des Berufungsführers neu getroffen werden, weil sie unabhängig von den gestellten Anträgen von Amts wegen erfolgen. Nur eine andere Begründung soll nach herrschender Meinung auch dann vorliegen, wenn die erstinstanzlich als unzulässig abgewiesene Klage vom Berufungsgericht als unbegründet abgewiesen wird (BGH NJW 88, 1983). Das gleiche soll gelten, wenn die Klage mangels Fälligkeit der Klageforderung abgewiesen wurde und die endgültige Klageabweisung auf das Nichtbestehen des Anspruch dem Grunde nach gestützt wird.

Sehr streitig ist, ob eine Abweisung der Klage als unzulässig möglich ist, wenn der Kläger eine teilweise Klageabweisung mit der Berufung angreift. Die herrschende Meinung lässt eine Abänderung zu, wenn zwingende, von Amts wegen zu beachtende Prozessvoraussetzungen fehlen und eine Heilung ausgeschlossen ist (BGH NJW 86, 1494).

Das Abänderungsverbot gilt nicht in den Fällen notwendiger Streitgenossenschaft (§ 62). Da hier aus materiellen oder aus prozessualen Gründen eine einheitliche Sachentscheidung geboten ist, muss das Urteil gegebenenfalls auch über die gestellten Anträge hinaus abgeändert werden (OLG Köln VersR 74, 64).

82 Nicht von § 528 ausgeschlossen ist die Möglichkeit, **weniger** zuzusprechen als beantragt, wenn das Rechtsmittel im Übrigen zurückgewiesen wird.

Hat der Kläger in erster Instanz Zahlung von 10.000,– € beantragt und gegen die vollständige Klageabweisung Berufung eingelegt, mit der er an seinem Antrag festhält, kann das Berufungsgericht der Klage in Höhe von 5.000,– € stattgegeben, wenn es die Berufung im Übrigen zurückweist.

83 Eine Verschlechterung zum Nachteil des Berufungsführers ist möglich, wenn der **Gegner** seinerseits **Anträge** stellt, die einen Entscheidungsspielraum des Berufungsgericht eröffnen. Dies ist möglich, indem der Berufungsbeklagte ebenfalls Berufung einlegt oder sich der Berufung des Gegners zumindest anschließt (§ 524; unten Rn. 511)

Verfolgt zum Beispiel der Kläger mit der Berufung gegen ein der Klage teilweise stattgebendes Urteil seinen erstinstanzlichen Antrag in vollem Umfang weiter, so kann das Berufungsgericht nur prüfen, ob der Verurteilungsbetrag angehoben werden kann. Schließt sich der Beklagte der Berufung des Klägers an und beantragt Klageabweisung, so erstreckt sich die Prüfungskompetenz des Berufungsgericht auf den gesamten Streitgegenstand erster Instanz, so dass auch eine Reduzierung des zugesprochenen Betrags in Betracht kommt.

Mit der eigenen Berufung wird dem Gegner damit im Einzelfall die Möglichkeit einer Anfechtung des Urteils eröffnet, die ohne die eigene Berufung nicht bestünde. Dies kann ein Argument gegen das eigene Rechtsmittel sein.

c) Erfolgsaussichten

Entscheidend werden für den Mandanten die Erfolgsaussichten einer Berufung sein. Diese sind nur bedingt abzuschätzen. **84**

Eine Berufung hat Erfolg, wenn sie zulässig und begründet ist.

Die besonderen Voraussetzungen der Zulässigkeit einer Berufung bezeichnet man auch als »Prozessfortsetzungsvoraussetzungen«, weil sie Voraussetzung dafür sind, dass das Verfahren über die bereits vorliegende Entscheidung hinaus in der nächsten Instanz fortgesetzt wird. Sie sind von Amts wegen zu prüfen, die sie ausfüllenden Tatsachen sind vom Berufungskläger darzulegen, er trägt auch das Risiko einer Unerweislichkeit des Vorliegens (Darlegungs- und Beweislast). Soweit es sich um rein gerichtsinterne Vorgänge handelt, ist das Gericht jedoch zu eigener Sachaufklärung verpflichtet. Dabei ist es auf die gesetzlichen Beweismittel nicht beschränkt und an die gesetzlich geregelten Beweisverfahren nicht gebunden, kann vielmehr im Wege des Freibeweises alle ihm geeignet erscheinenden Möglichkeiten der Aufklärung und Beweisführung nutzen. Verbleibt es dennoch bei einem non liquet, darf dies nicht zu Lasten des Berufungsklägers gehen, im Zweifel ist die Berufung dann als zulässig zu behandeln (BGH MDR 81, 644).

Zu den besonderen Verfahrensvoraussetzungen zweiter Instanz gehören: **85**

- die **Statthaftigkeit** der Berufung.

  Statthaft ist ein Rechtsbehelf, wenn er gegen die angegriffene Maßnahme seiner Art nach grundsätzlich vorgesehen ist (= stattfinden kann). Die Berufung ist statthaft gegen Endurteile der ersten Instanz (§ 511 I). Gleichgestellt sind diesen Zwischenurteile nach § 280 (nicht jedoch solche aus § 303), Grundurteile (§ 304 II) und Vorbehaltsurteile (§§ 302 III, 599 III). Ferner findet die Berufung statt gegen 2. Versäumnisurteile (§ 514 II). Näher dazu unter Rn. 103 ff.

- eine hinreichende **Beschwer** des Berufungsführers.

  Die Beschwer ist das besondere Rechtsschutzbedürfnis, das auf Seiten eines Rechtsbehelfsführers vorliegen muss. Bei der Berufung muss sie nicht nur dem Grunde nach gegeben sein, sondern auch einen Mindestwert von 600,– € übersteigen, es sei denn, das erstinstanzliche Gericht hat die Berufung ohne Rücksicht auf eine Beschwer zugelassen. Diese Beschwer muss mit der Berufung geltend gemacht werden, ihre Beseitigung muss Ziel des Rechtsmittels sein. Näher dazu unten Rn. 126 ff., 297 ff.

- die form- und fristgerechte **Einlegung** der Berufung.

  Für Rechtsmittel sieht das Gesetz regelmäßig bestimmte Fristen und Formen vor. Bei der Berufung sind Formen und Fristen für die Einlegung einerseits und die Begründung andererseits geregelt. Eingelegt werden muss die Berufung binnen einer Frist von einem Monat, beginnend mit der Zustellung des anzufechtenden Urteils (§ 517). Sie muss schriftlich beim Berufungsgericht eingelegt werden, das anzufechtende Urteil bezeichnen und die Erklärung enthalten, dass gegen dieses Urteil Berufung eingelegt werde (§ 519). Näher dazu unten Rn. 187 ff.

– die form- und fristgerechte **Begründung** der Berufung.

Die Berufung muss innerhalb von zwei Monaten nach Zustellung des anzufechtenden Urteils (§ 520 II 1) begründet werden. Die Begründung muss Berufungsanträge enthalten und einen Berufungsgrund bezeichnen (§ 520 III). Näher dazu unten Rn. 269 ff.

– die **Zuständigkeit** des Berufungsgerichts.

Der Berufung kommt – wie allen echten Rechtsmitteln – Devolutiveffekt zu, das heißt mit ihrer Einlegung erfolgt eine Prozessfortsetzung in der nächsthöheren Instanz. Sachlich grundsätzlich zuständig für Berufungen gegen Urteile des Amtsgerichts ist damit das Landgericht (§ 72 GVG), gegebenenfalls die Kammer für Handelssachen (§ 100 GVG), ausnahmsweise das Oberlandesgericht (§ 119 GVG); für Berufungen gegen Urteile des Landgerichts ist stets das Oberlandesgericht zuständig (§ 119 GVG). Die örtliche Zuständigkeit ergibt sich aus den Gerichtsorganisationsgesetzen der einzelnen Länder. An die Stelle des Spruchkörpers kann (vorbereitend oder entscheidend) der Einzelrichter treten. Näher dazu (und zu den Ausnahmen) unten Rn. 219 ff.

– das Vorliegen der **allgemeinen Prozesshandlungsvoraussetzungen**.

Da die Einlegung von Rechtsbehelfen eine Prozesshandlung darstellt, müssen die allgemeinen Voraussetzungen für die Wirksamkeit jeder Prozesshandlung vorliegen. Dazu gehören die Parteifähigkeit (§ 50), die Prozessfähigkeit (§ 52) und die Postulationsfähigkeit (§§ 78, 79) sowie (beim Handeln im eigenen Namen) die Prozessführungsbefugnis bzw. (beim Handeln im fremden Namen) die Vertretungsbefugnis; dazu oben Rn. 65, unten Rn. 240 f.

86 **Begründet** ist die Berufung, wenn die angefochtene Entscheidung unzutreffend ist, wenn also Zulässigkeit und/oder Begründetheit der Klage anders zu beurteilen sind, als dies das erstinstanzliche Gericht getan hat.

Im Rahmen der Begründetheit der Berufung sind deswegen die **Zulässigkeit und** die **Begründetheit der Klage** nachzuprüfen. Hat das erstinstanzliche Gericht der Klage stattgegeben, so muss das Urteil abgeändert und die Klage abgewiesen werden, wenn sich auf die Berufung des Beklagten die Unzulässigkeit oder Unbegründetheit der Klage herausstellt. Hat das erstinstanzliche Gericht die Klage abgewiesen, so muss das Urteil abgeändert und der Klage stattgegeben werden, wenn sich auf die Berufung des Klägers die Zulässigkeit und Begründetheit der Klage ergibt.

Während die Zulässigkeit von Berufung und Klage verhältnismäßig sicher abgeschätzt werden können, ist die Frage nach der Begründetheit der Klage ähnlich schwer zu kalkulieren, wie der Erfolg einer Klage in erster Instanz (»Vor Gericht und auf hoher See ...«). Zumindest für eine Übergangszeit kommen weitere Unsicherheiten aus der noch nicht hinreichend gefestigten Anwendung des neuen Berufungsrechts hinzu.

Zur Vermeidung von Haftungsrisiken ist es erforderlich, den Mandanten auf diese Unsicherheitsfaktoren hinzuweisen und ihm die Entscheidung zu überlassen, ob dennoch eine Anfechtung erfolgen soll.

2. Mittel der Anfechtung

Steht fest, dass das Urteil anfechtbar ist, muss geklärt werden, mit welchem 87
Rechtsbehelf die Anfechtung erfolgen kann und – soweit mehrere Rechtsbehelfe alternativ zur Verfügung stehen – erfolgen soll.

a) Rechtsbehelfe

Für die Anfechtung von Maßnahmen im Zivilprozess steht eine Vielzahl un- 88
terschiedlicher Rechtsbehelfe zur Verfügung. Die einzelnen Rechtsbehelfe unterscheiden sich im Hinblick auf die anzufechtenden Maßnahmen, die Voraussetzungen einer Anfechtung und die mit ihnen erreichbaren Änderungen.

Rechtsbehelfe finden sich bereits außerhalb des Zivilprozessrechts.

Die **Gegenvorstellung** (Remonstration) ist ein allgemeiner, gesetzlich nicht 89
geregelter Rechtsbehelf, mit dem der Urheber einer Entscheidung oder Maßnahme veranlasst werden soll, sein eigenes Tun oder Unterlassen nochmals auf seine Rechtmäßigkeit und Zweckmäßigkeit hin zu überprüfen. Sie bedarf keiner besonderen Zulässigkeitsvoraussetzungen, kann ohne Vorliegens einer eigenen Beschwer (das heißt von jedermann) und ohne Einhaltung von Formen oder Fristen eingelegt werden, hat allerdings auch keine verbindlichen Wirkungen, führt also nicht zu einer Überwälzung in die nächsthöhere Instanz (Devolutiveffekt) und hat keine aufschiebende Wirkung (Suspensiveffekt). Auch besteht weder ein Rechtsanspruch auf Überprüfung der Handlung noch auf Erlass eines Bescheids.

Die **Dienstaufsichtsbeschwerde** (Aufsichtsbeschwerde) ist die an den Dienst- 90
vorgesetzten oder die übergeordnete Behörde gerichtete Anregung auf Nachprüfung der Ordnungsmäßigkeit und auf Einschreiten im Falle der Unrechtmäßigkeit. Sie kann sich sowohl gegen das Verhalten von Staatsbediensteten als auch gegen den sachlichen Inhalt einer behördlichen Maßnahme richten. Von besonderen Zulässigkeitsvoraussetzungen ist sie nicht abhängig, sie kann ohne Vorliegens einer eigenen Beschwer (das heißt von jedermann)

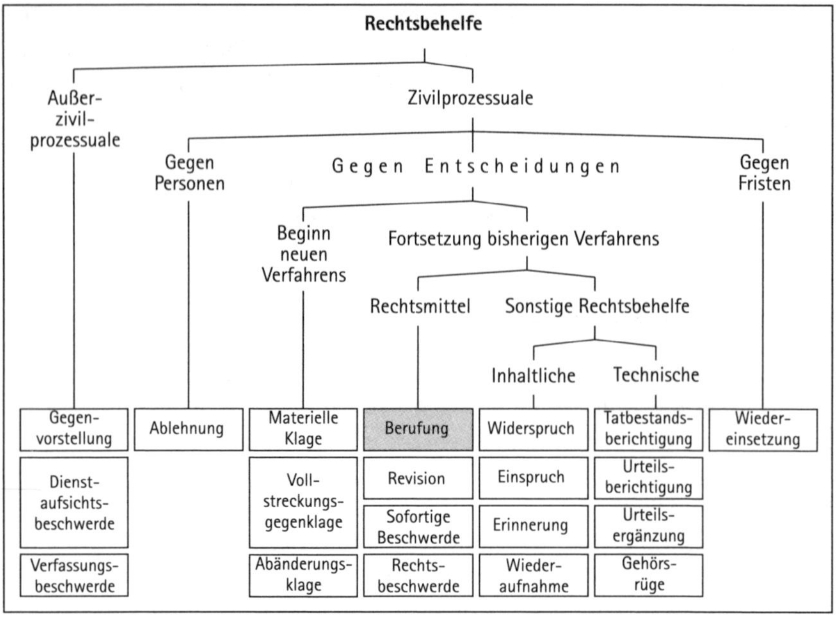

Schaubild 1: Arten von Rechtsbehelfen

und ohne Einhaltung von Formen oder Fristen eingelegt werden. Eine aufschiebende Wirkung hat die Dienstaufsichtsbeschwerde nicht, anders als bei der bloßen Gegenvorstellung ist die Aufsichtsbehörde aus verfassungsrechtlichen Gründen verpflichtet, die Eingabe sachlich zu prüfen und sie zu bescheiden, wobei allerdings die Mitteilung reicht, ob etwas veranlasst wurde, eine Begründung ist nicht erforderlich.

91 Im Rahmen der **Verfassungsbeschwerde** (Art. 93 I Nr. 4 a GG) entscheidet das Bundesverfassungsgericht insbesondere über Eingaben, mit denen die Verletzung von Grundrechten durch die öffentliche Gewalt behauptet wird. Vergleichbare Rechtsbehelfe kennen auch die Verfassungen der einzelnen Bundesländer. Zulässigkeit und Verfahren der Verfassungsbeschwerde sind in den §§ 90 ff. BVerfGG geregelt. Sie kann gegen alle Maßnahmen der öffentlichen Gewalt gerichtet werden, damit auch gegen Akte des Gesetzgebers oder Entscheidungen eines staatlichen Gerichts und kann deren Aufhebung erreichen. Mit der Einlegung der Verfassungsbeschwerde wird weder der Eintritt der Rechtskraft gehemmt noch kommt ihr (ohne zusätzliche Eilanordnung) sonst aufschiebende Wirkung zu.

Besondere zivilprozessuale Rechtsbehelfe können sich gegen die Beteiligung bestimmter Personen am Verfahren, gegen den Ausschluss von Prozesshandlungen wegen Fristablaufs oder gegen Entscheidungen richten.

Wirken auf Seiten des Gerichts Personen am Verfahren mit, bei denen aus der Sicht einer Partei ein vernünftiger Grund besteht, an ihrer Unparteilichkeit zu zweifeln, so kann diese Person wegen Besorgnis der Befangenheit abgelehnt werden. Eine solche **Ablehnung** kann sich gleichermaßen gegen beteiligte Richter (§ 42), Urkundsbeamte der Geschäftsstelle (§ 49), Sachverständige (§ 406), private Schiedsrichter (§ 1036), Rechtspfleger (§ 10 RPflG) und Dolmetscher (§ 191 GVG) richten. Ablehnungsberechtigt sind nur die Parteien oder Nebenintervenienten (nicht deren Prozessbevollmächtigte im eigenen Namen, BayObLG 74, 446), weitere Zulässigkeitsvoraussetzungen ergeben sich aus §§ 42 ff. Ist die Ablehnung erfolgreich, wird das Verfahren ohne die abgelehnte Gerichtsperson mit einem Vertreter fortgesetzt. 92

Lief für eine Prozesshandlung eine Frist und ist diese verstrichen, so ist die Partei mit der Vornahme der Prozesshandlung grundsätzlich ausgeschlossen, kann sie also nicht mehr nachholen (§ 230). Zudem können Kostennachteile, Fiktionen oder sonstige Nachtteile eintreten, in jedem Fall droht ein Rechtsverlust bis hin zum Unterliegen im Prozess. All dies gilt regelmäßig unabhängig von einem Verschulden der Partei, tritt also auch dann ein, wenn die Fristversäumung unverschuldet erfolgte. Zur Vermeidung der gravierendsten Folgen lässt das Prozessrecht bei schuldloser Fristversäumung eine **Wiedereinsetzung in den vorigen Stand** zu (§§ 233 ff.). Damit kann die Partei durch gerichtliche Entscheidung in die Rechtslage zurückversetzt werden, die vor Versäumung der Frist bestand, so dass die versäumte Prozesshandlung nachgeholt werden kann. Zu Anwendungsbereich und Voraussetzungen der Wiedereinsetzung unten Rn. 194 ff. 93

Entscheidungen können ausnahmsweise auch durch Erhebung einer neuen, auf Beseitigung der früheren Entscheidung gerichteten Klage angefochten werden.

Gesetzlich vorgesehene Fälle stellen die prozessualen Gestaltungsklagen aus §§ 767, 323 dar. Mit der **Vollstreckungsgegenklage** (§ 767) kann der Schuldner materiellrechtliche Einwendungen gegen den titulierten Anspruch im Wege einer neuen Klage geltend machen. Erreicht werden kann damit eine Beseitigung der Vollstreckbarkeit des früheren Urteils, dessen Rechtskraft bleibt unberührt. Streitgegenstand ist allein die Frage, ob das Urteil infolge nachträglich eingetretener Umstände noch vollstreckbar ist. Deswegen sind auch nur 94 solche Einwendungen zugelassen, die erst nach Schluss der mündlichen Verhandlung entstanden sind, auf die das Urteil ergangen ist (§ 767 II).

95 Im Unterschied dazu wird mit der **Abänderungsklage** (§ 323) das frühere Urteil inhaltlich geändert und damit dessen Rechtskraft durchbrochen. Es ergeht eine neue Entscheidung über den ursprünglichen Streitgegenstand, die auf den Wegfall oder eine Änderung des die Verurteilung stützenden Sachverhalts, insbesondere der wirtschaftlichen Verhältnisse der Beteiligten, gestützt wird.

Die Abgrenzung zwischen § 767 und § 323 ist nicht immer eindeutig, Überschneidungen im Anwendungsbereich sind denkbar (BGH NJW 78, 753), deswegen kommt auch eine Verbindung als Haupt- und Hilfsantrag in Betracht (BGH FamRZ 79, 573).

96 Eine Durchbrechung der Rechtskraft hat die Rechtsprechung auch mit einer auf § 826 BGB gestützten **Klage wegen Erschleichung des Titels** anerkannt. Hat der Gläubiger sich den Titel vorsätzlich sittenwidrig verschafft, kann der Schuldner Rückgabe des aus der Vollstreckung Erlangten, Unterlassung der Zwangsvollstreckung oder Herausgabe des Titels verlangen (BGH NJW 86, 1751 und 2047). In Betracht kommen hier insbesondere die bei materiell sittenwidrigen Ansprüchen (zum Beispiel aus Ratenkreditverträgen, Bürgschaftsverträgen, Partnerschaftsvermittlungsverträgen) erwirkten Vollstreckungsbescheide. Generell sind sehr strenge Anforderungen zu stellen, allein der Umstand, dass der Titel materiell falsch ist oder der Gläubiger sich im Erkenntnisverfahren unredlich verhalten hat, reicht nicht aus (BGHZ 26, 396).

Im Regelfall führen Rechtsbehelfe gegen Entscheidungen zu einer Fortsetzung des Verfahrens.

Wichtigste Gruppe hierbei sind die echten **Rechtsmittel**. Sie dienen der regulären Überprüfung des Entscheidungsinhalts in der übergeordneten Instanz. Neben dieser Überwälzung des Rechtsstreits in die nächsthöhere Instanz (Devolutiveffekt) hindert die Einlegung eines Rechtsmittels auch den Eintritt der Rechtskraft (Suspensiveffekt, § 705 S. 2). Rechtsmittel haben beide Eigenschaften, sonstige Rechtsbehelfe allenfalls einen von beiden.

97 Ist die anzufechtende Entscheidung in Form eines Beschlusses (ausnahmsweise auch in Form eines (Zwischen-)Urteils ergangen, wird es erstinstanzlich mit der **sofortigen Beschwerde** (§ 567 ff.), zweitinstanzlich mit der **Rechtsbeschwerde** (§§ 574 ff.) angefochten. Erstinstanzliche Urteile unterliegen der **Berufung** (§ 511). Die **Revision** (§ 542 ff.) dient der Anfechtung der Berufungsurteile, kann ausnahmsweise in Form der **Sprungrevision** (§ 566) aber auch gegen erstinstanzliche Urteile eingelegt werden. Damit wird die Berufungsinstanz übersprungen, deswegen müssen – zusätzlich zu den sonstigen Voraussetzungen der Revision – beide Parteien einverstanden sein.

Für die inhaltliche Überprüfung besonderer Entscheidungsformen sieht die ZPO weitere Rechtsbehelfe vor. Mit dem **Widerspruch** können Mahnbescheid und Arrestbeschluss angefochten werden (§§ 694, 924, 936), mit dem **Einspruch** Versäumnisurteil und Vollstreckungsbescheid (§§ 341, 700). Die **Erinnerung** ist der Rechtsbehelf gegen Entscheidungen, die nicht vom erkennenden Gericht selbst herrühren, sondern von einem beauftragten bzw. ersuchten Richter (§ 573) oder von einem Rechtspfleger (§ 11 II RPflG). Eine **Wiederaufnahme des Verfahrens** (§§ 579 ff.) ist erforderlich, wenn die anzufechtende Entscheidung bereits formell rechtskräftig geworden ist. **98**

Letztlich steht eine Reihe von Rechtsbehelfen zur Verfügung, mit denen technische Fehler von Entscheidungen oder deren Voraussetzungen beseitigt werden können, so die **Protokollberichtigung** (§ 164, dazu unten Rn. 166 ff.), die **Urteilsberichtigung** (§ 319, dazu unten Rn. 169 ff.), die **Tatbestandsberichtigung** (§ 320, dazu unten Rn. 175 ff.), die **Urteilsergänzung** (§ 321, dazu unten Rn. 182 ff.) und die **Gehörsrüge** (§ 321 a; dazu unten Rn. 520). **99**

b) Verhältnis zur Berufung

In Bezug auf ihr Konkurrenzverhältnis zur Berufung lassen sich diese verschiedenen Rechtsbehelfe in drei Gruppen einteilen. **100**

Exklusiv an die Stelle der Berufung treten die Rechtsbehelfe, bei denen die Möglichkeit einer (kumulativen oder alternativen) Berufung nicht besteht. In diesen Fällen kommt allein der andere Rechtsbehelf in Betracht, die Berufung ist ausgeschlossen.

Dies trifft auf die meisten oben dargestellten Rechtsbehelfe zu.

Mit Gegenvorstellung und Dienstaufsichtsbeschwerde kann die inhaltliche Abänderung eines Urteils nicht erreicht werden, weil hierzu weder das Ausgangsgericht (§ 318) noch der Dienstvorgesetzte (Art. 97 I GG) befugt sind. Die Verfassungsbeschwerde setzt eine Erschöpfung des Rechtswegs voraus (§ 90 II BVerfGG), die fehlt, wenn eine mögliche Berufung nicht eingelegt wurde. Auch wenn der Grund für den nachteiligen Entscheidungsinhalt in der mangelnden Unparteilichkeit eines Verfahrensbeteiligten liegt, ist eine Ablehnung nach Abschluss der Instanz nicht mehr möglich, weil er nicht mehr mit der Sache befasst werden kann (BFH NJW-RR 96, 57).

Dies gilt auch dann, wenn der Ablehnungsgrund sich erst aus der Entscheidung selbst ergibt (OLG Frankfurt MDR 79, 940).

Sofortige Beschwerde, Rechtsbeschwerde, Widerspruch, Einspruch und Erinnerung sind statthaft nur gegen solche Entscheidungen, gegen die die Berufung nicht gegeben ist (und umgekehrt). Auch die Gehörsrüge kann nur gegen Urteile erhoben werden, gegen die eine Berufung nicht zulässig ist (§ 321 a I Nr. 1).

Die Wiederaufnahme setzt voraus, dass der Nichtigkeits- oder Restitutionsgrund nicht mittels Berufung geltend gemacht werden konnte (§§ 579 II, 582). Auf die Klage aus § 826 BGB findet § 582 entsprechende Anwendung (BGH NJW 89, 1287).

101 **Alternativ** an die Stelle der Berufung können Rechtsbehelfe treten, wenn die Partei ein Wahlrecht zwischen ihnen und der Berufung hat, sich Berufung und anderer Rechtsbehelf aber ausschließen, also nicht nebeneinander eingelegt werden können.

Hierzu gehört zunächst die Sprungrevision, die als übereinstimmender Verzicht beider Parteien auf die Berufung gilt (§ 566 I 2); ob Berufung oder Sprungrevision eingelegt werden soll können die Parteien – bei Vorliegen der übrigen Voraussetzungen der Rechtsmittel – frei entscheiden.

Die Sprungrevision empfiehlt sich, wenn der Sachverhalt erstinstanzlich vollständig und richtig festgestellt wurde und möglichst rasch eine rechtskräftige, höchstrichterliche Entscheidung herbeigeführt werden soll. Mit der Sprungrevision können alle erstinstanzlichen Urteile angefochten werden, die ohne Zulassung der Berufung unterliegen, also Urteile der Amts- und Landgerichte, bei denen der Wert des Beschwerdegegenstands 600,– übersteigt. Der Antrag auf Zulassung der Revision (§ 566 II) kann nur durch einen beim BGH (auch in Bayern nicht beim BayObLG, § 7 II EGZPO) zugelassenen Rechtsanwalt gestellt werden, die Erklärung der Einwilligung des Gegners dagegen kann auch vom erstinstanzlichen Prozessbevollmächtigten, bei der Anfechtung eines amtsgerichtlichen Urteils auch von der Partei selbst zu Protokoll der Geschäftsstelle erklärt werden (§ 566 II 4). Zu gebührenrechtlichen Besonderheiten der Sprungrevision *Schneider* MDR 03, 250.

Entsteht nach Schluss der mündlichen Verhandlung erster Instanz eine Einwendung i. S. d. § 767, so steht es dem Schuldner frei, ob er diese mittels Berufung oder mittels einer Vollstreckungsgegenklage nach § 767 geltend machen will (OLG Frankfurt JurBüro 83, 143). Die Einwendung ist in der Berufungsinstanz zwar neu, über § 531 II Nr. 3 aber regelmäßig zuzulassen. Ist bereits Berufung eingelegt, fehlt das Rechtsbedürfnis für eine neue Klage aus

§ 767; umgekehrt steht einer erst nach Erhebung der Klage aus § 767 eingelegten Berufung nichts entgegen (*Geißler* NJW 85, 1869). Wegen des weitergehenden Rechtsschutzziels (mit der Berufung kann das Urteil beseitigt werden, mit der Klage aus § 767 nur seine Vollstreckbarkeit) empfiehlt sich im Zweifel die Berufung.

Die Vollstreckungsgegenklage ist als neue Klage beim Prozessgericht erster Instanz einzureichen, für sie müssen die regulären Zulässigkeitsvoraussetzungen gegeben sein. Besonderer Prüfung bedarf darüber hinaus das Rechtsschutzbedürfnis, das nicht nur nach Einlegung der Berufung (dazu vorstehend), sondern auch dann fehlt, wenn die Zwangsvollstreckung aus dem Titel nicht (mehr) möglich ist. Einwendungen gegen den festgestellten Anspruch sind zum Beispiel Erfüllung oder schuldbefreiende Unmöglichkeit. Gestaltungsrechte (Rücktritt, Anfechtung, Aufrechnung) sind nach § 767 II präkludiert, wenn sie vor Schluss der mündlichen Verhandlung, auf die der Titel erlassen wurde, entstanden sind und ausgeübt werden konnten, selbst dann, wenn die Partei hiervon keine Kenntnis hatte (BGH NJW 80, 2527; a. A. die h. L.)

Tritt nach dem Schluss der mündlichen Verhandlung erster Instanz eine relevante Änderung der tatsächlichen Voraussetzungen einer Verurteilung zu künftiger Leistung ein, so besteht eine Wahlmöglichkeit zwischen der Berufung und der Abänderungsklage aus § 323 (BGHZ 96, 207). Ist allerdings ein Berufungsverfahren bereits anhängig, muss die Abänderung im Rahmen der Berufungs- (oder Anschlussberufungs-)Anträge verfolgt werden.

Auch bei der Abänderungsklage handelt es sich um eine neue Klage, für die die allgemeinen Zulässigkeitsvoraussetzungen gegeben sein müssen. Sie ist statthaft gegen Urteile mit einer Verurteilung zu einseitigen, künftig fällig werdenden wiederkehrenden Leistungen (§ 258). Geltend gemacht werden muss eine wesentliche Änderung derjenigen Verhältnisse, auf denen die vorausschauende Bejahung und Bemessung des Anspruchs beruht. Nicht möglich ist die Abänderungsklage für die Neufestsetzung von Regelunterhaltsansprüchen (§ 645) und Ansprüchen, die im vereinfachten Verfahren angepasst werden können (§ 655).

Kumulativ neben die Berufung treten diejenigen Rechtsbehelfe, die zusätzlich **102**
zur Berufung eingelegt werden können

Hierzu gehören die gegen technische Fehler gerichteten Rechtsbehelfe der Protokollberichtigung, der Urteilsberichtigung, der Tatbestandsberichtigung und der Urteilsergänzung. Weil sie der Herstellung einer vollständigen und richtigen Entscheidungsgrundlage für die Berufungsinstanz dienen, sind sie zur Vorbereitung der Berufung häufig sinnvoll oder sogar geboten.

Dazu und zu der Frage, welche Unrichtigkeiten mit den §§ 319 ff. und welche mit der Berufung anzugreifen sind unten Rn. 164 ff.

3. Gegenstand der Anfechtung

103 Mit der Berufung angefochten werden können:

- Endurteile, wenn der Wert des Beschwerdegegenstands 600,– € übersteigt (§ 511 II Nr. 1, dazu unten Rn. 104 ff., 133 ff.),
- Endurteile, wenn das Gericht des ersten Rechtszugs die Berufung zugelassen hat (§ 511 II Nr. 2, dazu unten Rn. 104 ff., 138 ff.) und
- Versäumnisurteile, gegen die der Einspruch an sich nicht statthaft ist (§ 514 II, dazu unten Rn. 113 ff.).

Im Rahmen der Anfechtung von Endurteilen erfolgt inzident eine Überprüfung auch derjenigen Entscheidungen, die der Entscheidung in erster Instanz vorangegangen sind (§ 512, dazu unten Rn. 111 ff.).

a) Entscheidungsform

(1) Endurteile

104 § 511 I lässt die Berufung gegen Endurteile erster Instanz (§ 300) zu.

Urteile lassen sich nach verschiedenen Kriterien einteilen. Entscheidend für die Urteilsart ist nicht die Bezeichnung im Urteilseingang, sondern der Urteilsinhalt.

Nach ihrer Wirkung für die Instanz werden Endurteile, Vorbehaltsurteile und Zwischenurteile unterschieden.

105 **Endurteile** enthalten eine Entscheidung über den Streitgegenstand und beenden die Instanz (§ 300), fortgesetzt werden kann der Rechtsstreit nur noch nach Einlegung eines Rechtsmittels in der übergeordneten Instanz.

Endurteile werden grundsätzlich nicht als solche bezeichnet. Sie stellen die Regelform des Urteils dar. Urteile, die nicht ausnahmsweise Vorbehalts- oder Zwischenurteile sind, sind Endurteile und unterliegen damit der Berufung.

106 **Vorbehaltsurteile** (§§ 302, 599) ergehen, bevor die Sach- und Rechtsprüfung erster Instanz vollständig abgeschlossen ist. Das Verfahren dauert in erster Instanz auch nach der Verkündung dieses Urteils fort. Ob die im Vorbehaltsurteil enthaltene Entscheidung letztlich Bestand haben wird, steht noch nicht fest, das Gericht erster Instanz behält sich vor, seine eigene Entscheidung als

Ergebnis der noch ausstehenden Prüfung wieder abzuändern. Vorbehaltsurteile stehen damit unter der auflösenden Bedingung einer Abänderung im Nachverfahren. Hinsichtlich ihrer Anfechtbarkeit sind sie den Endurteilen gleichgestellt (§§ 302 III, 599 III), somit ebenfalls mit der Berufung anfechtbar.

Vorbehaltsurteile können, müssen aber nicht ausdrücklich als solche bezeichnet werden. Dass es sich um ein Vorbehaltsurteil handelt, wird aus dem in den Tenor aufgenommenen Vorbehalt (»Dem Beklagten bleibt die Ausführung seiner Rechte im Nachverfahren vorbehalten«) deutlich.

Zwischenurteile ergehen über prozessuale Vorfragen (§ 303), enthalten damit keine Entscheidung über den geltend gemachten Anspruch selbst. Diese ergeht erst in einem nachfolgenden Urteil, wegen dessen das Verfahren in erster Instanz fortgesetzt werden muss. Häufigster Fall des Zwischenurteils ist das **Grundurteil**, mit dem vorab über den Grund, nicht aber über die Höhe des geltend gemachten Anspruchs entschieden wird (§ 304). Auch das Grundurteil ist in Betreff der Rechtsmittel als Endurteil anzusehen (§ 304 II), kann deswegen mit der Berufung angefochten werden. **Sonstige Zwischenurteile** über andere prozessuale Zwischenfragen sind teilweise ebenfalls den Endurteilen gleichgestellt (so zum Beispiel das Zwischenurteil über die Zulässigkeit der Klage nach § 280 II), teilweise müssen sie mit der sofortigen Beschwerde angefochten werden, die Berufung ist dann nicht statthaft (so zum Beispiel die Zwischenurteile über die Zulässigkeit der Nebenintervention nach § 71 II, über die Pflicht zur Rückgabe von Urkunden unter Rechtsanwälten nach § 135 III oder über das Zeugnisverweigerungsrecht eines Zeugen nach § 387 III). **107**

Auch Zwischenurteile können, müssen aber nicht als solche bezeichnet sein.

Damit sind grundsätzlich alle Arten von Urteilen mit der Berufung angreifbar, ausgenommen sind nur die letztgenannten, seltenen Formen von Zwischenurteilen.

Ausgenommen sind auch die Urteile, die kraft Gesetzes nicht mit der Berufung angefochten werden können. Dazu gehören Urteile, mit denen nur über die Kosten entschieden wird (§ 99 I) und Ausschlussurteile im Aufgebotsverfahren (§ 957 I).

Unabhängig von ihrer Wirkung für die Instanz können Urteile auch nach anderen Gesichtspunkten eingeteilt werden. Diese Einteilung ist für die Frage, ob gegen das Urteil Berufung eingelegt werden kann, ohne Bedeutung. **108**

Entscheidungsgrundlage ist im Regelfall das Vorbringen beider Parteien, hierüber ergeht ein streitiges (kontradiktorisches) Urteil. Ausnahmsweise beruht die Entscheidung auf einem Dispositionsakt der Parteien, es ergeht dann in Form eines Anerkenntnis- oder Verzichtsurteils (§§ 306, 307). Entscheidungsgrundlage kann auch die Säumnis einer Partei sein, die ein Versäumnisurteil (§§ 330, 331) zur Folge hat.

Wird in dem Urteil über die Zulässigkeit und Begründetheit entschieden, liegt ein Sachurteil vor, wird nur über die Zulässigkeit entschieden, ein Prozessurteil.

Ein Vollurteil ist gegeben, wenn über den gesamten Antrag des Klägers entschieden wird, ist dies nicht der Fall, liegt nur ein Teilurteil vor; das letzte eine Reihe von Teilurteilen bezeichnet man auch als Schlussurteil.

Ob ein Leistungs-. Feststellungs- oder Gestaltungsurteil ergeht, hängt von der vom Kläger gewählten Klageart ab.

Weitere Sonderbezeichnungen sind gebräuchlich für Urteile in besonderen Verfahrensarten (zum Beispiel Ausschlussurteil, § 957, Urteil nach Lage der Akten, § 251 a).

Alle diese Urteilsarten können als Endurteil ergehen, gegen sie ist dann die Berufung statthaft.

Teilurteile (§ 301) beenden die Instanz zumindest bezüglich des entschiedenen Teils genauso wie Vollurteile. Prozessurteile, mit denen die Klage als unzulässig abgewiesen wird, sind mit der Berufung anzugreifende Endurteile, Prozessurteile, mit denen die Zulässigkeit der Klage nach § 280 II festgestellt wird, sind zwar Zwischenurteile, gegen sie findet nach § 280 II 2 aber ebenfalls die Berufung statt. Erkennt der Beklagte den im Urkundenverfahren geltend gemachten Anspruch vorbehaltlos an, ergeht ein Endurteil, behält er sich seine Rechte im Nachverfahren vor, ergeht ein Vorbehaltsurteil (Anerkenntnisvorbehaltsurteil, § 599; OLG München MDR 63, 603); die Berufung ist in beiden Fällen statthaft.

109 Ist erstinstanzlich ein Teilurteil, Vorbehaltsurteil oder Grundurteil ergangen, so muss dieses sogleich mit einer eigenen Berufung angefochten werden. Es kann nicht der Erlass des die Instanz abschließenden Schluss- oder Endurteils abgewartet werden. Wird nur gegen dieses abschließende Urteil Berufung eingelegt, kann in der Berufungsinstanz auch nur dessen Inhalt überprüft werden, die vorangegangenen Entscheidungen sind dann rechtskräftig und müssen auch vom Berufungsgericht unangetastet bleiben.

Mit der sofortigen Anfechtung einer solchen Zwischenentscheidung wird das erstinstanzliche Verfahren faktisch unterbrochen, weil die Akten zur Durchführung des Berufungsverfahrens benötigt werden. Die (technisch und rechtlich mögliche) Anfertigung von Duploakten steht allein im Ermessen des Gerichts und kann von den Parteien nicht erzwungen werden. Da durch die Anfechtung auch zusätzliche Kosten entstehen, sollte die Frage, ob ein solches Urteil angefochten werden soll, sorgfältig geprüft werden. Ist das Teil-, Vorbehalts- oder Grundurteil nur mit geringen Nachteilen für die Partei verbunden, kann es im Interesse einer raschen Endentscheidung möglicherweise hingenommen werden. So ist beispielsweise ein Teilurteil, mit dem die Klage nur gegen einen von mehreren als Streitgenossen verklagten Gesamtschuldner abgewiesen wird, dann nicht sonderlich belastend, wenn eine Vollstreckung gegen die verbleibenden Streitgenossen erfolgversprechend scheint.

Versäumnisurteile (§§ 330, 331) sind Endurteile, sie ergehen über die Haupt- 110
sache, beenden die Instanz und sind der Rechtskraft fähig (BGHZ 35. 340). Damit wäre gegen sie die Berufung möglich. Da die Anfechtung eines Versäumnisurteils jedoch nicht zu einer Überwälzung in die nächste Instanz führen soll (kein Devolutiveffekt) sieht die ZPO für sie einen eigenen Rechtsbehelf vor (Einspruch § 338) und schließt die Möglichkeit einer Berufung aus (§ 514 I). Eine Ausnahme gilt für zweite Versäumnisurteile (§ 345), gegen die der Einspruch nicht gegeben ist und die deswegen in beschränktem Umfang mit der Berufung angefochten werden können. Dazu unten Rn. 115 ff.

(2) Vorentscheidungen

Wird mit der Berufung ein Endurteil angegriffen, so unterliegt der Nachprü- 111
fung des Berufungsgerichts nicht nur diese instanzbeendende Entscheidung selbst, sondern alles, was an Zwischen- und Vorentscheidungen in der Instanz zur Vorbereitung des Endurteils ergangen ist (§ 512).

Die Überprüfung der Zwischenentscheidungen erfolgt **von Amts wegen**, eines besonderen Antrag der Parteien bedarf es nicht (BGHZ 4, 7).

Das schließt nicht aus, dass solche Mängel dennoch mit der Berufung gerügt werden können.

Zu den in die Überprüfung der Hauptsacheentscheidung einbezogenen Vorentscheidungen gehören insbesondere Beweisbeschlüsse (§ 359), Trennungs- und Verbindungsbeschlüsse (§§ 145, 147), prozessleitende Anordnungen (§§ 148 ff, 273) und Zwischenurteile (§ 303).

Solche Vorentscheidungen sind nicht isoliert anfechtbar, sondern eben nur zusammen mit der Hauptsacheentscheidung. Damit wird erreicht, dass die erste Instanz nicht zur Anfechtung von Zwischenentscheidungen unterbrochen werden muss und eine Überprüfung von Zwischenentscheidungen nur stattfindet, wenn sie für die spätere Hauptsacheentscheidung ursächlich geworden sind.

Von der Prüfungskompetenz des Berufungsgerichts **ausgenommen** sind dieje- 112
nigen Vorentscheidungen, die entweder unanfechtbar sind oder selbstständig

angefochten werden können. Diese Entscheidungen sind, wenn sie nicht isoliert angefochten wurden, auch für das Berufungsgericht bindend.

Selbstständig anfechtbar mit der sofortigen Beschwerde sind zum Beispiel Beschlüsse, mit dem ein Ablehnungsgesuch für unbegründet erklärt wird (§ 46 II), und Zwischenurteile nach §§ 71 II, 135 III, 387 III. Zwischenurteile nach § 280 und Grundurteile (§ 304) stehen Endurteilen gleich und sind deswegen mit einer eigenen Berufung anfechtbar.

Nicht anfechtbar ist zum Beispiel der Beschluss, mit dem ein Ablehnungsgesuch für begründet erklärt wird (§ 46 II), die Zulassung einer Klageänderung (268), der Verweisungsbeschluss (§ 281 II 2) oder die Verweisung des Rechtsstreits an den Einzelrichter (§ 348 II 2, IV).

Fehler selbstständig anfechtbarer Vorentscheidungen können mit der Berufung gegen das Endurteil nicht gerügt werden.

(3) Versäumnisurteile

113 Unabhängig vom Erreichen eines bestimmten Werts des Beschwerdegegenstands oder einer Zulassung ist die Berufung gegen solche Versäumnisurteile gegeben, gegen die der Einspruch an sich nicht statthaft ist und die mit der Begründung angefochten werden, ein Fall der schuldhaften Versäumung habe nicht vorgelegen (§ 514 II).

114 § 514 II betrifft damit nur eine von mehreren im erstinstanzlichen Versäumnisverfahren möglichen Entscheidungsformen. Soll ein in einem Versäumnisverfahren ergangenes Urteil angefochten werden, so bedarf die Statthaftigkeit des jeweils gegebenen Rechtsbehelfs besonders gründlicher Prüfung.

Ist der Kläger säumig, so wird die Klage durch Versäumnisurteil abgewiesen (§ 330). Ist der Beklagte säumig und rechtfertigt das Vorbringen des Klägers dessen Verurteilung, so erfolgt diese ebenfalls in Form eines Versäumnisurteils. Solche **»ersten« Versäumnisurteile** sind von der Partei, gegen die sie ergangen sind, nur mit dem Einspruch anfechtbar (§ 338), die Berufung ist nicht statthaft (§ 514 I).

Nur der Einspruch ist gegen ein Versäumnisurteil auch dann gegeben, wenn dieses in einem Prozess wiederholt ergeht, weil der Prozess auf einen zulässigen Einspruch in die Lage zurückversetzt wurde, in der er sich vor der Säumnis befand (§ 342), dieselbe Partei zwar nicht im Einspruchstermin, aber in einem späteren Termin im weiteren Verfahren erneut säumig war (»**wiederholt erstes Versäumnisurteil**«).

Ist der von der säumigen Partei eingelegte Einspruch gegen ein erstes Versäumnisurteil unzulässig, so wird er verworfen. Seit der ZPO-Reform geschieht dies unabhängig davon, ob zuvor über den Einspruch mündlich verhandelt wurde oder nicht (§ 341 a), in Form eines Endurteils (»**Verwerfungsurteil**«, § 341), gegen das die »normale« Berufung nach § 511 gegeben ist. Ergibt sich in der Berufungsinstanz die Zulässigkeit des Einspruchs, so hat das Berufungsgericht das Verfahren fortzusetzen und in der Sache zu entscheiden; eine Zurückverweisung an die erste Instanz kommt nur in Betracht, wenn sie von einer Partei besonders beantragt ist (§ 538 II Nr. 2).

Ist der Prozess auf einen zulässigen Einspruch in die Lage zurückversetzt worden, in der er sich vor der Säumnis befand (§ 342), und wird er dort streitig zu Ende geführt, so endet das Verfahren durch ein reguläres **Endurteil**. Besonderheiten gelten für die dagegen gegebene normale Berufung nach § 511 hinsichtlich des Antrags, der neben der Abänderung des angefochtenen Urteils statt auf Verurteilung bzw. Klageabweisung auf Aufrechterhaltung oder Aufhebung des Versäumnisurteils lauten muss (Rn. 294).

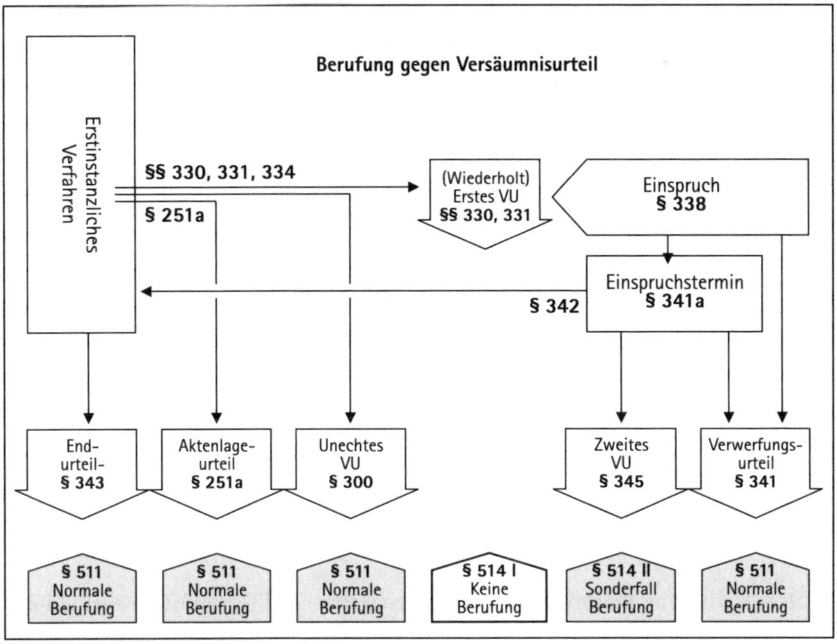

Schaubild 2: Entscheidungsformen und Rechtsbehelfe im Versäumnisverfahren

Ein mit der normalen Berufung nach § 511 anzufechtendes Endurteil stellt auch das sog. »**unechte Versäumnisurteil**« dar, das ergeht, wenn die Klage trotz Säumnis des Beklagten und Antrag des Klägers auf Erlass eines Versäumnisurteils wegen Unzulässigkeit oder Unschlüssigkeit abgewiesen wurde.

Schließlich stellt auch das im Fall beiderseitiger Säumnis hin ergehende »**Urteil nach Lage der Akten**« (§ 251 a) ein kontradiktorisches, mit der Berufung nach § 511 anzufechtendes Endurteil dar.

Der Sonderfall der Berufung aus § 514 II betrifft lediglich die Entscheidung **115**
durch ein technisch **zweites Versäumnisurteil** (§ 345).

Ein solches zweites Versäumnisurteil ergeht gegen die Partei, die gegen ein erstes Versäumnisurteil Einspruch eingelegt hat und in der zur mündlichen Verhandlung über den Einspruch bestimmten Sitzung erneut säumig ist. Das gleiche gilt bei Säumnis im Termin zur mündlichen Verhandlung nach einem Einspruch gegen einen Vollstreckungsbescheid (§ 700). Gegen das in diesen Fällen ergehende »zweite Versäumnisurteil« ist ein weiterer Einspruch nicht statthaft (§ 345).

Da es sich um ein Versäumnisurteil handelt, steht der Berufung an sich § 514 I entgegen. § 514 II lässt als Ausnahme hiervon wenigstens eine beschränkte Überprüfung dieses zweiten Versäumnisurteils in der Berufung zu.

116 Die Berufung gegen ein zweites Versäumnisurteil kann nur darauf gestützt werden, dass ein Fall der **Versäumung nicht vorgelegen** habe.

Diese Formulierung verschleiert zunächst, dass das Rechtsmittel nur dann zulässig ist, wenn die allgemeinen **Zulässigkeitsvoraussetzungen** jeder Berufung vorliegen.

Erforderlich ist damit auch das Vorliegen einer Beschwer. Nicht erforderlich indes ist das Erreichen der Wertgrenze des § 511 II Nr. 1. Insoweit stellt § 514 II eine den § 511 II verdrängende Sonderregelung dar (§ 514 II 2).

Als besondere weitere Zulässigkeitsvoraussetzung erforderlich ist die Darlegung, dass ein Fall der Versäumung beim Erlass des zweiten Versäumnisurteils nicht vorlag. Ob diese Behauptung dann zutrifft, ist Frage der Begründetheit der Berufung (Schumann/*Kramer* Rn. 245).

Ein Fall der Versäumung lag nicht vor, wenn die Voraussetzungen für den Erlass des zweiten Versäumnisurteils nicht gegeben waren. Der Prüfungsumfang des Berufungsgerichts entspricht damit dem des erstinstanzlichen Richters im Einspruchstermin.

Nach h. M. ist im Einspruchstermin nicht zu prüfen, ob die Voraussetzungen für den Erlass des ersten Versäumnisurteils vorgelegen haben. Auch wenn dieses in gesetzwidriger Weise ergangen sein sollte, ergeht bei Säumnis im Einspruchstermin ein zweites Versäumnisurteil. Dementsprechend können auch mit der Berufung nach § 514 II die Voraussetzungen für den Erlass des ersten Versäumnisurteil nicht geprüft werden. Unerheblich ist deswegen, ob seinerzeit ein Fall der (schuldhaften) Versäumung vorlag.

Streitig war lange, ob mit der Berufung nach § 514 II gerügt werden kann, dass die Klage unzulässig oder unschlüssig war und deswegen das erste Versäumnisurteil nicht hätte ergehen dürfen. Bei vorangegangenem Vollstreckungsbescheid ist dies wegen der eindeutigen gesetzlichen Regelung in § 700 VI zu bejahen, eine analoge Ausdehnung auf das vorausgegangene Versäumnisurteil hat das BAG befürwortet (BAG JZ 95, 523), der BGH dagegen ausdrücklich abgelehnt (NJW 99, 2599).

Kein Fall der Säumnis lag vor, wenn die säumige Partei nicht ordnungsgemäß geladen war, sei es, dass die Ladung fehlte oder unwirksam war, sei es, dass sie nicht (wirksam) zugestellt wurde. Ausreichend ist, dass das Nichterscheinen ausreichend entschuldigt wird (Krankheit, Verkehrsstau). Letzteres kann nachträglich auch erst in der Berufungsbegründung erfolgen, wenn eine rechtzeitige vorherige Entschuldigung nicht möglich war. Ausreichende Gründe sind auch das Nichtabwarten einer 15-minütigen Wartefrist durch das Gericht oder die Nichteinhaltung einer Vereinbarung über die Nichtbeantragung eines Versäumnisurteils durch den gegnerischen Prozessbevollmächtigten, gegebenenfalls die Missachtung eines örtlichen Anwaltsbrauchs.

Wegen der grundsätzlichen Sachentscheidung durch das Berufungsgericht ist es erforderlich, in der Berufungsinstanz auch hierzu vorzutragen.

Möglichkeiten und Grenzen des Vortrags insoweit entsprechen denen der »normalen« Berufung nach § 511.

(4) Mischentscheidungen

Probleme bereitet die Anfechtung von Mischentscheidungen, das heißt von Entscheidungen, die verschiedene Entscheidungsformen in sich vereinen. 117

Ist die Entscheidung über abtrennbare Teile der Hauptsache in verschiedenen Formen ergangen, so muss jeder Entscheidungsteil mit dem gegen seine Form gegebenen Rechtsbehelf gesondert angefochten werden.

Ist die Klage gegen einen (einfachen) Streitgenossen wegen Säumnis, die gegen den anderen, erschienenen Streitgenossen aufgrund einer Sachentscheidung abgewiesen worden, so liegt teilweise ein Versäumnisurteil, teilweise eine Endurteil vor. Gegen das Versäumnisurteil ist dann der Einspruch gegeben, gegen das Endurteil die Berufung. Daran ändert sich nichts dadurch, dass beide Entscheidungen in derselben Urteilsurkunde verbunden sind.

Etwas anderes gilt, wenn die Entscheidung untrennbar ist. Dies kommt insbesondere in Form der **Kostenmischentscheidung** vor. 118

Ist die Klage vom Kläger zurückgenommen oder von beiden Parteien übereinstimmend für erledigt erklärt worden, so ergeht hierüber eine Kostenentscheidung durch Beschluss, der mit der sofortigen Beschwerde anfechtbar ist (§§ 269, 91 a). Betrifft die Erledigung oder Rücknahme nur einen Teil des Streitgegenstands, so muss über den verbleibenden Teil der Hauptsache eine streitige Entscheidung ergehen. Wegen des Grundsatzes der Einheit der Kosten des Rechtsstreits können die auf den erledigten oder zurückgenommenen Teil entfallenen Kosten nicht isoliert tenoriert werden, sondern fließen in die nach §§ 91, 92 ergehende Kostenentscheidung des Urteils ein. Entsprechendes gilt, wenn der Beklagte die Klageforderung teilweise anerkannt hat; ergeht insoweit Teilanerkenntnisurteil, bezüglich des Rests ein streitiges Schlussurteil, so beruht die einheitliche Kostenentscheidung zum Teil auf dem Anerkenntnis (d. h. gegebenenfalls auf § 93), zum Teil auf §§ 91, 92.

Eine solche Kostenmischentscheidung kann zusammen **mit** der **Hauptsacheentscheidung** durch die Berufung angegriffen werden. Bei Überprüfung der Kostenquote wird dabei vom Berufungsgericht nicht nur die auf den streitig entschiedenen Teil entfallende Kostenquote überprüft, sondern (auch ohne besonderen Antrag) die Kostenentscheidung insgesamt. Ist Berufung eingelegt, so bedarf es deswegen der parallelen Einlegung auch einer sofortigen Beschwerde nicht (OLG Köln NJW-RR 94, 767; *Bergerfurth* NJW 92, 1655, 1660 f.).

Soll nicht Berufung gegen die Hauptsacheentscheidung eingelegt werden, so ist eine **isolierte** Anfechtung der Kostenentscheidung durch die (nur im Rahmen der §§ 91 a II 2, 99 II, 269 V statthaften) sofortige Beschwerde möglich. Dabei kann allerdings nur der auf Erledigung, Anerkenntnis oder Rücknahme entfallende Teil der Kostenentscheidung abgeändert werden.

(5) Falsch bezeichnete Entscheidungen

119 Ist die Entscheidung in einer falschen prozessualen Form ergangen, so ist fraglich, ob sie mit dem gegen die Form oder mit dem gegen den Inhalt gegebenen Rechtsbehelf anzugreifen ist. Nach einhelliger Auffassung darf der Partei aus einem solchen Fehler des Gericht kein Nachteil erwachsen (BGHZ 98, 362, 364 f.; BVerfG 798, 377 f.). Die Entscheidung kann deswegen sowohl mit dem gegen die Entscheidungsform als auch mit dem gegen den Entscheidungsinhalt gegebenen Rechtsbehelf angefochten werden (sog. »**Grundsatz der Meistbegünstigung**«).

Hat das Gericht den unzulässigen Einspruch gegen ein Versäumnisurteil ohne mündliche Verhandlung (wie bis zur ZPO-Reform geboten) fälschlich durch Beschluss statt durch Urteil (§ 341 II) verworfen, so kann die hiervon betroffene Partei sowohl sofortige Beschwerde als auch Berufung einlegen. Zu falschen Entscheidungsformen kommt es auch, wenn das Gericht in der falschen Verfahrensart vorgeht, zum Beispiel ZPO-Verfahren und FGG-Verfahren in Landwirtschafts- oder Familiensachen verwechselt.

Der Grundsatz der Meistbegünstigung gilt nicht nur bei inkorrekt bezeichneten Entscheidungen. Er greift vielmehr überall dort, wo die Partei aufgrund der anzufechtenden Entscheidung selbst im Unklaren darüber sein kann, welches Rechtsmittel sie bei welchem Gericht einlegen muss (BGH MDR 03, 285).

Hierher gehören Fälle, in denen die Entscheidungsform des Gerichts nicht erkennbar ist oder Zweifel über den Instanzenzug (Revision zum BayObLG oder zum BGH) bestehen (BGH MDR 02, 1204). Zur Anwendung bei Zweifelsfragen über die Zuständigkeit von Landgericht oder Oberlandesgericht für die Berufung (§ 11 GVG) unten Rn. 224.

Über den Grundsatz der Meistbegünstigung wird das eingelegte Rechtsmittel statthaft. Die übrigen Zulässigkeitsvoraussetzungen des eingelegten Rechtsmittels müssen unabhängig davon erfüllt sein. 120

Entscheidet sich die Partei für die Berufung, so müssen für Einlegung und Begründung die gesetzlichen Formen und Fristen der Berufung eingehalten werden und der hierfür erforderliche Wert des Beschwerdegegenstands erreicht sein. Entscheidet sich die Partei für die sofortige Beschwerde, so ist die Einlegungsfrist kürzer, der erforderliche Wert geringer und eine Begründung nicht zwingend.

Der Grundsatz der Meistbegünstigung eröffnet jedoch **keine Anfechtungsmöglichkeit**, die ohne den Fehler des Gerichts nicht gegeben wäre. Wenn gegen die inhaltlich richtige Entscheidung kein Rechtsbehelf möglich gewesen wäre, ist auch der gegen die Form statthafte Rechtsbehelf nicht möglich. Entsprechendes gilt, wenn die anzufechtende Entscheidung inhaltlich falsch ist, das heißt das Gericht die Voraussetzungen der Entscheidungsform geprüft, aber unzutreffend beurteilt hat. 121

Hat das Gericht nach einseitiger Erledigungserklärung fälschlich durch Beschluss statt durch Urteil entschieden und reicht die Beschwer zwar für die sofortige Beschwerde (§ 567 II), nicht aber für eine Berufung (§ 511 II Nr. 1) aus, so ist kein Rechtsmittel statthaft, weil der Fehler des Gerichts nicht zu einer im Gesetz nicht vorgesehenen Anfechtbarkeit der Entscheidung führen kann (BGH NJW 97, 1448; BGH NJW 88, 49).

Entfernt sich im landgerichtlichen Verfahren der Rechtsanwalt nach Antragstellung, aber noch vor Ende der Verhandlung, so tritt eine Säumnis nicht ein; geht das Gericht dennoch von einer Säumnis aus und erlässt auf Antrag des Gegners ein Versäumnisurteil (statt richtigerweise eines kontradiktorischen Endurteils), so kann hiergegen nur Einspruch eingelegt werden, da die Berufung gegen ein erstes Versäumnisurteil mit der Begründung, ein Fall der Säumnis habe nicht vorgelegen, nach dem Willen des Gesetzgebers ausgeschlossen ist (BGH NJW 94, 666 m. w. N.)

Nach überwiegender Ansicht ist das Rechtsmittelgericht an die Wahl des Rechtsbehelfs durch die Partei gebunden und darf für das weitere **Verfahren** nicht von dem eingelegten auf den nach seiner Ansicht richtigen, anderen Rechtsbehelf wechseln (BGH MDR 97, 495; Musielak/*Ball* vor § 511, Rn. 34 m. w. N.) 122

Nach dieser Auffassung findet auf die Einlegung einer Berufung durch die Partei hin stets ein Berufungsverfahren nach §§ 511 ff. statt; eine Überleitung ins Beschwerdeverfahren ist ausgeschlossen, auch wenn nach Auffassung des Berufungsgerichts der »richtige« Rechtsbehelf die sofortige Beschwerde gewesen wäre.

Das ist nicht unstreitig. Nach anderer, früher auch vom BGH vertretener Auffassung hat das Rechtsmittelgericht ein Wahlrecht (BGH MDR 66, 232; Zöller/*Gummer*, vor § 511, Rn. 33), Mindermeinungen stellen auf die Möglichkeit einer Abänderung der angefochtenen Entscheidung mit dem gewählten Rechtsbehelf ab (BVerwGE 18, 195), lassen bei Wahl des »falschen« Rechtsbehelfs nur eine Aufhebung und Zurückverweisung zu (OLG Köln NJW-RR 97, 955) oder halten eine Überleitung ins »richtige« Verfahren für zwingend (*Schenkel* MDR 03, 136).

(6) Nichtige Urteile und Scheinurteile

123 Fraglich kann sein, ob mit der Berufung auch Entscheidungen anzufechten sind, deren **Fehler** so schwer wiegen, dass von einem Urteil kaum mehr gesprochen werden kann. Solche besonders schwer wiegenden Fehler können dazu führen, dass ein Urteil nicht bloß anfechtbar, sondern nichtig ist oder sogar verhindern, dass überhaupt ein Urteil vorliegt, die Entscheidung nur äußerlich als Urteil erscheint, ohne wirklich ein Urteil zu sein.

Regelmäßig entfalten auch **fehlerhafte Urteil** die normalen Urteilswirkungen, können also insbesondere formell und materiell rechtskräftig werden und eine taugliche Grundlage für die Zwangsvollstreckung abgeben. Das Zustandekommen eines Urteils unter Verletzung auch zwingender materiellrechtlicher oder prozessualer Normen ändert nichts daran, dass ein Hoheitsakt vorliegt, der allein aufgrund seiner Existenz beachtet werden muss. Fehler machen das Urteil anfechtbar, zur Überprüfung einer Entscheidung auf Fehler hin sieht das Prozessrecht die Rechtsmittel vor. Soll also ein Urteil die mit ihm verbundenen Wirkungen nicht entfalten, muss es mit den ordentlichen Rechtsmitteln angefochten und daraufhin in der nächsthöheren Instanz abgeändert werden. Ohne eine solche Anfechtung wird das Urteil rechtskräftig und muss dann auch trotz seiner Fehlerhaftigkeit akzeptiert werden.

Wiegt der Mangel besonders schwer, ist das **Urteil** nicht bloß fehlerhaft, sondern **nichtig**. Dies nimmt die Rechtsprechung zum Beispiel an, wenn die Entscheidung in einer nicht oder nicht mehr rechtshängigen Sache ergangen ist, sie in sich widersprüchlich und unverständlich ist, unter Einbeziehung einer nicht existierenden Partei ergangen ist oder der Tenor auf eine gesetzeswidrige, sittenwidrige oder tatsächlich unmögliche Rechtsfolge lautet (BGHZ 47, 324; OLG Düsseldorf NJW-RR 95, 895). Weitgehende Einigkeit besteht dahin, dass auch ein nichtiges Urteil nicht völlig wirkungslos ist, streitig ist indes, welche Wirkungen eintreten können und welche nicht. Überwiegend wird davon ausgegangen, ein nichtiges Urteil könne zwar Grundlage für eine wirksame Kostenfestsetzung sein, nicht jedoch in materieller Rechtskraft erwachsen und damit auch eine Zwangsvollstreckung nicht legitimieren (BGH NJW 94, 460).

Existiert eine äußerlich als Urteil erscheinende Urkunde, handelt es sich dabei aber nicht um die Entscheidung eines staatlichen Gerichts (sondern zum Beispiel nur um den Urteilsentwurf eines Referendars) oder ist die Entscheidung nicht in der gesetzlich vorgeschriebenen Form verkündet bzw. zugestellt worden (dazu oben Rn. 49), so liegt lediglich ein **Scheinurteil** (auch »Nichturteil« genannt) vor. Dieses kann keinerlei Wirkungen entfalten.

Gegen nichtige Urteile ist ein **Rechtsmittel** regelmäßig nicht erforderlich, weil eine zu beseitigende Beschwer fehlt. Gegen Scheinurteile ist ein Rechtsmittel gar nicht möglich, weil es schon an einem anzufechtenden Urteil fehlt. Weder gegen nichtige Urteile noch gegen Scheinurteile muss demnach Berufung eingelegt werden. **124**

Im Fall des nichtigen Urteils kann die Partei jedoch ein Interesse daran haben, die trotz der Nichtigkeit eintretenden Folgen zu beseitigen. Beim Scheinurteil muss die Möglichkeit bestehen, des Rechtsschein zu beseitigen und eine Klarstellung dahin zu erhalten, dass ein Urteil nicht vorliegt. Nach einhelliger Auffassung ist deswegen die gegen ein nichtiges Urteil oder gegen ein Scheinurteil eingelegte Berufung nicht unzulässig. Solche Berufungen können nicht von den regulären Zulässigkeitsvoraussetzungen abhängig gemacht werden.

Das Scheinurteil kann nicht wirksam zugestellt worden sein, hat damit eine Berufungsfrist nie in Gang gesetzt und kann deswegen unbefristet eingelegt werden. Einer Begründung bedarf die Berufung genauso wenig wie des Vorliegens einer besonderen Beschwer. Generell lässt die Rechtsprechung eine Berufung gegen ein Scheinurteil ohne Prüfung irgendwelcher Zulässigkeitsvoraussetzungen zu (BGH NJW 95, 404; NJW 96, 1969).

Das nichtige Urteil ist möglicherweise wirksam zugestellt worden. Da es in formeller Rechtskraft erwachsen kann, ist dann eine Einhaltung der Berufungsfrist erforderlich. Ist diese verstrichen, kann die Nichtigkeit im Rahmen einer Wiederaufnahmeklage oder (da das nichtige Urteil keine materielle Rechtskraft entfaltet) einer neuen materiellen Klage auf Feststellung der Unwirksamkeit des Urteils geltend gemacht werden.

Für die vorliegende Darstellung sollte die Feststellung ausreichen, dass die Schwere des Mangels einer Berufung nicht entgegensteht. Auch wenn der bei Überprüfung des Urteils festgestellte Mangel so schwer wiegt, dass er das Urteil nichtig oder zum Nichturteil macht, ist eine Berufung dagegen möglich. Erfüllt diese Berufung die üblichen Zulässigkeitsvoraussetzungen, so ist sie in jedem Fall zulässig. In Betracht kommen weitergehende Privilegierungen, die eine Berufung auch beim Fehlen von Zulässigkeitsvoraussetzungen noch möglich machen können.

Dogmatisch problematisch ist, ob die gegen eine Nicht- oder Scheinurteil eingelegte Berufung sich automatisch auch gegen das inhaltsgleiche Urteil richtet, das durch Beseitigung des Mangels nachträglich entsteht (St/J/*Grunsky* vor § 511 Rn. 45). Die h. M. bejaht dies aus praktischen Gründen (BGH NJW 96, 1969). Dem anwaltlichen Gebot des »sichersten Wegs« folgend sollte vorsorglich gegen das nachfolgende Urteil nochmals ausdrücklich Berufung eingelegt werden (Zöller/*Vollkommer* § 517 Rn. 2).

125 Diese Grundsätze gelten nicht für sog. »**Noch-nicht-Urteile**«. Hiervon spricht man, wenn Berufung bewusst bereits vor Verkündung des Urteils eingelegt wird. Eine solche Berufung ist unzulässig.

Veranlassung zu einer solchen Vorabeinlegung der Berufung kann aufgrund einer Ankündigung des Gerichts bestehen, in einer bestimmten Weise entscheiden zu wollen oder in der telefonischen Auskunft über ein später wegen kurzfristiger Aufhebung des Verkündungstermins doch nicht verkündetes Urteil (VGH Mannheim DVBl 75, 381).

Im Unterschied zu den Scheinurteilen weiß die Partei (oder muss es wissen), dass ein Urteil noch nicht vorliegt. Sie will zum Ausdruck bringen, dass sie die erwartete Entscheidung des erstinstanzlichen Gerichts nicht akzeptieren, sondern anfechten will. Naturgemäß liegt die Anfechtung nicht im Interesse der Partei, wenn sie (wider Erwarten oder weil sie damit das Ziel ihrer »Drohung« mit dem Rechtsmittel erreicht hat) von der später ergehenden Entscheidung nicht beschwert wird. Hier wird nicht nur gegen den Grundsatz verstoßen, dass ein Rechtsmittel zunächst die Existenz einer anzufechtenden Entscheidung voraussetzt, sondern die eingelegte Berufung steht konkludent auch unter der Bedingung einer die einlegende Partei beschwerenden Entscheidung. Eine solche Bedingung aber ist nicht möglich und macht das Rechtsmittel unzulässig (BGH NJW 99, 3269; BLAH/*Albers* § 517 Rn. 14).

b) Beschwer

126 Voraussetzung für die Anfechtbarkeit von Urteilen mit der Berufung ist regelmäßig das Vorliegen einer Beschwer.

(1) Begriff der Beschwer

127 Durch die Entscheidung beschwert ist, wer von ihr nachteilig betroffen ist.

Voraussetzung ist daher zunächst, dass über eine Frage zum Nachteil einer Partei entschieden wurde. Keine Beschwer liegt vor, wenn eine beantragte Entscheidung unterblieben ist. Deswegen kann mit der Berufung nicht gerügt werden, eine erforderliche Entscheidung sei nicht ergangen (Rn. 184).

Eine solche Beschwer lässt sich unterschiedlich bestimmen.

Formell beschwert ist eine Partei, wenn sich der Tenor des Urteils nicht mit dem von ihr gestellten Antrag deckt.

In diesem Fall hat die Partei ihr Ziel im Prozess nicht erreicht. Dies ist nicht nur dann der Fall, wenn die Klage entgegen dem Sachantrag des Klägers abgewiesen oder ihr entgegen dem Abweisungsantrag des Beklagten stattgegeben wird, sondern auch, wenn auf einen

Antrag auf unbedingte Zahlung hin nur eine Zug-um-Zug-Verurteilung erfolgt (BGH NJW 82, 1048) oder wenn eine Verurteilung nicht aus dem Haupt-, sondern aus dem Hilfsantrag erfolgt (BGHZ 26, 296). Wird die Klage als noch nicht fällig und außerdem verjährt abgewiesen, so liegt eine doppelte Beschwer vor (BGH NJW 00, 591). Zur Feststellung der Abweichung des Tenors vom Antrag kann es erforderlich sein, ergänzend die Klagebegründung und/oder die Entscheidungsgründe heranzuziehen. Hat der Kläger einen unbezifferten Klageantrag gestellt, ist er formell beschwert, wenn der zugesprochene Betrag hinter der von ihm angegebenen Betragsvorstellung zurückbleibt.

Materiell beschwert ist eine Partei, wenn sich aus dem Tenor für sie inhaltliche Rechtsnachteile ergeben.

Die Beschwer des Beklagten liegt in seiner Verurteilung, die des Klägers in der Abweisung seiner Klage.

Beide Auffassungen führen meist zum gleichen Ergebnis.

Unterschiede ergeben sich zum Beispiel bei Abweisung einer Klage als unzulässig, mit der der Beklagte zwar nicht formell (Tenor = Antrag), wohl aber materiell beschwert ist (mindere Rechtskraft des Prozessurteils) oder bei einem Anerkenntnisurteil, wo ebenfalls keine formelle, jedoch eine materielle Beschwer des Beklagten vorliegt.

Einigkeit besteht darüber, dass der **Kläger** zur Einlegung eines Rechtsmittels 128
formell beschwert sein muss (BGH NJW 91, 703): Er stellt einen Sachantrag, nur eine Abweichung hiervon begründet für ihn eine Beschwer.

Hat der Kläger seinen Anspruch auf Rückzahlung eines Darlehens mit 10.000,– € beziffert und insoweit obsiegt, ist er formell nicht beschwert. Stellt er nachträglich fest, dass er irrtümlich eine Tilgungsgrate in Höhe von 1.000,– € zuviel in Abzug gebracht hat, ist er materiell beschwert, weil er diesen Betrag mit der Rechtskraft des Urteils verliert; für eine Berufung reicht diese bloß materielle Beschwer nicht aus (BGH NJW 55, 545).

Nicht immer ergibt sich die formelle Beschwer aus dem Vergleich von Antrag und Tenor. In den Fällen des »verdeckten Hilfsantrags« stellt der Kläger nur einen Leistungsantrag, stützt diesen hauptsächlich auf einen Streitgegenstand, hilfsweise auf einen anderen. Wird der Klage hier aus dem Hilfsanspruch stattgegeben, ist der Kläger – was sich richtigerweise aus der im Tenor erforderlichen Abweisung der Klage im Übrigen, jedenfalls aber aus einer Heranziehung der Gründe von Klage und Urteil ergibt – bezüglich des Hauptantrags formell unterlegen und kann Berufung einlegen.

Streitig ist dagegen, ob hiervon auch für den **Beklagten** auszugehen ist. Wäh- 129
rend ein Teil der Literatur dies bejaht, lässt die herrschende Meinung für den Beklagten eine bloß materielle Beschwer ausreichen, da der Beklagte nur einen Prozessantrag stellt und hierdurch sein Prozessziel nicht immer detailliert be-

schrieben werden kann. Für den Beklagten ist deswegen auch eine materielle Beschwer ausreichend (BGH NJW 55, 545).

Der Beklagte ist damit auch im Fall einer Verurteilung durch Anerkenntnisurteil hinreichend beschwert (OLG Koblenz NJW-RR 93, 462). Ebenso, wenn die Klage wegen Bejahung einer Hilfsaufrechnung abgewiesen wird statt wegen Verneinung der Klageforderung (BGHZ 26, 297).

130 **Streitgenossen** müssen jeweils eine eigene Beschwer aufweisen, **Streithelfer** sind nicht selbst beschwert, abzustellen ist bei ihnen auf die Beschwer der durch sie unterstützten Partei (BGH NJW 75, 2108).

131 Für die Beurteilung der Beschwer ist auf den **Zeitpunkt** der Berufungseinlegung abzustellen.

Streitig ist, ob hiervon eine Ausnahme zu machen ist, wenn eine Beschwer zum Zeitpunkt der Urteilsverkündung vorlag, vor der Berufungseinlegung (»zwischen den Instanzen«) aber weggefallen ist. Insbesondere von der neueren Rechtsprechung wird dies zugelassen (BGH NJW 92, 1032; OLG Schleswig MDR 97, 1159; Th/P/*Reichold* vor § 511 Rn. 29), die Gegenansicht lehnt dies ab (BLAH/*Hartmann* § 91 a Rn. 101 f. m. w. N.). Praktisch relevant ist dies vor allem für die Frage nach der Zulässigkeit einer Erledigungserklärung (dazu unten Rn. 445, 453).

(2) Kostenbeschwer

132 Die Beschwer des Berufungsführers muss in der Hauptsache liegen, die in der Verpflichtung, die Kosten des Rechtsstreits zu tragen, liegende Beschwer reicht nicht aus. Grundsätzlich unzulässig ist deswegen die Anfechtung eines Urteils allein mit dem Ziel der Abänderung der Kostenentscheidung (§ 99 I), jedoch kann bei einer Anfechtung der Hauptsacheentscheidung auch die Kostenentscheidung mit angefochten werden.

Die Kostenentscheidung hängt regelmäßig von der Hauptsacheentscheidung ab, die Kosten trägt, wer in der Hauptsache unterliegt (§§ 91 I 1, 92 I). Bleibt die Hauptsacheentscheidung unverändert, kann deswegen auch die Kostenentscheidung regelmäßig nicht abgeändert werden.

Ausnahmsweise isoliert kann die Kostenentscheidung in den gesetzlich zugelassenen Fällen mit der sofortigen Beschwerde angefochten werden (dazu oben Rn. 117 f.).

§ 99 II lässt die Anfechtung einer Kostenentscheidung zu, die aufgrund eines Anerkenntnisses ergangen ist. Hier hängen Kosten- und Hauptsacheentscheidung nicht zwingend zusammen (§ 93), so dass eine isolierte Abänderung der Kostenentscheidung in Betracht kommt. Ein Anerkenntnisurteil i. S. d. § 99 II liegt vor, wenn die Entscheidung inhaltlich auf einem Anerkenntnis beruht, selbst wenn das Urteil nicht als Anerkenntnisurteil bezeichnet oder sogar in Form eines streitigen Urteils erlassen wird (MüKo/

Belz § 99, Rn. 17). Es muss eine Kostenentscheidung enthalten, was insbesondere bei Teilanerkenntnisurteilen regelmäßig nicht der Fall ist. Ist teilweise durch Anerkenntnis-, teilweise durch streitiges Urteil entschieden worden, so liegt eine untrennbare Kostenmischentscheidung vor, die mit der sofortigen Beschwerde hinsichtlich des auf das Anerkenntnis entfallenden Teils, mit der Berufung gegen die Hauptsache in vollem Umfang angefochten werden kann (Rn. 118).

Die auf die Kosten beschränkte sofortige Beschwerde ist auch gegen die Kostenentscheidung nach übereinstimmender Erledigungserklärung (§ 91 a II) und nach Klagerücknahme (§ 269 V) möglich.

Die Berufung gegen die Beschwer aus der Hauptsache führt stets zu einer Überprüfung der Kostenentscheidung des angefochtenen Urteils von Amts wegen (§ 308 II). Soll eine Abänderung der Kostenentscheidung erreicht werden, ist es erforderlich und ausreichend, Berufung gegen die Hauptsacheentscheidung einzulegen.

Unschädlich ist es dabei, wenn der Berufungsführer zu erkennen gibt, dass es ihm auch auf die Abänderung der Kostenentscheidung ankommt. Unzulässig wird die Berufung nur, wenn die Anfechtung der Hauptsache eindeutig der Umgehung des § 99 II dient. Dies nimmt die Rechtsprechung an, wenn erklärter Zweck der Berufung nur die Anfechtung der Kostenentscheidung ist (OLG Düsseldorf FamRZ 91, 350) oder wenn es ausgeschlossen scheint, dass der Berufungsführer an den zur Hauptsache gestellten Anträgen ein schutzwürdiges Interesse hat (BGH NJW 76, 1267).

(3) Wert der Beschwer und Wert des Beschwerdegegenstands

Für die Berufung nach § 511 II Nr. 1 ist nicht nur das Vorliegen einer Beschwer **133**
erforderlich, diese muss zudem 600,– € übersteigen. Dieser (auch Rechtsmittelstreitwert genannte) Wert ist nicht immer identisch mit dem in der Praxis häufig als »**Streitwert**« verallgemeinerten Gebührenstreitwert.

Unter dem Oberbegriff »Streitwert« werden die Werte für die Abgrenzung der sachlichen Zuständigkeit (§ 1 i. V. m. § 23 GVG), der für die Zulässigkeit eines Rechtsmittels erforderliche Wert der Beschwer bzw. des Beschwerdegegenstands (§§ 511 I Nr. 1, 567 II; § 26 Nr. 8 EGZPO) und der für die Berechnung der Höhe einzelner Gebühren zu Grunde zu legende Wert nach § 11 II 1 GKG, 8 I BRAGO) zusammengefasst. Hinzu kann der für die streitwertbezogene Berechnung einer Kostenquote erforderliche Wert nach § 92 I kommen. Während der Gebührenstreitwert sich nach den §§ 12 ff. GKG bestimmt, richten sich die anderen Werte nach §§ 2 ff. Für einzelne Fragen verweist das GKG auf die §§ 2 ff. (so zum Beispiel für die Klagehäufung, § 12 I 1 GKG i. V. m. § 5 S. 1), für andere Fragen enthalten GKG und ZPO identische Regelungen (so zum Beispiel für die Berücksichtigung von Nebenforderungen; § 4 I 2, § 22 GKG). Einige Fragen aber sind abweichend geregelt; so werden die Werte der einzelnen Anträge bei der Stufenklage nach § 18 GKG addiert, während nach § 5 S. 1 nur der höchste Einzelwert zu Grunde zu legen ist.

134 Wert der Beschwer und Wert des Beschwerdegegenstands werden grundsätzlich nach den §§ 2 ff. berechnet. Auf einzelne Berechnungsprobleme findet § 19 GKG entsprechende Anwendung.

Der Wert richtet sich bei Prozessurteilen nach dem Wert der Hauptsache, bei einem Teilurteil nach dem Wert des entschiedenen Teils (BGH NJW 98, 686); werden mehrere Teilurteile gleichzeitig angefochten, muss der Rechtsmittelwert für jedes einzelne Teilurteil erreicht sein. Ist der Klage aus einem Hilfsantrag stattgegeben, bestimmt sich der Wert der Beschwer für den Kläger aus dem Haupt-, für den Beklagten aus dem Hilfsantrag; sind Haupt- und Hilfsantrag abgewiesen, ist der Kläger um die Summe beider Ansprüche beschwert. Das gleiche gilt für Klage und Widerklage: Unterliegt eine Partei in beiden Prozessrechtsverhältnissen, bemisst sich ihre Beschwer (entgegen § 5 S. 2; analog § 19 I GKG) aus einer Addition beider Werte (BGH NJW 94, 3292; *Oehlers* NJW 92, 1667). Wird die Klage wegen einer Hilfsaufrechnung des Beklagten abgewiesen, bemisst sich die Beschwer des Klägers allein aus dem Wert der abgewiesenen Klageforderung, die des Beklagten aus der Summe von Klage- und (der Höhe nach durch die Klageforderung begrenzten) Aufrechnungsforderung (analog § 19 III GKG). Bei Streitgenossen sind die Werte der einzelnen Ansprüche zusammenzurechnen (BGH NJW 65, 761; *Meyke* § 3 Rn. 12).

Der Wert der Berufungsinstanz muss dabei nicht identisch mit dem der ersten Instanz sein. Verfolgt der Kläger nach einem Teilobsiegen in Höhe von 2.000,– € den erstinstanzlichen Antrag in Höhe von 8.000,– € in der Berufung weiter, bemisst sich der Wert hier nur aus der Differenz (6.000,– €). Auch für die Parteien kann der Wert unterschiedlich sein. Ist die Klage auf Auskunftserteilung abgewiesen worden, richtet sich die Beschwer des Klägers nach dem Interesse, das er an der Auskunft haben kann (der Höhe des daraus abzuleitenden Leistungsanspruchs, BGH NJW 97, 1016), das des Beklagten an dem Aufwand, der mit der Auskunftserteilung verbunden ist (BGH JZ 95, 681).

135 Für die Zulässigkeit der Berufung ist nicht auf den Wert der Beschwer, sondern auf den Wert des Beschwerdegegenstands abzustellen. Die **Beschwer** ist der Nachteil, der der Partei aus dem Urteil erwächst, der **Beschwerdegegenstand** ist der Teil der Beschwer, den die Partei mit dem Rechtsmittel angreift.

Beispielsfall:
Das Landgericht hat der auf Zahlung von 4.000,– € gerichteten Klage in Höhe von 1.500,– €, der auf Zahlung von 2.500,– € gerichteten Widerklage in Höhe von 500,– € stattgegeben und Klage und Widerklage im Übrigen abgewiesen. Hiergegen richtet sich die Berufung des Klägers, mit der er seinen Klageantrag in Höhe weiterer 1.500,– €, die Abweisung der Widerklage in Höhe weiterer 1.500,– € und einen neuen Anspruch in Höhe von 1.000,– € verfolgt. Hier ergeben sich folgende Werte:

- Der Kostenstreitwert 1. Instanz ergibt sich aus einer Addition von Klage und Widerklage, beläuft sich also auf 6.500,– € (§ 19 I GKG).
- Der Zuständigkeitsstreitwert 1. Instanz richtet sich nach dem höchsten Einzelwert von Klage bzw. Widerklage und beträgt hier 4.000,– € (§ 5 S. 2).

- Der Beklagte ist aus dem Urteil mit der Verurteilung aus der Klage (1.500,– €) und der Abweisung der Widerklage (500,– €), insgesamt also mit 2.000,– € beschwert.
- Der Kläger ist mit der Abweisung der Klage (2.500,– €) und der Stattgabe der Widerklage (2.000,– €), insgesamt also 4.500,– € beschwert.
- Der Wert des Beschwerdegegenstands des Klägers beläuft sich auf 3.000,– € (Anfechtung der Entscheidung über die Klage und die Widerklage in Höhe von jeweils 1.500,– €).
- Für den Kostenstreitwert 2. Instanz ist zu dem Wert des Beschwerdegegenstands der Wert des neu erhobenen Anspruchs (1.000,– €) zu addieren, er beläuft sich damit auf 4.000,– € (§ 19 I GKG).

Der Wert des Beschwerdegegenstands muss im **Zeitpunkt der Berufungseinlegung** erreicht sein. 136

Allerdings lässt er sich zu diesem Zeitpunkt noch nicht sicher absehen. In welchem Umfang der Berufungskläger das Urteil anficht, ergibt sich erst aus dem Berufungsantrag, der Teil der Berufungsbegründung ist. Unzulässig ist die Einlegung der Berufung wegen Nichterreichens der Berufungssumme deswegen nur, wenn schon der Wert der Beschwer unter 600,– € liegt oder sich aus der Einlegung ergibt, dass der Umfang der Anfechtung diesen Betrag nicht übersteigen soll. Fehlt ein Anhaltspunkt für den Umfang der Anfechtung, ist von einer unbeschränkten Anfechtung des Urteils auszugehen, so dass der Wert des Beschwerdegegenstands zunächst mit dem des Werts der Beschwer gleichgestellt wird. Beschränkt der Berufungskläger (durch einen zu geringen Antrag oder eine teilweise Berufungsrücknahme) sein Begehr willkürlich auf einen Teil unterhalb der Berufungssumme, wird die Berufung unzulässig.

Das Abstellen des Berufungswerts auf den Zeitpunkt der Berufungseinlegung bedeutet nach § 4 auch, dass nachträgliche Änderungen unbeachtlich bleiben. Das gilt für schwankende Werte (Kursschwankungen von Wertpapieren oder Edelmetallen) genauso wie für nachträgliche Teilerledigungen (teilweise freiwillige Erfüllung durch den Gegner, Teilvergleich).

Der Wert des Beschwerdegegenstands ist vom Berufungskläger **glaubhaft zu machen** (§ 511 III). Er wird durch das Berufungsgericht bei Bedarf autonom festgesetzt. 137

Beim bezifferten Klageantrag ist eine Glaubhaftmachung nicht erforderlich. In allen anderen Fällen reicht eine Bezugnahme auf die erstinstanzliche Wertfestsetzung regelmäßig aus. Vortrag und Glaubhaftmachung erfolgen im Rahmen der Berufungsbegründung (§ 520 IV Nr. 2; dazu unten Rn. 283). Unterbleibt die Glaubhaftmachung, muss das Gericht den Wert nach freiem Ermessen schätzen (§ 3), zur weiteren Aufklärung des Werts ist das Gericht nicht verpflichtet (BGH NJW-RR 99, 573).

Bei der Wertfestsetzung ist das Berufungsgericht an eine Wertfestsetzung des erstinstanzlichen Gerichts nicht gebunden (BGH NJW-RR 88, 837). Die Festsetzung kann zu Beginn der Berufungsinstanz oder an deren Ende erfolgen, sei es in Form eines separaten

Beschlusses, sei es in der Entscheidung über die Berufung (Beschluss nach § 522, Urteil nach §§ 538 I, 540). Sie ist isoliert nicht anfechtbar und kann auch mit der Revision nur eingeschränkt gerügt werden (BGH NJW 92, 2020).

(4) Wertberufung und Zulassungsberufung

138 Zulässig ist die Berufung nicht nur, wenn der Wert des Beschwerdegegenstands 600,– € übersteigt, sondern auch, wenn das erstinstanzliche Gericht die Berufung zugelassen hat (§ 511 II Nr. 2).

Mit der ZPO-Reform ist der Zugang zur Berufungsinstanz deutlich erweitert worden. Während bei der nach altem Recht auf die Werte über 1.500,– beschränkten Berufung rund die Hälfte aller amtsgerichtlichen Urteile unanfechtbar war (*Schnauder* JuS 02, 68, 72), besteht heute in allen Fällen die grundsätzliche Möglichkeit der zweiten Instanz.

Ist die Berufung zugelassen, bedarf es der Prüfung einer Beschwer für die Zulässigkeit der Berufung nicht mehr. Die Zulassungsentscheidung kann nur »im Urteil« erfolgen, nicht in einem separaten Beschluss. Sie findet sich sinnvollerweise im Tenor, kann aber auch ausschließlich in den Entscheidungsgründen enthalten sein. Eine Zulassung der Berufung bindet das Berufungsgericht (§ 511 IV 2). Dies gilt auch dann, wenn sie auf einem Irrtum beruht, unzutreffend oder mangelhaft begründet ist (BGH MDR 58, 225; BGH NJW 59, 2262). Eine Nichtzulassung bindet die Parteien, kann von ihnen nicht angefochten werden; insbesondere ist eine Nichtzulassungsbeschwerde (wie von § 544 für die Revision vorgesehen) nicht möglich (*Greger* NJW 02, 3051).

139 Die **Abgrenzung** der Wertberufung von der Zulassungsberufung ist dem Gesetzgeber misslungen. Unklar ist nämlich, in welchem Verhältnis die beiden Berufungstypen zueinander stehen und damit insbesondere auch, wann eine Zulassungsentscheidung erforderlich ist.

Beabsichtigt ist, diese Unklarheit durch das JuMoG, das zum 1. 1. 2004 in Kraft treten soll, zu beseitigen. Danach erfolgt eine Zulassung der Berufung gem. § 511 IV i. d. F. JuMoG nur noch, wenn die Partei durch das Urteil mit nicht mehr als 600,– € beschwert ist. Tritt diese Änderung in Kraft, hat der nachfolgend dargestellte Streit seine Bedeutung verloren.

Nahe liegt es, Wert- und Zulassungsberufung als sich ausschließende Alternativen anzusehen, so dass es einer Zulassung der Berufung nur bedarf, wo diese nicht schon aufgrund des Werts zulässig ist. Dahin ging der Wille des Reformgesetzgebers, nach dem die Regeln über die Zulassung keine Anwendung finden sollten, wenn die Berufungssumme ohnehin überschritten sei; die Zulassungsberufung sollte die zweite Instanz in Fällen grundsätzlicher Bedeutung bei Bagatellsachen eröffnen. Dieser Auffassung sind Rechtsprechung und Lehre zunächst unkritisch gefolgt.

Problematisch daran ist der Wortlaut des § 511 II Nr. 1, der die Zulässigkeit der Berufung nicht von dem für das Erstgericht erkennbaren Wert der Beschwer, sondern von dem Wert des Beschwerdegegenstands abhängig macht, den der Berufungskläger erst mit der Berufung bestimmt und der bei Erlass des Urteils für das Erstgericht nicht erkennbar ist.

Eine (vor allem für die erste Instanz vertretene) Auffassung will deswegen § 511 II Nr. 1 im Wege berichtigender Auslegung dahin verstehen, dass für die Wertberufung bereits ein »Wert der Beschwer« von mehr als 600,– € ausreiche (*Althammer* NJW 03, 1079; *Doukoff*, Rn. 50; *Jauernig* NJW 01, 3027; *ders.* NJW 03, 465 mit dem wohl nur akademisch nachvollziehbaren Vorschlag, § 511 II berichtigend in doppeltem Sinn als Wert der Beschwer und als Wert des Beschwerdegegenstands zu verstehen; *Huber* JuS 02, 791, 795; *Schmidt* MDR 02, 915; Th/P/*Reichold* § 511, Rn.). Dafür spricht, dass der Gesetzgeber unkritisch und ohne erkennbares Problembewusstsein den Wortlaut des § 511 a I a. F. übernommen hat. Zudem kann damit die Zulassungsentscheidung auf Bagatellsachen beschränkt werden. Gegen diese Auffassung spricht nicht nur der eindeutige Wortlaut des § 511 II Nr. 1, sondern auch, dass dann (was von einigen Vertretern dieser Auffassung verneint wird) konsequenterweise die Wertberufung zulässig sein müsste, wenn zwar der Wert der Beschwer, nicht aber der des Beschwerdegegenstands 600,– € übersteigt (wenn also zum Beispiel der Beklagte gegen seine Verurteilung zur Zahlung von 1.000,– € Berufung nur in Höhe von 500,– € einlegt).

Vorzuziehen ist eine zweite Auffassung, nach der die Wertberufung nur statthaft ist, wenn der Wert des Beschwerdegegenstands 600,– € übersteigt. Allerdings ist hiernach im erstinstanzlichen Urteil eine Entscheidung über die Zulassung der Berufung auch dann erforderlich, wenn der Wert der Beschwer eindeutig über 600,– € liegt. Dafür spricht nicht nur der Wortlaut des § 511 II Nr. 1, sondern auch der des § 511 IV, der eine Entscheidung über die Zulassung der Berufung unabhängig vom Wert der Beschwer vorsieht.

Vertreten wird dies unter anderem von *Fölsch* NJW 02, 3759, *Fischer* NJW 02, 1551 und *Greger* NJW 02, 3049.

Nachteil dieser Auffassung ist, dass alle Urteile erster Instanz unabhängig vom Streitwert eine Entscheidung über die Zulassung der Berufung enthalten müssen. Dies gilt auch für die erstinstanzlichen Urteile der Landgerichte. Zu unvertretbarer Verwirrung über die Anfechtbarkeit des Urteils führt dies, wenn der Wert der Beschwer 600,– € übersteigt, das Gericht aber die Voraussetzungen für die Zulassung der wertunabhängigen Berufung (§ 511 IV) nicht für gegeben hält und deswegen feststellt »Die Berufung wird nicht zugelassen«. Nicht nur rechtlich unerfahrene Parteien dürften hier unnötige Zweifel an der Zulässigkeit der Berufung bekommen.

Sowohl dem mit der Zulassungsentscheidung verbundenen Mehraufwand als auch dem Gebot der Rechtsklarheit kann entsprochen werden, wenn die erstinstanzliche Entscheidung im Tenor nur die Zulassung ausdrücklich ausspricht, im Fall der Nichtzulassung dagegen nichts aussagt. Wird ein Rechtsmittel nicht ausdrücklich zugelassen, so ist es nicht zugelassen. Das Unterbleiben einer Zulassungsentscheidung steht dem Ausspruch einer Nichtzulassung gleich.

Dies entspricht der Rechtsprechung des BGH zur bisherigen Zulassung der Revision durch die Oberlandesgerichte (BGH NJW 80, 344).

Um nicht den Eindruck aufkommen zu lassen, die Entscheidung sei übergangen worden, empfiehlt sich für das Gericht eine Aussage in den Gründen. Hier ist auch Raum für die Klarstellung, dass die Nichtzulassung auf die wertunabhängige Berufung beschränkt ist, die wertabhängige Berufung davon unberührt bleibt.

Für die **Parteien** ist dieser Streit bedeutungslos. Sie können Berufung einlegen, wenn der Wert des Beschwerdegegenstands 600,– € übersteigt oder eine Zulassung der Berufung ausgesprochen ist. Fehlt es an beidem, ist die Berufung unzulässig. Einzig für den Fall, dass die Zulassungsfrage im erstinstanzlichen Urteil nicht erkennbar erörtert wurde, kann an einen Antrag auf Urteilsergänzung gedacht werden.

Die auf die Nachholung einer übergangenen Zulassungsentscheidung gerichtete Urteilsergänzung wird von einem Teil der Literatur zumindest in entsprechender Anwendung des § 321 befürwortet (BLAH/*Albers* § 511 Rn. 25, § 543 Rn. 15 m. w. N.), von der h. M. indes abgelehnt (BGH NJW 83, 929; BGH MDR 85, 43 m. w. N.). Näher dazu unten Rn. 183.

140 Kann oder soll ein Urteil nur im Wertbereich unterhalb von 600,– € angefochten werden, ist es deshalb erforderlich, eine **Zulassung der Berufung** durch das erstinstanzliche Gericht zu erreichen. Die Entscheidung hierüber ergeht von Amts wegen, erfordert also keinen Antrag. Dennoch kann es sinnvoll sein, die Zulassung ausdrücklich anzuregen und zu den Zulassungsvoraussetzungen (§ 511 IV) vorzutragen.

Zuzulassen ist die Berufung nach § 511 IV, wenn die Sache grundsätzliche Bedeutung hat oder die Fortbildung des Rechts oder die Sicherung einer einheitlichen Rechtsprechung eine Entscheidung des Berufungsgerichts erfordern. Diese Voraussetzungen entsprechen denen der Revisionszulassung nach § 543 II, so dass die Rechtsprechung dazu (BGH NJW 02, 3029; BGH NJW 03, 65) entsprechend anwendbar ist.

Grundsätzliche Bedeutung hat eine Sache, wenn sie eine entscheidungserhebliche, klärungsbedürftige und klärungsfähige Rechtsfrage aufwirft, die sich in einer unbestimmten Vielzahl von Fällen stellen kann oder wenn andere Auswirkungen des Rechtsstreits auf die Allgemeinheit deren Interessen berühren.

Die Fortbildung des Rechts erfordert eine Entscheidung des Berufungsgerichts, wenn der Einzelfall Veranlassung gibt, Leitsätze für die Auslegung von Gesetzesbestimmungen des materiellen oder formellen Rechts aufzustellen oder Gesetzeslücken auszufüllen. Hierzu besteht nur Anlass, wenn es für die rechtliche Beurteilung typischer oder verallgemeinerungsfähiger Lebenssachverhalte an einer richtungsweisenden Orientierungshilfe ganz oder teilweise fehlt.

Die Sicherung einer einheitlichen Rechtsprechung erfordert eine Entscheidung des Berufungsgerichts, wenn bei der Auslegung oder Anwendung revisiblen Rechts Fehler über die Einzelfallentscheidung hinaus die Interessen der Allgemeinheit nachhaltig berühren. Dies ist in Fällen der Divergenz (Abweichung von der Entscheidung eines höheren oder gleichrangigen Gerichts) sowie der Wiederholungs- und Nachahmungsgefahr gegeben.

4. Umfang der Anfechtung

Ist die Berufung gegen das anzufechtende Urteil möglich, so muss geklärt werden, in welchem Umfang die Anfechtung erfolgen soll. 141

a) Parteien

Einer Vorüberlegung bedarf zunächst die Frage nach den Subjekten des Berufungsverfahrens (dazu auch Rn. 206). 142

(1) Erstinstanzliche Beteiligte

Die Parteien des Berufungsverfahrens sind regelmäßig identisch mit den **Parteien der ersten Instanz**. Berufungskläger kann werden, wer erstinstanzlich Kläger oder Beklagter war, richten kann sich die Berufung gegen den erstinstanzlichen Gegner. 143

Dies gilt grundsätzlich auch, wenn mit der Berufung Zweifel an der Existenz der Partei bzw. an ihrer Partei- oder Prozessfähigkeit geklärt werden sollen. Bedenken daran stehen nicht der Zulässigkeit der Berufung entgegen, sondern sind in der Berufung zu prüfen (BGH NJW 90, 1734).

Waren erstinstanzlich **Streitgenossen** beteiligt, so kann und muss jeder von ihnen für sich Berufung einlegen bzw. gegen jeden von ihnen Berufung eingelegt werden. Für jeden Streitgenossen läuft eine eigene Berufungsfrist, für jeden ist die Zulässigkeit seines Rechtsmittels (Beschwer) gesondert zu prüfen. Besonderheiten gelten für (praktisch seltene) notwendige Streitgenossen (§ 62). 144

Deckt sich die Beschwer verschiedener Streitgenossen nicht, so sind die einzelnen Beschwerungen zu addieren (§ 5; BGHZ 23, 333, 338).

Kann die Sachentscheidung allen Streitgenossen gegenüber nur einheitlich ergehen, hat bereits die Einlegung einer Berufung von einem oder gegen einen Streitgenossen zur Folge, dass alle Streitgenossen am Berufungsverfahren beteiligt sind

145 **Streithelfer** (Nebenintervenienten) erster Instanz können für die Partei Berufung einlegen (§ 67). Für deren Zulässigkeit ist auf die Fristen und die Beschwer der Partei abzustellen (BGH NJW-RR 97, 919, Rn. 537 ff.).

Partei des Berufungsverfahrens ist dann die erstinstanzliche Partei, nicht etwa der Nebenintervenient. Dieser bleibt nur Helfer der Partei und in seinen Befugnissen nach § 67 beschränkt. Haben Partei und Streithelfer Berufung eingelegt, so liegt nur ein einheitliches Rechtsmittel vor. Nimmt die Partei ihre Berufung zurück, bedarf es der Auslegung, ob damit auch der Fortführung des Berufungsverfahrens durch den Streithelfer widersprochen werden soll (BGH NJW 93, 2944).

Streitgenössische Nebenintervenienten gelten als Streitgenossen (§ 69) und haben im Prozess regelmäßig die Rechtsstellung von notwendigen Streitgenossen (MüKo/*Schilken* § 69 Rn. 6).

Gegen einen Streithelfer kann Berufung nicht eingelegt werden.

(2) Parteiwechsel

146 Das **Ausscheiden** erstinstanzlich am Verfahren beteiligter Streitgenossen ist grundsätzlich unproblematisch möglich. Legen einzelne Streitgenossen keine Berufung ein oder richtet sich die Berufung des Gegners nicht gegen alle Streitgenossen, so nehmen diese am Berufungsverfahren nicht teil. Ihnen gegenüber wird das Urteil rechtskräftig.

Die Frage, ob auf der eigenen oder der gegnerischen Seite alle Streitgenossen erster Instanz beteiligt werden sollen, ist im Einzelfall unter den Gesichtspunkten der Praktikabilität (Erfolgsaussichten der Vollstreckung gegen einen Streitgenossen), der Kosten (Erhöhungsgebühr nach § 6 BRAGO) und der Prozesstaktik (Ausschluss als Zeugen) zu entscheiden (*Müther* MDR 98, 1335).

Etwas anderes gilt nur in den (praktisch seltenen) Fällen der notwendigen Streitgenossenschaft (§ 62). Hier nehmen alle Streitgenossen am Berufungsverfahren bereits dann teil, wenn nur von einem oder gegen einen von ihnen Berufung eingelegt wurde, das Ausscheiden Einzelner ist nicht möglich.

147 Das **Hinzutreten** eines neuen Streitgenossen erst in der Berufungsinstanz ist grundsätzlich weder auf Seiten des Berufungsklägers noch auf Seiten des Berufungsbeklagten möglich.

Die h. M. behandelt den Parteibeitritt als Klageänderung. Diese ist in zweiter Instanz nur möglich, wenn sie auf Tatsachen gestützt wird, die berücksichtigt werden können und der Gegner einwilligt oder das Gericht sie für sachdienlich hält (§§ 263, 533). An die Sachdienlichkeit werden dabei schon beim Beitritt auf Klägerseite besondere Anforderungen gestellt (BGH NJW 89, 3225), beim Beitritt auf Beklagtenseite kann auf die Einwilligung des neuen Streitgenossen nur verzichtet werden, wenn sich deren Verweigerung als rechtsmissbräuchlich darstellt (BGH NJW 98, 1497).

Eine Ausnahme gilt für den Beitritt eines weiteren Pfändungsgläubigers zur Drittschuldnerklage nach § 856. Diese ist (zur Vermeidung weiterer Klagen) in jeder Lage des Verfahrens und damit auch in der zweiten Instanz zulässig.

Der **Wechsel** einer Partei stellt sich als das Ausscheiden der bisherigen und der 148
Eintritt einer neuen Partei dar und folgt deswegen den bereits dargestellten Grundsätzen.

Beruht ein solcher Parteiwechsel auf dem Willen der Parteien (gewillkürter Parteiwechsel), so ist er nur mit Zustimmung aller Beteiligten zulässig. Mit der Berufung ist ein solcher Parteiwechsel kaum erreichbar, weil deren Zulässigkeit die Beseitigung der Beschwer und damit die Beibehaltung der bisherigen Prozesssubjekte voraussetzt (Rn. 299).

Ist die streitbefangene Sache nach Rechtshängigkeit vom Kläger oder vom Beklagten veräußert worden, so kann der Rechtsnachfolger, wenn er will, den Prozess anstelle der bisherigen Partei fortsetzen. Hierzu ist die Zustimmung des Gegners erforderlich (§ 265 II 2), soweit sich deren Verweigerung nicht als rechtsmissbräuchlich darstellt (BGH NJW 96, 2799). Von der Rechtsmissbräuchlichkeit der Verweigerung ist der BGH zum Beispiel ausgegangen, wenn zwischen der Ein-Mann-GmbH und deren Gesellschafter gewechselt werden sollte.

Die Berufung ist nur zulässig, wenn mit ihr zumindest auch die Beseitigung der in der erstinstanzlichen Entscheidung liegenden Beschwer begehrt wird (dazu unten Rn. 297 ff.). Dies setzt grundsätzlich voraus, dass die beschwerte Partei gegen den ursprünglichen Gegner vorgeht, so dass ein Parteiwechsel mit der Berufungsinstanz in der Regel ausscheidet, weil nur im Verhältnis zu ihm die Beschwer besteht (BGH NJW 94, 3358; OLG Frankfurt OLGR 01, 138).

Auch in der Berufungsinstanz zulässig ist dagegen der gesetzliche Parteiwechsel.

Verstirbt eine Partei, so tritt (nach einer zunächst eintretenden Unterbrechung des Verfahrens) der Rechtsnachfolger an ihrer Stelle in den Prozess ein (§ 239). Wird über das Vermögen einer Partei das Insolvenzverfahren eröffnet, wird der Prozess mit dem Insolvenzverwalter fortgesetzt (§ 240). Ist die Erbfolge bzw. Insolvenzeröffnung erst nach Schluss der mündlichen Verhandlung erster Instanz, aber vor Einlegung der Berufung eingetreten, so kann der Erbe bzw. Insolvenzverwalter die Aufnahme des Rechtsstreits mit der Berufung verbinden (BGH NJW 62, 589).

149 Zu unterscheiden ist der Parteiwechsel von einer bloßen **Berichtigung der Parteibezeichnung**, die auch in zweiter Instanz problemlos möglich bleibt.

Voraussetzung der Parteiberichtigung ist, dass lediglich die Bezeichnung der Partei berichtigt werden, nicht aber eine andere Partei in den Prozess eintreten soll. Richtete sich die Klage erstinstanzlich gegen den »Gemeinschuldner, vertreten durch den Insolvenzverwalter«, kann sie ohne weiteres umgestellt werden auf den Insolvenzverwalter, der den Prozess als Partei kraft Amtes im eigenen Namen führt.

150 Berufung kann auch von einem **neuen Streithelfer** eingelegt werden. Hierzu kann er seine Beitrittserklärung mit der Berufung verbinden (OLG Hamm NJW-RR 94, 1277; Rn. 538).

Möglich ist dies insbesondere infolge einer Streitverkündung durch die erstinstanzlich unterlegene Partei (§ 74 I), die auch nach Verkündung des Urteils bis zum Eintritt der Rechtskraft möglich ist (BGH NJW 84, 353; Rn. 551).

151 **Unbeteiligte Dritte** können gegen das Urteil grundsätzlich auch dann keine Berufung einlegen, wenn das erstinstanzliche Urteil ihre Interessen verletzt (Rn. 559).

Wird ein Zeuge im erstinstanzlichen Urteil als Lügner qualifiziert, kann er das Urteil genauso wenig anfechten wie der verfahrensunbeteiligte Dritte, der aufgrund des unstreitigen Parteivortrags aber wahrheitswidrig als »vorbestrafter Betrüger« bezeichnet wird. Ist der Beklagte »als Gesamtschuldner neben dem A« verurteilt worden, kann A, wenn er am Verfahren erster Instanz nicht beteiligt war, auch dann hiergegen keine Berufung einlegen, wenn er nicht Gesamtschuldner ist (weitere Beispiele bei *Schack* NJW 88, 865). In all diesen Fällen entfaltet das Urteil dem Dritten gegenüber weder materielle Rechtskraft, noch stellt es für oder gegen ihn einen Vollstreckungstitel dar. Zur regelmäßigen Erfolglosigkeit von Feststellungs-, Widerrufs- oder Amtshaftungsklagen in diesen Fällen *Hager* NJW 89, 885.

Ausnahmsweise anfechtbar muss das Urteil für einen Dritten dann sein, wenn mit dem Urteil der Anschein eines gegen ihn vollstreckbaren Titels geschaffen wird.

Ist in erster Instanz infolge einer Namensverwechslung ein Dritter als Beklagter bezeichnet und verurteilt worden, muss er sich nicht auf vollstreckungsrechtliche Rechtsbehelfe beschränken, sondern kann nach den Grundsätzen über die Anfechtung von Scheinurteilen (Rn. 124) auch Berufung einlegen (BGH MDR 78, 307).

b) Streitgegenstand

Mit der Berufung sollen durch Fortsetzung des Verfahrens erstinstanzliche Fehler festgestellt und beseitigt werden. Das Berufungsverfahren entspricht deswegen grundsätzlich nicht nur subjektiv (Rn. 142 ff.), sondern auch objektiv dem Verfahren erster Instanz, findet also nicht nur zwischen den gleichen Parteien, sondern auch über denselben Streitgegenstand statt (*Oberheim* JA 02, 497). 152

Streitgegenstand der Berufung ist damit der Streitgegenstand erster Instanz.

Allerdings kann es ein Bedürfnis des Berufungsführers geben, diesen Streitgegenstand abzuändern.

Findet sich der Kläger mit einem Teil der Klageabweisung, der Beklagte mit einem Teil seiner Verurteilung ab, so kann der Streitgegenstand auf den noch streitigen Teil beschränkt werden. Will der Kläger anstelle des oder neben dem bislang verfolgten einen anderen Anspruch geltend machen, so muss er seine Klage mit der Berufung ändern. Neue Ansprüche in zweiter Instanz sind auch zu prüfen, wenn der Beklagte über die bisherige Verteidigung hinaus einen Anspruch zur Aufrechnung stellen oder zum Gegenstand einer Widerklage machen will.

Die **Beschränkung** des Streitgegenstands zweiter Instanz auf einen Teil des erstinstanzlichen Streitgegenstands ist weitgehend unproblematisch möglich. Die mit der Berufung nicht verfolgten Punkte werden rechtskräftig. In einer solchen Beschränkung liegt weder eine teilweise Klagerücknahme (§ 269) noch ein teilweiser Rechtsmittelverzicht (§ 515), Rn. 441. 153

Unerheblich ist dabei, ob (bei objektiver Klagehäufung) ein eigenständiger Streitgegenstand wegfällt oder nur ein quantitativ abgrenzbarer Teil eines ansonsten weiterverfolgten Streitgegenstands. Nicht möglich ist eine Beschränkung auf einzelne Urteilselemente, etwa die Herleitung des Anspruchs aus einer bestimmte Anspruchsgrundlage.

Besonderer Beachtung bedarf, dass der verbleibende Streitgegenstand eine hinreichende Beseitigung der erstinstanzlichen Beschwer ermöglicht, insbesondere der erforderliche Wert des Beschwerdegegenstands (600,– €) nicht unterschritten wird (Rn. 136, 297 ff.).

Nach neuem Recht nur noch ausnahmsweise möglich ist dagegen eine **Erweiterung** um neue Streitgegenstände. 154

Ihrer Funktion als Instrument der Fehlerkontrolle und Fehlerbeseitigung kann die Berufungsinstanz nur dann genügen, wenn der hier zu beurteilende Sachverhalt dem der ersten Instanz entspricht. Grundsätzlich muss deswegen die Befugnis der Parteien, einen anderen Anspruch geltend zu machen, genauso beschränkt sein, wie die Befugnis, den bisherigen Anspruch mit neuen Angriffs- und Verteidigungsmitteln zu begründen.

Die Geltendmachung eines neuen Anspruchs im Wege der Klageänderung, Aufrechnung oder Widerklage ist nur unter den engen Voraussetzungen des § 533 möglich. Erforderlich ist nicht bloß, dass der Gegner zustimmt (wobei eine fehlende Zustimmung durch Bejahung der Sachdienlichkeit seitens des Gerichts ersetzbar ist), sondern auch, dass diese sich ausschließlich auf Tatsachen stützen, die in zweiter Instanz berücksichtigt werden können (Rn. 381 ff.).

Nach § 529 hat das Berufungsgericht seiner Verhandlung und Entscheidung grundsätzlich nur die erstinstanzlich festgestellten Tatsachen zugrunde zu legen. Liegen konkrete Anhaltspunkte für einen Tatsachenfeststellungsfehler des Erstgerichts vor, kommt eine erneute Feststellung durch das Berufungsgericht in Betracht. Von den Parteien neu vorgetragen werden dürfen Tatsachen nur, wenn der Vortrag in erster Instanz infolge eines Fehlers des Gerichts ist (§ 531 II Nr. 1, 2) oder unverschuldet (§ 531 II Nr. 3) unterblieben ist.

Da Streitgegenstandsänderungen regelmäßig neuer Tatsachen zur Begründung bedürfen, sind sie nur noch ausnahmsweise statthaft. Zu möglichen Ausnahmen unten Rn. 384.

5. Finanzierung der Anfechtung

155 In Anbetracht der mit einer Anfechtung des Urteils verbundenen Kosten (dazu oben Rn. 79) ist es nicht nur geboten, den Mandanten hierüber vorab zu unterrichten, sondern auch sinnvoll, zu klären, welche Möglichkeiten der Finanzierung bestehen.

a) Möglichkeiten

156 Besteht eine **Rechtsschutzversicherung**, so ist zu prüfen, ob diese auch die Rechtsmittelkosten abdeckt. Umfasst – wie regelmäßig – die vorliegende Deckungszusage nur die erste Instanz, so ist eine erneute Deckungszusage einzuholen (§ 17 V c) aa) ARB 94/00). Gegebenenfalls bedarf diese einer näheren Begründung, wenn die Versicherung trotz der erstinstanzlichen Niederlage von den Erfolgsaussichten der Berufung überzeugt werden muss.

Die Zustimmung der Rechtsschutzversicherung muss grundsätzlich vor Einlegung der Berufung eingeholt werden. Ausnahmsweise lässt die Rechtsprechung eine nachträgliche Information der Versicherung genügen, wenn die Berufung zur Fristwahrung eingelegt wurde, weil eine vorherige Absprache nicht möglich war (OLG Hamm NJW-RR 91, 612).

Ausnahmsweise kann ein Anspruch auf Erstattung der Prozesskosten, gegebenenfalls sogar auf Vorschuss auf diese gegen **Dritte** bestehen. Hierbei handelt es sich um materiellrechtliche Ansprüche, die im Zweifel in einem separaten Prozess geltend gemacht werden müssen. 157

Solche Ansprüche können sich aus vertraglichen Rechtsbeziehungen ergeben.

Möglich ist dies zum Beispiel im Rahmen eines Prozessfinanzierungsvertrages. Haben mehrere an einem Prozesserfolg Interessierte vereinbart, nur einen Musterprozess durch einen Kläger zu führen und verabredet, sich an den dabei entstehenden Kosten zu beteiligen, so liegt eine (Innen-)Gesellschaft bürgerlichen Rechts (§§ 705 ff. BGB) vor, aus der der Partei ein materieller Anspruch auf anteilige Erstattung ihrer Kosten zusteht (*Grunewald* BB 00, 729; *Dethloff* NJW 00, 2225).

Vertragliche Ansprüche auf Kostenerstattung oder -beteiligung hat auch der gewillkürte Prozessstandschafter. Dieser macht im eigenen Namen aufgrund einer Ermächtigung das Recht eines Dritten geltend. Aus der Vereinbarung über die Befugnis zur prozessualen Geltendmachung folgt regelmäßig (gegebenenfalls im Wege der Auslegung) auch eine Vereinbarung über die Kostenverteilung im Innenverhältnis. Prozesskostenhilfe kommt hier nur in Betracht, wenn sowohl die Partei als auch der Rechtsinhaber vermögenslos sind, nur so kann verhindert werden, dass ein vermögender Rechtsinhaber zur Vermeidung des Kostenrisikos einen bedürftigen Prozessstandschafter vorschiebt (OLG Hamm NJW 90, 1053; OLG Köln FamRZ 95, 940; zu abweichenden Auffassungen BLAH/*Hartmann* § 114 Rn. 55). Nicht immer wird das Innenverhältnis aber einen Kostenanspruch des Prozessstandschafters gegen den Rechtsinhaber ergeben. Ist eine Sache oder ein Recht sicherungsweise übereignet und ist der Sicherungsgeber zur Prozessführung im eigenen Namen ermächtigt, tut er dies im eigenen Interesse, so dass er die Kosten ohne anderweitige Vereinbarung vom Sicherungsnehmer nicht verlangen kann.

Zwischen Gesamtschuldnern bestehen Ansprüche auf Beteiligung an Prozesskosten nur ausnahmsweise. Hat ein Gesamtschuldner den Gläubiger befriedigt, kann er im Innenverhältnis über § 426 BGB Ausgleich des Geleisteten verlangen. Prozesskosten aus einem Rechtsstreit mit dem Gläubiger gehören nicht dazu und sind deswegen nicht ausgleichsfähig (BGH VersR 57, 800). Führen die Gesamtschuldner den Prozess gemeinsam, so haben sie die Kosten regelmäßig nicht nach ihrer Ausgleichsquote, sondern nach Kopfteilen zu tragen (§ 100 I; BGH NJW 74, 693). Etwas anderes gilt nur, wenn ein Gesamtschuldner Prozesskosten zur Abgeltung der Hauptforderung übernommen hat (BGH NJW 71, 884) oder einer der Gesamtschuldner seine Pflicht zur Mitwirkung an der Befriedigung des Gläubigers schuldhaft verletzt hat (BGH NJW 74, 694).

Besteht ein Schadensersatzanspruch gegen einen Dritten, so können die entstandenen Prozesskosten Teil des erstattungsfähigen Schadens sein (§ 249 BGB).

Weitere Ansprüche auf Kostenerstattung können sich aus familienrechtlichen Beziehungen ergeben.

Prozesskosten, die aus der Verwaltung von Gesamtgut bei der Gütergemeinschaft zwischen Ehegatten entstehen, sind Gesamtgutsverbindlichkeiten (§ 1438 II BGB), können aber einem Ehegatten allein zur Last fallen (§§ 1441 ff., 1463 ff. BGB).

Unterhaltsansprüche können auch Prozesskosten umfassen und sind dann auf eine Vorschusszahlung gerichtet (§ 1360 a IV, 1361, 1578, 1610 BGB; Palandt/*Diederichsen*, BGB, 61. Aufl., § 1610 Rn. 13).

Greift keine der genannten Möglichkeiten ein und kann der Mandant die Kosten nicht selbst tragen, kommt eine (teilweise) Übernahme durch den **Staat** im Rahmen der Prozesskostenhilfe in Betracht.

b) Prozesskostenhilfe

158 Kann der Berufungskläger die Kosten der Berufung nach seinen persönlichen und wirtschaftlichen Verhältnissen nicht aufbringen, erhält er auf Antrag Prozesskostenhilfe, wenn die beabsichtigte Rechtsverfolgung hinreichende Aussicht auf Erfolg bietet und nicht mutwillig erscheint (§ 114 I). Mit dem Institut der Prozesskostenhilfe (§§ 114 ff.) soll es den Grundsätzen des Verfassungsrechts (Justizgewährungsanspruch, Prinzip der Waffengleichheit, Sozialstaatsprinzip) entsprechend auch der wirtschaftlich nicht leistungsfähigen Partei möglich werden, einen Prozess zu führen (BVerfG NJW 97, 311).

Wegen der Voraussetzungen und des Verfahrens der Prozesskostenhilfegewährung im Allgemeinen sei auf die entsprechenden Darstellungen verwiesen (*Schoreit/Dehn*, Prozesskostenhilfe und Beratungshilfe, 7. Aufl. 2001; *Kalthoener/Büttner/Wrobel/Sachs*, Prozesskostenhilfe und Beratungshilfe, 3. Aufl. 2003). Hier soll nur auf die Besonderheiten der Prozesskostenhilfe in zweiter Instanz eingegangen werden.

159 Die Prozesskostenhilfe muss – unabhängig davon, ob sie in erster Instanz beantragt, gewährt oder versagt wurde – in zweiter Instanz **neu beantragt** werden (§ 119 I 1).

Hierbei bedarf es regelmäßig der Vorlage einer neuen, aktuellen Erklärung über die persönlichen und wirtschaftlichen Verhältnisse der Partei (§ 117 II). Diese wird – nach den gleichen Kriterien wie in erster Instanz – erneut überprüft (§ 115). Die bloße Bezugnahme auf die erstinstanzliche Erklärung reicht nur ausnahmsweise und dann, wenn die darin angegebenen Verhältnisse sich zwischenzeitlich nicht geändert haben und dies ausdrücklich versichert wird (BGH NJW 02, 2793).

160 Die Erfolgsaussichten der beabsichtigten Rechtsverfolgung sind für den **Berufungskläger** regelmäßig durch Vorlage der Berufungsbegründung darzutun.

Ob im Berufungsverfahren § 117 I 2 gilt, nach dem die Begründung bereits im Prozesskostenhilfeantrag enthalten sein muss, ist streitig. Die h. M. (BGH NJW-RR 01, 1146) verneint dies, weil auch für die bedürftige Partei die Begründungsfrist des § 520 II 1 gelten muss. Die Gegenansicht (OLG Schleswig NJW-RR 99, 432; weitere Nachweise für beide Ansichten bei *Doukoff* Fn. 480) stellt darauf ab, dass ohne Begründung die Erfolgsaussicht nicht beurteilt werden kann.

Unabhängig von diesem dogmatischen Streit muss eine Begründung für den Berufungskläger aber im eigenen Interesse liegen. Nur in Ausnahmefällen kann er davon ausgehen, dass das Berufungsgericht von sich aus die Fehlerhaftigkeit des angefochtenen Urteils feststellt. Eine Begründung kann deswegen (trotz der Bedenken von *Borgmann*, AnwBl 94, 137) nur dringend angeraten werden. Ist die Begründung nicht sofort im Prozesskostenhilfeantrag möglich, kann zumindest angekündigt werden, sie innerhalb der Berufungsbegründungsfrist nachzureichen. In diesem Fall ist das Gericht verpflichtet, vor Entscheidung über den Prozesskostenhilfeantrag den Eingang der Begründung abzuwarten

Soll die Durchführung der Berufung von der Gewährung von Prozesskostenhilfe abhängig gemacht werden (zur dabei gebotenen Vorgehensweise unten Rn. 245 ff.), darf zunächst nur der Prozesskostenhilfeantrag gestellt werden, die zur Darlegung der Erfolgsaussicht beigefügte Berufungsbegründung muss (zum Beispiel durch entsprechende Überschrift und durch fehlende Unterschrift) eindeutig als Entwurf erkennbar sein (BGH NJW 02, 1352; BGH NJW-RR 00, 879).

Für den **Berufungsbeklagten** ist die Erfolgsaussicht seiner Rechtsverfolgung nicht mehr zu prüfen, sie wird aufgrund seines Erfolgs in erster Instanz unterstellt (§ 119 I 2). In teleologischer Reduktion des § 119 I 2 prüft die Rechtsprechung die Erfolgsaussichten des Berufungsbeklagten doch, wenn sich die Sachlage eindeutig geändert hat (BGHZ 36, 280) oder wenn die beabsichtigte Rechtsverteidigung schlechthin aussichtslos ist (OLG Bamberg FamRZ 89, 884). **161**

Beide Fallgruppen sind auf seltene Ausnahmefälle beschränkt. Die erst in der Berufungsinstanz vorgetragene Änderung der Sachlage kann nach § 531 II unberücksichtigt bleiben müssen oder zur Kostenlast des Berufungsklägers führen und damit die Verteidigung des Berufungsbeklagten zumindest teilweise erfolgreich erscheinen lassen (*Glaremin* JA 90, 186). Schlechthin aussichtslos ist eine Verteidigung gegen ein Urteil nur, wenn es sich »eindeutig« um ein Fehlurteil handelt; daran fehlt es schon, wenn die erstinstanzliche Entscheidung auch nur entfernt vertretbar scheint.

Streitig ist, ob dem Berufungsbeklagten Prozesskostenhilfe bereits vor Eingang der Berufungsbegründung gewährt werden kann.

Die h. M. verneint dies, weil erst danach feststeht, dass die Berufung tatsächlich durchgeführt und über sie nicht nach § 522 I, II durch Beschluss entschieden wird (BGH FamRZ 88, 942), die Gegenansicht stellt auf die grundsätzlich entbehrliche Prüfung der Erfolgsaussicht ab (BLAH/*Hartmann* § 119 Rn. 57). Einer Beantragung der Prozesskostenhilfe schon vor Eingang der Berufungsbegründung steht aber in keinem Fall etwas entgegen.

162 Gegen die Versagung der Prozesskostenhilfe in erster Instanz ist unter den Voraussetzungen des § 127 II (Wert der Hauptsache über 600,– €, Einmonatsfrist) die sofortige Beschwerde statthaft. Eine Versagung durch das Berufungsgericht kann dagegen nur mit der **Rechtsbeschwerde** angefochten werden. Dies setzt voraus, dass sie vom Berufungsgericht zugelassen wurde (§§ 567 I, 574 I Nr. 2), die Nichtzulassung ist unanfechtbar.

163 Wird Prozesskostenhilfe gewährt, so hat dies – wie in erster Instanz auch – zur **Folge**, dass die Partei und der Gegner (§ 122 II) von den Gerichtsgebühren, insbesondere allen Vorschusspflichten, befreit sind (§ 122 I 1). Der Partei wird ein Rechtsanwalt ihrer Wahl beigeordnet und aus der Staatskasse bezahlt (§ 121 II, III). Wird die Partei jedoch in die Kosten des Rechtsstreits verurteilt, so muss sie die außergerichtlichen Kosten des Gegners aus eigener Tasche bezahlen, diese werden nicht erstattet (§ 123).

Die Gewährung von Prozesskostenhilfe bedeutet deswegen keine vollständige Freistellung von dem mit der Prozessführung verbundenen Kostenrisiko. Umgekehrt muss der Gegner befürchten, von der mittellosen Partei seine Kosten nicht erstattet zu bekommen.

IV. Vorbereitung der Berufung

164 Hat die Prüfung der anzufechtenden Entscheidung formale Mängel ergeben, so müssen diese unabhängig von der inhaltlichen Anfechtung durch **eigenständige Rechtsbehelfe** beseitigt werden.

In Betracht kommt dabei

- eine Berichtigung des Protokolls, mit der eine falsche oder unvollständige Protokollierung einer mündlichen Verhandlung erster Instanz korrigiert werden kann (§ 164, unten 1., Rn. 166 ff.),
- eine Berichtigung des Urteils, mit der versehentliche Abweichungen des aus dem Urteil ersichtlichen von dem tatsächlichen Willen des Gerichts beseitigt werden können (§ 319, unten 2., Rn. 169 ff.),
- eine Berichtigung des Tatbestands, die der Beseitigung von Fehlern der Tatsachenfeststellung durch das Gericht dient, die nicht auf einem Fehler in der Darstellung, sondern auf einem Fehler in der Willensbildung beruhen (§ 320, unten 3, Rn. 175 ff.) oder
- eine Ergänzung des Urteils, mit der fehlende Entscheidungen nachgeholt werden (§ 321, unten 4., Rn. 182 ff.).

Der zur Abhilfe einer Verletzung des Anspruchs auf rechtliches Gehör dienende Antrag auf Fortführung des erstinstanzlichen Verfahrens (§ 321 a) ist nur möglich, wenn die Berufung nicht zulässig ist, kommt damit zur Vorbereitung der Berufung nicht in Betracht. Wegen der möglichen Konkurrenz zur Anschlussberufung unten Rn. 520).

Diese Rechtsbehelfe dienen der Vorbereitung der Berufung, weil sie der anzufechtenden Entscheidung erst die Form geben, die in zweiter Instanz überprüft werden soll. Es handelt sich um Möglichkeiten der instanzinternen Selbstkontrolle (BVerfG NJW-RR 00, 1664), indem sie sich grundsätzlich ohne Devolutiveffekt an das Gericht richten, von dem die Entscheidung stammt. Es handelt sich damit um die Rechtsbehelfe, die kumulativ zur Berufung möglich sind (Rn. 102).

Nur die Urteilsberichtigung kann mit der Berufung verbunden werden, Tatbestandsberichtigung und Urteilsergänzung sind separat zu beantragen, weil für sie eigene (kürzere) Fristen laufen und sie ausschließlich an das erstinstanzliche Gericht gerichtet werden können, während über die fristunabhängige Urteilsberichtigung auch das Berufungsgericht entscheiden kann.

Grundsätzlich gehören diese Rechtsbehelfe noch zur Tätigkeit des erstinstanzlichen Prozessbevollmächtigten (§ 37 Nr. 6 BRAGO), sind sie erforderlich und bei Übernahme des Mandats noch möglich, kann ihre Nichteinlegung aber auch eine Pflichtverletzung des Berufungsanwalts darstellen.

Wegen der kurzen Fristen der §§ 320, 321 ist auch zu überlegen, ob es eines **165** entsprechenden Antrags selbst dann bedarf, wenn eine eigene **Berufung nicht beabsichtigt** ist. Der eigenen Partei nachteilige formelle Mängel der Entscheidung können nur hingenommen werden, wenn sicher ist, dass ein Rechtsmittelverfahren auch auf Antrag des Gegners nicht stattfindet. Ist ein solches möglich, sollten Tatbestandsberichtigung und Urteilsergänzung in jedem Fall rechtzeitig beantragt werden. Nur so kann vermieden werden, dass in zweiter Instanz zum eigenen Nachteil von einem unrichtigen Sachverhalt ausgegangen wird und deswegen nicht nur die eigene Rechtsverteidigung, sondern auch ein eventueller Gegenangriff (Anschlussberufung) beschränkt ist.

Auch für die erstinstanzlich obsiegende Partei kann sich deswegen die Notwendigkeit ergeben, das Urteil sofort zu prüfen und gegebenenfalls innerhalb von zwei Wochen nach Zustellung und damit vor Einlegung der Berufung durch den Gegner Tatbestandsberichtigung und Urteilsergänzung zu beantragen (dazu unten Rn. 165).

1. Protokollberichtigung

166 Über jede mündliche Verhandlung und Beweisaufnahme ist ein Protokoll aufzunehmen (§ 159). Es enthält zwingend einige Förmlichkeiten der Verhandlung (§ 160 I) und essentielle Prozesshandlungen (Anträge, Anerkenntnis, Vergleich, Beweisergebnis, Verkündung und gegebenenfalls Inhalt von Entscheidungen; § 160 III). Im Übrigen entscheidet der Vorsitzende, was er als wesentlichen Vorgang der Verhandlung aufnehmen will (§ 160 II). Ist das Protokoll unrichtig, kann es berichtigt werden (§ 164). Ein Antrag auf Berichtigung eines solchen Protokolls ist nur selten erforderlich. Dennoch sollte er regelmäßig überdacht und erforderlichenfalls auch gestellt werden, weil dem Protokoll auch in der Berufung besondere **Bedeutung** zukommen kann.

Eine solche besondere Bedeutung erlangt das Protokoll erster Instanz in der Berufung durch §§ 529 I, 531 II, die die Möglichkeit neuen Vorbringens beschränken und gegebenenfalls von Verfahrensfehlern abhängig machen. Ob Vorbringen neu ist, richtet sich in erster Linie nach dem Tatbestand des angefochtenen Urteils (§ 314), der nur durch das Protokoll widerlegt werden kann. Die Beachtung der für die Verhandlung vorgeschriebenen Förmlichkeiten kann nur durch das Protokoll bewiesen werden (§ 165). Bei einem Widerspruch zwischen Urteil und Protokoll geht letzteres vor (Zöller/*Stöber* § 164 Rn. 9).

Hat eine Partei in der mündlichen Verhandlung Angriffs- und Verteidigungsmittel vorgetragen, die nicht im Tatbestand des Urteils auftauchen, müssen diese zumindest im Protokoll vermerkt sein. Ist eine wesentliche Förmlichkeit des Verfahrens nicht beachtet worden, muss sich dies aus dem Protokoll ergeben.

167 Mit der Protokollberichtigung (§ 164) können **Unrichtigkeiten** des Protokolls beseitigt werden.

Unrichtig kann das Protokoll sein, weil wesentliche Förmlichkeiten fehlen oder falsch wiedergegeben sind.

Das Fehlen von Förmlichkeiten kann mit Erfolg nur bezüglich des gesetzlich zwingenden Protokollinhalts (§ 160 I, III) geltend gemacht werden. Im Übrigen entscheidet der Vorsitzende nach freiem Ermessen, was er als wesentlichen Vorgang (des Hergangs, nicht des Inhalts) der Verhandlung aufnehmen will (§ 160 II). Der den Parteien mögliche Antrag auf Aufnahme bestimmter Vorgänge oder Äußerungen ins Protokoll (§ 160 IV) ist nur bis zum Schluss der jeweiligen mündlichen Verhandlung möglich (OLG Frankfurt MDR 89, 550), kann also nach Abschluss des Verfahrens nicht mehr gestellt werden. Mit dem Antrag auf Protokollberichtigung kann auch die Ablehnung eines rechtzeitig gestellten Antrags nach § 160 IV nicht gerügt werden (§ 160 IV 3).

Unrichtigkeiten des Protokolls können inhaltlicher oder förmlicher Art sein. Sie müssen weder »offenbar« noch entscheidungserheblich (OLG München OLGZ 80, 465) sein, im Zweifel aber vom Antragsteller bewiesen werden (BGH NJW 85, 1782).

Der **Antrag** auf Protokollberichtigung kann jederzeit gestellt werden. Er ist nicht fristgebunden und auch nach Beendigung der Instanz noch möglich, also auch vorbereitend zur Berufung oder nach deren Einlegung. 168

Der Antrag richtet sich an das erstinstanzliche Gericht. Die Berichtigung erfolgt nach Anhörung des Gegners, gegebenenfalls auch weiterer Beteiligter durch den protokollführenden Richter (Vorsitzenden) und den Urkundsbeamten der Geschäftsstelle gemeinsam. Sind diese sich nicht einig, unterbleibt die Berichtigung. Die Entscheidung über den Berichtigungsantrag erfolgt in Form eines Berichtigungsvermerks, der mit dem Protokoll verbunden wird. Rechtsmittel gegen die Berichtigung sind grundsätzlich nicht möglich, da das Rechtsmittelgericht nicht wissen kann, ob das Protokoll falsch ist oder nicht (OLG Hamm NJW 89, 593); etwas anderes gilt, wenn nicht die Richtigkeit des Protokolls, sondern eine Rechtsfrage überprüft werden soll (Th/P/*Reichold* § 165 Rn. 5).

2. Urteilsberichtigung

Weist das Urteil eine offenbare Unrichtigkeit auf, so kann diese nach § 319 jederzeit und auch ohne Antrag berichtigt werden. 169

Die Urteilsberichtigung erstreckt sich auf **alle Urteilsbestandteile**, auf den Urteilseingang also genauso wie auf den Tenor, den Tatbestand, die Entscheidungsgründe oder die Unterschrift.

Fehler nach § 319 können damit in der falschen Bezeichnung der Parteien, des Gerichts oder beteiligter Richter liegen, in einer unrichtigen Fassung des Tenors zur Hauptsache und Nebenentscheidungen (Kosten, vorläufige Vollstreckbarkeit, Rechtsmittelzulassung) oder darin, dass eine Einzelrichterentscheidung versehentlich von den übrigen Kammermitgliedern ebenfalls unterschrieben wurde (BGHZ 18, 350). Liegt der Fehler im Tatbestand, ist eine Abgrenzung zu § 320 erforderlich (dazu unten Rn. 177).

Unrichtig ist ein Urteil, wenn es versehentlich den tatsächlichen Willen des Gerichts nicht zutreffend wiedergibt. 170

Schon im Gesetz genannte **Beispiele** hierfür sind Schreib- und Rechenfehler. Ist im tenorierten Zahlungsbetrag ein Zahlendreher (3.250,– statt 3.520,–), kann er genauso problemlos berichtigt werden, wie ein Additionsfehler bei mehreren Einzelpositionen oder ein Eingabefehler bei der Verwendung eines Computerprogramms. Ähnliche Unrichtigkeiten sind die falsche Bezeichnung des Klagegegenstands oder der Parteien, doch kommt eine Berichtigung insoweit nur in Betracht, wenn damit keine Auswechslung erfolgt, weil ansonsten ein Klage- bzw. Parteiwechsel nach den §§ 263 ff. vorliegt. Unrichtig ist das Urteil auch, wenn es unauflösliche Widersprüche enthält (Klagestattgabe im Tenor, Klageabweisung in den Entscheidungsgründen, BGHZ 20, 188, 192; BGH NJW-RR 01, 61).

Die Unrichtigkeit kann auch in **Auslassungen** oder Unvollständigkeiten bestehen. Ist über einen Anspruch nur im Tenor oder nur in den Gründen befunden, ist der Anspruch nicht übergangen (§ 321).

Unerheblich ist, wer die Unrichtigkeit verursacht hat, so dass eine Urteilsberichtigung auch dann möglich ist, wenn das Gericht einen Rechenfehler oder eine sonstige falsche Angabe der Parteien übernimmt (LG Bonn JurBüro 1991, 125).

Nicht unrichtig ist das Urteil, wenn das Gericht eine **inhaltlich falsche Entscheidung** getroffen hat. Selbst wenn dem Gericht dieser Fehler klar wird, kann es seine Entscheidung dann nachträglich nicht mehr ändern (§ 318).

Hat das Gericht einen zurückgenommenen Anspruch bei der Kostenentscheidung übersehen, kann es diese nicht nachträglich berichtigen (OLG Köln MDR 80, 761).

171 **Offenbar** ist die Unrichtigkeit, wenn sich der Fehler auch für einen Dritten ohne weiteres ergibt.

Dies ist zweifelsfrei der Fall, wenn der Fehler aus der Entscheidung selbst erkennbar wird, so etwa bei den oben dargelegten Widersprüchlichkeiten des Urteils oder wenn die in den Entscheidungsgründen dargelegte Berechnung nicht den im Tenor genannten Betrag ergibt. Offenbar ist der Fehler auch, wenn er sich aus Vorgängen bei Erlass und Verkündung des Urteils (BGH NJW 94, 2834), aus mitverkündeten Parallelentscheidungen (BGHZ 78, 23), aus allgemein anerkannten Tabellen (OLG Düsseldorf FamRZ 97, 1408), aus öffentlichen Registern (LG Stuttgart RPfl 96, 166) oder aus sonst allgemein zugänglichen Informationsquellen (OLG Bamberg FamRZ 98, 764) ergibt.

Nicht ausreichend ist, dass der Fehler für rechtskundige oder mit dem Einzelfall vertraute Personen erkennbar ist. Deswegen kann auch ein nur gerichtsintern gebliebenes Versehen nicht offenbar sein (BGH NJW 85, 742).

Nicht erforderlich ist, dass der Fehler sofort oder auf den ersten Blick erkennbar ist. Vielmehr genügt es, wenn er erst nach aufwändigen Kontrollen auffällt (BGHZ 127, 81).

172 Zur Berichtigung bedarf es eines **Antrags** nicht, sie kann auch von Amts wegen erfolgen. Erkennt das Gericht den Fehler nicht von alleine, kann es formlos darauf hingewiesen werden. Ein solcher Hinweis ist jederzeit möglich, hierfür laufen weder Fristen, noch sind sonstige Zulässigkeitsvoraussetzungen zu beachten. Der Antrag muss sich grundsätzlich an des erstinstanzliche Gericht richten; ist das Berufungsverfahren bereits anhängig, kann auch das Berufungsgericht selbst den Fehler berichtigen.

Fällt der Fehler erst in der Berufungsinstanz auf, ist es deswegen weder erforderlich, einen separaten Antrag an das erstinstanzliche Gericht zu richten, noch, das Berufungsverfahren zum Zwecke der Berichtigung auszusetzen. Der Berichtigungsantrag kann in einem Schriftsatz an das Berufungsgericht gestellt werden. Dieses ist befugt (nicht verpflichtet), die Berichtigung vorzunehmen.

Im Rahmen des **Berichtigungsverfahrens** ist den Parteien rechtliches Gehör zu gewähren, eine mündliche Verhandlung ist dem Gericht freigestellt, findet diese vor dem Land- oder Oberlandesgericht statt, besteht Anwaltszwang. Die Entscheidung ergeht durch Beschluss, der mit der sofortigen Beschwerde nur dann anfechtbar ist, wenn das erstinstanzliche Gericht eine Berichtigung vorgenommen hat (§§ 319 III, 567 I). **173**

Das Verschlechterungsverbot gilt nicht, so dass eine Berichtigung auch zum Nachteil der anregenden Partei möglich ist.

Erfolgt eine **Berichtigung**, so wirkt sie auf den Zeitpunkt der Verkündung zurück, das Urteil existiert nur in der berichtigten Fassung. Ein (vorher oder nachher eingelegtes) Rechtsmittel richtet sich nur gegen das Urteil in seiner berichtigten Form. Berichtigungsverfahren oder Berichtigungsbeschluss haben auf den Lauf der Berufungsfristen grundsätzlich keinen Einfluss; eine Ausnahme muss gelten, wenn die Anfechtungsmöglichkeit erst durch die Berichtigung geschaffen wird. **174**

Wird durch die Berichtigung klargestellt, dass der Wert der Beschwer für den Berufungskläger weniger als 600,– € beträgt (und ist eine Berufung nicht zugelassen), so wird eine bereits eingelegte Berufung nachträglich unzulässig (BGH NJW 94, 2832).

Ergibt sich nur durch die Berichtigung, welche Partei beschwert ist, gegen welche Partei eine Berufung zu richten wäre, dass eine Partei mit mehr als 600,– € beschwert ist oder dass die Berufung wertunabhängig zugelassen wird, so beginnt die Berufungsfrist erst mit Zustellung des Berichtigungsbeschlusses zu laufen (BGH NJW 01, 211).

3. Tatbestandsberichtigung

Beweis für das mündliche Vorbringen der Parteien in erster Instanz erbringt der Urteilstatbestand (**§ 314**). **175**

Die im Tatbestand ausdrücklich (gegebenenfalls auch nur im Wege der Bezugnahme, § 313 II 2) wiedergegebenen Umstände beweisen **positiv**, dass sie vorgetragen wurden, der Platz bzw. die Form ihrer Darstellung, ob sie streitig oder unstreitig gewesen sind. Streitig ist, ob dem Tatbestand darüber hinaus auch eine **negative** Beweiskraft zukommt, sein Schweigen also beweist, dass Vorbringen nicht erfolgt ist. Dies wird von der h. M. zu Recht bejaht (BGH VersR 90, 974; Th/P/*Reichold* § 314 Rn. 1).

Dass der Tatbestand unvollständig oder unrichtig sei, kann nicht mit dem Inhalt der Schriftsätze bewiesen werden, weil schriftsätzlicher Vortrag nur angekündigt ist und zum Parteivortrag erst mit dem Vortrag in der mündlichen Verhandlung wird. Ob eine solche Bezugnahme erfolgt ist, kann – wenn nicht durch den Tatbestand – allein durch das Protokoll der mündlichen Verhandlung bewiesen werden, so dass die Beweiskraft des Tatbestands nur durch ein solches Protokoll erschüttert werden kann (§ 314 S. 2).

Für die Berufungsinstanz ergibt sich damit aus dem Tatbestand des erstinstanzlichen Urteils, welche Tatsachen das Erstgericht »festgestellt« hat (§ 529 I Nr. 1; Rn. 339) und welche Tatsachen »neu« sind (§ 529 I Nr. 2). Insbesondere wegen der Beschränkung der Möglichkeit zum Vortrag neuer Tatsachen (§ 531 II) ist es deswegen von besonderer Bedeutung, dass der Tatbestand den Vortrag erster Instanz vollständig und fehlerfrei wiedergibt.

Bis zur ZPO-Reform bestand die Notwendigkeit eines fehlerfreien Tatbestands erst für die Revisionsinstanz (§ 561 a. F.), so dass Tatbestandsberichtigungsanträge am Ende des Berufungsverfahrens geboten und üblich waren. Nach neuem Recht wirkt schon der erstinstanzliche Tatbestand für den gesamten Rechtsstreit (§§ 529, 540, 559) und muss deswegen bei Bedarf sofort berichtigt werden, um Nachteile aus einer unrichtigen Feststellung zu vermeiden, die später nicht mehr zu beseitigen sind (*Hinz* WuM 02, 352, 355; *Grunsky* NJW 02, 800; Rn. 55, 339, 352).

Die Überprüfung und Berichtigung des Tatbestands gehört zu Pflichten des erstinstanzlichen Prozessbevollmächtigten, eine Verletzung dieser Pflicht kann Schadensersatzansprüche auslösen (*Doukoff* Rn. 32) und zwar unabhängig davon, ob die eigene Partei beabsichtigt, Berufung einzulegen oder nicht. Da Nachteile aus einem falschen Tatbestand auch die obsiegende Partei treffen können, wenn der Gegner Berufung einlegt, muss ein Berichtigungsantrag auch von der obsiegenden Partei verlangt werden.

Um sicherzustellen, dass das Rechtsmittelgericht vom zutreffenden Sachverhalt ausgeht, müssen unrichtige Sachverhaltsfeststellungen berichtigt werden (BGH NJW 83, 2030). Möglich ist eine Tatbestandsberichtigung nach **§ 320**.

In Anbetracht der weitreichenden Beweiskraft aus § 314 ist eine Berichtigung des Tatbestands erforderlich,

- wenn eine vorgetragene Tatsache sich weder im Tatbestand noch im Protokoll wiederfindet,
- wenn eine im Tatbestand wiedergegebene Tatsache nicht vorgetragen worden ist oder
- wenn eine vorgetragene Tatsache fälschlich als streitig oder unstreitig dargestellt ist.

176 **Tatbestand** i. S. d. § 320 ist dabei nicht nur der so überschriebene (§§ 313 I Nr. 5, II, 314), sondern jeder Teil des Urteils, in dem Ansprüche der Parteien und die dazu vorgebrachten Angriffs- und Verteidigungsmittel mit Beweiskraft festgestellt werden, kann sich also auch in den Entscheidungsgründen finden (BGH NJW 97, 1931).

Wiedergegebenes Prozessgeschehen (egal wo es dargestellt ist) gehört genauso wenig zum Tatbestand i. S. d. § 320, wie Urteilseingang und Urteilsformel. Nicht nach § 320 berichtigt werden können auch frühere Tatbestandsberichtigungsbeschlüsse (BGH NJW-RR 88, 408).

Berichtigt werden können **Unrichtigkeiten**, die nicht unter § 319 fallen, Auslassungen, Dunkelheiten und Widersprüche. **177**

Unter **§ 319** – und nicht unter § 320 – fallen alle versehentlichen Abweichungen des aus dem Urteil ersichtlichen von dem tatsächlichen Willen des Gerichts. Für § 320 bleiben damit nur diejenigen **Unrichtigkeiten** übrig, die nicht auf einem Fehler in der Darstellung, sondern auf einem Fehler in der Willensbildung beruhen. Anders als bei § 319 müssen sie nicht »offenbar« sein.

Eine **Auslassung** liegt vor, wenn entscheidungserhebliches Vorbringen der Parteien nicht berücksichtigt wurde. Die Entscheidungserheblichkeit ist dabei aus der Sicht des erstinstanzlichen Gerichts zu beurteilen. Hat das Gericht Vortrag der Parteien, auf den es für seine Lösung nicht ankam, unberücksichtigt gelassen, so ist er, wenn die Partei sich hierauf in zweiter Instanz stützen will, dort zwar »neu« (weil im Tatbestand nicht erwähnt), über § 531 II Nr. 1 aber zu berücksichtigen; einer vorherigen Tatbestandsberichtigung bedarf es deswegen nicht. Ist ein selbstständiges Verteidigungsmittel sowohl im Tatbestand als auch in den Entscheidungsgründen ausgelassen, so kann über § 320 nur eine Vervollständigung des Tatbestands erreicht werden, die materielle Berücksichtigung (Änderung der Entscheidungsgründe) ist nur mit der Berufung zu erreichen. Keine Auslassung liegt vor, wenn der Sachverhalt im Wege wirksamer Verweisung auf den Akteninhalt (§ 313 II 2) einbezogen wurde (OLG Oldenburg MDR 89, 551; Rn. 55, 325).

Widersprüche können über § 320 nur beseitigt werden, wenn sie innerhalb der Tatbestandsfeststellung auftreten. Widersprüche zwischen den Tatbestand und den Entscheidungsgründen können nur mit der Berufung angefochten werden (RGZ 80, 174).

Die Tatbestandsberichtigung erfolgt nicht von Amts wegen, erforderlich ist stets ein **Antrag**. **178**

Dieser muss beim erstinstanzlichen Gericht gestellt werden. Beim Landgericht ist er schriftlich durch einen zugelassenen Rechtsanwalt einzureichen, beim Amtsgericht reicht die Erklärung zu Protokoll der Geschäftsstelle (§ 496).

Von besonderer Bedeutung ist die Einhaltung der gesetzlichen **Frist**. Diese beträgt zwei Wochen und beginnt mit der wirksamen Zustellung des vollständigen Urteils. Die Frist kann vom Gericht nicht verlängert werden (§ 224 II), ist sie versäumt, kommt eine Wiedereinsetzung nicht in Betracht (BGHZ 32, 27). Die gegenteilige Auffassung, die eine analoge Anwendung des § 233 befürwortet (Zöller/*Vollkommer* § 320 Rn. 7; § 321 Rn. 6), verkennt, dass die Aufzählung der Fristen in § 233 abschließend und als Ausnahmevorschrift einer analogen Ausdehnung nicht zugänglich ist.

Eines besonderen Rechtsschutzbedürfnisses bedarf der Antrag nicht. Insbesondere muss nicht dargelegt werden, inwieweit die beantragte Berichtigung entscheidungserheblich oder für die weitere Rechtsverfolgung von Bedeutung ist. Dies gilt selbst bei Entscheidungen, gegen die kein Rechtsmittel gegeben ist, weil zumindest die Verfassungsbeschwerde stets möglich ist.

179 Die **Entscheidung** ergeht nach mündlicher Verhandlung durch unanfechtbaren Beschluss.

Der Antrag ist dem Gegner zusammen mit der Ladung zum Termin zuzustellen. Beabsichtigt ist, die bislang obligatorische mündliche Verhandlung nur noch auf Antrag einer Partei durchzuführen (§ 320 III i. d. F. des JuMoG, Rn. 139). Dies ist sachgerecht, weil die Entscheidung nicht in Form eines Urteils ergeht (§ 128 IV) und weil schon nach geltendem Recht häufig von den Parteien auf die mündliche Verhandlung verzichtet wird (§ 128 II).

Sachlich entschieden wird allein auf der Grundlage der persönlichen Erinnerung des Gerichts, eine Beweisaufnahme ist ausgeschlossen (RGZ 149, 312), ebenso ein Anerkenntnis. Auch ein Versäumnisverfahren findet nicht statt, erscheint eine Partei nicht, ergeht eine Entscheidung nach Lage der Akten.

Die Entscheidung ergeht durch die an der ursprünglichen Entscheidung beteiligten Richter. Bei Verhinderung einzelner Richter werden diese nicht vertreten, sind alle Richter verhindert, scheidet eine Berichtigung aus.

Besondere Kosten entstehen durch das Berichtigungsverfahren nicht. Es gehört gebührenrechtlich zur Instanz, ist also durch die gerichtliche Verfahrens- und die anwaltliche Prozessgebühr abgegolten. Eine Kostenentscheidung ergeht daher nicht.

Die Entscheidung des Gerichts über den Berichtigungsantrag bedarf keiner Begründung, weil sie – egal ob ihm stattgegeben wird oder nicht – grundsätzlich nicht anfechtbar ist (§ 320 IV 4). Nach Einlegung einer Berufung ist auch das Berufungsgericht an die Berichtigungsentscheidung gebunden, darf die Entscheidung nach § 320 nicht über § 512 prüfen oder abändern (oben Rn. 112). Ausnahmsweise anfechtbar (und deswegen auch zu begründen) ist eine Entscheidung, wenn sie sich nicht sachlich mit dem Berichtigungsantrag auseinandersetzt, sondern diesen als unzulässig verwirft.

Erfolgt eine Berichtigung, ist Grundlage des Berufungsverfahrens der berichtigte Tatbestand. Aber auch die Ablehnung eines Berichtigungsantrags kann für die Berufungsinstanz von Vorteil sein und einen Berufungsgrund ausfüllen: Mit einem unberechtigten Zurückweisungsbeschluss können Zweifel begründet werden, die nach § 529 I Nr. 1 für eine erneute Tatsachenfeststellung durch das Berufungsgericht erforderlich sind (*Doms* NJW 02, 777, 779). Wird die Berichtigung des Tatbestands mit der Begründung abgelehnt, die Tatsachen seien unerheblich, ist damit die Voraussetzung für deren erneuten Vortrag in zweiter Instanz nach § 531 II Nr. 1 erfüllt. Dagegen kann die zu Unrecht erfolgte Ablehnung nicht als Verfahrensfehler i. S. d. § 531 II Nr. 2 angesehen werden, weil damit die gesetzlich angeordnete Unanfechtbarkeit der Ablehnung umgangen würde.

Berichtigungsverfahren oder Berichtigungsbeschluss haben auf den Lauf der 180
Berufungsfristen keinen Einfluss.

Auch wenn die Berufung auf erst durch die Berichtigung in den Tatbestand gekommene Umstände gestützt werden soll, ist für den Beginn der Berufungsfrist auf die Zustellung des (nicht berichtigten) Urteils abzustellen. Ist vor Ablauf der Berufungsfrist über einen Antrag auf Tatbestandsberichtigung noch nicht entschieden, muss fristwahrend Berufung eingelegt und diese – wenn die Berichtigungsentscheidung ihr den Boden entzieht – zurückgenommen oder für erledigt erklärt werden.

Umstritten ist das **Verhältnis** der Tatbestandsberichtigung **zur Berufung**, ins- 181
besondere die Frage, ob ein unrichtig festgestellter Sachverhalt mit der Berufung berichtigt werden kann.

Eine neuere Auffassung hält eine Tatbestandsberichtigung dann für entbehrlich, wenn die Berufung auf konkrete Anhaltspunkte für Zweifel an der Richtigkeit oder Vollständigkeit der entscheidungserheblichen Feststellungen gestützt wird (§§ 520 III Nr. 3, 529 I Nr. 1). Dabei soll es ausreichen, den Feststellungsfehler durch konkrete Angabe des Vortrags in erster Instanz (Schriftsatz) zu belegen und seine unrichtige Aufnahme in den Tatbestand zu rügen (*Stackmann* NJW 03, 169, 172 m. w. N.; *Barth* NJW 02, 1703). Diese Ansicht verkennt die (oben Rn. 175 dargestellte) Beweiskraft des Tatbestands aus § 314, die gerade nicht durch den bloßen Akteninhalt, sondern allein durch das Protokoll widerlegt werden kann.

Mit der (noch vor der ZPO-Reform ergangenen) ständigen Rechtsprechung des BGH (BGH NJW 93, 1852 m. w. N.) ist deswegen davon auszugehen, dass mit einem Rechtsmittel eine Änderung des Tatbestands nicht erreicht werden kann. Dies gilt auch, wenn das Rechtsmittel auf die Verletzung einer Verfahrensnorm gestützt wird. Unrichtige Tatbestandsfeststellungen sind deswegen regelmäßig nach § 320 zu berichtigen (*Ernst* NJW 02, Heft 36 S. XVI; *Grunsky* NJW 02, 800; *Hinz* WuM 02, 352, 355; Schumann/*Kramer* Rn. 486).

Solange diese Streitfrage nicht abschließend geklärt ist, ist es für einen Rechtsanwalt dem Gebot des sichersten Weges folgend erforderlich, in jedem Fall eine Tatbestandsberichtigung zu veranlassen. Ist diese versäumt worden, kann mit der Mindermeinung versucht werden, unrichtige Sachverhaltsfeststellungen im Rahmen der Berufung zu berichtigen.

4. Urteilsergänzung

Hat das Gericht einen geltend gemachten Anspruch übergangen, kommt eine 182
Urteilsergänzung in Betracht (§ 321).

Mit dem unvollständigen Urteil endet die Rechtshängigkeit des übergangenen Anspruchs (BGH NJW 91, 1684). Er kann deswegen in der Berufungsinstanz nur wie ein neuer Anspruch geltend gemacht werden, das heißt unter den Voraussetzungen einer Klageänderung (oben Rn. 54, unten Rn. 300), was nur ausnahmsweise möglich ist. Da keine der Rechtskraft fähige Entscheidung vorliegt, kann der übergangene Anspruch aber auch mit einer neuen Klage geltend gemacht werden (KG RPfl 80, 158), was indes mit zusätzlichen Kosten verbunden ist. Die beste Lösung ist es deswegen, das erstinstanzliche Gericht über § 321 zu veranlassen, die übergangene Entscheidung nachzuholen.

Etwas anderes gilt für das Fehlen einer Nebenentscheidung. Über die Kosten des Rechtsstreits und über die vorläufige Vollstreckbarkeit des Urteils ist von Amts wegen zu entscheiden. Unterbleibt dies, muss die Entscheidung von Amts wegen im Berufungsurteil nachgeholt werden. Wird Berufung eingelegt, ist eine vorherige Urteilsergänzung damit nicht zwingend erforderlich, wohl aber möglich.

183 Voraussetzung für eine Urteilsergänzung ist eine **Entscheidungslücke.** Eine solche liegt vor, wenn das erstinstanzliche Gericht versehentlich einen im (gegebenenfalls auch gemäß § 320 nachträglich berichtigten) Tatbestand enthaltenen Anspruch oder einen (von Amts wegen zu berücksichtigenden, § 308 II) Nebenpunkt weder im Tenor noch in den Entscheidungsgründen beschieden hat.

In Betracht kommen dabei Hauptansprüche (Punktesache, Hilfsantrag) oder Nebenansprüche (Zinsen, vorgerichtliche Kosten). Auf übergangene, im Tenor zu berücksichtigende Angriffs- und Verteidigungsmittel kann § 321 entsprechende Anwendung finden, so zum Beispiel, wenn die Verurteilung ohne eine erforderlichen Vorbehalt nach §§ 302, 599 (dazu unten Rn. 184) oder ohne die Zug-um-Zug-Beschränkung nach Geltendmachung eines Zurückbehaltungsrechts ergeht (Th/P/*Reichold* § 321 Rn. 7; zum Teil a. A. BGH NJW 03, 1463).

Lücken in der Kostenentscheidung bestehen häufig im Übersehen einer Ausnahme vom Grundsatz der Kosteneinheit, so dass abgesonderte Teile der Kosten des Rechtsstreits unabhängig vom Unterliegen zu verteilen sind. Dies ist zum Beispiel erforderlich für die Kosten der Anrufung eines unzuständigen Gerichts (§ 281 III 2), die Kosten der Säumnis (§ 344) oder die Kosten der Streithilfe (§ 101).

Auch das Übergehen oder die Unvollständigkeit der Entscheidung zur vorläufigen Vollstreckbarkeit kann eine Ergänzung rechtfertigen (§ 716, 721 I 3), so zum Beispiel, wenn ein Vollstreckungsschutzantrag (§§ 711, 712, 721) nicht beschieden wurde (dazu unten Rn. 250 f.).

Sehr streitig ist, ob auch das Übergehen einer Entscheidung über die Zulassung eines Rechtsmittels (§§ 511 IV, 543 II, 574 III) im Wege der Ergänzung nachgeholt werden kann. Die noch immer h. M. (BGH NJW 81, 2755; BGH MDR 85, 43; *Greger* NJW 02, 3049; Th/P/*Reichold* § 321 Rn. 8 m. w. N.) lehnt dies ab, weil das Schweigen zur Zulassung nicht als Übergehen der Entscheidung, sondern als Nichtzulassung zu werten ist. Eine neuere, nach der ZPO-Reform im Vordringen befindliche Auffassung lässt die Ergänzung eines Urteils um die Entscheidung über die Zulassung eines Rechtsmittels entsprechend § 321 zu (Zöller/*Vollkommer* § 321 Rn. 5).

Sorgfältiger Prüfung bedarf die **Abgrenzung** des § 321 von den §§ 319, 320 einerseits und der Berufung andererseits. 184

Sollte der Anspruch von der Partei ausweislich eines vorbereitenden Schriftsatzes zwar erhoben werden, ist er im Tatbestand aber nicht dokumentiert, so ist er nicht geltend gemacht (§§ 297, 314). Hier bedarf es zunächst einer Tatbestandsberichtigung nach § 320, erst dann kommt die Urteilsergänzung in Betracht.

Ist der Anspruch nur im Tenor oder nur in den Entscheidungsgründen, nicht jedoch an beiden Stellen des Urteils behandelt, so liegt keine Lücke vor, sondern lediglich eine offenbare Unrichtigkeit des Urteils, die nach § 319 zu berichtigen ist (BGH VersR 82, 70).

Hat das Gericht über den Anspruch bewusst nicht entschieden, kommt eine Ergänzung nicht in Betracht. Hiervon ist auszugehen, wenn das Gericht ein Teilurteil (§ 310) erlassen wollte oder es rechtsirrig davon ausgegangen ist, der Antrag bedürfe keiner Entscheidung, weil er nicht rechtshängig geworden oder bereits wieder zurückgenommen sei. Hier liegt – unter Zugrundelegung der Rechtsauffassung der Erstgerichts – keine lückenhafte Entscheidung vor, sondern eine fehlerhafte Entscheidung, die nur mit der Berufung angefochten werden kann.

Eine nur mit der Berufung anfechtbare inhaltlich fehlerhafte Entscheidung und keine Entscheidungslücke liegt auch dann vor, wenn das Gericht einen geltend gemachten Anspruch zwar beschieden, ihn aber nicht unter allen in Betracht kommenden rechtlichen Gesichtspunkten geprüft hat, oder wenn ein bloßes Angriffs- oder Verteidigungsmittel übergangen wurde (BGH NJW-RR 96, 379); eine Ausnahme gilt für die im Tenor zu berücksichtigenden Angriffs- und Verteidigungsmittel (Vorbehalt Nachverfahren, Zurückbehaltungsrecht; dazu oben Rn. 183).

Liegt eine versehentliche Lücke vor, kann darauf die Berufung nicht gestützt werden, da eine Beschwer nur in der getroffenen, nicht in der unterlassenen Entscheidung des Gerichts bestehen kann (BAG NJW 94, 1429; Rn. 127).

Sowohl die Urteilsergänzung als auch die Berufung ist möglich, wenn das Urteil durch den übergangenen Anspruch inhaltlich unrichtig geworden ist (BGH NJW-RR 96, 1238). Dies ist zum Beispiel der Fall, wenn das Gericht einen vom Beklagten zur Aufrechnung gestellten Gegenanspruch übergangen und ihn vorbehaltlos verurteilt hat. Im Wege der Ergänzung nach § 302 II kann der Beklagte einen Vorbehalt erreichen (und damit eine Fortsetzung des erstinstanzlichen Verfahrens), gegen seine (vorbehaltlose) Verurteilung kann er Berufung einlegen (und damit den gesamten Rechtsstreit einschließlich der Aufrechnungsforderung in die Berufungsinstanz tragen). Entsprechendes gilt beim Fehlen eines Vorbehalts nach §§ 506, 599.

Die Berufung tritt auch dann als Alternative neben die Urteilsergänzung, wenn die Entscheidung über die Kosten oder die vorläufige Vollstreckbarkeit völlig fehlt. Praktische Bedeutung erlangt dieses Wahlrecht, wenn die Ergänzungsfrist bereits abgelaufen ist, die Berufungsfrist aber noch läuft (Zöller/*Vollkommer* § 321 Rn. 2).

Der **Antrag** ist binnen einer **Frist** von zwei Wochen nach Zustellung des Urteils schriftlich beim erstinstanzlichen Gericht zu stellen. 185

Beim Landgericht ist er schriftlich durch einen zugelassenen Rechtsanwalt einzureichen, beim Amtsgericht reicht die Erklärung zu Protokoll der Geschäftsstelle (§ 496).

Die Zwei-Wochen-Frist ist eine gesetzliche Frist und kann deswegen vom Gericht nicht verlängert werden (§ 224 II). Sie beginnt mit der wirksamen Zustellung des vollständigen Urteils, gegebenenfalls mit der Zustellung des Berichtigungsbeschlusses nach § 320 (BGH NJW 82, 1821). Ist die Frist versäumt, kommt wie bei der Tatbestandsberichtigung (siehe dort) eine Wiedereinsetzung nicht in Betracht (Rn. 178).

186 Die **Entscheidung** über die Urteilsergänzung ergeht nach mündlicher Verhandlung durch Ergänzungsurteil. Dieses ist zum einen selbstständig mit der Berufung anfechtbar (BGH WM 82, 491), zum anderen setzt es auch die Berufungsfrist für das zuerst ergangene, unvollständige Urteil neu in Gang (§ 518).

Da mit der Urteilsergänzung anders als mit der Tatbestandsberichtigung nicht bloß formelle Mängel einer bereits getroffenen Entscheidung beseitigt, sondern eine Entscheidung neu getroffen wird, können an der Entscheidung auch Richter mitwirken, die am ursprünglichen Verfahren nicht beteiligt waren. Erfordert die Ergänzungsentscheidung eine Beweisaufnahme, so wird sie durchgeführt. Ist eine Partei säumig, ergeht die Entscheidung als Versäumnisurteil, auch ein Anerkenntnis ist möglich.

Das Ergänzungsurteil muss eine eigene Kostenentscheidung enthalten, für die Gerichtsgebühren gelten Urteil und Ergänzungsurteil als Teilurteile (§ 21 GKG), besondere Gebühren für den Anwalt entstehen nicht (Zöller/*Vollkommer* § 321 Rn. 12).

V. Einlegung der Berufung

187 An die Einlegung der Berufung stellt das Gesetz keine besonders hohen Anforderungen. Dennoch kommt es diesbezüglich immer wieder zu Fehlern, die die Berufung unzulässig machen (*Schneider* MDR 79, 1). Erforderlich für eine zulässige Berufungseinlegung ist die Wahrung der hierfür laufenden Frist und die Einhaltung einer Reihe von Förmlichkeiten.

1. Frist

a) Fristwahrung

188 Die Berufung muss fristgerecht eingelegt werden (§ 517).

Die Frist **beginnt** mit der wirksamen Zustellung des Urteils. Dazu ist erforderlich, dass das Urteil wirksam zustande gekommen, d. h. verkündet worden ist (§§ 310 ff.), dass hiervon eine wirksame Ausfertigung bzw. beglaubigte Abschrift erstellt (§ 317) und diese den Parteien wirksam zugestellt wurde (§§ 166 ff.).

Die ordnungsgemäße **Verkündung** wird nicht durch den Verkündungsvermerk nach § 315 III, sondern (im Fall der Verkündung nach § 311) allein durch das Sitzungsprotokoll oder (im Fall der Verkündung durch Zustellung, § 310 III) durch den Zustellungsnachweis bewiesen (BGHZ 8, 303). Vor der Verkündung liegt kein Urteil, sondern lediglich ein Urteilsentwurf vor, der nach den Grundsätzen des Scheinurteils angefochten werden kann, wenn der Rechtsschein eines wirksamen Urteils erzeugt wurde (dazu oben Rn. 49) Dabei bedarf es der Einhaltung einer Berufungsfrist nicht (Rn. 124). Fehlt ein solcher Rechtsschein, kann das Urteil als »Noch-nicht-Urteil« nicht angefochten werden (Rn. 125).

Zugestellt wird nicht das Originalurteil, sondern eine **Ausfertigung** bzw. beglaubigte Abschrift (§ 317; Rn. 43). Diese muss die Partei in die Lage versetzen, auf vollständiger und gesicherter Grundlage zu beurteilen, ob sie das Urteil anfechten will oder nicht. Ist dies aufgrund eines Mangels des zugestellten Exemplars nicht möglich, kann die Berufungsfrist nicht zu laufen beginnen. Dies ist der Fall, wenn die zugestellte Ausfertigung überhaupt keine Gründe enthält oder ganze Seiten fehlen oder unleserlich sind (BGH NJW 98, 1959). Einzelne unleserliche Worte dagegen machen das Urteil nicht unvollständig (BGH VersR 80, 771). Enthält das Urteil eine Bezugnahme auf andere Entscheidungen (Parallelurteil, Prozesskostenhilfebeschluss), so ist es nur dann vollständig zugestellt, wenn auch diese anderen Entscheidungen den Parteien zugegangen sind. Aus der Ausfertigung bzw. der beglaubigten Abschrift muss ersichtlich sein, dass das Urteil von den mitwirkenden Richtern unterschrieben wurde. Die maschinenschriftliche Wiedergabe des Namens genügt dabei grundsätzlich (BGH VersR 81, 576), ausnahmsweise jedoch nicht, wenn sie ohne weiteren Hinweis auf das Vorhandensein einer Unterschrift nur in Klammern gesetzt ist (BGH NJW-RR 87, 377).

Die **Zustellung** der Ausfertigung ist fehlerhaft, wenn zwingende Formvorschriften der §§ 166 ff. nicht eingehalten sind (zum Beispiel Zustellung an die Partei statt an den Prozessbevollmächtigten; Fehlen einer Unterschrift auf der Zustellungsurkunde) und eine Heilung nach § 189 nicht eingetreten ist. Eine (wirksame) Parteizustellung kann eine (unwirksame) Amtszustellung nicht ersetzen. Sind mehrere Zustellungen erfolgt (zum Beispiel an mehrere Prozessbevollmächtigte einer Partei), so wird die Berufungsfrist durch die erste wirksame Zustellung in Gang gesetzt (BVerwG NJW 80, 2269).

Die Parteien können durch übereinstimmenden Antrag an das Gericht erreichen, dass die Zustellung bis zum Ablauf von fünf Monaten nach der Verkündung hinausgeschoben wird (§ 317 I 3), so dass sich die Berufungsfrist entsprechend verlängert.

Mangels wirksamer Zustellung beginnt die Frist erst fünf Monate nach der Verkündung des Urteils (§ 511 letzter HS; dazu unten Rn. 189).

Besonderheiten für den Fristbeginn gelten bei der Urteilsergänzung und bei der Mehrheit von Prozessbeteiligten.

Eine Tatbestandsberichtigung (§ 320) ändert an dem Fristbeginn durch Zustellung des Urteils nichts, eine Urteilsberichtigung (§ 319) nur dann, wenn die Anfechtbarkeit sich erst aus der Berichtigung ergibt (dann Neubeginn der Berufungsfrist mit Zustellung des Berichtigungsbeschlusses). Die Zustellung eines Ergänzungsurteils (§ 321) setzt nicht nur die Frist für die Anfechtung dieses Ergänzungsurteils in Gang, sondern lässt auch die Berufungsfrist für das vorangegangene unvollständige Urteil neu beginnen (§ 518).

Für Streithelfer und Partei läuft nur eine einheitliche Frist, die mit der Zustellung des Urteils an die Partei begonnen hat. Für Streitgenossen laufen dagegen jeweils eigene Fristen. Für (auch notwendige) Streitgenossen beginnt die Berufungsfrist mit der Zustellung an jeden Einzelnen selbstständig (BGH VersR 80, 928), für Nebenintervenienten (Streithelfer) läuft nur die Frist der Hauptpartei (BGH WM 89, 1588). Streitgenössische Nebenintervenienten gelten als Streitgenossen (§ 69).

189 Die Berufungsfrist **dauert** einen Monat.

Dies gilt auch, wenn das Urteil nicht oder nicht wirksam zugestellt wurde. Dann beginnt die Frist allerdings erst fünf Monate nach der Verkündung des Urteils und beträgt damit von der Verkündung an gerechnet sechs Monate. Mängel der Verkündung stehen dem Beginn dieser Frist nur entgegen, wenn sie es ausschließen, dass die Partei das Urteil zur Kenntnis nehmen kann (BGH NJW-RR 94, 127); in diesem Fall läuft überhaupt keine Frist für die Berufungseinlegung. Die Fünfmonatsfrist läuft auch bei Unterbrechung oder Aussetzung des Verfahrens, eine Verlängerung der Frist ist nicht möglich.

Keine praktische Bedeutung hat § 218 BEG, nach dem die Berufungsfrist in Entschädigungssachen drei Monate bzw. sechs Monate beträgt.

190 **Berechnet** wird die Frist nach § 222 i. V. m. §§ 187 ff. BGB.

Der Tag der Zustellung wird nach § 187 I BGB nicht mitgerechnet, so dass die Frist erst mit dem Anfang (0.00 Uhr) des Folgetags beginnt. Sie endet nach § 188 II BGB im Folgemonat mit dem Ablauf (24.00 Uhr) des Tages, welcher durch seine Zahl dem Tag entspricht, an dem die Zustellung erfolgt ist. Ist die Zustellung am 6.3. erfolgt, endet die Monatsfrist damit am 6.4., bei einer Zustellung am 28.2. am 28.3.

Hat der Folgemonat keinen dem Zustellungstag entsprechenden Tag, so endet die Frist am letzten Tag des Folgemonats (§ 188 III BGB). Erfolgte die Zustellung am 31.5., endet die Frist am 30.6., bei einer Zustellung am 31.1. am 28. (oder 29.) 2.

Fällt der letzte Tag der Frist auf einen Samstag, Sonntag oder Feiertag, so endet die Frist erst mit Ablauf des darauf folgenden Werktags (§ 193 BGB). Als Feiertag gelten dabei nur diejenigen Tage, die in dem Bundesland, in dem die Frist gewahrt werden muss (= zu dem das Berufungsgericht gehört), gesetzliche Feiertage sind.

Ist das Verfahren unterbrochen (§§ 239 ff.) oder ausgesetzt (§§ 246 ff.), so beginnt eine Frist nicht, eine bereits in Gang gesetzte Frist hört auf zu laufen. Nach Beendigung der Unterbrechung oder Aussetzung beginnt die Frist in voller Länge neu zu laufen (§ 249 I).

Rücksicht auf typische Abwesenheitszeiten wie in den Sommermonaten wird nicht genommen, die früheren Gerichtsferien (die den Lauf der Berufungsfrist ohnehin nicht hinderten) sind abgeschafft.

Die Berufungsfrist ist eine **Notfrist** und kann nicht verlängert werden. **191**

Notfristen können nach § 224 weder abgekürzt noch verlängert werden, sie laufen auch beim Ruhen des Verfahrens (§ 251 S. 2) weiter. Gegen ihre Versäumung ist eine Wiedereinsetzung in den vorigen Stand möglich (dazu unten Rn. 194 ff.).

Gewahrt wird die Frist durch den rechtzeitigen Eingang der Berufungsschrift **192**
bei dem zuständigen Berufungsgericht.

Unter dem Einfluss des BVerfG hat sich die Rechtsprechung hierzu in den letzten Jahren deutlich geändert. Heute gilt der Grundsatz, dass die Frist bis zur Grenze ausgenutzt werden und darauf vertraut werden kann, dass alle Behörden die organisatorischen Vorkehrungen zur Annahme von Erklärungen auch außerhalb der regulären Dienststunden treffen und selbst fehlerhafte adressierte Erklärungen sachgerecht weiterleiten.

Fristwahrend wirkt die Einreichung bei einem unzuständigen auswärtigen Spruchkörper des Gerichts (BGH NJW 67, 107) oder die Nutzung einer nicht für Fristsachen eingerichteten Zugangsmöglichkeit (normaler Briefkasten, Faxanschluss Nebenstelle), nicht aber das bloße Einbringen in die Räumlichkeiten (Zurücklassen im Gebäude, Übergabe an Hausmeister). Besteht eine gemeinsame Briefeingangsstelle für mehrere Gerichte, genügt der Eingang dort, wenn er an das richtige Gericht adressiert war. Geht der Schriftsatz wegen unrichtiger Adressierung von dort zunächst an ein unzuständiges Gericht und muss an das zuständige Gericht weitergeleitet werden, wo er erst nach Ablauf der Frist eingeht, ist die Frist nicht gewahrt (BGH NJW 90, 990; BGH NJW-RR 01, 1730).

Die Frist darf voll ausgeschöpft werden (BVerfG NJW 80, 580), so dass eine Einreichung in den letzten Minuten des letzten Tages ausreicht. Das Gericht muss die hierzu erforderlichen organisatorischen Vorkehrungen (Faxanschluss, Fristbriefkasten) schaffen. Erfolgt die Einlegung der Berufung per Telefax (dazu unten Rn. 216), muss die Versendung an den richtigen Gerichtsanschluss erfolgen und vor Ablauf der Frist abgeschlossen, das heißt beim Empfänger ausgedruckt sein (BGH NJW 94, 2097). Hat die Übertragung zu einem Zeitpunkt begonnen, zu dem noch mit einem Abschluss der Übermittlung vor Ablauf der Frist gerechnet werden kann (wobei wegen der möglichen Belegung des Gerichtsanschlusses eine Zeitreserve von nur wenigen Minuten regelmäßig nicht ausreicht: BVerfG NJW 00, 574) kommt eine Wiedereinsetzung in Betracht (unten Rn. 194 ff.). Dies gilt auch, wenn die Übertragung wegen eines Defekts des Empfangsgeräts scheitert.

Für die verbreitete Praxis, die Berufungsfrist bis zum letzten Moment auszunutzen, gibt es praktisch kaum noch einen Grund. Anzuraten ist deswegen, die Berufung unmittelbar nach der Entscheidung über die Anfechtung einzulegen.

Eine volle Ausschöpfung der Frist ist nicht durch eine inhaltliche Vorbereitung geboten, da die Einlegung ein reiner Formalakt ist. Mit ihr kann auch kein Einfluss mehr auf die Begründungsfrist genommen werden, da diese unabhängig vom Zeitpunkt der Einlegung läuft. Demgegenüber besteht bei einer Fristausschöpfung stets die Gefahr einer Fristversäumung durch unvorhergesehene Umstände, die infolge einer restriktiven Handhabung der Wiedereinsetzung durch die Rechtsprechung nur bedingt kompensiert wird. Zudem verliert der Berufungsführer die Möglichkeit, Mängel der Berufungsschrift nach einem Hinweis des Gerichts noch zu heilen, weil dies nur vor Ablauf der Frist möglich ist. Zur zusätzlichen Möglichkeit, auch Unsicherheiten über die Zuständigkeit des Berufungsgerichts durch rechtzeitige Einlegung risikolos zu beseitigen unten Rn. 224).

193 Der **Nachweis** über Beginn oder Wahrung der Berufungsfrist erfolgt regelmäßig durch die Gerichtsakte. Behauptet der Berufungsführer einen anderen Zeitpunkt, so hat er diesen nachzuweisen.

Der Fristbeginn folgt aus dem Zustellungsnachweis (Zustellungsurkunde, Empfangsbekenntnis), die Fristwahrung aus dem Eingangsstempel der Berufungsschrift.

Dabei handelt es sich um öffentliche Urkunden, deren Beweiskraft nur nach § 418 II widerlegt werden kann. Bloßes Bestreiten der beurkundeten Tatsachen unter Benennung der Urkundsperson als Zeugen reicht nicht aus, genauso wenig die Darlegung der bloßen Möglichkeit eines anderen Geschehensablaufs. Vielmehr muss voll bewiesen werden, dass die Erklärung unrichtig ist (BGHZ 16, 227). Für den Gegenbeweis gelten die Regeln des Freibeweises, eine Bindung an Beweismittel und Beweisvorschriften der §§ 355 ff. besteht nicht (BGH MDR 88, 136).

Bei Versendung durch Fax kann der Zugang nicht durch das Sendeprotokoll bewiesen werden, hierdurch wird nicht einmal ein Anschein begründet (BGH NJW 95, 665).

Die Beweislast für von den urkundlich belegten abweichende Daten trägt die Partei, die sich darauf beruft. So muss der Berufungsführer die Rechtzeitigkeit der Berufung beweisen, der Berufungsgegner gegebenenfalls deren Verfristung (BGH NJW 81, 1789). Für Umstände, die ausschließlich im Verantwortungs- und Herrschaftsbereich des Gerichts liegen, kann dem Berufungsführer die Beweislast nicht aufgebürdet werden (BVerfG NJW 91, 2076). Geht der Zustellungsnachweis hier verloren, muss von einer Fristwahrung ausgegangen werden (BGH NJW 81, 1673). Stets muss das Gericht alle verfügbaren Indizien auswerten und zumutbare Aufklärungsmaßnahmen ergreifen (zum Beispiel durch Einholung dienstlicher Erklärungen von Bediensteten über die Verwendung des Eingangsstempels oder das Funktionieren des Fristenbriefkastens; BGH MDR 01, 828).

b) Wiedereinsetzung in den vorigen Stand

194 Wird die Frist zur Einlegung der Berufung versäumt, so ist die Partei mit der Prozesshandlung ausgeschlossen (§ 230), eine Berufungseinlegung ist dann grundsätzlich nicht mehr möglich. Das Verfahren ist abgeschlossen, die Entscheidung der ersten Instanz ist rechtskräftig geworden.

Fristversäumungen stellen die mit Abstand häufigste Fehlerquelle im Zivilprozess dar und machen die größte Fallgruppe der Anwaltshaftungsfälle dar. Ergeben sich Anhaltspunkte dafür, dass eine Frist versäumt sein könnte, sollte – auch wenn der Anwalt davon überzeugt ist, dass diese unverschuldet war und eine Wiedereinsetzung erfolgen wird – unverzüglich (spätestens innerhalb einer Woche, § 153 VVG, § 5 AVB-A) die anwaltliche Berufshaftpflichtversicherung informiert werden. Zum einen wird nur so eine spätere Leistungsverweigerung durch den Versicherer wegen Obliegenheitsverletzung verhindert, zum anderen leisten manche Versicherer Hilfestellungen bei der Formulierung des Wiedereinsetzungsantrags (*Grams* MDR 02, 1179).

Tauchen Anhaltspunkte dafür auf, dass die Berufungs- oder Berufungsbegründungsfrist versäumt worden sein könnte, ist eine sofortige Nachprüfung von Fristbeginn, Fristdauer und fristwahrender Handlung erforderlich

War die Partei ohne ihr Verschulden an der Einhaltung der Berufungsfrist verhindert, so ist ihr auf Antrag Wiedereinsetzung in den vorigen Stand zu gewähren (§ 233). Sie wird dann in den Rechtszustand zurückversetzt, in dem sie sich vor Versäumung der Frist befand, ist damit in der Lage, die Berufung noch wirksam einzulegen.

Praktisch tritt damit eine Durchbrechung der Rechtskraft ein, weshalb die Rechtsprechung die Wiedereinsetzung nur sehr restriktiv gewährt. Eine Lockerung ist in den letzten Jahren durch das BVerfG eingetreten, das eine Versagung der Wiedereinsetzung im Rahmen der Verfassungsbeschwerde unter dem Gesichtspunkt der Nichtgewährung rechtlichen Gehörs (Art. 103 I GG) prüft.

Dabei handelt es sich um einen speziellen Rechtsbehelf gegen die Versäumung bestimmter prozessualer Fristen. Erforderlich ist deswegen das Vorliegen der besonderen Zulässigkeitsvoraussetzungen des Rechtsbehelfs (»Prozessfortsetzungsvoraussetzungen«, Rn. 84).

Statthaft ist der Wiedereinsetzungsantrag gegen die Versäumung einer der in **195**
§ 233 besonders genannten absoluten Fristen. Dazu gehören insbesondere die Berufungs- und die Berufungsbegründungsfrist.

Da es sich bei der Wiedereinsetzung um ein Ausnahmeinstitut handelt, ist die gesetzliche Aufzählung der Fristen nach h. M. abschließend und einer Analogie nicht zugänglich. Keine Wiedereinsetzung ist deswegen möglich gegen die Versäumung der Fristen zur Tatbestandsberichtigung, Urteilsergänzung, Einlegung der Anschlussberufung oder Widerrufs eines Prozessvergleichs (dazu oben Rn. 178, 185; unten Rn. 514).

196 Die Wiedereinsetzung erfolgt regelmäßig auf **Antrag** der Partei, für den die Form der versäumten Prozesshandlung (§ 236 I) und eine **Frist** von zwei Wochen (§ 234) ab Beseitigung des Hindernisses einzuhalten ist.

Bei Beantragung einer Wiedereinsetzung gegen die Versäumung der Berufungs- und der Berufungsbegründungsfrist ist die Schriftform (§ 519 I) erforderlich, die auch durch Telefax gewahrt wird (dazu unten Rn. 216). Der Antrag muss die Tatsachen enthalten, auf die die Wiedereinsetzung gestützt werden soll. Dabei ist konkret, substanziiert und nachvollziehbar darzulegen, wie es zu der Fristversäumung kam. Erforderlich ist nicht bloß die Schilderung des Geschehensablaufs im Einzelfall, sondern auch eine Darlegung der Kanzleiorganisation, insbesondere des Fristenmanagements im Allgemeinen. Dazu gehört die Arbeitsverteilung zwischen Anwalt und Personal genauso, wie die Maßnahmen zur Auswahl, Ausbildung und Überwachung des Personals. Vorzutragen ist auch, wann und wie Kenntnis von der Fristversäumung erlangt wurde. Die von der Rechtsprechung hier aufgestellten hohen Anforderungen an die Darlegung werden von Seiten der Rechtsanwälte häufig als entwürdigend angesehen.

Die tatsächlichen Angaben sind glaubhaft zu machen (§§ 236 II, 294), hierzu reicht eine eidesstattliche Versicherung der Partei oder des Büroangestellten aus. Eine besondere eidesstattlichen Versicherung des Anwalts wird verbreitet für entbehrlich gehalten (BayObLG WuM 94, 296; einschränkend BGH VersR 74, 1021), schadet aber in keinem Fall und sollte vorsorglich stets erfolgen.

Ein Nachschieben von Gründen ist nicht möglich, allein deren Glaubhaftmachung kann später erfolgen (BGH NJW 91, 1892).

Auch ohne Antrag kommt ausnahmsweise eine Wiedereinsetzung von Amts wegen in Betracht (§ 236 II 2).

Behoben ist das Hindernis, wenn die Fristversäumung bemerkt wird, sei es durch eigene Wahrnehmung, sei es durch richterlichen Hinweis. Unabhängig von der Kenntnis endet die Frist spätestens ein Jahr nach Ablauf der versäumten Frist (§ 234 III).

Beabsichtigt ist, die derzeit zwei Wochen betragende Frist zur Stellung des Wiedereinsetzungsantrags (und damit auch die Frist zur Nachholung der versäumten Prozesshandlung, § 236 II 2) bei Versäumung der Frist zur Berufungsbegründung – nicht der zur Einlegung der Berufung – auf einen Monat zu verlängern (§ 234 I 2 i. d. F. des JuMoG, Rn. 139). Damit soll sichergestellt werden, dass dem bedürftigen Rechtsmittelführer, dem Prozesskostenhilfe nach Ablauf der Rechtsmittelbegründungsfrist gewährt worden ist, ein Monat Zeit für die Rechtsmittelbegründung verbleibt, so dass er nicht schlechter gestellt wird, als die vermögende Partei (Rn. 248).

Innerhalb der Frist ist auch die versäumte Prozesshandlung nachzuholen, das heißt eine Berufungsschrift einzureichen. Von dem Antrag auf Wiedereinsetzung gegen Versäumung der Berufungsfrist wird die Berufungsbegründungsfrist nicht berührt, diese läuft weiter und muss selbstständig gewahrt werden (Rn. 249, 271; Anhang Muster 5).

197 **Zuständig** für die Entscheidung über den Wiedereinsetzungsantrag ist das Gericht, das auch über die versäumte Prozesshandlung zu befinden hat (§ 237),

bei Versäumung der Berufungs- und Berufungsbegründungsfrist also das Berufungsgericht.

Begründet ist der Wiedereinsetzungsantrag, wenn die Partei trotz Einhaltung 198
der erforderlichen Sorgfalt die Frist nicht einhalten konnte. Generell muss der vorgetragene Geschehensablauf erkennen lassen, dass ein Verschulden der Partei und ihres Prozessbevollmächtigten (§ 85 II) ausgeschlossen ist. Im Einzelnen hat sich inzwischen eine nahezu unüberschaubare und nur bedingt in Fallgruppen fassbare Judikatur entwickelt.

Da zivilprozessuale Entscheidungen grundsätzlich keine Rechtsmittelbelehrung enthalten, ist es Aufgabe der Partei, sich über die Möglichkeiten und Voraussetzungen einer Anfechtung zu informieren, insbesondere über die hierfür einzuhaltenden Fristen. Dies gilt auch für prozessunerfahrene Personen und sprachunkundige Ausländer.

Ist die Partei anwaltlich vertreten, so ist der Anwalt für die Einhaltung der Fristen verantwortlich. Insoweit kann auf die zum Fristenmanagement gemachten Ausführungen verwiesen werden (oben Rn. 15). Gemäß § 85 II haftet die Partei für ein Verschulden ihres Rechtsanwalts (auch des angestellten oder als freier Mitarbeiter tätigen Anwalts, des Unterbevollmächtigten oder des Verkehrsanwalts, BGH NJW 93, 892; BGH VersR 84, 239; BGH MDR 98, 866), nicht jedoch für dessen Personal. Ein Büroversehen ist damit für die Partei dann unverschuldet, wenn es nicht auf einem Verschulden des Anwalts selbst beruht. Allerdings werden dem Anwalt nicht nur Handlungen im Einzelfall, sondern auch Fehler bei Auswahl, Anleitung und Überwachung des Personals sowie die allgemeine Kanzleiorganisation zugerechnet, so dass der Nachweis einer Exkulpation nicht leicht zu führen ist.

Grundsätzlich darf eine Partei darauf vertrauen, dass aufgegebene Post das Gericht am nächsten Werktag erreicht; längere Postlaufzeiten sind für die Partei unvorhersehbar und damit unverschuldet. (BVerfGE 62, 221 (227); BGH VersR 76, 88, jeweils m. w. N.; zu den Grenzen BVerfG NJW 95, 1210). War die Postsendung falsch adressiert, musste an das zuständige Gericht weitergeleitet werden und kam dort verspätet an, kommt eine Wiedereinsetzung in Betracht, wenn bei ordnungsgemäßer Bearbeitung eine rechtzeitige Weiterleitung noch möglich gewesen wäre (BVerfG 93, 99).

Wegen weiterer Fallgruppen sei auf die entsprechende Spezialliteratur verwiesen (*Büttner*, Wiedereinsetzung in den vorigen Stand, 2. Aufl. 1998; *Greger*, Das Institut der Wiedereinsetzung, 1998; *Kummer*, Wiedereinsetzung in den vorigen Stand, 2003; *Müller* NJW 00, 322; *Müller* NJW 93, 681; *Pentz* NJW 03, 858).

Eine **Entscheidung** über den Wiedereinsetzungsantrag ergeht nur ausnahms- 199
weise (nach Beschränkung des Verfahrens) gesondert durch Beschluss oder (nach mündlicher Verhandlung) Zwischenurteil (§ 238 I 2). In der Regel wird hierüber zusammen mit der Entscheidung über die Hauptsache in der dafür vorgesehenen Form entschieden (§ 238 I 1).

Hat der Berufungskläger gegen die Versäumung der Berufungs- oder Berufungsbegründungsfrist Antrag auf Wiedereinsetzung gestellt, so wird das Gericht hierüber im Fall der Nichtgewährung regelmäßig ohne mündliche Verhandlung durch Beschluss nach § 522, ausnahmsweise auf Grund mündlicher Verhandlung durch Urteil entscheiden. Wird Wiedereinsetzung gewährt, erfolgt dies grundsätzlich in den Gründen des Sachurteils.

200 Die **Kosten** des Wiedereinsetzungsantrags sind im Fall der Gewährung der Wiedereinsetzung getrennt von den übrigen Kosten des Rechtsstreits immer dem Antragsteller aufzuerlegen (§ 238 IV); wird der Antrag zurückgewiesen, gehören die hierdurch entstandenen Kosten zu den allgemeinen Kosten des Rechtsstreits, über die nach §§ 91 ff. zu entscheiden ist. Durch das Wiedereinsetzungsverfahren entstehen grundsätzlich besondere Kosten weder auf Seiten des Gerichts noch auf Seiten des Rechtsanwalts.

201 Wird Wiedereinsetzung gewährt, hat dies zur **Folge**, dass die - objektiv verspätet vorgenommene - Prozesshandlung als fristgerecht angesehen wird. Zwischenzeitlich wegen der Verspätung ergangene Entscheidungen (zum Beispiel ein Versäumnisurteil oder ein Beschluss über die Verwerfung eines Rechtsmittels) werden automatisch wirkungslos, doch empfiehlt sich hier häufig ein deklaratorischer Beschluss.

2. Form

202 In größerem Umfang als bei anderen Prozesshandlungen kommt es bei der Berufungseinlegung auf die Wahrung der gesetzlich vorgeschriebenen Form an. Diese folgt im Wesentlichen aus §§ 519, 130 und wird von der Rechtsprechung streng geprüft.

Die besondere Bedeutung der Form bei der Berufungseinlegung gegenüber anderen bestimmenden Schriftsätzen folgt aus ihrer Wirkung für die Rechtskraft (Zöller/*Gummer* § 519 Rn. 21). Nur im Fall einer wirksamen Berufungseinlegung wird der Eintritt der Rechtskraft gehemmt (Suspensiveffekt, § 705 S. 2), andernfalls tritt mit dem Ablauf der Rechtsmittelfrist Rechtskraft des Urteils ein (§ 705 S. 1).

Hinzu kommt, dass dem Berufungsgericht zunächst nicht die Verfahrensakte, sondern nur der Berufungsschriftsatz vorliegt und es allein anhand dessen die erforderlichen Vorprüfungen anzustellen hat. Die Berufungsschrift muss einen geregelten und zügigen Ablauf des Berufungsverfahrens ermöglichen und Klarheit bei Berufungsgericht und Berufungsgegner über die Fortsetzung des Verfahrens oder den Eintritt der Rechtskraft schaffen (BGH NJW 94, 1879).

a) Notwendiger Inhalt

Funktion der Berufungsschrift ist es, zweifelsfrei klarzustellen, dass es ein Berufungsverfahren geben soll. Dabei ist die Einhaltung der gesetzlichen Mindestanforderungen bezüglich Form und Inhalt der Berufungsschrift weitgehend unverzichtbar. 203

Mängel in der Berufungsschrift sind heilbar, fehlende Bestandteile können nachgeholt, Unklarheiten im Wege der Auslegung berichtigt werden. Als Auslegungsmittel kommen dabei Anlagen zur Berufungsschrift, weitere Schriftsätzen, die Verfahrensakte, gegebenenfalls sogar schriftliche Erklärungen des Gegners in Betracht, nicht jedoch mündliche (telefonische) Erklärungen (BGH NJW 85, 2650). Möglich ist eine solche Auslegung aber nur, wenn diese Quellen innerhalb der Berufungsfrist vorliegen (BGH VersR 86, 471; BGH NJW 93, 2943). Auch dies spricht dafür, die Berufung möglichst früh einzulegen, weil nur dann noch die Chance besteht, nach einem Hinweis des Gerichts (der nach § 139 geboten ist) Formfehler zu heilen.

Mit der Wiedereinsetzung können Formmängel nicht beseitigt werden (BGH NJW 97, 1309).

Erforderlich ist eine **Berufungsschrift**. 204

Wegen des damit verbundenen Schriftformerfordernisses siehe unten Rn. 214.

Die Berufungsschrift muss bei dem **Berufungsgericht** eingereicht werden. 205

Erfolgt die Einreichung per Post, reicht es aus, dass das Gericht im Anschriftenfeld bezeichnet ist. Erforderlich ist aber, dass das »richtige« Gericht angegeben ist. Dies gilt insbesondere dann, wenn mehrere Gerichte (Land- und Oberlandesgericht) eine gemeinsame Briefeingangsstelle haben. Die Angabe eines falschen Gerichts führt (wenn nicht ausnahmsweise noch innerhalb der Berufungsfrist eine Weiterleitung an das richtige Gericht möglich ist) zur Verwerfung der Berufung (BGH NJW 90, 990; BGH NJW 89, 2369).

Anzugeben ist das »Gericht im organisatorischen Sinn«, also die Behörde. Dazu ist es erforderlich, zu klären, ob die Berufung sachlich beim Landgericht oder beim Oberlandesgericht einzulegen ist und welches Land- bzw. Oberlandesgericht örtlich zuständig ist. Hierzu unten Rn. 219 ff.

Nicht erforderlich ist die Angabe des innerhalb des Gerichts zuständigen Spruchkörpers. Etwas anderes gilt, wenn die Berufung beim Landgericht eingelegt und dort vor einer Kammer für Handelssachen verhandelt werden soll. In diesem Fall bedarf es eines Antrags, der auch durch Adressierung der Berufung an eine entsprechende Kammer gestellt werden kann (dazu unten Rn. 232).

206 Anzugeben sind auch die **Parteien** des Berufungsverfahrens, insbesondere die Parteistellung in zweiter Instanz, das heißt, wer Berufungskläger und wer Berufungsbeklagter werden soll.

Dies ist in § 519 nicht ausdrücklich erwähnt, ergibt sich aber aus der Verweisung des § 519 IV auf § 130 Nr. 1.

Zu empfehlen ist die Angabe eines vollen Rubrums unter Beifügung der Parteistellung im Berufungsverfahren (»Berufungskläger«, »Berufungsbeklagter«). Ob dabei die Reihenfolge erster Instanz beibehalten oder mit dem Berufungskläger begonnen wird, ist örtlich unterschiedlich und prozessual unerheblich. Ausreichend ist auch die Angabe, Berufung werde »für den« Kläger oder Beklagten eingelegt (*Schneider* MDR 79, 01).

Anders als in erster Instanz müssen die Parteien nicht zwingend mit ihren vollständigen ladungsfähigen Anschriften angegeben werden (BGH NJW 87, 1356; BGHZ 102, 332). Erforderlich ist aber, dass die Beteiligten eindeutig individualisiert, zumindest bestimmbar bezeichnet sind. Zur Vermeidung von Auslegungszweifeln sollte es deswegen anwaltlicher Sorgfalt entsprechen, die vollständige ladungsfähige Anschrift anzugeben.

Gesteigerte Anforderung an die Parteibezeichnung sind zu stellen, wenn erstinstanzlich eine Mehrheit von Verfahrensbeteiligten gegeben war (BGH NJW 61, 2347; Rn. 142 ff.). Im Fall notwendiger Streitgenossenschaft wird vermutet, dass auf Kläger- wie auf Beklagtenseite zweitinstanzlich alle Streitgenossen beteiligt sein sollen. Bei der einfachen Streitgenossenschaft muss jeder Streitgenosse Berufung einlegen, werden sie von einem gemeinsamen Prozessbevollmächtigten vertreten, muss klargestellt werden, für wen die Berufungseinlegung erfolgt. Richtet sich die Berufung gegen Streitgenossen, muss eindeutig erkennbar sein, wer Berufungsbeklagter werden soll (zu möglichen Auslegungskriterien beim Fehlen eindeutiger Angaben BGH MDR 00, 539). Streithelfer sollen, müssen aber nicht angegeben werden, Streitverkündete, die erstinstanzlich nicht beigetreten sind, gehören nicht in die Berufungsschrift (§ 74 II).

Die Prozessbevollmächtigten erster Instanz (wegen der Zustellung nach § 172 I 1 insbesondere auf Seiten des Berufungsbeklagten) sollten angegeben werden, fehlen sie, wird die Berufung deswegen nicht unzulässig (BAG NJW 78, 2120).

Das Erfordernis, anzugeben, für und gegen wen Berufung eingelegt wird, bleibt erstaunlich häufig unerfüllt. Der Anwalt, der den Rechtsstreit, die Parteien und die Entscheidung kennt, hat hier keinerlei Zweifel, weil es vielleicht auch nur eine denkbare Anfechtungsmöglichkeit gibt. Das Berufungsgericht, dem zunächst nur die Berufungsschrift vorliegt, muss aber allein aus dieser die Parteistellung erkennen können. Ist dies nicht möglich, hängt die Zulässigkeit der Berufung allein von der Zufälligkeit ab, ob die vom erstinstanzlichen Gericht angeforderte Akte noch vor Ablauf der Berufungsfrist beim Berufungsgericht eingeht oder nicht und ob sich aus ihr im Wege der Auslegung zweifelsfrei ergibt, welche Parteistellung die Beteiligten haben sollen. Erfolgt eine Verwerfung der Berufung mangels hinreichender Parteibezeichnung, treffen die Kosten des Rechtsmittels den Anwalt persönlich, da er (mangels Bestimmbarkeit der von ihm vertretenen Partei) wie ein vollmachtloser Vertreter behandelt wird (BGH NJW 88, 50).

Bezeichnet werden muss das **Urteil**, gegen das die Berufung gerichtet wird (§ 519 II Nr. 1) 207

Die Bezeichnung des Urteils erfolgt regelmäßig durch Angabe des Gerichts, des Aktenzeichens, und des Verkündungsdatums. Sinnvoll sein kann darüber hinaus die Angabe des Zustellungsdatums oder der Urteilsbezeichnung (Teilurteil, Schlussurteil), jedenfalls dann, wenn im erstinstanzlichen Verfahren mehrere Urteile ergangen sind.

Das Fehlen oder die falsche Bezeichnung einer dieser Angaben schadet nicht, wenn das Urteil dennoch zweifelsfrei identifiziert werden kann (BGH NJW 03, 1950). Ist dies nicht der Fall, kommt eine Berichtigung nach Ablauf der Berufungsfrist nicht in Betracht, weil damit nur Erklärungsfehler, nicht aber Willensfehler korrigiert werden können (BGH MDR 78, 308; vgl. oben Rn. 170

Die meisten formellen Fehler lassen sich vermeiden, wenn die Sollvorschrift des § 519 III befolgt und eine beglaubigte **Abschrift des angefochtenen Urteils** beigefügt wird. 208

Aus einer solchen Abschrift ergeben sich nicht nur die erforderlichen Angaben zum Urteil selbst, sondern regelmäßig auch die Parteien des Rechtsstreits in der prozessual gebotenen Bezeichnung. Nicht aus dem Urteil ersichtlich ist jedoch, für welche Partei das Urteil angefochten werden soll.

Erforderlich ist die **Erklärung**, dass Berufung eingelegt wird (§ 519 II Nr. 2). 209

Dabei ist die Verwendung des Worts »Berufung« nicht zwingend erforderlich, weil jede Handlung, die die Absicht erkennen lässt, ein Urteil durch die übergeordnete Instanz überprüfen zu lassen, als Berufung auszulegen ist (BGH NJW 87, 1204; BGH NJW-RR 98, 507). Zur Vermeidung von Auslegungszweifeln ist die Bezeichnung als Berufung zumindest aber anzuraten.

Die Einlegung muss stets **unbedingt** erfolgen.

Während von dem allgemeinen Grundsatz, dass Prozesshandlungen bedingungsfeindlich sind, wichtige Ausnahmen für solche Bedingungen gemacht werden, die im weiteren Verlauf des Prozesses selbst bestehen (Rechts- oder Prozessbedingungen), so dass Anträge oder Aufrechnungserklärungen unter die Bedingung der Erfolglosigkeit vorrangiger Anträge oder Verteidigungsmittel gestellt werden können (Hilfsanträge, Hilfsaufrechnung), greift für die Berufungseinlegung die Rückausnahme, nach der auch solche Bedingungen nicht möglich sind, wenn das (Fort-)Bestehen des Prozessrechtsverhältnisses von ihnen abhängt. Die Frage, ob, zwischen wem und worüber der Prozess in zweiter Instanz fortgesetzt werden soll, muss stets unbedingt feststehen, dann sind auch in zweiter Instanz Hilfsanträge oder Hilfsaufrechnungen möglich. Deswegen kann zwar nicht die Berufung, wohl aber die Anschlussberufung mit einer Prozessbedingung verknüpft werden (Rn. 516).

Soll die Berufung nur für den Fall der Gewährung von Prozesskostenhilfe eingelegt werden, ist eine entsprechende Bedingung nicht möglich. Berufung kann dann erst nach der Entscheidung über den Prozesskostenhilfeantrag eingelegt werden, ist bis dahin die Berufungsfrist verstrichen, erfolgt eine Wiedereinsetzung in den vorigen Stand (dazu unten Rn. 245 ff.).

Die »nur zur Fristwahrung« eingelegte Berufung steht nicht unter einer Bedingung, sondern ist unbedingt eingelegt und soll nur den Gegner veranlassen, sich zur Vermeidung unnötiger Kosten für den Fall vorbehaltener Berufungsrücknahme zunächst nicht am Verfahren zu beteiligen (dazu unten Rn. 243; 526).

210 Werden mehrere Anfechtungserklärungen von derselben Partei abgegeben, so handelt es sich um die bloß wiederholte Einreichung desselben Rechtsmittels. Es liegt dann nur eine Berufung vor, über die nur eine Entscheidung ergeht.

Nur von einer einzigen Berufung ist auszugehen, wenn der zunächst per Fax eingereichten Erklärung das Original nachgereicht wird (anders aber noch BGH NJW 93, 3141) oder wenn einer zunächst eingelegten Berufung einzelne Zulässigkeitserfordernisse fehlten und diese erst durch die nachgereichte Erklärung erfüllt werden (*Pantle* NJW 88, 2773 m. w. N.).

Nur eine Berufung liegt auch dann vor, wenn sowohl die Partei als auch ihr Streithelfer das Urteil anfechten.

Bedeutung erlangen solche weiteren Einlegungserklärungen einer einheitlichen Berufung, wenn vorangegangene sich als unwirksam erweisen (BGH NJW 96, 2659).

211 Zu den sich aus der Schriftform ergebenden Anforderungen gehört, dass die Berufungsschrift die **Unterschrift** eines beim Berufungsgericht postulationsfähigen Rechtsanwalts trägt.

Wegen der Anforderungen an die Unterschrift unten Rn. 214.

Die Prüfung der eigenen Postulationsfähigkeit gehört zu den wesentlichen Aufgaben eines Rechtsanwalts, ein Irrtum über die eigene Zulassung oder Vertreterbestellung rechtfertigt keine Wiedereinsetzung (BGH MDR 03, 480).

Durch die Partei selbst kann eine Berufung nicht wirksam eingelegt werden, da vor den Berufungsgerichten Anwaltszwang herrscht (§ 78). Geschieht dies dennoch – sei es ausdrücklich, sei es durch eine Eingabe, die den Willen zur Anfechtung der Entscheidung erkennen lässt und die deswegen als Berufung auszulegen ist –, muss die Berufung grundsätzlich als unzulässig verworfen werden (BGH NJW 97, 1989). Verbreitet wird der Berufungskläger vom Gericht auf die Unzulässigkeit hingewiesen und ihm vor Zustellung an den Gegner Gelegenheit zur Rücknahme des Rechtsmittels gegeben (zu Musterformulierungen und ergänzenden Hinweisen Schumann/*Kramer* Rn. 43; Tempel/*Theimer*, Muster 179). Trotz dogmatischer Bedenken (auch für die Rücknahmeerklärung besteht grundsätzlich Anwaltszwang) lässt die h. M. dabei die Rücknahme der

Berufung durch die Partei selbst zu (BGH NJW-RR 94, 759). Von der Erhebung der Gerichtskosten kann dann nach § 8 I 3 GKG abgesehen werden.

Nicht erforderlich ist, dass die Berufungseinlegung Grund und Umfang der Anfechtung benennt. 212

Beides bleibt regelmäßig der Berufungsbegründung vorbehalten (unten Rn. 269 ff.). Das schließt es nicht aus, die gesamte Berufungsbegründung schon mit der Einlegung zu verbinden. Erforderlich sein kann eine Begründung schon mit der Einlegung, wenn gleichzeitig Nebenanträgen zur vorläufigen Vollstreckbarkeit gestellt werden (dazu unten Rn. 250 ff.).

Zu überlegen ist, inwieweit die Einlegung der Berufung auf einen Teil der Beschwer beschränkt wird. Sinn macht dies, wenn noch nicht feststeht, ob die Berufung durchgeführt und für den Fall einer Rücknahme die Kosten gering gehalten werden sollen (Rn. 309).

Wird die Berufung zurückgenommen, bevor Anträge gestellt wurden, ist für die Wertberechnung auf die Beschwer abzustellen, sind Anträge gestellt, richtet sich der Wert nach ihnen (§ 14 I GKG). Die durch die Anträge vorgenommene Beschränkung kann nachträglich wieder rückgängig gemacht, die Berufung bis zur vollen Beschwer erweitert werden. Allerdings steigt damit dann auch der Streitwert wieder.

Nicht in allen Fällen lässt die Rechtsprechung eine solche Vorgehensweise zu. Als rechtsmissbräuchlich und damit als unwirksam wird eine Berufungsbeschränkung angesehen, die offensichtlich nur zum Zwecke der Kostenersparnis erfolgt. Hiervon ist der BGH zum Beispiel ausgegangen, als die Berufung gegen die Abweisung einer erstinstanzlichen Klage in Höhe von 20 Mio. DM auf den Mindestwert der Beschwer begrenzt wurde (BGHZ 70, 365). Die Instanzgerichte sehen die Grenze des Rechtsmissbrauchs zum Teil deutlich früher erreicht (vgl. die Nachweise bei MüKo/*Rimmelspacher* § 519 Rn. 49). Der gleichzeitig mit der Beschränkung gemachte Vorbehalt späterer Antragserweiterung begründet die Rechtsmissbräuchlichkeit alleine noch nicht (BGH NJW 65, 2055).

Viel zu verlieren hat der Berufungskläger bei dem Versuch, den Streitwert zunächst gering zu halten, aber nicht: Gelingt dies nicht, wird – wie ohne Beschränkung auch – der volle Wert der Beschwer zugrunde gelegt.

Entbehrlich ist auch die Angabe, wann das Urteil zugestellt wurde. 213

In der Praxis beibehalten wurde diese Übung aus Zeiten, in denen die Zustellung des Urteils im Parteibetrieb erfolgte und das Gericht den Zustellungszeitpunkt deswegen nicht kannte. Da der Zustellungsnachweis heute zur Gerichtsakte gelangt, kontrolliert das Gericht die Rechtzeitigkeit der Einlegung anhand dieser Urkunde, nicht anhand der Angabe in der Berufungsschrift.

b) Schriftform

214 Die Berufungseinlegung bedarf der Schriftform.

Dies folgt schon aus der Terminologie Berufungs»schrift«, aber auch aus der Verweisung des § 519 IV auf § 130 Nr. 6.

Das gesetzliche Schriftformerfordernis macht es erforderlich, dass der Schriftsatz von dem Aussteller eigenhändig durch **Namensunterschrift** unterzeichnet ist (§ 126 I BGB). Aussteller muss dabei stets ein zugelassener Rechtsanwalt sein (§ 78).

Die Unterschrift unterscheidet den bloßen Entwurf von der rechtsverbindlichen Erklärung, mit ihr bringt der Unterzeichner äußerlich erkennbar zum Ausdruck, dass er den Inhalt des Schriftstücks geprüft hat, dieser von seinem Willen gedeckt ist und er die volle Verantwortung dafür übernimmt (BGH NJW 03, 2028).

Trotz der in der jüngeren Literatur geübten Kritik (entscheidend sei die Erreichung des Formzwecks, nicht die Einhaltung der Form alleine; Nw. bei Th/P/*Reichold* § 129 Rn. 6) hält die h. M. am formalen Unterschriftserfordernis fest.

Unterschrift ist ein Schriftzug mit individuellem Charakter. Dabei hat die Rechtsprechung vernünftigerweise den früher erkennbaren übersteigerten Formalismus zugunsten einer flexibleren und praktikablen Betrachtungsweise aufgegeben.

Die Angabe des Vornamen ist nicht erforderlich, bei einem Doppelnamen reicht ein Namensbestandteil, allerdings darf es nicht bloß eine Namensabkürzung (Handzeichen, Paraphe) sein. Es muss sich um ein erkennbar aus Buchstaben bestehendes Gebilde handeln, wobei Lesbarkeit genauso wenig verlangt wird wie Deutlichkeit. Keine Unterschrift stellen bloße Striche, Kreise, Haken, »gekrümmte Linien« einerseits, Faksimilestempel oder Fotokopien andererseits dar (BVerfG NJW 98, 1853; BGH NJW 99, 60; *Schneider* NJW 98, 1842).

Die Schwere der drohenden Folgen bei Zurückweisung einer Unterschrift sollte einen Anwalt zu besonderer Sorgfalt, im Zweifel zum Verzicht auf Originalität und zur Verfertigung einer besonderen, den Anforderungen der Rechtsprechung genügenden »Prozessunterschrift« veranlassen.

Die Unterschrift muss sich grundsätzlich auf der Berufungsschrift befinden.

Ist das Original der Berufungsschrift nicht unterzeichnet, wohl aber eine beigefügte Abschrift, so genügt dies jedenfalls dann, wenn das unterschriebene Exemplar bei den Akten verbleibt (BGH VersR 93, 459). Die Beifügung eines anderen unterschriebenen Schriftstücks reicht nicht aus, genauso wenig die ausdrückliche oder (etwa durch persönliche Abgabe bei Gericht) konkludente Erklärung des Anwalts, das Schriftstücks solle als unterzeichnet gelten. Eine fehlende Unterschrift kann nachgeholt werden, bei Berufungseinlegung und -begründung wirksam aber nur innerhalb der dafür laufenden Frist (BGHZ 65, 46).

Erfolgt die Unterzeichnung durch einen **Vertreter**, kann dieser mit seinem eigenen Namen unterzeichnen oder mit dem Namen des Vertretenen (BGH VersR 76, 689). **215**

Eine solche Vertretung kommt insbesondere durch den allgemein bestellten Vertreter (§ 53 BRAO) oder durch den Kanzleiabwickler (§ 55 II 3 BRAO) in Betracht. Die Angabe des Zusatzes »i. V.« ist dabei möglich, nicht jedoch »i. A.«, da damit eine Verantwortung für den Inhalt nicht übernommen wird (BGH NJW 88, 210; anders BGH NJW 93, 2056).

Wirksam ist die Erklärung des Vertreters, wenn die Vertretungsmacht im Zeitpunkt der Abgabe der Erklärung vorlag, auf den Zeitpunkt des Eingangs der Erklärung beim Gericht kann nicht abgestellt werden (BGH VersR 90, 65).

Die Schriftform kann auch durch die Übermittlung eines Telegramms, eines Fernschreibens oder einer Telekopie (**Telefax**) gewahrt werden. **216**

Das Telefax muss auch die Unterschrift wiedergeben; dabei reicht es aus, wenn diese ohne körperliches Original ausschließlich elektronisch beigefügt wurde (Computerfax mit eingescannter Unterschrift, BGH NJW 00, 2340). Ob das Original dem Fax nachgereicht werden muss, ist nach wie vor streitig, die Rechtsprechung und die h. L. halten dies zu Recht für entbehrlich (BGH NJW 93, 3141). Keine Rolle spielt, von welchem Anschluss die Versendung des Fax erfolgt, die Nutzung des Anschlusses eines zugelassenen Rechtsanwalts ist nicht erforderlich, die Zwischenschaltung eines privaten Übermittlers unschädlich (Th/P/*Reichold* § 129 Rn. 13). Eine Frist ist per Telefax nur gewahrt, wenn dieses vor Ablauf der Frist beim Empfänger vollständig ausgedruckt wurde (BGH NJW 94, 2097). Hat die Übertragung zu einem Zeitpunkt begonnen, zu dem noch mit einem Abschluss der Übermittlung vor Ablauf der Frist gerechnet werden kann (wobei wegen der möglichen Belegung des Gerichtsanschlusses eine Zeitreserve von nur wenigen Minuten regelmäßig nicht ausreicht: BVerfG NJW 00, 574) kommt eine Wiedereinsetzung in Betracht. Scheitert die Übertragung an einem technischen Defekt, schadet dies der Fristwahrung nicht, wenn der Defekt im Verantwortungsbereich des Gerichts liegt oder der übermittelte Inhalt zweifelsfrei rekonstruierbar ist (BGH NJW 01, 1581; *Pape/Notthoff* NJW 96, 417; *Peter* JA 95, 516).

Ein Telegramm reicht auch dann aus, wenn es fernmündlich aufgegeben wurde (und damit eine Unterschrift nie geleistet wurde, BGHZ 24, 300), selbst wenn zu diesem Zeitpunkt eine Übersendung mit normaler Post noch möglich gewesen wäre (BAG NJW 71, 2190).

217 § 130 a eröffnet den Justizverwaltungen die grundsätzliche Möglichkeit, die Einreichung von Schriftsätzen – und damit auch bestimmenden Schriftsätzen wie Berufungseinlegung oder Berufungsbegründung – in elektronischer Form, das heißt per **e-mail** zuzulassen. Erforderlich dazu ist jedoch eine Rechtsverordnung, die derzeit noch in keinem Bundesland existiert.

§ 130 a ist Konsequenz der Änderung der materiellen Formvorschriften durch das Formanpassungsgesetz vom 13. 7. 2001 (BGBl. I, S. 1542). Neben die bis dahin existierenden Formen (öffentliche Beglaubigung, § 129 BGB, notarielle Beurkundung, § 128 BGB, und Schriftform, § 126 f. BGB) trat die (prozessual bedeutungslose) Textform (§ 126 b BGB). Die elektronische Form ist keine zusätzliche Formvorschrift, sondern mit ihr kann die ansonsten erforderliche Schriftform gewahrt werden (§ 126 a BGB). Die elektronische Form ist erfüllt, wenn der Aussteller dem Dokument seinen Namen hinzufügt und das Dokument dann mit einer qualifizierten elektronischen Signatur nach dem Signaturgesetz versieht. Dazu ist regelmäßig eine spezielle Hard- (PC mit Magnetkartenlesegerät) und Software (Ver- und Entschlüsselungsprogramm) sowie ein von einem zertifizierten Anbieter zugeteilter Signaturschlüssel (Magnetkarte) erforderlich.

Allein beim Bundesgerichtshof sind im Rahmen eines Modellversuchs entsprechende Möglichkeiten rechtlich (Verordnung über den elektronischen Rechtsverkehr beim Bundesgerichtshof vom 26. 11. 2001, BGBl. I S. 3225) und tatsächlich geschaffen, in Zivilsachen wegen der dort noch bestehenden Singularzulassung aber auf wenige Rechtsanwälte beschränkt. Bis zum 1. 4. 2003 waren aber nur vier Rechtsanwälte und ebenso viele Oberlandesgerichte (zur Übermittlung der angefochtenen Urteile) willens und in der Lage, Daten in der erforderten Form zu übermitteln.

Auf Länderebene sind detaillierte organisatorisch-technische Leitlinien für den elektronischen Rechtsverkehr mit den Gerichten entwickelt worden, technische Standards und Formate sollen folgen. Mit der Eröffnung eines entsprechenden Kommunikationswegs werden erhebliche Investitionen für die entsprechende Hard- und Software nicht nur auf Seiten der Justizverwaltungen, sondern auch auf Seiten der Rechtsanwälte entstehen, die durch Einsparungen bei Papier- und Portokosten kaum auszugleichen sein dürften. Abzuwarten bleibt auch, welche Auswirkungen das derzeit in Vorbereitung befindliche Gesetz über die Einführung des elektronischen Rechtsverkehrs bei den Gerichten bringen wird, mit dem die Voraussetzungen für eine elektronische Aktenführung in allen Verfahrensordnungen geschaffen werden sollen.

Soweit viele Gericht über e-mail-Anschriften oder eine Homepage im Internet verfügen, können auf diesem Weg wirksam Prozesserklärungen nicht eingereicht werden. Soweit einige unbedeutende Anfragen und Benachrichtigungen prozessual formfrei möglich sind, können diese rechtlich schon heute per e-mail versandt werden (vgl. die Auflistung bei *Krüger/Büttner* MDR 03, 181), praktisch ist davon abzuraten, solange nicht gewährleistet ist, dass beim Empfänger die organisatorischen Vorkehrungen für eine regelmäßige Inempfangnahme und Weiterleitung solcher Nachrichten an die zuständigen Stellen getroffen sind. Dies gilt auch für die Korrespondenz mit anderen Rechtsanwälten (OLG Düsseldorf NJW 03, 833).

Mündlich oder telefonisch kann eine Berufung nie eingelegt werden. 218

Die erstinstanzlich vorhandenen Möglichkeiten mündlicher Klageerhebung (§§ 496, 261 II, 297) gelten für die Berufungseinlegung nicht. Die telefonische Übermittlung reicht auch dann nicht, wenn beim Gericht hierüber ein schriftlicher Vermerk aufgenommen wird (BGH NJW 81, 1627).

3. Zuständigkeit Gericht

Die Berufung ist beim Berufungsgericht einzulegen (§ 519 I). Primär wird dabei die sachliche und örtliche Zuständigkeit zu klären sein, im Fall der Zuständigkeit eines Landgerichts auch die Frage, ob der Antrag auf Verhandlung vor einer Kammer für Handelssachen möglich und sinnvoll ist. Mitbehandelt werden soll die Frage, in welchen Fällen das Berufungsgericht in der Spruchkörperbesetzung bzw. durch den Einzelrichter entscheidet. 219

a) Sachliche Zuständigkeit

Die sachliche Zuständigkeit der Gerichte in Zivilsachen bestimmt sich nach dem Gerichtsverfassungsgesetz (§ 1). Auf vier Gerichte verteilen sich dabei drei Instanzen. 220

Prozesse in Familiensachen beginnen ausnahmslos beim Amtsgericht, die Berufung wird vor dem Oberlandesgericht, die Revision vor dem Bundesgerichtshof verhandelt In allgemeinen Zivilsachen sind die Bemühungen um einen einheitlichen Instanzenzug und um einen dreistufigen Gerichtsaufbau bislang erfolglos geblieben. Zivilsachen können erstinstanzlich beim Amts- oder Landgericht beginnen (§§ 23, 71 GVG), seit der ZPO-Reform führen beide Instanzenzüge bis in die Revision vor dem BGH (§ 542 I, 133 GVG). Problematisch ist die Zuständigkeit für Berufungssachen.

Für Berufungen gegen erstinstanzliche Urteile der Landgerichte sind ausnahmslos die **Oberlandesgerichte** zuständig (§ 119 I Nr. 2 GVG). Für Berufungen gegen Urteile in den von den Amtsgerichten verhandelten bürgerlichen Rechtsstreitigkeiten sind nach § 72 GVG grundsätzlich die **Landgerichte** zuständig, soweit nicht die Zuständigkeit der Oberlandesgerichte begründet ist; die Oberlandesgerichte sind nach § 119 I Nr. 1 GVG zuständig für die Berufungen gegen die Entscheidungen der Amtsgerichte in Familiensachen und in Sachen mit formaler Auslandsberührung.

Die Zuständigkeitsverteilung zwischen Land- und Oberlandesgerichten in Berufungssachen ist durch die ZPO-Reform neu gestaltet worden. Dabei haben sich die ursprünglichen, auf eine generelle Zuständigkeit der Oberlandesgerichte für alle Berufungen ge-

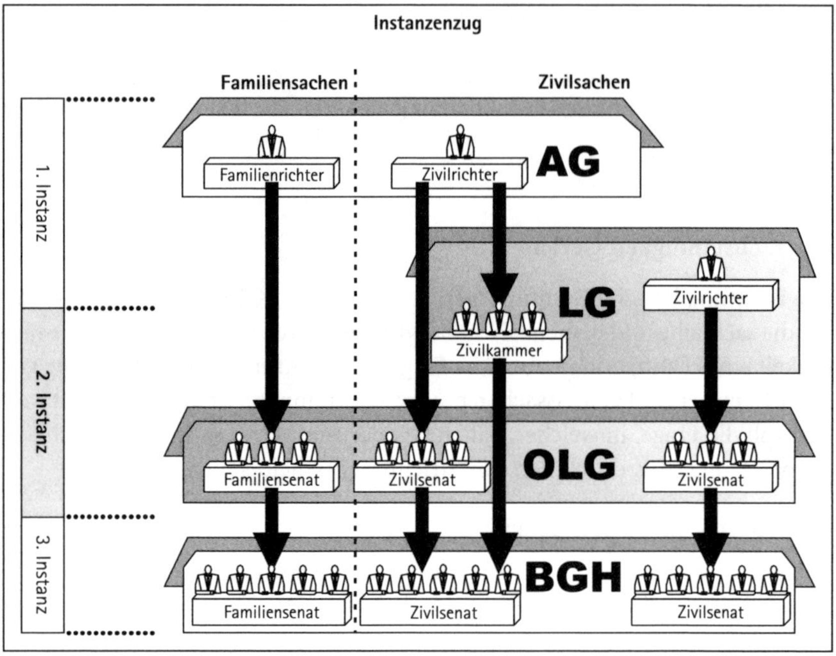

Schaubild 3: Instanzenzug in Zivilsachen

richteten Vorstellungen des Regierungsentwurfs nicht durchsetzen lassen. Die letztlich Gesetz gewordene Regelung stellt einen wenig gelungenen Kompromiss dar.

Im Vordergrund der rechtspolitischen Kritik steht dabei die Experimentierklausel in §§ 119 III – VI GVG. Danach kann durch Landesgesetz bestimmt werden, dass die Oberlandesgerichte (anstelle der Landgerichte) für alle Berufungen zuständig sind. Damit ist es möglich, für einzelne Bundesländer einen abweichenden Instanzenzug zu begründen. Nachdem einige Bundesländer entsprechende Vorüberlegungen zunächst angestellt hatten, ist eine konkrete Umsetzung dieser Ermächtigung derzeit nirgends ernsthaft beabsichtigt, theoretisch aber bis Ende 2006 noch möglich.

Höchst unbefriedigend ist auch die gesetzliche Fassung der zwingenden Zuständigkeit der Oberlandesgerichte für Berufungen in Sachen mit Auslandsbezug. Grund für diese Zuständigkeitszuweisung soll sein, dass die Internationalisierung des Rechts und der zunehmende grenzüberschreitende Rechtsverkehr ein gesteigertes Bedürfnis nach obergerichtlicher Rechtsprechung geschaffen habe. Tatsächlich handelt es sich um einen Teil des politischen Kompromisses ohne prozessuale oder rechtstatsächliche Rechtfertigung. Beide Formen des Auslandsbezugs sind unpräzise formuliert und schaffen praktisch mehr Probleme als sie lösen.

Eine formale Auslandsberührung ist nach § 119 I Nr. 1. b) GVG gegeben, wenn eine Partei ihren **allgemeinen Gerichtsstand** im Zeitpunkt der Rechtshängigkeit in erster Instanz **außerhalb der Bundesrepublik Deutschland** hat. 221

Einen »Zeitpunkt der Rechtshängigkeit in erster Instanz« gibt es nicht, die Rechtshängigkeit dauert über die Instanz hin an, erfasst damit einen Zeitraum. Unklar ist, ob allein auf den Zeitpunkt des Eintritts der Rechtshängigkeit (§§ 261 I, 253 I) abzustellen ist oder ob nachträgliche Wohnsitzverlegungen vor Abschluss der ersten Instanz ebenfalls erfasst werden.

Liegt der Wohnsitz einer Person im Ausland, so bestimmt sich deren allgemeiner Gerichtsstand den Grundsätzen des Internationalen Privatrechts folgend grundsätzlich nach dem Recht ihres Heimatstaates; § 119 GVG indes will erkennbar auf die §§ 13 ff. und damit auf für den Ausländer fremdes Recht abstellen.

Trotz dieser Bedenken versteht die h. M. § 119 I Nr. 1. b) GVG dahin, dass zuständiges Berufungsgericht das Oberlandesgericht ist, wenn eine Partei zum Zeitpunkt der Zustellung der Klage ihren nach §§ 13 ff. zu bestimmenden Wohnsitz außerhalb der Bundesrepublik Deutschland hat.

Ist ein Unternehmen verfahrensbeteiligt, das auch im Ausland vertreten ist, bedarf dessen rechtliche Struktur sorgfältiger Prüfung. Handelt es sich um die rechtlich unselbstständige Niederlassung eines ausländischen Unternehmens, ist das Oberlandesgericht zuständig, handelt es sich um ein selbstständiges Unternehmen deutschen Rechts, ist das Landgericht zuständig (BGH NJW 03, 1673).

Nach § 119 I Nr. 1. c) GVG ist eine formale Auslandsberührung gegeben, wenn das Amtsgericht **ausländisches Recht angewendet** und dies in den Entscheidungsgründen ausdrücklich festgestellt hat (§ 119 I Nr. 1. c) GVG). 222

Ausländisches Recht ist dabei nur das Recht eines ausländischen Staates. Handelt es sich um übernationales Recht, das auch in der Bundesrepublik Deutschland gilt, ist § 119 I Nr. 1. c) GVG nicht erfüllt. Deswegen begründet die Anwendung von europäischem Gemeinschaftsrecht, Völkerrecht oder UN-Kaufrecht die Zuständigkeit des Oberlandesgerichts nicht. Dies gilt auch für das deutsche Internationale Privatrecht.

Unklar ist, ob die »ausdrückliche Feststellung« der Anwendung ausländischen Rechts eine besondere Formulierung im Tenor oder in den Entscheidungsgründen voraussetzt (»Die Entscheidung beruht auf der Anwendung ausländischen Rechts«). Die h. M. verzichtet auf die Ausdrücklichkeit und lässt die erkennbare Anwendung ausländischen Rechts bei der Begründung der Entscheidung ausreichen. Nicht ausreichend ist eine bloße Erwähnung ausländischer Rechtsvorschriften, ohne dass die Entscheidung darauf beruht.

Haben die Parteien erstinstanzlich um die Anwendung ausländischen Rechts gestritten und lehnt das Amtsgericht dessen Anwendung ab, so findet die Berufungsinstanz vor dem Landgericht auch dann statt, wenn ausländisches Recht anzuwenden ist. Das gleiche gilt, wenn das Amtsgericht seine Entscheidung materiell auf ausländisches Recht gestützt hat, ohne dass dies in den Gründen erkennbar wird. Dagegen ist die Zuständigkeit des Oberlandesgerichts gegeben, wenn das Amtsgericht seine Entscheidung auf ausländisches Recht stützt, selbst wenn dies grob fehlerhaft war. Stellt sich die Anwendung oder Nichtanwendung ausländischen Rechts als Willkür dar, kommt eine Ausnahme in Betracht.

223 Für beide Alternativen des § 119 GVG zweifelhaft ist, wie Fälle objektiver und subjektiver **Klagehäufung** zu behandeln sind.

Wohnt einer von mehreren Streitgenossen im Ausland oder hat das Amtsgericht nur bezüglich eines von mehreren Streitgegenständen ausländisches Recht angewendet, so ist zweifelhaft, ob eine Trennung des Rechtsstreits in der Berufungsinstanz erforderlich wird oder ob er ungeteilt in die Zuständigkeit des Oberlandesgerichts fällt. Für ersteres sprechen die allgemeinen Grundsätze des Zivilprozesses (*Hartmann* NJW 01, 2577, 2589), für letzteres, dass die Zuständigkeit der Oberlandesgerichte nach dem Wortlaut des § 72 GVG als die speziellere Regelung vorgeht (Zöller/*Gummer* § 119 GVG Rn. 14, 16).

224 Mangels einer im Zivilprozess geltenden allgemeinen Belehrungspflicht über die Möglichkeiten einer Anfechtung von Urteilen trägt allein der Berufungsführer das **Risiko** einer richtigen Bestimmung des Berufungsgerichts. Dieses ist in Anbetracht der bislang ungeklärten Zweifelsfragen nicht unerheblich. Abgemildert werden kann es durch rechtzeitige Einlegung der Berufung ohne volle Ausschöpfung der Berufungsfrist oder durch Anwendung des Grundsatzes der Meistbegünstigung.

Wird die Berufung beim unzuständigen Gericht eingelegt, so hat dieses seine Zuständigkeit zu prüfen und – soweit es diese verneint – die Berufung an das zuständige Gericht weiterzuleiten. Geht die Berufung dort noch vor Ablauf der Berufungsfrist ein, ist die Berufung rechtzeitig eingelegt (BGHZ 71, 367; BGH NJW 00, 1574).

Nach dem Grundsatz der Meistbegünstigung kann eine in der falschen Form ergangene Entscheidung sowohl mit dem gegen die tatsächlich vorliegende, falsche Form als auch mit dem gegen die prozessual richtige Form gegebenen Rechtsbehelf angefochten werden, weil der Partei aus einem Fehler des Gerichts Nachteile nicht erwachsen dürfen (dazu oben Rn. 119). Entsprechende Anwendung findet dieses Institut, wenn für den Rechtsmittelführer eine unverschuldete Unsicherheit darüber besteht, wo ein Rechtsmittel einzulegen ist (BGH WM 94, 180; Zöller/*Gummer* vor § 511 Rn. 29 a).

225 Zwischen Zivil- und **Familiensachen** ist rein formell abzugrenzen. Ist das erstinstanzliche Gericht als Familiengericht tätig geworden, findet das Berufungsverfahren gemäß § 119 I Nr. 1. a) GVG vor einem Familiensenat des Oberlandesgerichts statt, anzuwenden sind die Vorschriften über das Verfahren in Fa-

miliensachen. Dies gilt auch dann, wenn materiell keine Familiensache vorliegt.

Mit der Neufassung des § 513 II (und dem Wegfall des § 529 III a. F.) gilt dies nun grundsätzlich auch in umgekehrter Richtung, so dass über materielle Familiensachen, die erstinstanzlich fehlerhaft von einem allgemeinen Zivilgericht entschieden wurden, in zweiter Instanz ein Zivilsenat nach den Vorschriften über den allgemeines Zivilprozess zu entscheiden hätte. Bedenken im Hinblick auf Art. 101 I 2 GG (Anspruch auf den gesetzlichen Richter) kann durch eine Zurückverweisung in die erste Instanz auch ohne Erforderlichkeit einer aufwändigen Beweisaufnahme (§ 538 II Nr. 1 analog) Rechnung getragen werden.

Sind in einem Bundesland mehrere Oberlandesgerichte eingerichtet, kann für 226
bestimmte Sachen die **Sonderzuständigkeit** eines Oberlandesgerichts oder (in Bayern) eines Obersten Landesgerichts auch für die übrigen Gerichtsbezirke begründet sein (§ 25 II EGGVG).

Diese Vorschriften haben generell nur geringe Bedeutung. Erwähnt seien die Zuständigkeiten für die Anerkennung von Schiedssprüchen (§ 1062 V), für FGG-Beschwerden (§ 199 FGG) und in Wettbewerbssachen (§§ 92, 93, 116 IV GWB). Inwieweit eine entsprechende Zuständigkeitsregelung getroffen wurde, bedarf der Klärung im jeweiligen Landesrecht.

In diesen Fällen ist die Einlegung bei dem Gericht der Sonderzuständigkeit nur erforderlich, wenn die Voraussetzungen der Sonderzuständigkeit aus den Gründen des anzufechtenden Urteils zweifelsfrei ersichtlich sind. Eine bei dem allgemein zuständigen Gericht eingelegte Berufung ist nur unzulässig, wenn die Sonderzuständigkeit zumindest grob fahrlässig übersehen wurde (OLG München MDR 82, 62; OLG Köln NJW-RR 97, 1351; BGH NJW 00, 1574).

Ist gegen ein amtsgerichtliches Urteil Berufung zum Landgericht eingelegt 227
worden und erfolgt in zweiter Instanz eine **Erhöhung des Streitwerts** der Klage über die Streitwertgrenze des § 23 Nr. 1 GVG hinaus, so bleibt das Landgericht als Berufungsinstanz zuständig. § 506 findet hier – trotz zahlreicher abweichender landgerichtlicher Urteile – keine Anwendung (*Schneider* MDR 97, 221; Th/P/*Reichold* § 506 Rn. 5, beide m. w. N.).

b) Örtliche Zuständigkeit

Bei welchem Land- oder Oberlandesgericht die Berufung eingelegt werden 228
muss, ist eine Frage der örtlichen Zuständigkeit, die sich aus den **Gerichtsorganisationsgesetzen** der einzelnen Länder beantwortet.

Mit diesen Gerichtsorganisationsgesetzen wird das Gebiet jeder politischen Gemeinde zunächst dem Zuständigkeitsbereich eines Amtsgerichts zugeordnet. Verschiedene Amtsgerichtsbezirke bilden dann einen Landgerichtsbezirk, Landgerichtsbezirke den Oberlandesgerichtsbezirk.

Die §§ 12 ff. regeln, welche Anknüpfungstatsache im Bezirk eines Gerichts gegeben sein muss, um dieses für eine erstinstanzlich zu erhebende Klage zuständig zu machen. Dabei werden allgemeine, besondere und ausschließliche Gerichtsstände unterschieden, die vielfach auch außerhalb der ZPO geregelt sind.

Die zweitinstanzliche Zuständigkeit richtet sich allein nach dem durch die Gerichtsorganisation vorgegebenen **Instanzenzug**. Zuständiges Berufungsgericht kann nur das im Gerichtsorganisationsgesetz bestimmte übergeordnete Gericht sein.

Anders als in erster Instanz gibt es hier weder ein Wahlrecht des Klägers unter mehreren zuständigen Gerichten (§ 35) noch die Möglichkeit einer Zuständigkeitsbeeinflussung durch Vereinbarung oder rügelose Einlassung (§§ 38 ff.).

229 Nach dem Gerichtsorganisationsgesetz bzw. den in Ausführung hierzu erlassenen Rechtsverordnungen richtet sich auch die Zuständigkeit eventuell eingerichteter **auswärtiger Senate** des Oberlandesgerichts (§ 116 II GVG). Hierauf muss bei Einlegung der Berufung aber keine Rücksicht genommen werden, die Einlegung ist wirksam in jedem Fall sowohl beim Stammsitz als auch bei einem auswärtigen Senat möglich.

Ist ein Senat am Stammsitz zuständig, reicht die Einlegung beim auswärtigen Senat, ist ein auswärtiger Senat zuständig, reicht die Einlegung beim Stammsitz oder bei einem anderen auswärtigen Senat (BGH VersR 78, 562; OLG Karlsruhe OLGZ 84, 223).

Eingerichtet sind solche auswärtigen Senate bei den Oberlandesgerichten Frankfurt am Main [Zivilsenate und Senate für Familiensachen in Darmstadt und in Kassel], Karlsruhe [Freiburg] und München [Augsburg].

c) Zuständigkeit der Kammer für Handelssachen

230 Beim Landgericht kann für die Berufung anstelle der Zivilkammer die Kammer für Handelssachen zuständig sein (**§ 100 GVG**).

Die Kammer für Handelssachen ist anders als die Zivilkammer nicht mit drei Berufsrichtern, sondern nur mit einem Berufsrichter (als Vorsitzenden) und zwei ehrenamtlichen Handelsrichtern besetzt (§§ 105, 109 GVG). Dabei handelt es sich um Kaufleute, die aufgrund ihrer besonderen Sachkunde für Handelssachen an der Rechtsfindung beteiligt werden. Handelskammern sind nicht bei allen Landgerichten eingerichtet. § 93 I GVG räumt den Landesjustizverwaltungen insoweit ein Ermessen ein. Bei den Oberlandesgerichten gibt es einen den Kammern für Handelssachen vergleichbaren Spruchkörper nicht. Soweit hier nach der Geschäftsverteilung besondere Senate für Berufungen gegen Urteile erstinstanzlicher Kammern für Handelssachen zuständig sind, sind diese Senate wie die übrigen Zivilsenate auch mit drei Berufsrichtern besetzt.

Die Abgrenzung der Zuständigkeiten von Zivilkammer und Kammer für Handelssachen ist Frage der **gesetzlichen Geschäftsverteilung**. **231**

Sie gehört damit nicht zu den Zulässigkeitsvoraussetzungen (weil bei Nichtzuständigkeit keine Verwerfung der Berufung in Betracht kommt, sondern lediglich eine Verweisung an die zuständige Kammer) und ist von Amts wegen vor der sachlichen und örtlichen Zuständigkeit zu prüfen, weil nur die nach der Geschäftsverteilung zuständige Kammer das Vorliegen der Zulässigkeitsvoraussetzungen zu beurteilen hat (Zöller/*Gummer* § 94 GVG Rn. 6).

Grundsätzlich ist für alle Berufungen die Zivilkammer zuständig. Ausnahmsweise kann die Kammer für Handelssachen zuständig werden, wenn eine **Handelssache** vorliegt und eine Partei einen **Antrag** auf Verhandlung vor der Kammer für Handelssachen gestellt hat. **232**

Handelssachen sind die in § 95 GVG genannten Rechtsstreitigkeiten. Wichtigster Fall ist die Klage gegen einen im Handelsregister eingetragenen Kaufmann aus einem beiderseitigen Handelsgeschäft. Insoweit ist auf die Kaufmannseigenschaft des erstinstanzlichen Beklagten abzustellen, auch wenn dieser Berufungskläger ist.

Den Antrag auf Verhandlung vor der Kammer für Handelssachen kann der Berufungskläger nur in der Berufungsschrift stellen (§ 96 I GVG), nicht mehr in der Berufungsbegründung (*Schneider* NJW 97, 992). Der Antrag muss nicht ausformuliert werden, die Adressierung der Berufungsschrift an die Kammer für Handelssachen reicht aus (OLG Brandenburg MDR 00, 1029). Fehlt ein solcher Antrag, gelangt die Berufung zunächst in die Zuständigkeit der Zivilkammer. Vor dieser kann nur der Berufungsbeklagte noch die Verweisung an die Kammer für Handelssachen beantragen (§ 98 I GVG). Dieser Antrag muss in der Berufungserwiderung gestellt werden, wenn hierfür eine Frist gesetzt war (§ 101 GVG, § 521 II). Liegt nach Auffassung der Zivilkammer eine Handelssache vor, so erfolgt eine Verweisung an die Kammer für Handelssachen.

Hat der Berufungskläger einen Antrag auf Verhandlung vor der Kammer für Handelssachen gestellt, so wird die Berufung dort anhängig. Ist die Kammer für Handelssachen dann der Auffassung, es liege keine Handelssache vor, verweist sie die Berufung (auf Antrag des Berufungsbeklagten oder von Amts wegen, § 97 GVG) an die Zivilkammer. Der Berufungskläger bleibt dagegen an seinen anfänglichen Antrag gebunden.

Streitig ist die Zuständigkeit für ein Berufungsverfahren, wenn gegen das gleiche Urteil Berufung von beiden Parteien eingelegt wird und die eine Berufung an die Zivilkammer, die andere Berufung dagegen an die Kammer für Han- **233** delssachen gerichtet ist. Nach h. M. richtet sich die Zuständigkeit für das gesamte Berufungsverfahren dann nach dem (ersten) Verweisungsbeschluss, ohne einen solchen nach der zuerst eingelegten Berufung (Schumann/*Kramer* Rn. 9 ff.; BLAH/*Albers* § 100 GVG Rn. 2).

Die Gegenauffassung nimmt generell die Zuständigkeit der Kammer für Handelssachen an, weil der Rechtsgedanke der §§ 96 ff. GVG klar mache, dass der Antrag nur einer Partei ausreiche, um den Rechtsstreit vor die Kammer für Handelssachen zu bringen (Zöller/*Gummer* § 100 Rn. 3).

234 Ob ein Antrag auf Verhandlung vor der KfH sinnvoll ist, richtet sich nach den **Interessen des Mandanten** im Einzelfall.

Dafür wird die regelmäßig größere Sachkunde der Kammer für die Handelssachen sprechen, dagegen eventuell die Beteiligung von Mitbewerbern auf der Richterbank.

d) Zuständigkeit des Einzelrichters

235 Anders als in erster Instanz (§§ 348 f.) und bei der sofortigen Beschwerde (§ 568) ist für die Berufung **grundsätzlich** nicht der Einzelrichter, sondern der **Spruchkörper** zuständig.

Damit trägt das Gesetz der höheren materiellen Richtigkeitsgewähr durch einen Spruchkörper Rechnung (»Sechs Augen sehen mehr als zwei«). Allerdings sind die Möglichkeiten der Befassung des Einzelrichters durch die ZPO-Reform deutlich erweitert worden. Der Gesetzgeber stellt damit zumindest in Teilbereichen den Gedanken der effektiven Nutzung der Personalressourcen über den der Gerechtigkeit.

236 Ist über die Berufung nicht bereits (vom Kollegium) durch Beschluss nach § 522 entschieden worden, so entscheidet das Gericht über die Übertragung des Rechtsstreits auf den Einzelrichter (§ 523 I 1).

Die Übertragung erfolgt durch Beschluss des Spruchkörpers (nicht allein des Vorsitzenden), der ohne mündliche Verhandlung ergehen kann (§ 128 IV). Sie steht allein im Ermessen des Gerichts und ist von den Parteien nicht entscheidend zu beeinflussen. Ein **Antrag** auf Übertragung an den Einzelrichter ist weder erforderlich noch möglich, die erfolgte Übertragungsentscheidung kann nicht angefochten und auch mit der Revision nicht gerügt werden (§ 526 III).

Rechtliches Gehör erhalten die Parteien vor einer Übertragung nach § 526 dadurch, dass der Berufungskläger in der Berufungsbegründung und der Berufungsbeklagte in der Berufungserwiderung eine Äußerung dazu abgeben sollen, ob einer Entscheidung der Sache durch den Einzelrichter Gründe entgegenstehen (§§ 520 IV Nr. 2, 521 II 2, 277 I 2).

Die nach altem Recht von der Rechtsprechung zugelassene Ausnahme der Unanfechtbarkeit im Fall willkürlicher Übertragung dürfte nach neuem Recht nicht mehr bestehen, nachdem die Rechtsprechung für eine außerordentliche Beschwerde keinen Raum mehr sieht (BVerfG NJW 03, 1924; BGH NJW 02, 1577; *Lipp* NJW 02, 1700).

Möglich ist eine Übertragung zur Entscheidung (§ 526) oder eine Zuweisung zur Vorbereitung der Entscheidung des Spruchkörpers (§ 527).

Durch die Übertragung nach **§ 526** wird der Einzelrichter in allen Belangen 237
zum Prozessgericht, er ist dann für alle Maßnahmen und Entscheidungen unter Einschluss der Endentscheidung allein zuständig.

Eine Übertragung nach § 526 kommt in Betracht, wenn die angefochtene Entscheidung (was beim Amtsgericht stets, beim Landgericht zumindest vor der Zivilkammer nach §§ 348, 348 a regelmäßig der Fall ist) von einem Einzelrichter erlassen wurde, die Sache keine besonderen Schwierigkeiten aufweist, keine grundsätzliche Bedeutung hat und über sie nicht bereits im Haupttermin verhandelt worden ist (§ 526 I). Eine grundsätzliche Bedeutung kann hier schon dann anzunehmen sein, wenn der Einzelrichter von der Rechtsprechung des Spruchkörpers abweichen will oder eine Entscheidung des Spruchkörpers zu einer Frage, die auch in weiteren Fällen von Bedeutung sein wird, noch nicht getroffen wurde.

Eine Vorlage an den Spruchkörper zur Prüfung einer eventuellen Rücknahme der Entscheidungsbefugnis erfolgt, wenn entweder sich nach Auffassung des Einzelrichters aus einer wesentlichen Änderung der Prozesslage besondere Schwierigkeiten bzw. die grundsätzliche Bedeutung der Sache ergeben oder die Parteien dies übereinstimmend beantragen (§ 526 II).

Ist die Sache nach § 526 beim Einzelrichter anhängig, kann ein Antrag auf Entscheidung durch den Spruchkörper, wenn sich der Gegner ihm anschließt, bewirken, dass der Einzelrichter die Sache dem Spruchkörper vorlegen muss, der dann über eine Rücknahme entscheidet (§ 526 II Nr. 2).

Deutlich weitergehende Möglichkeiten bleiben den Parteien bei einer Zuwei- 238
sung des Rechtsstreits an den Einzelrichter nach **§ 527**. Hier kann das Fehlen der Zuweisungsvoraussetzungen gerügt oder eine Entscheidungskompetenz begründet werden.

Eine Zuweisung nach § 527 erfolgt nur zur Vorbereitung der Entscheidung. Der Einzelrichter hat die Sache bis zur Entscheidungsreife zu fördern, insbesondere durch Erörterung und Beweiserhebung. Hält der Einzelrichter die Sache für entscheidungsreif, so gibt er sie an den Spruchkörper zurück, der die Endentscheidung trifft (*Schneider* MDR 03, 374).

Eine Zuweisung an den Einzelrichter zur Durchführung einer Beweisaufnahme ist nur dann statthaft, wenn anzunehmen ist, dass das Berufungsgericht das Beweisergebnis auch ohne unmittelbaren Eindruck vom Verlauf der Beweisaufnahme sachgemäß zu würdigen vermag. Damit wird dem Grundsatz der Unmittelbarkeit der Beweisaufnahme (§ 355) Rechnung getragen. Auf den persönlichen Eindruck aller Richter kann es wegen des Prozessgegenstands (typischerweise bei Arzthaftungssachen, BGH NJW 94, 802) oder wegen Besonderheiten des konkreten Beweismittels (zum Beispiel bei sich widersprechenden Zeugenaussagen, nicht aber bei nur schriftlichem Gutachten eines Sachverständigen) ankommen. Die Zuweisung an den Einzelrichter zur Beweisaufnahme kann gerügt werden, wenn von Anfang an klar ist, dass die Beweiswürdigung einen persönlichen Eindruck aller zur Entscheidung berufenen Richter erfordern wird. Stellt sich die Erforderlichkeit eines unmittelbaren Eindrucks erst nach der Beweisaufnahme heraus, erfolgt die Rüge in Form eines Antrags auf erneute Vernehmung vor dem Gesamtspruchkörper (§ 398 I). Bleibt die Rüge erfolglos, kann dies mit der Revision angegriffen werden, unterbleibt die Rüge, ist der Verstoß nach § 295 geheilt (BGH NJW 94, 802).

Ausnahmsweise trifft der Einzelrichter auch Entscheidungen. Geboten ist dies in den in § 527 III genannten Fällen (Versäumnis-, Verzichts- oder Anerkenntnisurteil und Nebenentscheidungen), in denen eine Sachprüfung nicht erfolgt. Weitere prozessfördernde Entscheidungen sind ihm aufgrund des Sachzusammenhangs erlaubt (§§ 145, 147, 251 S. 1 1. Alt.). Eine streitige Hauptsacheentscheidung ist ihm nur im Einverständnis der Parteien möglich (§ 527 IV), auch bei übereinstimmenden Einverständnis »kann« der Einzelrichter entscheiden, er »muss« es nicht (BGH NJW 89, 229).

239 Die Person des Einzelrichters wird durch die spruchkörperinterne Geschäftsverteilung (§ 21 g II, III GVG) bestimmt und ist in der Regel identisch mit dem Berichterstatter. In der Kammer für Handelssachen kann Einzelrichter nur der Vorsitzende sein (§§ 526 IV, 527 I 2).

4. Weitere Zulässigkeitsvoraussetzungen

240 Mit der Berufungseinlegung sind wesentliche Voraussetzungen der Zulässigkeit der Berufung (dazu oben Rn. 85) zu erfüllen.

Aus der Einlegung ergibt sich nicht nur die form- und fristgerechte Einlegung selbst, sondern auch, ob die Berufung statthaft ist (das heißt, sich gegen eine Entscheidung richtet, die mit der Berufung angegriffen werden kann) und ob sie sich an das zuständige Berufungsgericht richtet.

Enthält die Einlegung selbst – wie im Normalfall – noch keine Anträge zur Berufung und keine Erklärung über eine Beschränkung des Umfangs der Anfechtung (dazu Rn. 212), ist für die Zulässigkeit zunächst nur auf den Wert der Beschwer abzustellen, ein (dahinter möglicherweise zurückbleibender) Wert des Beschwerdegegenstands ist dann nicht ersichtlich. Hat das erstinstanzliche Gericht die Berufung ausdrücklich zugelassen, empfiehlt sich ein besonderer Hinweis hierauf.

Nur ausnahmsweise besonderer Darlegung bedürfen weitere Zulässigkeits- **241**
voraussetzungen.

Zulässig ist die Berufung als Prozesshandlung nur, wenn für sie die allgemeinen Prozesshandlungsvoraussetzungen vorliegen, also die Zulässigkeitsvoraussetzungen, die auf Seiten der Parteien gegeben sein müssen (dazu oben Rn. 65). Während Postulationsfähigkeit und Vertretungsbefugnis des Prozessbevollmächtigten bereits im Rahmen einer wirksamen Unterschrift (oben Rn. 214 ff.) dargestellt wurden, bedürfen Parteifähigkeit, Prozessfähigkeit und gegebenenfalls Prozessführungsbefugnis für die Berufung erneuter Prüfung und im Zweifelsfall näherer Darlegung.

Nicht an dieser Stelle zu erörtern sind die Zulässigkeitsvoraussetzungen der Klage, die erst im Rahmen der Begründetheit der Berufung eine Rolle spielen (oben Rn. 86).

5. Erklärungen und Nebenanträge

Bei Einlegung der Berufung muss weder ein Antrag gestellt noch eine Begrün- **242**
dung geliefert werden. Es kann aber sinnvoll oder erforderlich sein, schon hier einzelne Erklärungen zur eigenen Berufung abzugeben oder Nebenanträge zu stellen.

a) Berufung zur Fristwahrung

Ließ sich innerhalb der Berufungsfrist eine abschließende Entscheidung darü- **243**
ber, ob die Berufung durchgeführt werden soll, nicht herbeiführen, kann es erforderlich sein, vor Ablauf der Berufungsfrist vorsorglich Berufung einzulegen.

Vorteil einer solchen Vorgehensweise ist, dass die Frist sicher gewahrt werden kann und es – selbst wenn eine Versäumung der Frist sich später als schuldlos herausstellen sollte – nicht erforderlich ist, auf eine (im Ergebnis ungewisse) Wiedereinsetzung in den vorigen Stand zu vertrauen.

Nachteil der Berufung zur Fristwahrung ist, dass damit in jedem Fall **Kosten** **244**
anfallen.

Auf Seiten des Gerichts entsteht eine 1,5-fache Verfahrensgebühr, auf Seiten des Berufungsführers eine 1,3-fache Prozessgebühr. Bei diesen Kosten bleibt es auch dann, wenn die Berufung vor der Begründung zurückgenommen wird.

Versucht werden kann, die anfallenden Kosten zu **minimieren.** Dazu kann entweder der Streitwert zweiter Instanz niedrig gehalten oder der Gegner veranlasst werden, zusätzliche außergerichtliche Kosten zu vermeiden.

Gerichts- und Anwaltskosten können dadurch verringert werden, dass die Berufung auf einen Teil der Beschwer beschränkt und damit der Streitwert zweiter Instanz reduziert wird. Möglich ist dies, indem mit der Berufungseinlegung bereits angegeben wird, die Anfechtung erfolge nur bezüglich eines (konkret zu bezeichnenden) Teils.

Unabhängig davon, ob diese Teilanfechtung unter dem Vorbehalt einer eventuellen spätere Antragserweiterung steht oder nicht, wird zunächst der Eintritt der Rechtskraft des angefochtenen Urteils in vollem Umfang gehemmt (BGHZ 7, 143; BGH NJW 65, 2055). Innerhalb der Beschwer kann die Anfechtung bis zum Ablauf der Begründungsfrist ohne weiteres, bis zum Schluss der mündlichen Verhandlung zweiter Instanz jedenfalls in den Grenzen der in der Begründung angegebenen Berufungsgründe erweitert werden (BGHZ 88, 360). Voraussetzung ist jedoch, dass die Beschränkung auf einen abtrennbaren Teil erfolgt und sich nicht als Verzicht auf die Berufung bezüglich der anderen Teile darstellt (BGH NJW 89, 170; Rn. 441).

Außergerichtliche Kosten des Gegners entstehen nicht, wenn dieser auf die Beauftragung eines Rechtsanwalts für die zweite Instanz verzichtet. Erreicht werden kann dies durch Vereinbarung mit dem Gegner, eingeschränkt auch durch die Erklärung, die eigene **Berufung** werde nur »**zur Fristwahrung**« eingelegt (Rn. 526 ff.).

Haben die Parteien ein besonderes Stillhalteabkommen getroffen, so sind die Kosten eines gleichwohl unmittelbar nach Berufungseinlegung für den Berufungsbeklagten tätig werdenden Rechtsanwalts nicht notwendig und werden nicht erstattet, wenn die Berufung später zurückgenommen wird (§§ 516 III, 91 I; OLG Frankfurt NJW-RR 86, 1320). Nicht mehr an das Stillhalteabkommen gebunden ist der Gegner, wenn die zunächst nur fristwahrend eingelegte Berufung begründet wird, nach verbreiteter Rechtsprechung sogar schon dann, wenn sich der Berufungsführer die Frist zur Begründung verlängern lässt (OLG Köln FamRZ 98, 841). Meldet der Gegner sich danach, so erhält er eine (für die Berufungsinstanz um 3/10 erhöhte) volle Prozessgebühr (§ 31 I Nr. 1 BRAGO), ohne Antragstellung eine (erhöhte) halbe Gebühr (§ 32 BRAGO).

Sehr streitig ist, welche Gebühren auf Seiten des Gegners zu erstatten sind, wenn dieser sich auf die durch einseitige Erklärung als »fristwahrend« bezeichnete Berufung mit einem eigenen Antrag meldet. Zum Teil wird dem Gegner ein Erstattungsanspruch völlig versagt (OLG Dresden MDR 98, 1309), zum Teil wird ihm ein voller Erstattungsanspruch zugesprochen (OLG Karlsruhe JurBüro 90, 342). Die h. M. geht von einem Erstattungsanspruch in Höhe der (erhöhten) halben Prozessgebühr (13/20) aus § 32 BRAGO aus (BGH NJW 03, 756; OLG Saarbrücken JurBüro 92, 37; *Madert* NJW 03, 1496). Für die Parteien ist diese Kostenfrage im vorhinein nicht abschätzbar, eine verlässliche Rechtsprechung existiert weder für einzelne Gerichte noch für einzelne Spruchkörper (eingehend zum Ganzen *Doukoff* Rn. 86 ff.). Deswegen kann eine Kostenersparnis durch Nichtanfall der gegnerischen Anwaltsgebühren bei der Berufung »zur Fristwahrung« nur für möglich, nicht für sicher gehalten werden.

b) Prozesskostenhilfe als Berufungsbedingung

Will der Berufungskläger Prozesskostenhilfe (§ 114 I; Rn. 158) für die zweite Instanz, so kann er diese selbstständig neben der unbedingt eingelegten Berufung beantragen. Wird die Prozesskostenhilfe später versagt, so sind auch bei sofortiger Rücknahme Kosten bereits entstanden, die der Berufungskläger dann selbst zu tragen hat (§ 516 III 1). Wird der Vorbehalt der Berufungsrücknahme bei Nichtgewährung der Prozesskostenhilfe hinreichend deutlich, ist eine Kostenminimierung möglich (dazu unten Rn. 244; 526), eine vollständige Kostenvermeidung lässt sich so nicht erreichen. 245

Regelmäßig wird der Berufungskläger deswegen Berufung nur für den Fall einlegen wollen, dass ihm auch Prozesskostenhilfe gewährt wird.

Die Einlegung der Berufung kann von der Gewährung der gleichzeitig beantragten Prozesskostenhilfe nicht abhängig gemacht werden. 246

Prozesshandlungen sind grundsätzlich bedingungsfeindlich. Da der weitere Prozessverlauf auf die einzelnen Prozesshandlungen aufbaut, muss sofort klar sein, ob eine solche Handlung wirksam ist oder nicht, eine erst später eintretende Wirksamkeit ist genauso ausgeschlossen, wie ein nachträgliches Unwirksamwerden der Prozesshandlung.

Eine Ausnahme von diesem Grundsatz stellen die sog. Prozessbedingungen dar, deren Eintritt oder Nichteintritt sich aus dem weiteren Verlauf des Prozesses selbst ergibt. Beispiele für solche Prozessbedingungen stellen der Hilfsantrag und die Hilfsaufrechnung dar, die nachträglich wegfallen (auflösende Bedingung), wenn der Hauptantrag begründet bzw. die Hauptverteidigung erfolgreich ist.

Eine Rückausnahme gilt für diejenigen Prozesshandlungen, die ein Prozessrechtsverhältnis begründen. Diese können auch von einer Prozessbedingung nicht abhängig gemacht werden, da in jedem Fall unbedingt klar sein muss, ob ein Prozessrechtsverhältnis besteht und dieses nicht ex tunc beseitigt werden kann. Deswegen kann weder eine Klage bedingt erhoben noch ein Rechtsmittel bedingt eingelegt werden.

Soll die Klage nur für den Fall erhoben werden, dass hierfür auch Prozesskostenhilfe gewährt wird, wird zunächst nur der Prozesskostenhilfeantrag gestellt, die Klage wird lediglich als (nicht unterschriebener) Entwurf beigefügt. Erst nach Bewilligung der Klage wird dann die Klage unbedingt eingereicht, wozu praktisch bereits die (sogar konkludent mögliche) Erklärung ausreicht, der vorliegende Entwurf solle als unbedingte Klage angesehen werden.

Für die Berufung ist ein solcher Weg unmittelbar nicht gangbar, weil bis zur Entscheidung über den Prozesskostenhilfeantrag die Berufungsfrist regelmäßig bereits abgelaufen ist. In dieser Unsicherheit über die Bewilligung der Prozesskostenhilfe sieht die Rechtsprechung einen Grund, der die Partei ohne ihr Verschulden an der rechtzeitigen Einlegung der Berufung hindert, so dass gegen die deswegen eingetretene Versäumung der Berufungsfrist Wiedereinsetzung in den vorigen Stand gewährt werden kann (§ 233). An der Notwendigkeit einer solchen Hilfskonstruktion hat auch die ZPO-Reform nichts geändert (*Kramer* MDR 03, 434).

247 Will die Partei die Durchführung der Berufung von der Gewährung von Prozesskostenhilfe abhängig machen, kann sie zunächst nur den **Prozesskostenhilfeantrag** stellen.

Der Antrag hat den Voraussetzungen des § 117 zu entsprechen, insbesondere alle notwendigen Angaben und Anlagen zu enthalten (BGH NJW 01, 2721). Er muss beim Berufungsgericht eingereicht werden, unterliegt aber nicht dem Anwaltszwang (§§ 117 I, 78 III). Ob eine Begründung schon im Antrag erforderlich ist oder innerhalb der Begründungsfrist nachgereicht werden kann, ist streitig (dazu oben Rn. 160). Wird zur Begründung des Prozesskostenhilfeantrags die beabsichtigte Berufungsbegründung vorgelegt, muss unmissverständlich deutlich gemacht werden, dass nicht bereits Berufung eingelegt werden soll. Erforderlich ist es deswegen, die Berufungsbegründung ausdrücklich als »Entwurf« bzw. »beabsichtigte Berufung« zu bezeichnen und sie – soweit sie bereits in Form eines eigenständigen Schriftsatzes vorgelegt wird – nicht separat zu unterschreiben (BGH NJW 02, 1352; BGH NJW-RR 00, 879).

Ergeht die Entscheidung über den Prozesskostenhilfeantrag noch innerhalb der laufenden Berufungsfrist, so kann und muss die Berufung innerhalb dieser Frist eingelegt werden.

248 Reicht die verbleibende Frist dazu nicht aus – dies nimmt die Rechtsprechung an, wenn weniger als drei Werktage verbleiben – oder ist sie bei der Entscheidung bereits abgelaufen, so kommt eine **Wiedereinsetzung in den vorigen Stand** in Betracht. Erforderlich ist dabei die Beachtung verschiedener Fristen.

Zulässig ist der Wiedereinsetzungsantrag nur, wenn er innerhalb der **Wiedereinsetzungsfrist** (§ 234: zwei Wochen) gestellt wurde. Diese Frist beginnt bei der Bewilligung von Prozesskostenhilfe mit Bekanntgabe des entsprechenden Beschlusses, bei Versagung der Prozesskostenhilfe erst nach Ablauf einer kurzen Überlegungsfrist.

Beabsichtigt ist, die derzeit zwei Wochen betragende Frist zur Stellung des Wiedereinsetzungsantrags (und damit auch die Frist zur Nachholung der versäumten Prozesshandlung, § 236 II 2) bei Versäumung der Frist zur Berufungsbegründung auf einen Monat zu verlängern (§ 234 I 2 i. d. F. des JuMoG, Rn. 139). Damit soll sichergestellt werden, dass dem bedürftigen Rechtsmittelführer, dem Prozesskostenhilfe nach Ablauf der Rechtsmittelbegründungsfrist gewährt worden ist, ein Monat Zeit für die Rechtsmittelbegründung verbleibt, so dass er nicht schlechter gestellt wird als die die vermögende Partei (Rn. 248).

Während bei Bewilligung der Prozesskostenhilfe das der Einlegung entgegenstehende Hindernis (Bedürftigkeit) sofort entfällt, muss die Partei bei Versagung der Prozesskostenhilfe zunächst klären können, ob die zur Durchführung des Berufungsverfahrens erforderlichen finanziellen Mittel anderweitig aufgebracht werden können. Dies bedarf einer zusätzlichen Überlegungsfrist, die die Rechtsprechung mit rund drei Tagen bemisst (BGH NJW 01, 2262), erst danach ist das Hindernis für die Einlegung entfallen, so dass die Wiedereinsetzungsfrist beginnen kann.

Begründet ist der Wiedereinsetzungsantrag, wenn die Fristversäumung unverschuldet war. Hierfür verlangt die Rechtsprechung, dass der Prozesskostenhilfeantrag innerhalb der **Berufungsfrist** (§ 517: ein Monat ab Zustellung des anzufechtenden Urteils) gestellt wurde BGH NJW 98, 1230; BGH NJW 01, 2720)

Um den mittellosen Berufungskläger gegenüber dem bemittelten nicht zu benachteiligen, lässt die Rechtsprechung auch den nach schuldloser Versäumung Berufungsfrist innerhalb der Wiedereinsetzungsfrist (§ 233) gestellten Antrag genügen (BGH NJW 02, 2180).

Neu durch die ZPO-Reform entstanden ist ein Problem mit der **Berufungsbegründungsfrist**. Während diese nach altem Recht erst mit der Einlegung der Berufung begann, beginnt sie nunmehr zusammen mit der Einlegungsfrist bei Zustellung des erstinstanzlichen Urteils und ist deswegen im Zeitpunkt der Entscheidung über die Prozesskostenhilfe möglicherweise bereits verstrichen (Rn. 196, 271). **249**

Eine Lösung dieses Problems kann darin bestehen, mit dem Wiedereinsetzungsantrag nicht nur die Berufungseinlegung, sondern auch gleich die Berufungsbegründung zu verbinden (§ 236 II 2). Dies ist insbesondere dann problemlos möglich, wenn die Berufungsbegründung deckungsgleich mit der Begründung der Erfolgsaussicht des Prozesskostenhilfeantrags ist. Ist eine sofortige Begründung nicht möglich, sollte jedenfalls die Wiedereinsetzung mit einem Antrag auf Verlängerung der Begründungsfrist (§ 520 II, III) verbunden werden (*Kramer* MDR 03, 434; vgl. auch Anhang, Muster 5).

Nach überwiegender Ansicht unbegründet ist dagegen ein später gestellter eigener Antrag auf Wiedereinsetzung gegen die Versäumung der Begründungsfrist. Die Möglichkeit, zusammen mit der Berufungseinlegung eine Fristverlängerung zu beantragen, lässt eine Versäumung der Begründungsfrist nicht als unverschuldet erscheinen.

c) Anträge zur vorläufigen Vollstreckbarkeit

Die Zwangsvollstreckung aus einem Urteil findet statt, wenn dieses rechtskräftig geworden ist und damit unabänderlich feststeht, dass die tenorierte Rechtsfolge eintreten muss. Da mit der Einlegung der Berufung der Eintritt der Rechtskraft gehemmt wird (Suspensiveffekt, § 705 S. 2), kann es recht lange dauern, bis der Gläubiger seinen Anspruch durchsetzen kann. **250**

Darin kann für den Gläubiger ein Risiko liegen, wenn der Schuldner nach Abschluss der ersten Instanz noch solvent ist, er im Lauf des Rechtsmittelverfahrens aber insolvent wird. Die ZPO trägt dem Rechnung, indem dem Gläubiger eine »vorläufige Vollstreckung«, das heißt eine Vollstreckung vor Eintritt der Rechtskraft ermöglicht wird. Hierdurch aber kann ein vergleichbares Insolvenzrisiko auf Seiten des Schuldners entstehen: Er trägt das Risiko, dass sich sein Anspruch auf Rückgewähr vorläufig vollstreckter Beträge nach einer Abänderung des Urteils in der Rechtsmittelinstanz (§ 717) wegen Zahlungsunfähigkeit der Gläubigers nicht durchsetzen lässt. Eine interessengerechte Risikoverteilung wird durch die Sicherheitsleistung erreicht. Der bei der vorläufigen Vollstreckung hinterlegte Betrag steht nach Eintritt der Rechtskraft des Urteils zur Abdeckung des Anspruchs für den Gläubiger oder für den Schuldner zur Verfügung.

Probleme, die früher aus der Art oder der Höhe der Sicherheitsleistung resultierten, sind mit der ZPO-Reform weitgehend beseitigt worden. Grundsätzlich kann die Sicherheit auch ohne besonderen Antrag und Gestattung durch das Gericht durch Leistung einer schriftlichen, unwiderruflichen, unbedingten und unbefristeten Bürgschaft eines Kreditinstituts oder durch die Hinterlegung von Geld oder Wertpapieren bewirkt werden (§ 108; §§ 234, 235 BGB). Eine abweichende Form der Sicherheitsleistung können die Parteien entweder vereinbaren oder sich vom Gericht auf Antrag anordnen lassen. Die Höhe der Sicherheit war früher ausnahmslos konkret zu berechnen und im Tenor des Urteils anzugeben, nunmehr reicht es bei Geldforderungen aus, wenn sie pauschal in einem bestimmten Verhältnis zur Höhe des jeweils zu vollstreckenden Betrags (§ 709 S. 2) bzw. zur Höhe des nach dem Urteil vollstreckbaren Betrages (§ 711 S. 2) angegeben wird. Konkretisiert wird die Höhe der Sicherheit im Zwangsvollstreckungsverfahren, Streitigkeiten über die Höhe werden mit den dortigen Rechtsbehelfen ausgetragen (§§ 751 II, 766; Rn. 74).

251 Während der Berufungsinstanz ist eine Vollstreckung aus dem angefochtenen Urteil nur als vorläufige möglich. Möglichkeiten und Beschränkungen dieser vorläufigen Vollstreckbarkeit richten sich nach dem erstinstanzlichen Urteil. Zur vorläufigen Vollstreckbarkeit sind in der Berufung verschiedene Anträge möglich:

- Fehlt eine Entscheidung des erstinstanzlichen Gerichts über die vorläufige Vollstreckbarkeit ganz oder teilweise, so muss diese im Wege der Urteilsergänzung nachgeholt werden (§ 716; dazu unten (1), Rn. 253 ff.).
- Ist die Entscheidung des erstinstanzlichen Gericht über die vorläufige Vollstreckbarkeit des Urteils falsch, so kann – damit schon während der Berufungsinstanz richtig daraus vollstreckt werden kann – eine Vorabentscheidung des Berufungsgerichts über den Ausspruch zur vorläufigen Vollstreckbarkeit beantragt werden (§ 718; dazu unten (2), Rn. 257 ff.).
- Ist zu erwarten, dass das angefochtene Urteil abgeändert werden wird und damit eine vorläufige Zwangsvollstreckung rückgängig gemacht werden müsste, kann die vorläufige Vollstreckung verhindert, die Zwangsvollstre-

ckung bis zum Abschluss des Berufungsverfahrens einstweilen eingestellt werden (§§ 719, 707; dazu unten (3), Rn. 261 ff.).

- Ist die Berufung auf einen Teil des erstinstanzlichen Streitgegenstands beschränkt, so wird zwar das gesamte angefochtene Urteil zunächst nicht rechtskräftig, der nicht angefochtene Teil kann aber mangels Anfechtung nicht abgeändert werden, so dass die Zwangsvollstreckung insoweit nicht von einer vorherigen Sicherheitsleistung abhängig gemacht werden muss, auf Antrag also für unbedingt erklärt werden kann (§ 537; dazu unten (4), Rn. 265 ff.)

Soweit zur Begründung solcher Anträge die Erfolgsaussicht der Berufung darzulegen ist, empfiehlt es sich, sie erst zusammen mit den Sachanträgen und der Berufungsbegründung zu stellen (bzw. die Berufungsbegründung schon mit den Anträgen vorzulegen). In eiligen Fällen und soweit eine Darlegung der Erfolgsaussichten nicht erforderlich ist, kommt eine Stellung schon zusammen mit der Einlegung der Berufung in Betracht. 252

Verhindert werden muss, dass der Antrag vom Gericht übersehen wird. Dazu kann er entweder in einem gesonderten Schriftsatz gestellt (*Doukoff* Rn. 83) oder optisch besonders hervorgehoben werden (Einrücken, Fettdruck, farbliche Markierung).

(1) Ergänzung

Ist über die vorläufige Vollstreckbarkeit im erstinstanzlichen Urteil nicht entschieden, so kann das Urteil gemäß § 716 um die Entscheidung zur vorläufigen Vollstreckbarkeit ergänzt werden. 253

Zwingend erforderlich ist ein solcher Antrag nicht. Da über die vorläufige Vollstreckbarkeit von Amts wegen zu entscheiden ist, stellt das Fehlen einer entsprechenden Entscheidung einen Fehler dar, der im Berufungsurteil (ebenfalls von Amts wegen) überprüft und berichtigt wird. Diese Korrektur erfolgt aber regelmäßig (zu Ausnahmen unten Rn. 257) erst am Ende der Berufungsinstanz, bis dahin dauern die aus der Unvollständigkeit folgenden Nachteile fort. Vermieden werden können diese durch den rechtzeitigen Antrag aus § 716.

Auf die Ergänzung der Entscheidung über die vorläufige Vollstreckbarkeit finden die Vorschriften über die Urteilsergänzung (§ 321) Anwendung (dazu oben Rn. 182 ff.).

Voraussetzung ist, dass über die vorläufige Vollstreckbarkeit entweder ganz oder zumindest in einem relevanten Teil nicht entschieden wurde. 254

Dies ist der Fall, wenn das Urteil überhaupt nicht (weder gegen noch ohne Sicherheitsleistung, §§ 708, 709) für vorläufig vollstreckbar erklärt wurde, oder wenn eine erforderliche Schutzanordnung fehlt. Dazu gehören die von Amts wegen anzuordnende Abwendungsbefugnis nach § 711 genauso wie die Vollstreckungsschutzanträge nach §§ 714, 710, 712 I. Fehlt die Anordnung der vorläufigen Vollstreckbarkeit völlig, so kann im Ergänzungsverfahren auch ein bislang noch nicht gestellter Schutzantrag nachgeholt werden (§ 714).

Nicht mit der Ergänzung beseitigt werden können Entscheidungen zur vorläufigen Vollstreckbarkeit, die zwar getroffen wurden, inhaltlich aber fehlerhaft sind.

255 Erforderlich für die Ergänzung ist ein **Antrag**, der binnen einer **Frist** von zwei Wochen nach Zustellung des Urteils schriftlich beim erstinstanzlichen Gericht gestellt werden muss.

Beim Landgericht ist der Antrag schriftlich durch einen zugelassenen Rechtsanwalt einzureichen, beim Amtsgericht reicht die Erklärung der Partei zu Protokoll der Geschäftsstelle (§ 496). Er ist wegen der Zwei-Wochen-Frist häufig vor Einlegung der Berufung erforderlich, ob später Berufung eingelegt wird oder nicht ist genauso unerheblich wie die Frage, ob der Antragsteller dort Berufungskläger oder Berufungsbeklagten wird. Die Frist beginnt mit der wirksamen Zustellung des vollständigen Urteils, gegebenenfalls mit der Zustellung des Berichtigungsbeschlusses nach § 320 (BGH NJW 82, 1821). Sie kann weder verlängert (§ 224 II), noch kann gegen ihre Versäumung Wiedereinsetzung in den vorigen Stand gewährt werden (§ 233).

256 Über den Antrag wird nach mündlicher Verhandlung durch **Ergänzungsurteil** entschieden.

Das Ergänzungsurteil kann – da es sich um ein Endurteil handelt – selbstständig mit der Berufung angefochten werden. Zudem wird durch seine Zustellung die Berufungsfrist für das vorangegangene unvollständige Urteil neu in Gang gesetzt (§ 518).

Das Ergänzungsurteil enthält eine Kostenentscheidung, für die Gerichtsgebühren gelten Urteil und Ergänzungsurteil als Teilurteile (§ 21 GKG), für den Rechtsanwalt gehört die Tätigkeit noch zur Instanz (§ 37 Nr. 6 BRAGO), wird also nicht besonders honoriert.

(2) Vorabentscheidung

257 In der Berufung wird von Amts wegen auch die erstinstanzliche Entscheidung über die vorläufige Vollstreckbarkeit des angefochtenen Urteils überprüft und bei Bedarf berichtigt. Die Entscheidung über die vorläufige Vollstreckbarkeit erfolgt regelmäßig zusammen mit der Entscheidung über die Hauptsache in einem Urteil am Ende der Berufungsinstanz.

Die Zwangsvollstreckung aus dem erstinstanzlichen Urteil findet häufig alsbald nach der Verkündung und damit – weil sie auch durch die Einlegung der Berufung nicht verhindert wird – zu Beginn der Berufungsinstanz statt. Sollen die aus der Fehlerhaftigkeit der Vollstreckungsentscheidung resultierenden Nachteile verhindert werden, muss diese möglichst rasch, jedenfalls vor dem die Berufungsinstanz abschließenden Urteil korrigiert werden.

Auf **Antrag** ist über die vorläufige Vollstreckbarkeit des angefochtenen Urteils **258**
vorab zu verhandeln und zu entscheiden (§ 718).

Der Antrag ist erst nach Einlegung der Berufung möglich und setzt voraus, dass diese sich nicht bloß isoliert gegen die vorläufige Vollstreckbarkeit, sondern zumindest auch gegen die Hauptsache richtet, weil nur dann »vorab« entschieden wird. Der Antrag kann sowohl vom Berufungskläger als auch vom Berufungsbeklagten gestellt werden (OLG Hamburg MDR 70, 244). Eine Frist muss dabei nicht eingehalten werden. Auch ein besonderes Rechtsschutzbedürfnis ist nicht erforderlich, insbesondere muss weder eine Beschwer vorliegen noch die Zwangsvollstreckung schon begonnen haben. Allerdings ist der Antrag unzulässig, wenn die Zwangsvollstreckung bereits beendet ist (OLG München OLGR 95, 71).

Der Antrag muss die begehrte Änderung der Vollstreckungsentscheidung bezeichnen. Der Vollstreckungsschuldner kann zum Beispiel beantragen, ihm eine Abwendungsbefugnis einzuräumen, eine hierfür verlangte Sicherheitsleistung wegfallen zu lassen, die Vollstreckung des Gläubigers nur gegen Sicherheitsleistung zuzulassen oder die Zwangsvollstreckung nach Maßgabe des § 720 a zu beschränken. Der Vollstreckungsgläubiger kann beantragen, ihm die Vollstreckung ohne Sicherheitsleistung zu gestatten oder die Abwendungsbefugnis des Schuldners aufzuheben bzw. von einer Sicherheitsleistung abhängig zu machen. Das Übergehen eines Antrags nach § 108 (andere Art der Sicherheitsleistung) kann von beiden Parteien gerügt werden. Allerdings darf mit der Vorabentscheidung nicht nur die Art der Sicherheitsleistung gerügt und abgeändert werden, weil hierüber ausschließlich die erste Instanz zu befinden hat; möglich ist eine Abänderung der Art der Sicherheitsleistung jedoch neben anderen Abänderungen (OLG Köln MDR 97, 392). Nachdem die Höhe der Sicherheitsleistung regelmäßig nicht mehr im Rahmen der Vollstreckbarkeitsentscheidung erfolgt (§§ 709 S. 2, 711 S. 2), kommt auch eine Abänderung im Rahmen des § 718 nur noch ausnahmsweise in Betracht.

Zuständig ist das Berufungsgericht, nicht der vorbereitende Einzelrichter nach § 527 III, (so OLG Frankfurt MDR 90, 931; a. A. Zöller/*Herget* § 717 Rn. 3).

Erforderlich ist, dass die Berufung zulässig ist. Nur dann kann das erstinstanzliche Urteil überprüft und abgeändert werden. Auf die Erfolgsaussichten der Berufung über die Hauptsache indes kommt es nicht an. Für die Überprüfung der Vollstreckbarkeitsentscheidung ist von der Sachentscheidung des Erstgerichts auszugehen, deren Richtigkeit wird zunächst nicht in Frage gestellt.

259 Der Antrag ist **begründet**, wenn sich die Entscheidung zur vorläufigen Vollstreckbarkeit auf der Grundlage der erstinstanzlichen Entscheidung als falsch darstellt.

Falsch ist die Vollstreckbarkeitsentscheidung danach, wenn sie nicht zur Sachentscheidung des Erstgerichts passt. Dies ist der Fall, wenn erstinstanzlich entweder gar nicht oder unzutreffend über die vorläufige Vollstreckbarkeit entschieden wurde. Dabei reicht die Nichtbeachtung von Amts wegen zu beachtender Vorschriften (§§ 708, 709, 711) genauso aus, wie die Nichtbeachtung eines Vollstreckungsschutzantrags (§§ 714, 710, 712 S. 1), soweit dieser erstinstanzlich bereits gestellt war; ein erstinstanzlich versäumter Vollstreckungsschutzantrag kann mit dem Antrag nach § 718 nicht nachgeholt werden.

Falsch ist die erstinstanzliche Entscheidung über die vorläufige Vollstreckbarkeit auch, wenn sie bei Verkündung des erstinstanzlichen Urteils noch richtig war und erst später aufgrund nachträglich geänderter Umstände fehlerhaft geworden ist. Dies ist zum Beispiel der Fall, wenn die Voraussetzungen eines Vollstreckungsschutzantrags erst nachträglich eingetreten sind.

260 Die **Entscheidung** des Berufungsgerichts erfolgt aufgrund einer mündlichen Verhandlung durch Teilurteil, gegen das ein Rechtsmittel nicht gegeben ist (§ 718 II).

Der Tenor des Urteils lautet auf Abänderung und Neuformulierung der angefochtenen Entscheidung über die vorläufige Vollstreckbarkeit oder auf Zurückweisung der Berufung, soweit sie die vorläufige Vollstreckbarkeit betrifft.

Das Teilurteil über die vorläufige Vollstreckbarkeit ist durch das Schlussurteil über die Hauptsache auflösend bedingt. Wird durch die spätere Sachentscheidung der Vorabentscheidung der Boden entzogen, so wird diese entweder förmlich aufgehoben oder schlicht wirkungslos. Hat der Beklagte gegen seine ohne Sicherheitsleistung für vorläufig vollstreckbar erklärte Verurteilung zur Zahlung von 10.000,– € Berufung eingelegt, wird auf seinen Antrag nach § 718 hin die Zwangsvollstreckung wegen Verletzung des § 709 von einer Sicherheitsleistung abhängig gemacht. Wird letztlich die Klage im Berufungsurteil abgewiesen, entfällt die Möglichkeit des Klägers zur Zwangsvollstreckung vollständig.

Die Entscheidung nach § 718 ergeht ohne **Kostenentscheidung** (OLG Karlsruhe FamRZ 87, 497).

Besondere Gebühren entstehen durch den Antrag nicht. Für den Rechtsanwalt gehört das Verfahren grundsätzlich zum Prozessauftrag (§ 37 Nr. 3 BRAGO), eine 3/10-Gebühr nach § 49 BRAGO entsteht grundsätzlich nicht, weil die mündliche Verhandlung nicht »gesondert« über die Vollstreckbarkeit, sondern auch über die mitangefochtene Hauptsache ergeht und der Aufwand für die Abänderung der Vollstreckungsentscheidung von der Prozessgebühr mitabgedeckt wird (OLG Hamm MDR 75, 501; *Gerold/Schmidt/von Eicken*, BRAGO, § 49 Rn. 2).

(3) Einstweilige Einstellung

Ist Berufung eingelegt und steht bei Abschätzung der Erfolgsaussichten des Rechtsmittels mit einer gewissen Wahrscheinlichkeit zu erwarten, dass das angefochtene Urteil auf das Rechtsmittel hin abgeändert werden wird, so müsste eine aus dem erstinstanzlichen Urteil durchgeführte vorläufige Vollstreckung später rückgängig gemacht werden (§ 717). Ist die Vollstreckung noch nicht erfolgt, kann sie verhindert werden. Solange die Abänderung des angefochtenen Urteils aber noch nicht sicher ist, kann die Zwangsvollstreckung nur »einstweilen«, das heißt bis zum Abschluss des Berufungsverfahrens eingestellt werden (§§ 719, 707). **261**

§ 719 verweist für diese Einstellungsmöglichkeit nach Einlegung der Berufung auf die allgemeine Einstellung der Zwangsvollstreckung infolge einer Anfechtung der Hauptsacheentscheidung (§ 707). Der Vollstreckungsschuldner kann hier seine Interessen an einem Unterbleiben der Zwangsvollstreckung deutlich leichter geltend machen, als über die allgemeine Schutzanordnung aus § 765 a (die neben §§ 719, 707 aber anwendbar bleibt, *Schuschke/Walker*, Vollstreckung und vorläufiger Rechtsschutz, Bd. I, § 707 Rn. 4). Der Erlass einer einstweiligen Verfügung gegen die Vollstreckung kommt nur in Betracht, wenn eine Einstellung nach § 707 ausgeschlossen ist oder abgelehnt wurde (BGH LM § 719 Nr. 14). Ausgeschlossen ist eine Einstellung nach §§ 719, 707 auch, wenn erstinstanzlich ein Vollstreckungsschutzantrag nach §§ 710, 712, 714 I möglich gewesen wäre, aber nicht gestellt wurde (KG MDR 00, 478; OLG Koblenz FamRZ 00, 1165; a. A. KG MDR 00, 1455).

Voraussetzung einer einstweiligen Einstellung der Zwangsvollstreckung ist in jedem Fall ein **Antrag**. **262**

Antragsberechtigt ist der Vollstreckungsschuldner. Dies kann auch der Berufungsbeklagte sein, wegen der Notwendigkeit einer mit der Berufung erreichbaren Abänderung der Hauptsacheentscheidung aber nur, wenn er eine eigene Berufung eingelegt oder sich der Berufung des Gegners angeschlossen hat.

Der Antrag muss schriftlich oder in mündlicher Verhandlung gestellt werden und unterliegt dem Anwaltszwang. Er muss erkennen lassen, welche Abänderung der Entscheidung zur vorläufigen Vollstreckbarkeit begehrt wird. Nicht näher spezifizierte Anträge zur Vollstreckbarkeit (»Vollstreckungsschutz zu gewähren«) werden in der Praxis regelmäßig kommentarlos übergangen (*Anders/Gehle/Baader* Teil C Rn. 85; *Prechtel* S. 85). Gerichtet werden kann der Antrag auf einstweilige Einstellung der bevorstehenden Zwangsvollstreckung mit oder ohne Sicherheitsleistung, auf Abhängigmachung der bevorstehenden Zwangsvollstreckung von einer Sicherheitsleistung oder auf Aufhebung bereits durchgeführter Vollstreckungsmaßnahmen.

Vor Einlegung der Berufung ist der Antrag nach §§ 719, 707 nicht möglich, auch die bloße Beantragung von Prozesskostenhilfe für ein beabsichtigtes Berufungsverfahren reicht nicht aus. Im Berufungsverfahren ist der Antrag bis zur Urteilsverkündung möglich.

Zuständig für die Entscheidung ist das Prozessgericht, nach Einlegung der Berufung das Berufungsgericht.

Alle Anordnungen sind grundsätzlich nur gegen Sicherheitsleistung möglich. Soll die Zwangsvollstreckung ausnahmsweise ohne Sicherheitsleistung eingestellt werden, muss der Schuldner zusätzlich glaubhaft machen, dass er zur Leistung einer solchen Sicherheit nicht in der Lage ist und die Vollstreckung einen nicht zu ersetzenden Nachteil bringen würde.

An beide Voraussetzung stellt die Rechtsprechung sehr strenge Voraussetzungen. So kann der Schuldner den Nachweis mangelnder Leistungsfähigkeit nicht bereits durch die Weigerung seiner Bank nachweisen, eine Bürgschaft zu stellen (OLG Hamm OLGR 95, 167). Unersetzbar ist ein Nachteil nicht schon bei finanziellen Nachteilen, erforderlich ist eine durch die Zwangsvollstreckung drohende Existenzgefährdung.

Zur Einstellung der Zwangsvollstreckung ohne Sicherheitsleistung aus einem (zweiten, § 514 II) Versäumnisurteil, das in gesetzlicher Weise ergangen ist, muss glaubhaft gemacht werden, dass die Säumnis unverschuldet war (§ 719 I 2).

Glaubhaft gemacht werden müssen diese Voraussetzungen nach § 294.

Der Antrag bedarf auch der Begründung. Da eine Einstellung der Zwangsvollstreckung nur in Betracht kommt, wenn die Berufung Aussicht auf Erfolg hat, muss die Begründung sich auf das Rechtsmittel selbst beziehen. Regelmäßig ist es deswegen erforderlich, mit dem Antrag auch bereits die Berufungsbegründung einzureichen.

263 **Erfolg** hat ein Antrag, wenn die vorläufige Vollstreckung (schon und noch) möglich ist und die Interessen des Vollstreckungsschuldners an einer Einstellung der Zwangsvollstreckung die Interessen des Gläubigers an einer Durchführung bzw. Fortsetzung der Zwangsvollstreckung überwiegen.

Für das Rechtsschutzbedürfnis an einer Einstellung der Zwangsvollstreckung ist erforderlich und ausreichend, dass die Vollstreckungsklausel erteilt wurde und die Vollstreckung nicht bereits beendet ist.

Bei der vorzunehmenden Interessenabwägung kommt den Interessen des Gläubigers kraft der gesetzlichen Wertung Vorrang zu (OLG Düsseldorf NJW-RR 87, 702). Er hat in der Vorinstanz obsiegt, die Grundmodelle der vorläufigen Vollstreckbarkeit aus §§ 708, 709 machen deutlich, dass er vollstrecken darf und der Schuldner die daraus möglichen Risiken zu tragen hat. Eine Abänderung dieser Risikoverteilung kommt nur in Betracht, wenn eine überwiegende Wahrscheinlichkeit dafür besteht, dass die Hauptsacheentscheidung zugunsten des Vollstreckungsschuldners abgeändert werden und damit auch die vom Erstgericht zugelassene Vollstreckung ihre Grundlage verlieren wird.

Aussicht auf Erfolg hat die Berufung nur, wenn sie – zum Zeitpunkt der Entscheidung über den Einstellungsantrag – zulässig ist und eine hinreichende Wahrscheinlichkeit dafür spricht, dass die angefochtene Entscheidung abgeändert werden wird. Soweit in der Berufungsinstanz erkennbar eine Beweisaufnahme erforderlich wird, ist zur Beurteilung der Erfolgsaussicht deren Ergebnis zu prognostizieren (Beweisantizipation).

Das **Verfahren** steht weitgehend im Ermessen des Gerichts, die **Entscheidung** ergeht in Form eines unanfechtbaren Beschlusses. **264**

Da die Entscheidung durch Beschluss ergeht, ist eine mündliche Verhandlung freigestellt (§§ 707 II 1, 128 IV). In jedem Fall muss dem Gegner rechtliches Gehör gewährt werden.

Möglich ist eine Entscheidung erst, nachdem das Gericht die Zulässigkeit der Berufung geprüft (§ 522 I) und eine Zurückweisung wegen evidenter Erfolglosigkeit verneint hat (§ 522 II).

Ob die Zwangsvollstreckung ganz oder teilweise eingestellt wird, steht im Ermessen des Gerichts (»kann«). Die Praxis einzelner Spruchkörper ist hier sehr unterschiedlich. Während manche Gerichte bei hinreichender Erfolgsaussicht der Berufung regelmäßig eine Einstellung anordnen, stellen andere Gerichte die Gläubigerinteressen auch in diesen Fällen in den Vordergrund und versagen eine Einstellung. Erforderlich ist, dass das Gericht sein Ermessen ausübt, formularmäßige Entscheidungen ohne Sachprüfung sind gesetzeswidrig.

Die Entscheidung lautet auf einstweilige Einstellung der bevorstehenden Zwangsvollstreckung mit oder ohne Sicherheitsleistung, auf Abhängigmachung der bevorstehenden Zwangsvollstreckung von einer Sicherheitsleistung oder auf Aufhebung bereits durchgeführter Vollstreckungsmaßregeln. Regelmäßig erfolgt die Einstellung nur gegen Sicherheitsleistung.

In diesem Fall ist eine Begründung nicht erforderlich (Th/P/*Putzo* § 707 Rn. 10), wird die Einstellung dagegen ohne Sicherheitsleistung eingestellt oder der Antrag zurückgewiesen, muss dies begründet werden. Ist bereits das erstinstanzliche Urteil nur gegen Sicherheitsleistung für vorläufig vollstreckbar erklärt, so bedarf besonderer Darlegungen, warum eine Einstellung der Vollstreckung erforderlich ist.

Eine Entscheidung über die Kosten des Antrags nach §§ 719, 707 ist regelmäßig nicht erforderlich. Gerichtsgebühren entstehen hierdurch nicht, für den Rechtsanwalt gehört das Verfahren zum Rechtszug (§ 37 Nr. 3 BRAGO), eine 3/10-Gebühr nach § 49 I 1 BRAGO fällt nur an, wenn über den Antrag eine gesonderte mündliche Verhandlung stattfindet; in diesem Fall muss eine Entscheidung über die Kosten im Beschluss ergehen.

Der Beschluss ist nicht mit der sofortigen Beschwerde anfechtbar (§ 707 II 2). Möglich ist aber die jederzeitige Abänderung der Entscheidung im Rahmen einer erneuten Entscheidung nach §§ 719, 707, soweit diese beantragt wird. Jeder gegen den Beschluss nach §§ 719, 707 gerichtete »Rechtsbehelf« ist als solch neuer Antrag auszulegen (BGH FamRZ 89, 849; OLG Celle MDR 86, 63), hat Aussicht auf Erfolg aber regelmäßig nur nach einer Änderung der Sachlage.

Die einstweilige Einstellung wird mit Verkündung des Berufungsurteils wirkungslos, ohne dass es einer förmlichen Aufhebung bedarf.

(4) Unbedingterklärung

265 Durch Einlegung der Berufung gegen ein Urteil wird verhindert, dass dieses rechtskräftig wird (§ 705 S. 2). Wird die Anfechtung auf einen Teil des Urteils beschränkt, kann Rechtskraft auch nicht teilweise eintreten, weil sich durch nachträgliche Erweiterung der Berufung oder Anschlussberufung der Umfang der Anfechtung ändern kann. Der nicht angegriffene Teil des Urteils kann deswegen zwar nicht endgültig vollstreckbar sein, er kann aber zunächst auch nicht abgeändert werden, so dass zumindest kein Anlass besteht, die vorläufige Vollstreckung noch von Bedingungen abhängig zu machen.

Auf Antrag kann deswegen der mit der Berufung nicht angefochtene Teil des erstinstanzlichen Urteils für unbedingt vorläufig vollstreckbar erklärt werden (§ 537).

Streitig ist, ob § 537 entsprechende Anwendung auf die Kostenentscheidung findet, bei Teilanfechtung des Urteils der nicht angefochtene Teil der Kostenentscheidung unbedingt vollstreckt werden kann. Vereinzelt wird dies bejaht (Zöller/*Gummer* § 537 Rn. 6), überwiegend jedoch verneint (Th/P/*Reichold* § 537 Rn. 3). In Betracht kommt eine Vorabentscheidung allenfalls über die Kostenteile, die bei der infolge der Teilanfechtung vorzunehmenden Überprüfung der Gesamtkostenentscheidung nicht berichtigt werden können, was nur in seltenen Ausnahmefällen der Fall ist.

266 **Voraussetzung** der Unbedingterklärung ist der Antrag auf Unbedingterklärung eines nur teilweise angefochtenen Urteils, das nicht oder nur bedingt für vorläufig vollstreckbar erklärt ist.

Der Antrag kann vom Vollstreckungsgläubiger gestellt werden, unabhängig davon, ob dieser Kläger oder Beklagter war bzw. Berufungskläger oder Berufungsbeklagter ist (OLG Hamm NJW-RR 90, 1470). Er unterliegt dem Anwaltszwang, kann aber, wenn sich für die Berufungsinstanz noch kein anderer Rechtsanwalt gemeldet hat, auch vom erstinstanzlich Bevollmächtigten gestellt werden (OLG Frankfurt FamRZ 79, 538).

Das angefochtene Urteil darf nicht oder nur bedingt für vorläufig vollstreckbar erklärt sein. Bedingt vollstreckbar ist es, wenn die Vollstreckung von einer Sicherheitsleistung abhängig gemacht (§ 709) oder dem Schuldner eine Abwendungsbefugnis eingeräumt worden ist (§ 711). Auch Feststellungsurteile und klageabweisende Leistungsurteile können – zumindest im Kostenpunkt – vorläufig vollstreckbar sein.

Die Berufung darf sich nur gegen einen abtrennbaren Teil des erstinstanzlichen Urteils richten. Ist bezüglich dieses Teils wirksam auf die Berufung bzw. Anschlussberufung verzichtet worden, so kann teilweise Rechtskraft eingetreten sein; dann ist die Vollstreckung daraus bereits endgültig möglich, eine Unbedingterklärung kommt nicht mehr in Betracht. Dies gilt auch, wenn der nicht angegriffene Teil unstreitig schon erfüllt wurde; die bloß einseitige, streitig bleibende Erfüllungsbehauptung reicht dazu indes nicht aus (OLG Schleswig SchlHA 87, 172).

Damit klar ist, dass die Anfechtung des Urteils nur in beschränktem Umfang erfolgt, kann der Antrag erst nach Ablauf der Berufungsbegründungsfrist gestellt werden (§ 537 I 2).

Liegen die genannten Voraussetzungen vor, ist eine weitere Begründung des Antrags nicht erforderlich. Insbesondere bedarf es nicht der Prüfung von Zulässigkeit oder Erfolgsaussichten der Berufung.

Das **Verfahren** steht weitgehend im Ermessen des Gerichts, die **Entscheidung** 267
ergeht durch Beschluss, der nicht anfechtbar ist.

Freigestellt ist dem Gericht, ob es eine mündliche Verhandlung durchführt oder nicht (§ 128 IV), unterbleibt diese, muss rechtliches Gehör durch schriftliche Anhörung gewährt werden.

Mit dem Beschluss wird das angefochtene Urteil im Umfang der Nichtanfechtung für unbedingt, das heißt ohne Sicherheitsleistung des Gläubigers und ohne Abwendungsbefugnis des Schuldners, vorläufig vollstreckbar erklärt.

Der Beschluss ist – unabhängig davon, ob er dem Antrag stattgibt oder ihn zurückweist – unanfechtbar (§ 537 II). Dies gilt selbst dann, wenn der für unbedingt erklärte Teil des Anspruchs später doch noch durch Erweiterung der Berufung oder Anschlussberufung angegriffen wird. Auch über einen nachträglich vom Gegner nach § 537 gestellten Antrag kann eine Abänderung nicht erfolgen

Der Beschluss muss eine **Kostenentscheidung** nach § 91 enthalten (OLG 268
Hamm NJW 72, 2314).

Der Streitwert richtet sich nach dem nicht angefochtenen Teil der Hauptsache. Gerichtsgebühren entstehen keine, für die Rechtsanwälte fällt regelmäßig eine (nach § 11 I 4 BRAGO um 3/10 erhöhte, *Gerold/Schmidt/von Eicken* § 37 Rn. 24; § 49 Rn. 15) 3/10 Gebühr aus § 49 BRAGO an. Etwas anderes gilt, wenn die Prozessgebühr ausnahmsweise aus dem vollen, auch den Teil der Unbedingterklärung umfassenden Wert der Hauptsache anfällt (zum Beispiel, weil dieser Teil später doch noch angefochten wird); dann findet die mündliche Verhandlung über die Unbedingterklärung nicht »gesondert« statt, es entsteht nur die Prozessgebühr zweiter Instanz.

VI. Begründung der Berufung

269 Anders als andere Rechtsbehelfe, bei denen die bloße Einlegung bereits zu einer Überprüfung der angefochtenen Maßnahme von Amts wegen führt (so zum Beispiel die sofortige Beschwerde), ist die Berufung nur zulässig, wenn sie ordnungsgemäß begründet wird (§ 520 I).

Dies gilt selbst dann, wenn der Inhalt des Berufungsverfahrens nur eine einfache rechtliche oder tatsächliche Frage ist, zu der bereits in erster Instanz umfassend vorgetragen wurde. Die von der Partei eingelegte Berufung kann auch vom Streithelfer begründet werden, die Berufung des Streithelfers auch von der Partei; in beiden Fällen handelt es sich um das gleiche Rechtsmittel (BGH NJW 85, 2480). Dagegen muss jeder Streitgenosse seine Berufung gesondert begründen, möglich ist aber auch eine gemeinsame Begründung (Rn. 142, 210). Die Berufung kann bereits mit ihrer Einlegung begründet werden, praktisch ist dies jedoch seltene Ausnahme.

Erfolgt die Begründung in einem gesonderten Schriftsatz, dann ist die Einhaltung einer Frist (§ 520 II) und bestimmter formeller Anforderungen (§§ 520 III – V) erforderlich.

1. Frist

270 Der Berufungsführer muss die Berufung fristgerecht begründen (§ 520 II).

Die Frist soll sicherstellen, dass zu Beginn des Berufungsverfahrens klar ist, inwieweit das erstinstanzliche Urteil angefochten wird. Gegner und Gericht sollen sich darauf einstellen können, was Prozessstoff für die zweite Instanz sein wird.

Die Frist **beginnt** mit der Zustellung des Urteils und **dauert** zwei Monate.

Fristbeginn und -dauer wurden mit der ZPO-Reform neu gestaltet. Dadurch wurde eine organisatorische Vereinfachung für den Berufungskläger erreicht, der nun nur noch einen gemeinsamen Zeitpunkt für den Beginn von Berufungs- und Berufungsbegründungsfrist festzustellen hat, beide Fristen sofort und ohne aufwändige Rückfragen zu dem Zeitpunkt des Eingangs der Berufungsschrift bei Gericht berechnen kann. Früher häufige Fehler bei der Wahrung der Berufungsbegründungsfrist sind damit seltener geworden.

Ist eine wirksame Zustellung nicht erfolgt, beginnt die Begründungsfrist spätestens fünf Monate nach der Verkündung zusammen mit der Einlegungsfrist, endet also sieben Monate nach der Verkündung.

Wegen der Fristberechnung kann auf die zur Berufungseinlegung gemachten Ausführungen (oben Rn. 188 ff.) verwiesen werden. Die Berufungsbegründungsfrist endet nach § 188 II BGB mit dem Ablauf (24.00 Uhr) des Tages des übernächsten auf die Zustellung folgenden Monats, welcher durch seine Zahl dem Tag entspricht, an dem die Zustellung erfolgt ist. Ist die Zustellung am 6.3. erfolgt, endet die Zweimonatsfrist damit am 6.5., bei einer Zustellung am 28.2. am 28.4. Fällt der letzte Tag der Frist auf einen Samstag, Sonntag oder Feiertag, so endet die Frist erst mit Ablauf des darauf folgenden Werktags (§ 193 BGB). Zu weiteren Fragen der Fristberechnung oben Rn. 190

Für Streithelfer und Partei läuft nur eine einheitliche Frist, die mit der Zustellung des Urteils an die Partei begonnen hat. Für Streitgenossen laufen dagegen jeweils eigene Fristen.

Berufungs- und Berufungsbegründungsfrist sind voneinander **unabhängig**, 271
so dass die Begründungsfrist ablaufen kann, bevor die Einhaltung der Einlegungsfrist geklärt ist (BGH MDR 01, 1072).

Wird gegen die Versäumung der Einlegungsfrist Wiedereinsetzung in den vorigen Stand beantragt, so läuft die Begründungsfrist weiter und kann verstreichen, bevor über die Wiedereinsetzung entschieden ist (BGH NJW 98, 1155; oben Rn. 196, 248). Wird die Berufung vor Einreichung der Begründung durch Beschluss nach § 522 I als unzulässig verworfen und dagegen Rechtsbeschwerde eingelegt, läuft die Begründungsfrist dennoch regulär weiter (BGH VersR 77, 573).

Die Frist zur Begründung der Berufung ist verlängerbar. Erforderlich ist der 272
schriftliche **Antrag auf Fristverlängerung** eines beim Berufungsgericht zugelassenen Rechtsanwalts, aus dem sich ergeben muss, welche Frist aus welchem Grund verlängert werden soll. Der Verlängerungsantrag muss vor Ablauf der Frist beim Gericht eingehen und kann auch nach deren Ablauf noch beschieden werden.

Die Angabe des gewünschten Verlängerungszeitraums ist nicht zwingend, aber sinnvoll. Dabei sollte der gesetzlich mögliche Rahmen der Verlängerung (ein Monat, siehe unten) grundsätzlich ausgeschöpft werden, weil weitere Verlängerungen auch dann nur ausnahmsweise möglich sind, wenn sie insgesamt einen Monat nicht übersteigen. Ist die Zustimmung des Gegners erforderlich, ist es sinnvoll, diese vorab einzuholen und dem Antrag beizufügen. Der Verlängerungsgrund ist anzugeben, eine Glaubhaftmachung (§§ 224 II, 294 I) wird von der Rechtsprechung nur auf Anforderung erwartet (OLG Karlsruhe AnwBl 98, 109), die Kommentarliteratur dagegen hält sie teilweise für sofort erforderlich (MüKo/*Rimmelspacher* § 519 Rn. 14), so dass ihre Beifügung als Beschreitung des sichersten Weges zu empfehlen ist.

Ist nicht sicher, ob dem Fristverlängerungsantrag stattgegeben werden wird (so zum Beispiel beim wiederholten Verlängerungsantrag, wenn beim Gegner noch nicht um Zustimmung nachgesucht wurde), ist eine rechtzeitige Antragsstellung erforderlich, um im Fall der Ablehnung die Begründung noch innerhalb der ursprünglichen Frist einreichen zu können. Eine Wiedereinsetzung wird in einem solchen Fall mangels schutzwürdigen Vertrauens in die Gewährung der Verlängerung regelmäßig nicht in Betracht kommen.

Geht der Antrag erst nach Ablauf der Frist bei Gericht ein, ist er wirkungslos, eine Fristverlängerung kann darauf nicht mehr gewährt werden (BGH FamRZ 96, 543), eine Wiedereinsetzung in die Versäumung der Antragsfrist ist nicht möglich (BGH VersR 87, 308).

273 Die **erste Verlängerung** um bis zu einem Monat kann durch den Vorsitzenden erfolgen, wenn dadurch eine Verzögerung nicht eintritt oder erhebliche Gründe dargetan werden (§ 520 II 1).

An das Vorliegen der »erheblichen Gründe« stellt die Rechtsprechung dabei keine allzu hohen Anforderungen. Arbeitsüberlastung des Rechtsanwalts reicht – auch ohne substanziierte Darlegung – grundsätzlich aus (BVerfG NJW-RR 01, 1076; BGH NJW-RR 89, 1280), ebenso ein Urlaub, besondere tatsächliche oder rechtliche Schwierigkeiten der Sache oder die Notwendigkeit weiterer Sachaufklärung durch Rücksprache mit dem Mandaten oder Einholung eines Parteigutachtens. Ausreichen können auch noch nicht beschiedene Anträge auf Gewährung von Prozesskostenhilfe oder Tatbestandsberichtigung und andauernde Vergleichsgespräche (*Müller* NJW 98, 497; *Stackmann* NJW 02, 783).

Auch ohne Darlegung von Gründen kann die Frist verlängert werden, wenn eine Verzögerung des Rechtsstreits dadurch nicht eintritt. Dies wird der Fall sein, wenn die mündliche Verhandlung bereits auf einen Zeitpunkt bestimmt ist, der ausreichend lange nach Ablauf der verlängerten Begründungsfrist liegt. Ob dies der Fall ist, bestimmt der Vorsitzende nach freiem Ermessen, verlassen darf sich ein Rechtsanwalt darauf nicht (BGH NJW 92, 2426).

Dagegen darf der Rechtsanwalt grundsätzlich darauf vertrauen, dass einem (wirksamen) ersten Antrag auf Fristverlängerung stattgegeben wird (BVerfG 01, 1076; BGH NJW 02, 246). Erfolgt dies nicht, kann darauf ein Wiedereinsetzungsantrag gegen die dann versäumte Begründungsfrist gestützt werden (BGH NJW 99, 430).

274 Jede **weitere Verlängerung** ist nur mit Zustimmung des Gegners möglich (§ 520 II 2).

Eine solche Zustimmung kommt in Betracht, wenn zwischen den Parteien Vergleichsverhandlungen laufen oder Einigkeit darüber besteht, dass eine sachgerechte Vorbereitung der Berufung einen größeren Zeitrahmen erfordert. In allen anderen Fällen wird die Zustimmung durch den Gegner häufig versagt. Ob die Zustimmung zu einem Fristverlängerungsantrag des Gegners indes eine Verletzung der Interessen der eigenen Partei darstellt, oder ob sie nicht sinnvollerweise erklärt wird, sollte nicht pauschal, sondern im Einzelfall entschieden werden.

Die **Entscheidung** über die Fristverlängerung bedarf keiner besondere Form und kann den Parteien auch telefonisch bekannt gemacht werden (BGH NJW 94, 444). 275

Allerdings ist größte Vorsicht beim Vertrauen auf solche Auskünfte geboten, weil Übermittlungsfehler und Beweisschwierigkeiten regelmäßig zu Lasten der Partei gehen (BGH NJW-RR 89, 1279).

Die Verlängerung der Frist erfolgt sinnvollerweise bis zu einem zu bestimmenden Endzeitpunkt (»bis zum 12.5.«). Erfolgt sie um einen benannten Zeitraum (»um einen Monat«), beginnt die verlängerte Frist mit dem Ablauf der ursprünglichen Frist (§ 224 III). Dies gilt auch dann, wenn die Fristverlängerung erst nach Ablauf der ursprünglichen Frist gewährt wird. War das ursprüngliche Fristende auf den nachfolgenden Werktag verschoben (§ 193 BGB), beginnt die verlängerte Frist erst mit Ablauf dieses Werktags.

Wirksam ist eine Fristverlängerung auch, wenn sie von einem unzuständigen Richter oder über den beantragten Zeitpunkt hinaus gewährt wird (BGHZ 37, 125).

Weder die dem Verlängerungsantrag stattgebende noch die ihn zurückweisende Entscheidung des Vorsitzenden ist anfechtbar (§§ 567, 225 III).

Eine Fristverlängerung kommt nur der **Partei** zugute, die sie beantragt hat und der sie gewährt wurde (BGH VersR 72, 1128). 276

Da der Streithelfer keine eigenständige Partei ist, wirkt eine ihm gewährte Fristverlängerung auch zugunsten der Partei und umgekehrt (BGH NJW 82, 2069).

Dies gilt nicht bei Streitgenossen. Für diese laufen jeweils eigene Fristen, die gesondert verlängert werden müssen.

Bürotechnisch darf die Fristverlängerung erst nach ihrer Gewährung berücksichtigt werden (*Borgmann* AnwBl 92, 83). 277

Solange keine Entscheidung über den Verlängerungsantrag vorliegt, darf die ursprüngliche Frist nicht gestrichen oder in die beantragte Frist geändert werden. Der Verlängerungsantrag stellt keine die Berufungsbegründung wahrende Handlung dar, ist aber für eine eventuell erforderlich werdenden Wiedereinsetzungsantrag zu dokumentieren (BGH NJW 91, 1150; BGH FamRZ 92, 297). Für den Fall, dass eine Entscheidung auch vor Ablauf der beantragten verlängerten Frist nicht ergeht (dann muss die Begründung innerhalb der beantragten Frist erfolgen: BGH NJW 96, 2659), ist der Ablauf der beantragten verlängerten Frist (mit einer entsprechenden Vorfrist) zu notieren und zu überwachen (BGH NJW-RR 99, 1663).

Bei schuldloser Versäumung der Berufungsbegründungsfrist kann **Wiedereinsetzung** in den vorigen Stand gewährt werden (dazu oben Rn. 194 ff.). 278

Zwar handelt es sich nicht um eine Notfrist, doch ist sie in den Katalog des § 233 ausdrücklich aufgenommen.

2. Form

279 Besondere Anforderungen an Form und Inhalt der Berufungsbegründung enthält § 520 III – V.

Auch die Berufungsbegründung bedarf danach der **Schriftform**. Auf die insoweit zur Berufungseinlegung gemachten Ausführungen (Rn. 214 ff.) kann dabei verwiesen werden.

Mit der Unterschrift unter die Berufungsbegründung macht der Rechtsanwalt deutlich, dass er den Prozessstoff selbst durchgearbeitet hat, das Ergebnis seiner Arbeit in dem Schriftsatz niedergelegt hat und bereit ist, hierfür die Verantwortung zu übernehmen (BGH NJW 89, 394). Von wem die Begründung tatsächlich gefertigt wurde, spielt dann keine Rolle mehr, so dass der Prozessbevollmächtigte durch Unterzeichnung einen von der Partei, dem erstinstanzlich Bevollmächtigten oder einem Dritten (Referendar, juristischem Mitarbeiter) gefertigten Entwurf billigen und zur wirksamen Begründung auch dann machen kann, wenn er ihn nur flüchtig gelesen hat (BGH NJW 89, 3022; BGH NJW-RR 98, 574). Soweit sich die Tätigkeit des Berufungsanwalts insoweit auf die Hinzufügung der eigenen Kanzleibezeichnung und Unterschrift besteht, bezeichnet man sie auch als »Stempelmandat«. Mit der Neuregelung der Anwaltszulassung (Rn. 1) sind diese Fälle selten geworden.

280 Die Begründungsschrift ist bei dem **Berufungsgericht** einzureichen.

Auch hierzu kann auf die zur Berufungseinlegung gemachten Ausführungen (Rn. 219 ff.) verwiesen werden. Wird die Begründung falsch adressiert, ist die Frist nur gewahrt, wenn die Begründung noch innerhalb der Frist beim richtigen Gericht eingeht.

281 Erforderlich ist zudem die Angabe, zu welchem Verfahren die Begründung gehören soll (OLG Karlsruhe VersR 93, 1170). Dies geschieht gemäß §§ 520 V, 130 Nr. 1 regelmäßig durch die **Bezeichnung der Parteien**.

Dabei ist ein volles Rubrum prozessual nicht zwingend, zur Vermeidung von Missverständnissen und Verwechslungen aber sinnvoll. Das gleiche gilt für die Angabe des bereits bekannten Aktenzeichens des Berufungsgerichts.

282 Erkennbar sollte sein, dass der Schriftsatz als **Berufungsbegründung** dienen soll.

Probleme können insoweit auftreten, wenn die Begründung zunächst für einen anderen Antrag (zum Beispiel auf Gewährung von Prozesskostenhilfe oder auf Einstellung der

Zwangsvollstreckung) dienen soll. Die ältere Rechtsprechung hat verlangt, dass der Schriftsatz erkennbar zur Begründung der Berufung bestimmt ist und einen als »Prozesskostenhilfegesuch und Berufungsbegründungsentwurf« bezeichneten Schriftsatz – obwohl er allen Erfordernissen des § 520 III entsprach – nicht als Berufungsbegründung ausreichen lassen (BGH VersR 91, 936). Hieraus resultiert die in der Literatur verbreitete Empfehlung, die Berufungsbegründung eindeutig als solche zu bezeichnen (Schumann/*Kramer* Rn. 203).

Die neuere Rechtsprechung ist insoweit großzügiger. Geht innerhalb der Frist keine gesonderte Berufungsbegründung ein, wurde aber vorher ein begründeter Antrag (zum Beispiel auf Gewährung von Prozesskostenhilfe oder auf Einstellung der Zwangsvollstreckung) gestellt, so kann die dazu vorgetragene Begründung im Wege der Auslegung auch als Berufungsbegründung herangezogen werden (BGH NJW-RR 01, 789). Nicht möglich ist dies, wenn der andere Schriftsatz ausdrücklich nur als »Begründungsentwurf« bezeichnet ist oder nicht unterschrieben ist.

Eine **Angabe des Werts** des Beschwerdegegenstands soll die Berufungsbegründung enthalten, wenn dieser nicht in einer bestimmten Geldsumme besteht und wenn von ihm die Zulässigkeit der Berufung abhängt (§ 520 IV Nr. 1). **283**

Ist die Berufung vom erstinstanzlichen Gericht zugelassen, bedarf es der Angabe des Werts in keinem Fall. Das gleiche gilt bei einer bezifferten Zahlungsklage, bei der der Wert sich eindeutig aus dem Antrag ergibt. In allen anderen Fällen hat das Berufungsgericht den Wert autonom festzusetzen (dazu oben Rn. 133 ff.). Es geht dabei von den Angaben des Berufungsklägers aus, die dieser zudem glaubhaft zu machen hat (§ 511 III). Fehlen solche Angaben, macht dies allein die Berufung nicht unzulässig, sondern führt lediglich zu einer freien Schätzung des Werts durch das Berufungsgericht (§ 3), die bei Unterschreiten des Berufungswerts zur Unzulässigkeit des Rechtsmittels führen kann. In seinem eigenen Interesse ist deswegen dem Berufungskläger zu raten, von der Möglichkeit eines Vortrags zum Erreichen der Berufungssumme zumindest in Zweifelsfällen stets Gebrauch zu machen.

Enthalten soll die Berufungsbegründung auch eine Äußerung dazu, ob einer Entscheidung durch den **Einzelrichter** Gründe entgegenstehen. **284**

Damit wird dem Berufungskläger rechtliches Gehör vor der Entscheidung über eine Befassung des Einzelrichters nach §§ 526, 527 gewährt. Gestaltungsmöglichkeiten haben die Parteien insoweit indes nicht. Weder die Übertragung zur Entscheidung nach § 526 noch die Zuweisung zur Vorbereitung nach § 527 erfordert einen Antrag der Parteien, ist von ihrem Einverständnis abhängig oder kann durch einen ausdrücklichen Widerspruch verhindert werden (dazu oben Rn. 236).

Ob eine Übertragung auf den Einzelrichter aus der Sicht der Partei Sinn macht, ist Frage des Einzelfalles. Grundsätzlich ist sicher die Kollegialentscheidung aufgrund ihrer höheren Richtigkeitsgewähr vorzuziehen (*Schneider* MDR 03, 374), was nicht bedeutet, dass jede Einzelrichterentscheidung falsch sein muss. Häufig ist eine Entscheidung durch Einzelrichter schneller zu erreichen, als eine solche des Spruchkörpers.

285 Wesentlich für die Berufungsbegründung sind nach § 520 III 2 ein bestimmter **Antrag** (unten a., Rn. 286 ff.) und die Bezeichnung der Umstände, aus denen sich der **Grund** der Anfechtung ergibt (unten b., Rn. 314 ff.).

a) Berufungsantrag

286 Mit den Berufungsanträgen hat der Berufungskläger klarzustellen, in welchem Umfang er das Urteil anficht und welche Abänderung er begehrt (§ 520 III 2 Nr. 1).

Bei den Anträgen handelt es sich um die »Sachbitte« der Partei an das Gericht. Inhalt der Anträge ist das Prozessziel der Partei, die von ihr begehrte Tenorierung des Urteils.

(1) Grundsätze

287 Die gestellten Anträge **binden das Berufungsgericht**, eine Entscheidungsbefugnis besteht nur innerhalb der von den Anträgen gezogenen Grenzen (§ 528). Das Berufungsgericht darf dem Berufungsführers weder mehr zusprechen, als er beantragt hat, noch weniger, als ihm in der Vorinstanz bereits zugesprochen wurde (Verbesserungs- und Verschlechterungsverbot, dazu oben Rn. 80).

288 Der Antrag sollte grundsätzlich konkret formuliert und seiner Bedeutung entsprechend optisch hervorgehoben werden (BGH NJW 66, 933).

Keine praktische Bedeutung kommt dabei der Frage zu, ob die Anträge sprachlich anzukündigen (»werde ich beantragen«, so der auf die §§ 128 I, 137 I abstellende Wortlaut des § 130 Nr. 2) oder bereits zu stellen sind (»beantrage ich«, so die praktisch häufigere Form). Beides ist gleichermaßen möglich.

289 Der Sachantrag der Berufung geht grundsätzlich auf »**Abänderung**« des angefochtenen Urteils.

Dafür spricht der Gesetzeswortlaut (§§ 520 III 2 Nr. 1, 528 S. 2, 717 II), dem Rechtsprechung und Lehre überwiegend folgen. Verbreitet wird aber auch vertreten, zu beantragen sei eine »Aufhebung« des Urteils (vgl. die umfangreichen Nachweise zu beiden Auffassungen bei *Doukoff* Rn. 136 a). Zutreffend ist dies nur bei einer Zurückverweisung an das erstinstanzliche Gericht (§ 538 II 1), prozessuale Nachteile erwachsen aus der Verwendung dieser Formulierung in keinem Fall.

Das angefochtene Urteil sollte zur Vermeidung von Unklarheiten im Antrag nochmals konkretisiert werden »das Urteil des Landgerichts ... vom ..., Az. ..., abzuändern«.

Zwingend erforderlich ist dies nicht, so dass jedenfalls dann, wenn Zweifel an der Identität des Urteils nicht bestehen, auch der Antrag »das angefochtene Urteil abzuändern« ausreichen kann.

Anzugeben ist zusätzlich, welches **Ziel** mit der begehrten Abänderung erreicht werden soll. **290**

Richtet sich die Berufung des Beklagten gegen ein stattgebendes Urteils, ist zu beantragen, »das angefochtene Urteil abzuändern und die Klage abzuweisen«. Legt der Kläger Berufung gegen ein klageabweisendes Urteil ein, so muss er beantragen, »das angefochtene Urteil abzuändern und den Beklagten zu verurteilen, an den Kläger ... zu zahlen«.

Möglich, wegen der damit verbundenen Unklarheiten und der fehlenden Selbstkontrolle des Berufungsklägers aber nicht zu empfehlen ist der Antrag, »unter Abänderung des angefochtenen Urteils nach den erstinstanzlich gestellten Anträgen zu entscheiden«.

Für die Formulierung des Ziels gelten weitgehend die Grundsätze der Antragsformulierung in erster Instanz. Der Antrag muss hinreichend bestimmt, bei Zahlungsklagen grundsätzlich beziffert sein. **291**

Leistungsanträge müssen einerseits Ausfluss des geltend gemachten materiellrechtlichen Anspruchs sein, andererseits eine geeignete Grundlage für die Zwangsvollstreckung abgeben (dazu oben Rn. 51). Bestehen Bedenken in die eine oder andere Richtung, so ist ein Hinweis nach § 139 erforderlich (BGH NJW 99, 954). Feststellungsanträge müssen das festzustellende Rechtsverhältnis zweifelsfrei bezeichnen (BGH VersR 82, 68). Wegen der Antragsformulierung im Einzelnen *Anders/Gehle/Baader*, Handbuch für den Zivilprozess, Teil A.

Die Berufung kann auch auf selbstständige Teile **beschränkt** werden. Eine solche Beschränkung muss regelmäßig zweifelsfrei aus dem Antrag hervorgehen. **292**

Selbstständig in diesem Sinne sind alle Teile des Streitstoffs, über die eine isolierte Entscheidung in Form eines Teilurteils hätte ergehen können. Beispiele sind die Beschränkung der Berufung auf einzelne (einfache) Streitgenossen sowohl auf Seiten des Berufungsklägers als auch auf Seiten des Berufungsbeklagten (BGH LM § 543 Nr. 9), auf einzelne Streitgegenstände oder abtrennbare Teile des Streitgegenstands (BGH NJW 79, 767; BGH NJW 99, 2116).

Häufig erfolgt die Beschränkung bereits mit der Einlegung der Berufung. Sinn macht dies, wenn noch nicht klar ist, ob die Berufung durchgeführt und die Kosten für den Fall späterer Rücknahme gering gehalten werden sollen (dazu oben Rn. 212).

Bei der Berufungsbeschränkung ist es regelmäßig geboten, eine bloß »teilweise Abänderung« des erstinstanzlichen Urteils zu beantragen

Missverständnisse resultieren häufig aus der Frage, ob das formulierte Ziel zusätzlich neben die fortdauernde Entscheidung des erstinstanzlichen Gerichts treten soll oder diese mit umfasst.

Beispiel: Der Kläger hat erstinstanzlich Zahlung von 100.000,– € begehrt, jedoch nur 20.000,– zugesprochen erhalten. Beantragt er hier, »den Beklagten unter teilweiser Abänderung des angefochtenen Urteils zur Zahlung von 40.000,– € an den Kläger zu verurteilen«, wird nicht eindeutig klar, ob er insgesamt nur 40.000,– € begehrt, so dass über die bereits zugesprochenen 20.000,– € weitere 20.000,– zuzusprechen sind, oder ob er die 40.000,– € zusätzlich zu den bereits zugesprochenen 20.000,– € verlangt, so dass ihm letztlich 60.000,– € zufließen.

Solche Missverständnisse können vermieden werden, wenn man den erstrebten Prozesserfolg als Neufassung des Urteils formuliert und beantragt, »das angefochtene Urteils teilweise abzuändern und dahin neu zu fassen, dass der Beklagten zur Zahlung von 40.000,– € an den Kläger verurteilt wird«. Möglich sind auch andere erläuternde Zusätze wie »den Beklagten unter Abänderung des angefochtenen Urteils zu verurteilen, über die bereits zugesprochenen 20.000,– € hinaus weitere 20.000,– € an den Kläger zu zahlen« oder »den Beklagten unter Abänderung des angefochtenen Urteils zu verurteilen, nicht bloß 20.000,– €, sondern insgesamt 40.000,– € an den Kläger zu zahlen«.

Wegen der Möglichkeiten einer Beschränkung der Berufung, die sich nicht im Antrag, sondern allein in der Begründung niederschlagen, unten Rn. 327.

(2) Formulierung in Sonderfällen

293 Besondere Probleme bringt erfahrungsgemäß die Formulierung des Antrags bei Anfechtung eines Urteils, das auf **Haupt- und Hilfsanträge** hin ergangen ist.

Der Kläger kann gegen die Stattgabe seines Hauptantrags Berufung nicht einlegen, weil er hierdurch nicht beschwert ist. Sind Haupt- und Hilfsantrag abgewiesen worden, kann er mit der Berufung beide Anträge im gleichen Verhältnis weiter verfolgen. Problematisch ist die Berufung des Klägers gegen die Stattgabe des Hilfsantrags. Eine ausreichende formelle Beschwer (dazu oben Rn. 127) liegt hier in der Abweisung des Hauptantrags, so dass der Antrag darauf lauten muss, »den Beklagten unter Abänderung des angefochtenen Urteils nach dem Hauptantrag zu verurteilen«. Der Hilfsantrag wird dann nicht mehr gestellt. Er ist bereits zugesprochen und kann nach dem Grundsatz des Verbots der reformatio in peius nicht mehr abgesprochen werden. Hat die Berufung allerdings Erfolg, so muss die Verurteilung aus dem Hilfsantrag entfallen, weil dem Kläger nicht beide Anträge kumulativ nebeneinander zugesprochen werden können. Zur Klarstellung kann deswegen beantragt werden, »den Beklagten in Abänderung des angefochtenen Urteils nicht aus dem Hilfs-, sondern aus dem Hauptantrag zu verurteilen«.

Der Beklagte kann gegen die Abweisung von Haupt- und Hilfsantrag mangels Beschwer keine Berufung einlegen. Wendet er sich mit der Berufung gegen seine Verurteilung aus dem Haupt- oder aus dem Hilfsantrag, so hat das Berufungsgericht nach h. M. nur über das Bestehen des jeweils zugesprochenen Antrags zu entscheiden. Dabei reicht der normale Antrag aus, »die Klage unter Abänderung des angefochtenen Urteils abzuweisen«.

Hält das Berufungsgericht also die Verurteilung aus dem Hauptantrag für falsch, wird nicht über den Hilfsantrag entschieden. Etwas anderes kann nur gelten, wenn der Kläger im Wege der Anschlussberufung auch den Hilfsantrag wieder in die Entscheidungskompetenz des Berufungsgerichts bringt (unten Rn. 506).

Zu den Besonderheiten des »verdeckten Hilfsantrags« unten Rn. 298.

Einer besonderen Formulierung bedürfen die Berufungsanträge auch, wenn erstinstanzlich ein **erstes Versäumnisurteil** ergangen ist. Hier musste schon erstinstanzlich Abänderung des Versäumnisurteils oder Zurückweisung des Einspruchs beantragt werden; dies setzt sich in zweiter Instanz fort. 294

Ist gegen den Kläger erstinstanzlich ein (klageabweisendes) Versäumnisurteil ergangen, das er mit dem Einspruch erfolgreich angefochten hat, so lautet der Tenor erster Instanz bei erfolgreicher weiterer Prozessführung des Klägers auf Aufhebung des Versäumnisurteils und Verurteilung des Beklagten, ansonsten auf Aufrechterhaltung des Versäumnisurteils. Legt in der ersten Alternative der Beklagte Berufung ein, so muss er beantragen, »unter Abänderung des angefochtenen Urteils das Versäumnisurteil des ... vom ..., Az. ..., aufrechtzuerhalten«. Legt in der zweiten Alternative der Kläger Berufung ein, hat sein Antrag zu lauten »in Abänderung des angefochtenen Urteils das Versäumnisurteil des ... vom ..., Az. ..., aufzuheben und den Beklagten zu verurteilen, an ihn ... zu zahlen«.

Ist erstinstanzlich gegen den Beklagten ein (klagestattgebendes) Versäumnisurteil ergangen, das er mit dem Einspruch erfolgreich angefochten hat, so lautet der Tenor erster Instanz bei erfolgreicher weiterer Prozessführung des Beklagten auf Aufhebung des Versäumnisurteils und Abweisung der Klage, ansonsten auf Aufrechterhaltung des Versäumnisurteils. Legt in der ersten Alternative der Kläger Berufung ein, so muss er beantragen, »unter Abänderung des angefochtenen Urteils das Versäumnisurteil des ... vom ..., Az. ..., aufrechtzuerhalten«. Legt in der zweiten Alternative der Beklagte Berufung ein, hat sein Antrag zu lauten »in Abänderung des angefochtenen Urteils das Versäumnisurteil des ... vom ..., Az. ..., aufzuheben und die Klage abzuweisen«.

Auch mit der Berufung gegen ein **zweites Versäumnisurteil** (§ 514 II, 345; 295
Rn. 115) muss beantragt werden, »unter Abänderung des angefochtenen Urteils das Versäumnisurteil des ... vom ..., Az. ..., aufzuheben«, zusätzlich ist das eigene Rechtsschutzziel (Sachantrag, Klageabweisungsantrag) hinzuzufügen.

Eine entsprechende Fassung der Anträge ist erforderlich, wenn erstinstanzlich 296
durch Urteil eine zuvor im Beschlussweg erlassene **Eilanordnung** (Arrest, einstweilige Verfügung) bestätigt wurde (§§ 925 II, 936).

Hat der Berufungsbeklagte seinerseits Berufung oder Anschlussberufung eingelegt, so bedarf es zusätzlich zum eigenen Sachantrag eines auf deren **Zurück-**

weisung gerichteten Antrags (dazu unten Rn. 505). Fraglich ist, ob es darüber hinaus eines Antrags auf Klageabweisung bedarf, wenn im Rahmen der Anschlussberufung die Klage erweitert wird.

Dagegen spricht, dass schon mit der Zurückweisung der Anschlussberufung die Klageerweiterung abgewiesen ist. Dafür können dennoch Gründe der Klarheit und das Gebot der Befolgung des sichersten Wegs sprechen, weil manche Berufungsgerichte zusätzlich zur Zurückweisung der Ausschlussberufung auf Abweisung der Klage tenorieren und deswegen auch einen entsprechenden Antrag erwarten.

(3) Beseitigung der Beschwer

297 Erforderlich ist, dass mit der Berufung (zumindest auch) die Beseitigung der Beschwer aus dem erstinstanzlichen Urteil wenigstens im Umfang des erforderlichen Werts des Beschwerdegegenstands begehrt wird (BGH NJW 96, 527). Nur dann hat der Berufungsführer ein für die Durchführung des Rechtsmittelverfahrens ausreichendes **Rechtsschutzbedürfnis.**

Die Rechtsmittelinstanz dient nicht der willkürlichen Fortsetzung des Verfahrens oder der Geltendmachung neuer Rechtsschutzziele, sondern ist nur möglich, wenn es dem Rechtsmittelkläger darum geht, die ihm aus der vorliegenden Entscheidung erwachsenen Nachteile zu beseitigen (MüKo/*Rimmelspacher* vor § 511 Rn. 59).

298 Da die grundsätzlich erforderliche formelle Beschwer der Partei in der Nichterreichung des ursprünglichen Antrags, in dem hiervon abweichenden Urteilstenor liegt (Rn. 127), erfordert eine Beseitigung der Beschwer regelmäßig einen Angriff auf den Urteilstenor durch die **Beibehaltung des erstinstanzlichen Antrags** in der Berufungsinstanz. Unzulässig ist sowohl die Berufung, mit der ausschließlich ein neuer Antrag verfolgt wird, als auch die Berufung, mit der die zu beseitigende Beschwer erst geschaffen wird.

Erfüllt ist dieses Erfordernis einer Beseitigung der Beschwer, wenn der mit seiner Klage abgewiesene Kläger in der Berufung seinen erstinstanzlichen Sachantrag weiter verfolgt, der erstinstanzlich verurteilte Beklagte weiterhin Abweisung der Klage begehrt. Eine Beseitigung der Beschwer wird auch erstrebt, wenn der unterlegene Kläger statt der Feststellung mit der Berufung Leistung, statt des ursprünglich geforderten Gegenstands das Interesse (§ 264 Nr. 3) begehrt, er vom Befreiungs- auf den Zahlungsanspruch übergeht oder Schadensersatz statt Erfüllung verlangt (BGH NJW 92, 566; BGH NJW-RR 96, 891).

Hat der Kläger dagegen erstinstanzlich einen Streitgegenstand geltend gemacht und geht nach Klageabweisung mit der Berufung im Wege der Klageänderung ausschließlich aus einem anderen Streitgegenstand vor, fehlt es an der für die Berufung erforderlichen Beseitigung der Beschwer (BGH NJW 00, 1958; BGH NJW-RR 00, 1521).

Für den erstinstanzlich verurteilten Beklagten fehlt die erforderliche Beseitigung der Beschwer beim Berufungsantrag auf Abweisung der Klage, wenn er vor Einlegung der Berufung vorbehaltlos erfüllt hat (OLG Schleswig FamRZ 84, 174).

Dies hat erhebliche Konsequenzen für eine in der zweiten Instanz beabsich- 299
tigte **Klageänderung**. In Form eines Klagewechsels (Geltendmachung eines neuen anstelle des bisherigen Streitgegenstands, der nicht weiter verfolgt wird) ist sie in der Berufungsbegründung nicht möglich, wohl aber – unter den Voraussetzungen des § 533 – danach im laufenden Berufungsverfahren. Mit der Berufungsbegründung möglich bleibt die Klageänderung in Form der Klageerweiterung und der nachträglichen Klagehäufung (Geltendmachung eines neuen neben dem bisherigen Streitgegenstand, der – gegebenenfalls nur hilfsweise – beibehalten wird).

Ist der Kläger erstinstanzlich mit einem Feststellungsantrag abgewiesen worden, kann er Berufung mit dem Antrag, den Beklagten zur Leistung aus dem Rechtsverhältnis zu verurteilen, nicht einlegen, weil in der Leistungsklage ein neuer Streitgegenstand liegt (BGH NJW 88, 827). Ein Übergang zur Leistungsklage in zweiter Instanz ist dennoch auf zweierlei Weise möglich: Zum einen kann die Berufung zunächst nur mit dem alten Antrag eingelegt und dieser später im laufenden Berufungsverfahren in den neuen Antrag geändert werden; die Zulässigkeit einer solchen Klageänderung in zweiter Instanz muss sich allerdings an § 533 messen lassen, was zwar im Beispielsfall, aber nicht in allen Fällen gelingen wird. Zum anderen kann die Berufung von Anfang an sowohl auf den alten Feststellungs- als auch auf den neuen Leistungsantrag gestützt werden; da beide Anträge nicht kumulativ verlangt werden, müssen sie zueinander in ein Eventualverhältnis (Haupt- und Hilfsantrag) gesetzt werden, wobei je nach Einzelfall sowohl der alte als auch der neue Antrag als Hilfsantrag gestellt werden kann (BGH NJW 01, 226; *Gaier* NJW 01, 3289).

Keine Änderung der Klage – und damit mit dem Berufungsantrag unproblematisch realisierbar – ist der Austausch einzelner Berechnungspositionen bei einem einheitlichen Sachschaden (BGH NJW-RR 91, 1279) oder der Übergang von der Auskunfts- zur Zahlungsklage (BGH NJW 69, 1486).

Da auch die gewillkürte **Parteiänderung** von der Rechtsprechung als Klageän- 300
derung angesehen wird, fehlt es an der erstrebten Beseitigung der Beschwer auch dann, wenn mit der Berufung die Gegenpartei ausgewechselt wird.

Unzulässig ist deswegen eine Berufung, die sich nicht mehr gegen den erstinstanzlichen Gegner, sondern ausschließlich gegen einen bislang nicht verfahrensbeteiligten Dritten richten soll (Rn. 148).

Nicht erforderlich ist die Beseitigung der Beschwer durch die Berufung, wenn 301
aufgrund einer **Änderung der tatsächlichen Umstände** zwischen dem

Schluss der mündlichen Verhandlung erster Instanz und der Einlegung der Berufung aus dem unverändert bleibenden Lebenssachverhalt ein anderer Gegenstand oder das Interesse gefordert wird (§§ 264 Nr. 3, 265 f.).

Ist die Klage auf Herausgabe einer Sache in erster Instanz abgewiesen worden, so kann der Kläger Berufung mit dem Antrag auf Zahlung von Schadensersatz verlangen, wenn die Sache zwischen den Instanzen untergegangen und dem Beklagten die Herausgabe damit unmöglich geworden ist (§§ 275, 280 BGB).

Keine Änderung der Klage liegt vor, wenn der **Antrag** lediglich **klargestellt** oder neu gefasst, in der Sache aber nicht abgeändert wird.

Denkbar ist dies vor allem bei den wegen ihrer Bestimmtheit schwierig zu formulierenden Unterlassungs- und Widerrufsanträgen (BGH WRP 89, 478).

302 Nicht immer ergibt sich die erstrebte Beseitigung der Beschwer allein aus dem Antrag. Ausnahmsweise zulässig kann auch eine Berufung sein, mit der nicht eine Abänderung des Tenor des angefochtenen Urteils begehrt wird, sondern allein eine **Änderung der Entscheidungsgründe**. Dies gilt insbesondere für die Fälle des verdeckten Hilfsantrags und der Hilfsaufrechnung.

Beim sog. »**verdeckten Hilfsantrags**« (zum normalen Hilfsantrag oben Rn. 293) wird ein Antrag für den Fall, dass der zur Begründung vorgetragene Lebenssachverhalt zur Verurteilung nicht ausreicht, hilfsweise mit einem davon unabhängigen weiteren Lebenssachverhalt begründet. Zumindest nach der Auffassung vom zweigliedrigen Streitgegenstandsbegriff liegen dabei zwei Streitgegenstände vor, die zueinander im Verhältnis der Eventualhäufung stehen, so dass ein Hilfsantrag gegeben ist, der aber (weil inhaltlich mit dem Hauptantrag identisch) nicht ausdrücklich formuliert wird. Ist der Beklagte nur aus dem Hilfsantrag verurteilt worden und will der Kläger mit der Berufung Verurteilung aus dem Hauptantrag erreichen, so schlägt sich das nicht im Tenor, sondern allein in der Begründung nieder. Mit der Berufung kann der Kläger erstreben, die Begründung der Klage auf den Hauptantrag umzustellen. Der Antrag müsste formal auf Abänderung des angefochtenen Urteils unter Beibehaltung des Sachziels (Verurteilung zur Zahlung des identischen Betrages) lauten. Wenn der Antrag in einem solchen Fall zur Vermeidung von Unklarheiten entgegen den allgemeinen Grundsätzen um Begründungselemente erweitert wird, stößt das auf keine Bedenken. Zur Klarstellung kann der Antrag deswegen auch lauten, »den Beklagten in Abänderung des angefochtenen Urteils nicht aus dem Hilfs- sondern aus dem Hauptantrag (Hauptsachverhalt) zu verurteilen« oder »das angefochtene Urteil dahin abzuändern, dass die Verurteilung des Beklagten zur Zahlung von 10.000,– € auf den erstinstanzlichen Hauptantrag gestützt wird«.

Beispiel: Hat der Kläger erstinstanzlich sowohl mit dem Haupt- als auch mit dem Hilfsantrag 10.000,– € begehrt und hat das Gericht der Klage unter Abweisung der Klage im Übrigen (= Hauptantrag) aus dem Hilfsantrag stattgegeben, so kann der Berufungsantrag dahin formuliert werde, das (auf Zahlung von 10.000,– € lautende) angefochtene

Urteil abzuändern und den Beklagten zur Zahlung von 10.000,– € zu verurteilen. Bei entsprechender Abänderung des Urteils wird die Verurteilung auf den Hauptantrag gestützt, die Abweisung der Klage im Übrigen fällt weg.

Ist die Klage aufgrund einer **Hilfsaufrechnung** des Beklagten abgewiesen worden, hat er materiell seinen Gegenanspruch verloren, was beim Erfolg der Primärverteidigung nicht erforderlich gewesen wäre. Der Antrag könnte dann lauten »die Klage unter Abänderung des angefochtenen Urteils ohne Berücksichtigung der Hilfsaufrechnung abzuweisen«.

(4) Unklare, fehlende, unzulässige Anträge

Grundsätzlich sind die Anträge ausdrücklich zu formulieren, textlich als solche zu fassen und in entsprechender Anwendung des § 313 II optisch (durch einrücken) hervorzuheben. Sie sollen das Rechtsschutzziel des Berufungsklägers klar und eindeutig erkennen lassen. 303

Fehlt es an einem konkret und eindeutig formulierten Antrag, muss die Berufung deswegen aber nicht sogleich unzulässig sein. Dem allgemeinen Grundsatz folgend, dass Prozesshandlungen dem wohlverstandenen Prozessziel der Partei entsprechend vernünftig auszulegen sind, können unklare, unvollständige oder sogar fehlende Anträge **berichtigt** und **ergänzt** werden. 304

Grundlage der Auslegung sind dabei neben den gestellten Anträge selbst die innerhalb der Berufungsfrist eingegangenen oder zulässig in Bezug genommenen Erklärungen, die ein Begehren hinreichend klar erkennen lassen (BGH NJW-RR 99, 211; BGH NJW 87, 3265). 305

Dies wird in erster Linie die Berufungsbegründung selbst sein. Möglich sind aber auch weitere, gesonderte Schriftsätze in der Berufungsinstanz und insbesondere das erstinstanzliche Vorbringen der Partei.

Hat der Berufungskläger allein den Antrag auf Zurückverweisung an die erste Instanz gestellt, und ergibt die Begründung, dass er das angefochtene Urteil für sachlich falsch hält, so kann im Wege der Auslegung davon ausgegangen werden, dass er auch seinen Sachantrag erster Instanz stellt (BGH NJW-RR 95, 1154). Etwas anderes muss aber gelten, wenn der Berufungskläger das angefochtene Urteil für sachlich richtig hält und die Zurückverweisung nur um ihrer selbst Willen begehrt; dann fehlt es an der erstrebten Beseitigung der Beschwer, die Berufung ist mangels hinreichenden Antrags unzulässig (BGH NJW 94, 2835).

Die Erklärung, das Urteil werde »voll angefochten«, lässt regelmäßig die Aufrechterhaltung des erstinstanzlichen Sachantrags erkennen (BGH NJW 92, 698). Die gilt selbst dann, wenn es an der ausdrücklichen Erklärung fehlt und die volle Anfechtung sich allein aus den Gründen ergibt.

Ihre Grenzen findet die Auslegung dort, wo Erklärungen Dritter oder nicht zu den Akten gelangte Erklärungen herangezogen werden müssten.

306 § 520 III Nr. 1 setzt einen Antrag voraus, nicht jedoch, dass dieser **Antrag prozessual zulässig** ist. Inhaltliche Mängel des Antrags schaffen zunächst eine wirksame Grundlage für die Fortsetzung des Verfahrens in zweiter Instanz und führen zur Zulässigkeit des Rechtsmittels, auch wenn sie die begehrte Abänderung des angefochtenen Urteils nicht bewirken können, so dass die Berufung eventuell unbegründet ist.

Hat der Kläger erstinstanzlich Zahlung aus zwei Streitgegenständen begehrt und verfolgt mit der Berufung gegen die vollständige Klageabweisung nur einen Teilbetrag weiter, ohne klarzustellen, aus welchem Streitgegenstand welcher Teilbetrag verlangt wird (»unabgegrenzte Teilberufung«), ist die Berufung zulässig. Erfolgt auf einen Hinweis gemäß § 139 keine Klarstellung und lässt sich die Abgrenzung (ausnahmsweise) auch nicht im Wege der Auslegung vornehmen, ist die Berufung unbegründet (BGHZ 20, 19; BGH NJW 00, 3718).

(5) Änderung der Anträge

307 Wird das erstinstanzliche Urteil mit der Berufung angefochten, so wird es nicht rechtskräftig (§ 705 S. 1), auch nicht teilweise, wenn es nur beschränkt angefochten wird.

Eine **Beschränkung** des zunächst bezeichneten Umfangs der Anfechtung ist während des gesamten Berufungsverfahrens ohne weiteres möglich.

Eine nachträgliche Beschränkung ist (wie die anfängliche Beschränkung auch) nicht automatisch Rücknahme von Klage (§ 269) bzw. Berufung (§ 516) oder Verzicht auf die Berufung (§ 515). Eine solche Erklärung kann nur angenommen werden, wenn sie sich aus den Umständen des Einzelfalles eindeutig ergibt (dazu unten Rn. 431 ff.).

308 Möglich ist auch eine nachträgliche **Erweiterung** der zunächst gestellten Anträge.

Bis zum Ablauf der Begründungsfrist kann der Berufungskläger frei entscheiden, in welchem Umfang und mit welcher Begründung er das Urteil anfechten will. Ein zunächst (egal ob in der Berufungsschrift oder in der Berufungsbegründung) gestellter Antrag ist deswegen nicht endgültig, sondern kann **innerhalb der** laufenden **Begründungsfrist** beliebig geändert und erweitert werden.

Ausgeschlossen ist eine Erweiterung der Berufung, wenn sich aus der zunächst vorgenommenen Beschränkung ergibt, dass bezüglich des Rests auf eine Anfechtung verzichtet wird (Rn. 441).

Selbst **nach Ablauf der Begründungsfrist** kann der Berufungskläger seine Anträge noch ändern. Möglich ist dies bis zum Schluss der letzten mündlichen Verhandlung vor dem Berufungsgericht. Dabei muss er sich dann aber innerhalb der ursprünglichen Berufungsgründe halten, eine Änderung oder Erweiterung dieser Gründe ist nach Ablauf der Frist nicht mehr möglich (BGH NJW 78, 1263; Rn. 360).

Dies und die Möglichkeit einer Anschlussberufung hindert deswegen auch den teilweisen Eintritt der Rechtskraft eines Urteils, soweit dieses nicht (sofort) angegriffen wird (BGH NJW 96, 2896). Eine Teilrechtskraft kann nur bezüglich abtrennbarer Teile eintreten, die nicht mehr angefochten werden können, insbesondere, weil insoweit ein wirksamer Rechtsmittelverzicht (§ 515) vorliegt.

Außerhalb der ursprünglichen Berufungsgründe liegt eine Berufungserweiterung, wenn mit ihr ein zunächst nicht mit der Berufung angegriffener Streitgegenstand geltend gemacht wird. Hat der Kläger, der erstinstanzlich mit verschiedenen Ansprüchen unterlegen ist, Berufung zunächst nur gegen die Abweisung eines Anspruchs eingelegt, so kann er diese nach Ablauf der Berufungsbegründung nicht mehr auf andere Ansprüche erweitern.

Streitig ist, ob mit einer solchen Erweiterung die Zulässigkeit der Berufung herbeigeführt werden kann. Ist der Berufungskläger mit mehr als 600,– € beschwert, hat seine Berufung aber zunächst auf einen Teil unterhalb dieses Betrags beschränkt, so ist die Berufung unzulässig. Mit dem Argument, die Zulässigkeitsvoraussetzungen der Berufung müssten innerhalb der Begründungsfrist vorliegen, hält eine Auffassung die nachträgliche Erweiterung der Berufung auf einen Betrag über 600,– € für unbeachtlich (BLAH/*Hartmann* § 520 Rn. 19; Schumann/*Kramer* § 11 Rn. 208). Zutreffend lässt es die Gegenansicht ausreichen, dass die Zulässigkeit vor Eintritt der Entscheidungsreife herbeigeführt wird (BGHZ 12, 67; BGH NJW 93, 269; Zöller/*Gummer* § 520 Rn. 31). Auch diese Auffassung lässt es jedoch zu, dass die zunächst unzulässige Berufung ohne mündliche Verhandlung verworfen wird (§ 522 I). Die Chance zur Erweiterung ist besteht dann nur im Rahmen der vorherigen Gewährung rechtlichen Gehörs.

Für den Berufungskläger bietet die Möglichkeit der nachträglichen Antrags- **309**
erweiterung damit eine Möglichkeit zur **Reduzierung des Kostenrisikos** (Rn. 212).

Denkbar ist, Berufung zunächst nur mit einem beschränkten Antrag einzulegen um damit die in zweiter Instanz entstehenden Kosten gering zu halten. Lassen sich die Erfolgsaussichten des Rechtsmittels absehen, kann dann der Antrag auf den gesamten Streitgegenstand erweitert werden.

Unstatthaft ist dies nach der Rechtsprechung, wenn die Beschränkung »offensichtlich« nur zur Minimierung des Kostenrisikos erfolgt (dazu Rn. 212); in diesem Fall wird als Kostenstreitwert der gesamte Wert der Beschwer zugrunde gelegt.

(6) Prozessanträge

310 Neben den Sachanträgen kann es im Einzelfall sinnvoll sein, auch Prozessanträge zu stellen.

311 Anträge, dem Gegner die **Kosten** aufzuerlegen oder das Urteil für vorläufig **vollstreckbar** zu erklären sind überflüssig. Verfahrensanträge sollten nur gestellt werden, wenn die entsprechenden Voraussetzungen vorliegen.

Über die Kosten des Rechtsstreits ist nach § 308 II auch in zweiter Instanz von Amts wegen, das heißt unabhängig von Anträgen der Parteien zu entscheiden. Das gleiche gilt für die Frage, ob und wie das Urteil für vorläufig vollstreckbar zu erklären ist (§ 708 ff.). Eines Antrags bedürfen nur die echten Vollstreckungsschutzanträge nach §§ 714, 710, 711 S. 3, 712, die aber zum einen nicht berufungsspezifisch, zum anderen praktisch so selten sind, dass von einer Darstellung hier abgesehen wird (dazu *Oberheim*, Zivilprozessrecht, § 10 Rn. 94 ff.).

312 Soll eine **Zurückverweisung** an das erstinstanzliche Gericht zur erneuten Verhandlung und Entscheidung erfolgen, so muss diese grundsätzlich besonders beantragt werden (§ 538 II).

Mit der ZPO-Reform wurden die Möglichkeiten zur Aufhebung und Zurückverweisung deutlich reduziert. Das Berufungsgericht hat grundsätzlich die notwendigen Beweise zu erheben und in der Sache selbst zu entscheiden (§ 538 I) . Eine Zurückverweisung kommt nur noch in Betracht, wenn einer der Fälle des § 538 II vorliegt (dazu Rn. 467). Dies ist der Fall, wenn das angefochtene Urteil nur auf Zulässigkeitsvoraussetzungen (Ziff. 2, 3) oder auf sonstige prozessuale Punkte (Versäumnisurteil, Ziff. 6) gestützt ist oder materielle Fragen bewusst offen geblieben sind (Grundurteil, Ziff. 4; Vorbehaltsurteil, Ziff. 5; unzulässiges Teilurteil, Ziff. 7). Die Generalklausel der Ziff. 1 (wesentlicher Verfahrensmangel und Erforderlichkeit aufwändiger Beweisaufnahme) erfasst alle prozessualen Mängel, die so schwerwiegend sind, dass das erstinstanzliche Verfahren keine ordnungsgemäße Grundlage für die Entscheidung abgibt. Allein in den Fällen der Ziff. 7 bedarf es eines Antrags nicht (§ 538 II 3).

Der Antrag kann auch hilfsweise für den Fall gestellt werden, dass das Berufungsgericht einen Fall des § 538 II für gegeben hält und von einer eigenen Sachentscheidung absehen will.

Die Zurückverweisung des Rechtsstreits an das erstinstanzliche Gericht verzögert den rechtskräftigen Abschluss des Verfahrens und kann besondere Kosten verursachen.

Für die Gerichtskosten wird das erstinstanzliche Verfahren vor und nach der Zurückverweisung kostenrechtlich als eine Instanz behandelt, so dass alle Gebühren nur einmal anfallen (§§ 27, 33 GKG). Für die Anwaltskosten allerdings entstehen die Gebühren nach der Zurückverweisung (gegebenenfalls ohne die Prozessgebühr) erneut (§ 15 BRAGO).

Dennoch kann die Zurückverweisung sinnvoll sein, weil mit der Fortsetzung der ersten Instanz auch die Befugnis der Partei zum Vortrag neuer Angriffs- und Verteidigungsmittel wiederauflebt, diese also unabhängig von den Beschränkungen der §§ 529, 531 II nachgeschoben werden können.

Nach der Zurückverweisung wird das frühere Verfahren in erster Instanz fortgesetzt. Bisherige Prozessergebnisse (Angriffs- und Verteidigungsmittel der Parteien, Beweisergebnisse) dauern genauso fort, wie bindende Prozesslagen, die bereits vorher eingetreten sind (Rügeverlust nach § 295, Geständniswirkungen nach § 290). Die Gefahr der Zurückweisung von Vorbringen wegen Verspätung (§ 296) besteht nur, soweit im neuen Verfahren erster Instanz dadurch eine Verzögerung eintritt. Das erstinstanzliche Gericht hat von Amts wegen Termin zu bestimmen, ist für das weitere Verfahren und die erneute Entscheidung aber entsprechend § 563 II an das zurückverweisende Urteil gebunden, selbst wenn dieses rechtsfehlerhaft war. Bei seiner Entscheidung ist das Erstgericht grundsätzlich frei, das Verschlechterungsverbot zugunsten des Berufungsklägers (Verbot der reformatio in peius) gilt nicht. Allerdings kann das erstinstanzliche Gericht nach § 318 an seine ursprüngliche eigene Entscheidung gebunden sein, soweit diese in der Berufung nicht abgeändert wurde.

Die Entscheidung über die **Zulassung der Revision** ergeht von Amts wegen **313**
(§ 543 II). Ein Antrag der Parteien ist deswegen weder erforderlich noch möglich. Dennoch kann es sinnvoll sein, eine solche Zulassung der Revision »anzuregen«.

Zulässig ist die Revision nur, wenn sie entweder vom Berufungsgericht oder – auf Nichtzulassungsbeschwerde (§ 544) hin – vom BGH zugelassen wurde. Statistisch ist die Zulassung der Revision sehr selten. Grund hierfür kann die nur kursorische Prüfung der Zulassungsvoraussetzungen sein oder auch mangelnde Kenntnis der diese Voraussetzungen ausfüllenden Tatsachen. Ob einer Rechtssache grundsätzliche Bedeutung zukommt oder ob die beabsichtigte Entscheidung (insbesondere einer Berufungskammer) möglicherweise von der gleichrangiger Gerichte abweicht, kann von den Parteien manchmal besser beurteilt werden, als vom Gericht. In diesen Fällen empfiehlt es sich, hierzu vorzutragen.

Der Versuch, eine Zulassung der Revision bereits beim Berufungsgericht zu erreichen, hat der Nichtzulassungsbeschwerde gegenüber zahlreiche Vorteile und verdoppelt zumindest die Chance auf eine Zulassung.

Die Zulassung durch das Berufungsgericht bindet den BGH, auch wenn er die Voraussetzungen nicht für gegeben hält (§ 543 II 2). Rein tatsächlich ist eine Zulassung durch das Berufungsgericht einfacher zu erlangen als durch den BGH. Eine Zulassung durch das Berufungsgericht ist in allen Fällen möglich, eine Nichtzulassungsbeschwerde kommt (zunächst befristet bis zum 31. 12. 2006) nur in Betracht, wenn der Wert des Beschwerdegegenstands 20.000,– € übersteigt. Während die Nichtzulassungsbeschwerde erhebliche Kosten verursacht (§§ 61 a I Nr. 2, IV, 11 I 4 BRAGO; Nr. 1955 KV), ist die Prüfung der Zulassungsvoraussetzungen durch das Berufungsgericht kostenfrei. Zudem wird damit eine Entscheidung über die tatsächliche Durchführung der Revision nicht vorweggenommen, auf eine erfolgreiche Nichtzulassungsbeschwerde hin beginnt das Revisionsverfahren sofort (§ 544 VI).

Erfahrungsgemäß führt die bloße Anregung der Revisionszulassung alleine nicht zu besonderen Prüfungen des Berufungsgerichts. Deutlich besser sind die Chancen, wenn in tatsächlicher Hinsicht zu den Zulassungsvoraussetzungen vorgetragen wird.

Die Revisionsgründe nach § 543 II bedürfen noch der Präzisierung durch die Rechtsprechung. Erste Entscheidungen hierzu lassen erkennen, dass der BGH die Zulassungsgründe restriktiv handhabt. So soll die Revision »zur Sicherung einer einheitlichen Rechtsprechung« (§ 543 II Nr. 2) nur in Fällen der Divergenz (Abweichung von der Entscheidung eines höheren oder gleichrangigen Gerichts) sowie der Wiederholungs- und Nachahmungsgefahr zuzulassen sein, »grundsätzliche Bedeutung« (§ 543 II Nr. 1) kann einer Sache zukommen, wenn sie Rechtsfragen aufwirft, die in einer unbestimmten Vielzahl von Fällen auftreten können, oder wenn andere Auswirkungen des Rechtsstreits auf die Allgemeinheit deren Interessen berühren (*Nasall* NJW 03, 1345; *Wenzel* NJW 02, 3353, beide m. w. N.; unten Rn. 490).

Liegen die Voraussetzungen für eine Revisionszulassung vor, so muss das Berufungsgericht sie aussprechen, ein Ermessen hat es diesbezüglich nicht. Die Entscheidung ergeht im Urteil, entweder im Tenor oder in den Gründen. Fehlt ein Ausspruch zur Zulassung, so gilt die Revision als nicht zugelassen, eine Nachholung der Entscheidung im Wege der Urteilsergänzung (§ 321) ist nach h. M. nicht möglich (BGH NJW 83, 929).

b) Berufungsgrund

314 Über den Antrag hinaus ist die hinreichende Darlegung mindestens eines Berufungsgrunds erforderlich (§ 520 III Nr. 2–4).

Die Berufung dient der Kontrolle des angefochtenen Urteils und der Behebung dabei festgestellter Fehler. Berufung kann eine Partei nur einlegen, wenn sie der Auffassung ist, dass das angefochtene Urteil falsch ist und der Abänderung bedarf. Diese Behauptung muss mit der Berufungsbegründung konkretisiert werden. Erforderlich ist deswegen die Angabe der Gründe, aus denen der Berufungskläger das Urteil für falsch hält.

Falsch kann das Urteil entweder sein, weil das erstinstanzliche Gericht Rechtsnormen falsch angewandt hat, oder weil es von einem falschen Sachverhalt ausgegangen ist. Der Sachverhalt kann falsch sein, weil das Gericht die streitigen Tatsachen falsch festgestellt, das heißt einen Fehler bei der Beweisaufnahme begangen hat, oder weil die Parteien den Sachverhalt falsch oder unvollständig vorgetragen haben.

Dementsprechend legt **§ 513 I** die möglichen Berufungsgründe fest. Danach 315
kann die Berufung nur darauf gestützt werden, dass die Entscheidung auf einer Rechtsverletzung beruht oder zu berücksichtigende Tatsachen eine andere Entscheidung rechtfertigen

Die mit der Berufung vorzutragenden Gründe für eine Abänderung sind dabei kein Selbstzweck. Dass das erstinstanzliche Urteil fehlerhaft ist, reicht alleine zur Abänderung nicht aus. Erforderlich ist, dass die Fehlerhaftigkeit sich auch auf das Ergebnis ausgewirkt hat, das Urteil ohne den Fehler deswegen für den Berufungsführer günstiger ausgefallen wäre. Dieser allgemeine Grundgedanke aller Rechtsmittel ist für die Revision in § 561 normiert, für die Berufung ergibt er sich aus § 513, nach dem die Entscheidung »auf der Rechtsverletzung beruhen« bzw. die neue Tatsachengrundlage »eine andere Entscheidung rechtfertigen« muss.

§ 513 I bestimmt insoweit den möglichen Prüfungsumfang des Berufungsgerichts, normiert die Funktion der Berufung als Instrument der Fehlerkontrolle und Fehlerbeseitigung und die Abkehr des Reformgesetzgebers von dem bis dahin geltenden Grundsatz einer vollständigen Neuverhandlung des Rechtsstreits in zweiter Instanz (§ 525 a. F.). Eine weitergehende praktische Bedeutung kommt dieser Vorschrift nicht zu.

Ihre konkrete Ausprägung finden die Berufungsgründe in den §§ 546, 529, 316
531 II. Hier ist geregelt, unter welchen Voraussetzungen die Fehlerhaftigkeit des Urteils tatsächlich zu einen Abänderung des Urteils führt. Nach diesen Normen richtet sich, ob die **Berufung begründet** ist.

Nach § 546 liegt eine Rechtsverletzung vor, wenn eine Rechtsnorm nicht oder nicht richtig angewandt wurde. Eine erneute Tatsachenfeststellung durch das Berufungsgericht ist nach § 529 I Nr. 1 geboten, wenn konkrete Anhaltspunkte Zweifel an der Richtigkeit oder Vollständigkeit der entscheidungserheblichen Feststellungen erster Instanz begründen. Neue Angriffs- und Verteidigungsmittel dürfen die Parteien vortragen, wenn ihr Vortrag in erster Instanz wegen eines Fehlers des erstinstanzlichen Gerichts oder ohne eigenes Verschulden unterblieben ist (§§ 529 I Nr. 2, 531 II).

Vorher aber ist im Rahmen der **Zulässigkeit der Berufung** zu prüfen, ob die 317
Darlegungen des Berufungsklägers überhaupt hinreichende Veranlassung zu einer Prüfung dieser Normen bieten. Dies ist der Fall, wenn zur Begründung

der Berufung Umstände vorgetragen werden, die das Vorliegen eines Berufungsgrunds als möglich erscheinen lassen.

Mit den Berufungsgründen soll der Berufungskläger angeben, worin nach seiner Auffassung die Fehlerhaftigkeit begründet liegt. Er darf sich dabei nicht bloß mit formelhaften Wendungen begnügen, sondern muss auf den Einzelfall bezogen konkret dartun, wie er den Fall beurteilt haben will. Nur so kann verhindert werden, dass der Rechtsstreit in vollem Umfang neu verhandelt werden muss. Die Berufungsgründe ermöglichen damit eine Zusammenfassung und Beschränkung des Prozessstoffs zweiter Instanz (BGH NJW 99, 3126; BGH NJW 99, 3269).

§ 520 III Nr. 2 bis 4 konkretisiert die zur Ausfüllung der möglichen Berufungsgründe erforderlichen Darlegungen.

- Wird die Berufung auf eine Rechtsverletzung gestützt, so sind die Umstände zu bezeichnen, aus denen sich die Rechtsverletzung und deren Erheblichkeit für die angefochtene Entscheidung ergibt.
- Soll eine Wiederholung der Beweisaufnahme erreicht werden, sind die Anhaltspunkte zu bezeichnen, die Zweifel an der Richtigkeit oder Vollständigkeit der Tatsachenfeststellungen im angefochtenen Urteil begründen und deshalb eine erneute Feststellung gebieten.
- Will der Berufungskläger neue Angriffs- oder Verteidigungsmittel vortragen, so hat er diese zu bezeichnen und gleichzeitig die Tatsachen anzugeben, aufgrund derer diese (ausnahmsweise) zuzulassen sind.

318 Nicht eindeutig gesetzlich geregelt ist die **Abgrenzung** zwischen den einzelnen Berufungsgründen. Dabei handelt es sich um ein dogmatisches Problem, dem kaum praktische Bedeutung zukommt.

Die beiden in § 513 bzw. in § 520 III Nr. 2 und Nr. 3 genannten Berufungsgründe erfassen teilweise denselben Sachverhalt. Liegt ein Fehler in der Tatsachenfeststellung des Gerichts vor, beruht dieser häufig auf einer Verletzung von Verfahrensrecht, umgekehrt rechtfertigen Rechtsfehler i. S. d. § 513 1. Alt. regelmäßig auch eine andere Entscheidung i. S. d. § 513 2. Alt.

Zur Abgrenzung der Rechtsverletzung von der fehlerhaften Tatsachenfeststellung bieten sich verschiedene Ansätze an. So ist denkbar, die fehlerhafte Tatsachenfeststellung (§ 513 2. Alt.) auf die Fälle zu beschränken, in denen aufgrund zulässiger neuer Angriffs- und Verteidigungsmittel eine geänderte tatsächliche Entscheidungsgrundlage geschaffen wird, die eine abweichende Sachentscheidung rechtfertigt. Zu Recht wird dieser Auffassung entgegengehalten, sie berücksichtige die in § 513 2. Alt auch in Bezug genommenen Fälle des § 529 I Nr. 1 nicht. Besser scheint deswegen der Vorschlag, von § 513 1. Alt., § 520 III Nr. 2 auszugehen, wenn die rechtliche Wertung des vom Erstgericht festgestellten Sachverhalts gerügt werden soll, während §§ 513 2. Alt, 520 III Nr. 3 die Fälle erfassen, in denen die Feststellung des Sachverhalts gerügt und eine neue Tatsachenfeststellung durch das Berufungsgericht begehrt wird (*Rimmelspacher* NJW 02, 1897).

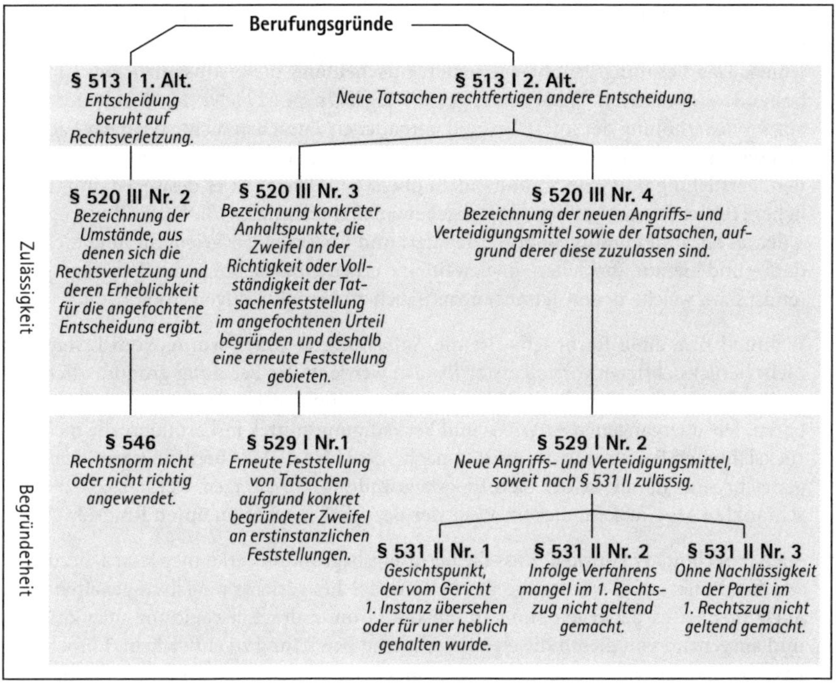

Schaubild 4: Berufungsgründe

Praktisch kann diese Abgrenzung regelmäßig dahin stehen. Der Erfolg der Berufung hängt nicht davon ab, dass der Berufungsgrund korrekt bezeichnet wird, es reicht aus, dass ein Berufungsgrund den Anforderungen des § 520 III entsprechend dargetan ist und im Ergebnis vorliegt. Auf welche der Alternativen er dabei formal gestützt wird, kann dahin stehen. In Zweifelsfällen kann eine Rüge alternativ auf beide Berufungsgründe gestützt werden, wird sie nur auf einen bezeichneten Grund gestützt, kann das Berufungsgericht sie unter den anderen Berufungsgrund subsumieren, ohne dass die Berufung hierdurch unzulässig oder unbegründet wird.

(1) Grundsätze

Die Berufungsbegründung soll für Gericht und Gegner klarmachen, warum 319
der Berufungskläger die angefochtene Entscheidung für falsch hält, auf welche Fehler hin das angefochtene Urteil überprüft werden soll. Dem Berufungskläger gibt die Berufungsbegründung Anlass, sein Vorbringen erster Instanz zusammenzufassen und vor dem Hintergrund der negativen Entscheidung des erstinstanzlichen Gerichts zu prüfen, inwieweit es geändert, ergänzt oder fallen gelassen werden soll. Damit wird der Prozessstoff beschränkt und eine konzentrierte und beschleunigte Verhandlung ermöglicht. Dies gilt in tatsächlicher wie in rechtlicher Hinsicht.

Die nach dem alten Berufungsrecht verbreitete Übung, die Berufungsbegründung mit einer Zusammenfassung des eigenen **Sachvortrags** zu beginnen, ist nicht mehr zu empfehlen. Das Berufungsgericht hat seiner Entscheidung die erstinstanzlichen (im Tatbestand) festgestellten Tatsachen zugrunde zu legen (§ 529 I Nr. 1). Damit bedarf es einer Wiederholung der im Tatbestand enthaltenen Tatsachen nicht. Wird der Sachverhalt selbstständig zusammengefasst, besteht die Gefahr, Unterschiede zwischen der eigenen Darstellung und dem Tatbestand zu übersehen. Besser ist es deswegen, in tatsächlicher Hinsicht ausschließlich vom (gegebenenfalls berichtigten) Tatbestand auszugehen – der als bekannt vorausgesetzt werden darf und deswegen der Wiederholung nicht bedarf – und hieraus abzuleiten, inwieweit eine erneute Feststellung von Tatsachen geboten ist bzw. welche neuen Tatsachen zusätzlich zu berücksichtigen sind.

Während zum alten Recht teilweise die Auffassung vertreten wurde, vom Erstgericht nicht berücksichtigter Vortrag erster Instanz werde in der Berufung grundsätzlich aufrecht erhalten, lässt sich dies mit der neuen Funktion der Berufung kaum mehr vereinbaren. Die übergangenen Angriffs- und Verteidigungsmittel, insbesondere die nicht berücksichtigten Beweisantritte, müssen nach § 529 I Nr. 1, 2 als Berufungsgrund geltend gemacht und damit in der Berufungsbegründung vorgetragen werden. Zu der beschränkten Möglichkeit, dies im Wege der Bezugnahme zu tun, unten Rn. 323.

Auch in rechtlicher Hinsicht muss die Berufungsbegründung erkennen lassen, bezüglich welcher Punkte **und** warum die Beurteilung des Erstgerichts für falsch gehalten wird. Auch hier ist es deswegen sinnvoll, an die Gründe der Entscheidung anzuknüpfen und ausgehend von diesen die eigene rechtliche Bewertung zu entwickeln. Entbehrlich ist dies nur, wenn sich die Berufung ausschließlich auf neue Angriffs- und Verteidigungsmittel stützt (BGH MDR 99, 1521)

320 Das Erfordernis der Berufungsbegründung ist **rein formaler Natur**. Erforderlich ist die Darlegung eines Berufungsgrunds in der Form des § 520 III Nr. 2- 4, nicht erforderlich ist, dass dieser Berufungsgrund schlüssig (das heißt, seine Wahrheit unterstellt, geeignet ist, eine Abänderung des angefochtenen Urteils zu rechtfertigen) oder auch nur rechtlich vertretbar ist (BGH NJW 99, 3126; BGH NJW 99, 3784).

321 Die Berufungsbegründung sollte klar und eindeutig angeben, auf welchen Berufungsgrund der Berufungskläger sich stützt und die dafür nach § 520 III Nr. 2 – 4 erforderlichen Angaben – auch aufbaumäßig – erkennbar werden lassen. Werden mehrere Berufungsgründe vorgetragen, empfiehlt sich eine für den Leser nachvollziehbare **Gliederung**.

Zwingende Voraussetzung für den Erfolg der Berufung ist dies nicht. Praktisch zu empfehlen ist es dennoch, weil damit nicht bloß das Berufungsverfahren klar strukturiert und eine Vorgabe für die Berufungserwiderung und die Sachbearbeitung des Gerichts gemacht wird, sondern weil damit auch die eigene Arbeit systematisiert und transparent gemacht werden kann, was der Selbstkontrolle dient.

Ein wirksamer **Berufungsangriff** reicht aus. Trägt der Berufungskläger einen gegen den gesamten Streitgegenstand gerichteten Berufungsgrund vor, so ist die Berufung insgesamt zulässig. Das Berufungsgericht kann dann eine uneingeschränkte sachliche und rechtliche Prüfung vornehmen, ist auf den vorgetragenen Berufungsgrund nicht beschränkt (§ 529 II 2; BGH NJW 94, 1656). 322

Insoweit ist der systematische Aufbau von § 520 III misslungen. Die Zulässigkeit der Berufung erfordert den Berufungsantrag und einen Berufungsgrund, vorliegen muss also § 520 III Nr. 1 und entweder § 520 III Nr. 2, 3 oder 4.

Die wirksame Geltendmachung mindestens eines Berufungsgrunds ist Voraussetzung für die Zulässigkeit der Berufung und damit für die Fortsetzung des Verfahrens in zweiter Instanz. Ist diese zweite Instanz erst einmal wirksam eröffnet, erfolgt die Prüfung der Richtigkeit der angefochtenen Entscheidung weitgehend von Amts wegen. Im Rahmen der gestellten Anträge und unter Zugrundelegung des zweitinstanzlich zu berücksichtigenden Streitstoffs werden Zulässigkeit und Begründetheit der Klage auch unter rechtlichen Gesichtspunkten geprüft, die der Berufungskläger nicht ausdrücklich geltend gemacht hat.

Stützt der Kläger seine Berufung auf eine Rechtsverletzung und hält an der bereits erstinstanzlich verfolgten Anspruchsgrundlage fest, muss das Berufungsgericht prüfen, ob nicht eine andere Anspruchsgrundlage gegeben ist. Eine nur auf neue Angriffsmittel gestützte Berufung hindert das Berufungsgericht nicht, das angefochtene Urteil auch auf eine Rechtsverletzung hin zu überprüfen (Schumann/*Kramer* Rn. 218).

Nicht ohne Rüge von Amts wegen geprüft werden können verzichtbare Zulässigkeitsrügen (§ 529 II 1; unten Rn. 331).

Dies darf den Berufungskläger aber nicht dazu veranlassen, seine Berufungsbegründung willkürlich auf einen einzigen Berufungsgrund zu beschränken. Dagegen spricht zum einen die Gefahr, dass das Gericht einen dem Berufungskläger günstigen Aspekt übersieht, zum anderen die Funktion der Berufungsbegründung, den Prozessstoff zweiter Instanz zu konkretisieren und zu konzentrieren. 323

Hält das Berufungsgericht den einen vorgetragenen Berufungsgrund für unzulässig oder unbegründet, besteht die Gefahr einer Entscheidung im Beschlussweg, so dass keine oder nur eine stark eingeschränkte Möglichkeit besteht, das Gericht noch auf übersehene Gesichtspunkte hinzuweisen. Nach Ablauf der Begründungsfrist können weitere Berufungsgründe nicht nachgeschoben, die Anträge nur im Rahmen der bereits vorgetragenen Gründe erweitert werden. Rechtlich wie tatsächlich ist es daher geboten, alle erkannten und gewollten Berufungsgründe in der Berufungsbegründung darzulegen.

324 Der Berufungsgrund muss auf den Einzelfall bezogen **konkret** dargetan werden. Pauschale Floskeln oder Formelangriffe reichen nicht aus.

Formulierungen wie »Die Entscheidung ist in rechtlicher und tatsächlicher Hinsicht unzutreffend«, »Gerügt wird eine Rechtsverletzung«, »Die Beweiswürdigung ist unzureichend« stellen in keinem Fall eine ausreichende Berufungsbegründung dar.

Einen unzureichende Pauschalangriff – und zudem einen der Berufungsinstanz unangemessenen Stil – stellen auch persönliche Angriffe auf den Gegner, seinen Prozessbevollmächtigten oder das erstinstanzliche Gericht dar. Eine Verfahrens- oder Urteilsschelte ist weder erforderlich noch ausreichend. Wird eine Rechtsverletzung gerügt, muss die angefochtene Entscheidung nicht als »rechtsirrig«, »abwegig« oder »unvertretbar« abgekanzelt werden, unzutreffender Vortrag der Gegenpartei ist zu bestreiten, der Vorwurf des »versuchten Prozessbetrugs« bringt verfahrensrechtlich nicht weiter. Starke Worte können schwache Argumente nicht ausgleichen. Auch der bloße Umfang der Berufungsbegründung ist kein Wert an sich, wortreiche, aber substanzarme Begründungen sind ungenügend (OLG Karlsruhe AnwBl 92, 88). Das Maß der erforderlichen Konkretisierung, Substanziierung und des Umfangs der Begründung hängen vom Einzelfall ab.

325 Der Berufungsgrund muss in der Berufungsschrift enthalten sein. **Bezugnahmen** auf andere Unterlagen sind nur ausnahmsweise möglich (*Fischer* JuS 95, 535, 623; *Lange* NJW 89, 438).

Grundsätzlich muss der Kern des eigenen Vorbringens in der Berufungsschrift selbst erkennbar sein, eine Verweisung auf andere Unterlagen kann diesen ergänzen, aber nicht vollständig **ersetzen** (BVerfG NJW-RR 02, 135). Dies gilt selbst dann, wenn es im Berufungsverfahren nur um eine einzelne Rechtsfrage geht (BGH NJW-RR 97, 866). Die Berufungsbegründung kann deswegen nicht auf den Satz beschränkt werden »Zur Vermeidung von Wiederholungen beziehe ich mich auf den erstinstanzlichen Vortrag samt den darin enthaltenen Beweisantritten und mache ihn zum Gegenstand der Begründung« (BGH NJW 93, 1735). Von dem grundsätzlichen Verbot ersetzender Bezugnahmen lässt die Rechtsprechung im Einzelfall Ausnahmen zu. Akzeptiert wurden die Verweisung auf die bereits vorliegende Begründung eines Streitgenossen (BGH NJW 93, 3333), auf die Begründung eines vorab gestellten Antrags auf Gewährung von Prozesskostenhilfe oder Einstellung der Zwangsvollstreckung.

Auch eine die Begründung nicht ersetzende, sondern bloß **ergänzende** Bezugnahme ist unzulässig, wenn sie pauschal erfolgt. Unzureichend ist damit eine pauschale Verweisung auf das »gesamte Vorbringen erster Instanz«. Damit kann das Berufungsgericht nicht verpflichtet werden, den gesamten Akteninhalt auf erhebliches Vorbringen hin zu durchforschen (BGHZ 35, 106).

Auch wenn eine ergänzende **Pauschalverweisung** regelmäßig unwirksam ist, kann sie zumindest nicht schaden, im Einzelfall vielleicht sogar zu einer wirksamen Einbeziehung führen, so dass die am Ende der Begründung eingefügte Standardfloskel »Im Übrigen wird auf den Vortrag in den Schriftsätzen vom ... verwiesen« für Rechtsanwälte zu Recht immer wieder angeraten wird (*Fischer* JuS 95, 623; *Doukoff* Rn. 148).

Erfolgt die ergänzende Verweisung auf andere Unterlagen nicht pauschal, sondern konkret, kann sie statthaft sein. Dabei muss die Verweisung so konkret sein, dass nachvollzogen werden kann, wegen welchen Vorbringens auf welche Unterlage verwiesen werden soll. Es muss erkennbar sein, dass der Vortragende den Inhalt der anderen Unterlagen kennt, billigt, sie in seinen Vortrag einbeziehen und damit auch mitverantworten will. Die ausdrückliche Verweisung auf die entsprechenden Unterlagen ist anzuraten, obwohl im Einzelfall auch konkludente Inbezugnahmen zulässig sein können (BGH NJW-RR 89, 184; BGH NJW 95, 2112).

Möglich ist der Vortrag, ein bestimmtes Vorbringen werde aufrecht erhalten, wegen der Einzelheiten auf einen bestimmten Schriftsatz erster Instanz verwiesen. Je größer die Zahl der Urkunden ist, auf die verwiesen wird, umso höhere Anforderungen sind an die Konkretisierung der Verweisung und gegebenenfalls auch an die Ordnung der Unterlagen (Paginierung, Gliederung) zu stellen (BGH NJW 93, 1866). Zu berücksichtigen ist dabei, dass in einzelnen Bundesländern die Anlagen zu den Schriftsätzen fortlaufend in der Akte abgeheftet, in anderen Bundesländern in gesonderten Anlagebänden zusammengefasst werden. Es empfiehlt sich in jedem Fall, die einzelnen Anlagen so zu bezeichnen, dass auf sie später eindeutig Bezug genommen werden kann (»Anlage BK [für Berufungskläger] 1«, Anlage BB [für Berufungsbeklagter] 2«).

Vorsicht geboten ist auch bei der Bezugnahme auf Schriftstücke, die von einer im Berufungsverfahren nicht postulationsfähigen Person herrühren. Damit kann grundsätzlich nicht verwiesen werden auf einen noch vom erstinstanzlichen Prozessbevollmächtigten gestellten Prozesskostenhilfeantrag (BGH NJW 81, 1620), auf Schriftsätze der Partei selbst oder auf Gutachten. In weiterem Umfang möglich ist eine Verweisung auf Entscheidungen des erstinstanzlichen oder des angerufenen Gerichts, also insbesondere auf das angefochtene Urteil oder auf einen Prozesskostenhilfebeschluss (BGH NJW 90, 2628; BGH NJW 93, 3333).

Mit der Berufungsbegründung muss der Berufungskläger sich gegen die in der angefochtenen Entscheidung liegende **Beschwer** wenden. 326

Dabei reicht es nicht immer aus, dass der Berufungsantrag auf die Abänderung des Urteilstenors gerichtet ist (dazu oben Rn. 298). Erforderlich ist auch, dass die Begründung der Berufung sich gegen die Begründung der Beschwer richtet. Dies setzt der alleinigen Geltendmachung neuer Angriffe oder Verteidigungen in der Berufung Grenzen.

Verteidigt sich der Beklagte mit seiner Berufung gegen ein klagestattgebendes Urteil mit einer in erster Instanz nicht geltend gemachten Aufrechnung, ist die Berufung unzulässig, weil die Berufungsgründe nicht den Grund seiner Verurteilung angreifen (OLG Brandenburg OLGR 01, 299).

Hat das Erstgericht seine Entscheidung auch auf eine **Hilfs- oder Alternativbegründung** gestützt, so müssen mit der Berufung Gründe gegen alle im angefochtenen Urteil vorhandenen Begründungen vorgetragen werden, die die Entscheidung selbstständig zu tragen vermögen. 327

Wendet sich der Beklagte mit seiner Berufung nur gegen eine von zwei im Urteil genannte Anspruchsgrundlagen, so ist die Berufung unzulässig, weil die Alternativbegründung aus der zweiten Anspruchsgrundlage unangefochten bleibt. Ist die Klage sowohl wegen fehlender Anspruchsvoraussetzungen als auch wegen Verjährung abgewiesen worden, so muss der Kläger beide Begründungen mit der Berufung angreifen (BGH NJW 98, 1081; BGH NJW 98, 3126; BGH NJW-RR 00, 685; BGH NJW 00, 947).

Eine Ausnahme gilt, wenn Haupt- und Hilfsbegründung unterschiedliche Ergebnisse tragen. Hat das erstinstanzliche Gericht die Klage mangels Anspruchsgrund und mangels Fälligkeit abgewiesen, so ist die Berufung, mit der allein der Anspruchsgrund dargetan wird, nicht unzulässig, da dann die Abweisung der Klage nicht vollständig, sondern nur als »zur Zeit unbegründet« erfolgt BGH NJW 00, 590).

328 Wird mit der Berufung die Entscheidung über **mehrere Streitgegenstände** oder über einen teilbaren Streitgegenstand angegriffen, so müssen die Berufungsgründe erkennen lassen, bezüglich welcher Streitgegenstände bzw. Streitgegenstandsteile welcher Berufungsgrund geltend gemacht wird (BGH NJW 93, 3073; BGH WM 97, 2353).

Praktische Bedeutung erlangt dies häufig für Neben- und Hilfsansprüche (BGHZ 22, 278; *Müller-Rabe* NJW 90, 831). So fehlen bei einer Verurteilung zur Zahlung von Haupt- und Zinsforderung in der Berufungsbegründung häufig Ausführungen zur Zinsforderung. Entbehrlich sind diese, wenn die Hauptforderung dem Grunde nach angegriffen wird, da dann auch die akzessorische Zinsforderung entfällt, nicht entbehrlich sind Ausführungen, wenn die Hauptforderung nur der Höhe nach angegriffen wird (BGH FamRZ 95, 1138; BGH NJW 94, 1657). Nicht selbstständig angegriffen werden müssen dagegen die Nebenentscheidungen zu Kosten und vorläufiger Vollstreckbarkeit, weil hierüber auch in zweiter Instanz von Amts wegen zu entscheiden ist (§§ 308 II, 708 f.).

Vereinfacht werden kann die Begründung, wenn ein gemeinsamer tatsächlicher oder rechtlicher Grund vorliegt, wie dies zum Beispiel bei der Stufenklage der Fall ist (BGH NJW-RR 01, 789; BGH NJW 01, 2464, 2466).

Streitig ist, welche Rechtsfolgen es hat, wenn sich für einzelne Streitgegenstandsteile eine Begründung nicht erkennen lässt. Während eine ältere Auffassung davon ausgeht, die Berufung sei dann insoweit unzulässig (BGH NJW 90, 1184; BGH NJW-RR 00, 1015), nimmt eine neuere Auffassung bei einem zulässigen Teilangriff die Zulässigkeit des ganzen Rechtsmittels an und weist die Berufung wegen der nicht wirksam angegriffenen Teile als unbegründet zurück (BGH NJW 01, 288; Zöller/*Gummer* § 520 Rn. 37, 38).

329 Die Berufung kann auch auf rechtlich oder tatsächlich selbstständige Teile **beschränkt** werden. Soweit diese Beschränkung nicht bereits im Antrag ihren Niederschlag gefunden hat (dazu oben Rn. 292), ist sie in der Begründung deutlich zu machen.

Selbstständig in diesem Sinne sind alle Teile des Streitstoffs, über die eine isolierte Entscheidung durch Grund-, Teil- oder anfechtbares Zwischenurteil hätte ergehen können. Dazu gehört die Zulässigkeit der Klage (BGH MDR 90, 670), eine einzelne Prozessvoraussetzung (BGH WM 95, 2046) oder der Grund (BGH NJW 82, 2380) bzw. die Höhe des Anspruchs (BGH NJW 79, 551). Möglich ist auch eine Beschränkung auf einzelne selbstständige Verteidigungsmittel, zum Beispiel die Verneinung der Aufrechnungsforderung (BGH NJW 96, 527; BGH NJW-RR 01, 1572).

Unzulässig ist eine Beschränkung auf eine von mehreren konkurrierenden Anspruchsgrundlagen (BGH VersR 95, 334) oder auf ein einzelnes Begründungselement (Verschuldensform), weil die Rechtsanwendung nicht zur Disposition der Parteien steht (Th/P/*Reichold* § 520 Rn. 28).

(2) Rechtsverletzung

Grund für die Fehlerhaftigkeit des angefochtenen Urteils und damit dessen Abänderung in der Berufung kann sein, dass die erstinstanzliche Entscheidung auf einer Rechtsverletzung beruht (§ 513 I 1. Alt.). Das Recht ist verletzt, wenn eine Rechtsnorm nicht oder nicht richtig angewendet worden ist (§ 546). Zur Zulässigkeit der Berufung ist es in diesem Fall erforderlich, dass die Umstände bezeichnet werden, aus denen sich die Rechtsverletzung und deren Erheblichkeit für die angefochtene Entscheidung ergibt (§ 520 III Nr. 2). **330**

Mit der Verweisung auf § 546 wird deutlich, dass die Rechtskontrolle des erstinstanzlichen Urteils nicht erst in der Revisionsinstanz, sondern auch schon in der Berufungsinstanz erfolgt. Für die Revision grenzt § 546 die dort der Nachprüfung zugänglichen **Rechtsfragen** von den einer Nachprüfung entzogenen **Tatfragen** ab. Eine überzeugende, allgemeingültige Abgrenzungsformel existiert bislang nicht, ersetzt wird sie durch eine umfangreiche, nur bedingt in Fallgruppen fassbare Kasuistik.

Für die Anwendung des § 546 auf das Berufungsverfahren ist diese Rechtsprechung des BGH nur bedingt von Bedeutung. Anders als in der Revision ist die Prüfungskompetenz in der Berufung nicht auf den vorinstanzlich festgestellten Sachverhalt beschränkt. Zumindest in den Grenzen der §§ 529 I, 531 II können die Parteien neue Tatsachen vortragen, kann das Berufungsgericht neue Tatsachen feststellen. Auch eine strenge Bindung an die in der Vorinstanz im Rahmen eines eingeräumten Beurteilungsspielraums getroffenen Wertungsentscheidungen (Ermessen, Schätzung) besteht nicht. Stellt sich deswegen ein vom Berufungsführer gerügter Umstand nicht als Rechtsverletzung, sondern als Verletzung einer Tatfrage dar, kann dies im Rahmen der Berufungsgründe aus § 529 I Nr. 1, 2, § 531 II geprüft werden.

Der Begriff des **Rechts** i. S. d. § 546 wird dabei außergewöhnlich weit verstan- **331**
den. Er umfasst zunächst alle Gesetze im materiellen Sinne, unabhängig davon, ob sie von einem Bundesland, dem Bund, der EU oder einem ausländischen Staat erlassen wurden. Zu den materiellen Gesetzen gehören neben den Gesetzen im formellen Sinne damit auch Verordnungen, EU-Richtlinien,

völkerrechtliche Verträge, ausländisches Recht und ungeschriebenes Gewohnheitsrecht.

Keine Rolle spielt, ob es sich bei der verletzten Norm um eine solche des materiellen oder des Verfahrensrechts handelt.

Für die Rüge der Verletzung **materiellrechtlicher Normen** gelten insoweit keine Besonderheiten. Möglich ist die Rüge jeder beliebigen materiellen Norm, erforderlich ist sie nicht, da das Gericht – beim Vorliegen einer aufgrund eines wirksamen Berufungsangriffs zulässigen Berufung – von Amts wegen alle in Betracht kommenden Normen auch dann prüft, wenn ihre Verletzung nicht gerügt ist.

Das gilt auch für einige **prozessuale Normen**. Diese werden, soweit sie unverzichtbar sind, von Amts wegen berücksichtigt, können dann zwar gerügt werden und machen so möglicherweise die Berufung zulässig, müssen aber, wenn die Berufung anderweitig zulässig ist, auch ohne Rüge vom Gericht geprüft werden. In diese Kategorie fallen insbesondere die Zulässigkeitsvoraussetzungen einer Klage (§ 56 I).

Unabdingbar ist eine Rüge im Fall der Verletzung von verzichtbaren Verfahrensvorschriften (§ 529 II 1). Diese werden ohne Rüge nicht geprüft. Hierunter fallen zum Beispiel die Ladungs- und Einlassungsfristen und die Beweisvorschriften. Beachtlich ist eine solche Rüge nur, wenn sie nicht bereits erstinstanzlich infolge rügeloser Einlassung verloren wurde (§ 295). Unterbleibt eine mögliche Rüge, wird der Berufungsführer so behandelt, als hätte er sich rügelos eingelassen, ein möglicher Verfahrensverstoß bleibt dann, auch wenn er dem Gericht auffällt, folgenlos.

Bezieht sich die Verfahrensrüge auf die Tatsachenfeststellung des Erstgerichts, konkurriert der Berufungsgrund der Rechtsverletzung mit dem der Erforderlichkeit neuer Tatsachenfeststellung (dazu oben Rn. 318).

Ausgeschlossen ist die Rüge, das erstinstanzliche Gericht habe seine Zuständigkeit zu Unrecht angenommen (§ 513 II, unten Rn. 362).

332 Recht i. S. d. § 546 muss nicht notwendig förmlich von einem Träger öffentlicher Gewalt gesetzt sein. Als Rechts- und nicht als Tatfrage hat die Revisionsrechtsprechung auch die Auslegung von Satzungen privater juristischer Personen, von branchenüblichen Allgemeinen Geschäftsbedingungen (§§ 1, 8, 9 UKlaG), von Prozesshandlungen oder Behördenentscheidungen (Verwaltungsakte, Urteile) angesehen.

Tatfrage und damit der Prüfung über die Rechtsverletzungsrüge nur beschränkt zugänglich sind dagegen die Auslegung von Willenserklärungen und die Ausübung von Ermessen oder Schätzung. Diese sind für das Rechtsmittelgericht bindend, wenn sie rechtsfehlerfrei und mit vertretbarem Ergebnis vorgenommen wurden und nicht gegen Erfahrungssätze oder Denkgesetze verstoßen.

Soweit der BGH im Rahmen der Revision auch die Beweiswürdigung zumindest darauf prüft, ob das Tatgericht den dabei vorgegeben rechtlichen Rahmen eingehalten hat (zum Beispiel gesetzliche Beweisregeln missachtet, eine kritische Auseinandersetzung mit einzelnen Beweisergebnissen unterlassen, Denkgesetze oder Erfahrungssätze falsch zugrunde gelegt, die Beweislast verkannt oder gebotene Beweiserleichterungen unerörtert gelassen hat) gehören solche Rechtsverletzungen nach der hier vertretenen Abgrenzung in den Rahmen der § 529 I Nr. 1 (Rn. 318, 341).

Die Benennung der Norm ist aus Gründen der Klarheit (und auch der anwaltlichen Selbstkontrolle) zu empfehlen, prozessual ist sie entbehrlich, wenn der gerügte Rechtsfehler inhaltlich aus den Ausführungen deutlich wird. 333

Verletzt ist eine solche Norm, wenn sie falsch angewendet, falsch interpretiert oder falsch subsumiert wurde. Dies ist auf der Grundlage des in der ersten Instanz festgestellten Sachverhalts zu beurteilen. 334

Anwendungsfehler des Gerichts können darin bestehen, dass eine anzuwendende Norm nicht angewandt wurde (zum Beispiel, indem eine einschlägige Norm übersehen bzw. zu Unrecht für unanwendbar gehalten wurde) oder eine unanwendbare Norm nicht angewandt wurde (zum Beispiel, weil eine der Entscheidung zugrunde gelegte Norm bereits außer Kraft gesetzt oder aufgrund von Übergangsvorschriften für den zu entscheidenden Sachverhalt nicht galt).

Interpretationsfehler liegen vor, wenn das Gericht Inhalt und Grenzen der Norm verkannt oder unbestimmte Rechtsbegriffe missverstanden hat, zum Beispiel der Voraussetzung einer Norm einen falschen Inhalt beigemessen hat.

Subsumtionsfehler stellen die häufigste Form von Rechtsverletzungen dar. Sie liegen in der Anwendung der Rechtsnorm auf den konkreten Sachverhalt, also bei der Prüfung der Frage, ob die Voraussetzungen der angewendeten Norm im zu beurteilenden Sachverhalt gegeben sind oder nicht. Sie können bei der Auslegung von Willenserklärungen oder Prozesshandlungen auftreten oder in der unterlassenen bzw. fehlerhaften Ausübung eines Ermessens oder einer Schätzung (§ 287) bestehen.

Räumt eine Norm dem Gericht ein Ermessen ein, so ist die Norm nicht bereits deswegen verletzt, weil das Ermessen vertretbar auch anders hätte ausgeübt werden können. Eine Rechtsverletzung liegt hier nur dann vor, wenn das Gericht die Voraussetzungen, Kriterien und Grenzen des Ermessens verkannt oder sich nicht danach gerichtet hat.

Auf dieser Verletzung **beruht** das Urteil, wenn ohne die Rechtsverletzung eine andere Entscheidung ergangen wäre, wenn die Rechtsverletzung für die angefochtene Entscheidung **erheblich** war. 335

§ 561 macht deutlich, dass die bloße Rechtsverletzung allein noch kein Grund für die Urteilsabänderung ist. Hinzukommen muss, dass das Urteil ohne den Rechtsfehler für den Berufungskläger günstiger ausgefallen wäre, ihn nicht oder zumindest in geringerem Umfang beschwert hätte.

Bezüglich der Ursächlichkeit gibt es zwischen der Verletzung von materiellen Normen und Verfahrensnormen Unterschiede zu beachten.

Bei der Verletzung materieller Normen bedarf die Kausalität der Prüfung im Einzelfall. Nur wenn das günstigere Ergebnis positiv festgestellt werden kann, ist die hierauf gestützte Berufung begründet. Allerdings liegt dieses günstigere Ergebnis häufig auf der Hand, so dass es seitens des Berufungsführers insoweit oft nur knapper Ausführungen bedarf.

Rügt der Beklagte das erstinstanzlich angenommene Zustandekommen eines Vertrages und legt dar, dass dieser den Anspruch nicht stützen kann, so muss er zusätzlich dartun, dass dann auch andere naheliegende Ansprüche (zum Beispiel aus Bereicherung) nicht in Betracht kommen. Die Anforderungen an das Nichtvorliegen solcher Alternativbegründungen sind aber denkbar gering und führen insbesondere nicht zu einer Umkehr der prozessualen Darlegungslast. Grundsätzlich reicht hier die Unterbreitung einer entsprechenden Rechtsansicht aus, vielfach wird diese sich schon aus dem Schweigen des Berufungsklägers herleiten lassen. Erwähnt der Beklagte im Eingangsbeispiel andere Anspruchsgrundlagen nicht, wird davon auszugehen sein, dass er der Auffassung ist, solche alternativen Anspruchsgrundlagen seien nicht erfüllt.

Bei der Verletzung von Verfahrensvorschriften greift regelmäßig eine Vermutung, so dass es für die Begründetheit der Berufung ausreicht, wenn das Gericht ohne den Fehler »möglicherweise« zu einem anderen Ergebnis gelangt wäre (BGH NJW 95, 1841). Im Rahmen der Zulässigkeit jedoch ist die Erheblichkeit der Verletzung von Verfahrensnormen meist aufwändiger zu begründen, weil hier der hypothetische Geschehensablauf, insbesondere das eigene Prozessverhalten im Fall fehlerfreier Verfahrensgestaltung durch das erstinstanzliche Gericht darzutun ist.

Rügt der Berufungskläger die Verletzung der materiellen Prozessleitung (§ 139), muss er grundsätzlich dartun, welcher Vortrag auf einen Hinweis des Gerichts erster Instanz hin erfolgt wäre und inwieweit darauf hin eine andere Entscheidung ergangen wäre (BGH NJW-RR 88, 477).

Keiner besonderen Darlegung der Ursächlichkeit der Rechtsverletzung bedarf die Rüge eines Verfahrensfehlers, der einen absoluten Revisionsgrund darstellt (§ 547); hier wird die Ursächlichkeit auch schon für die Berufung unwiderleglich vermutet.

336 Zur **Bezeichnung** der Umstände, aus denen sich Rechtsverletzung und Erheblichkeit ergeben, ist es erforderlich, dass der Berufungskläger den Punkt seines Angriffs genau bezeichnet, er erkennen lässt, welche konkrete rechtliche Wertung des erstinstanzlichen Gerichts er für falsch und welche hiervon abweichende rechtliche Bewertung er für richtig hält. Die konkrete Benennung der Rechtsnorm oder der Verletzungsform ist dabei zwar nicht zwingend erforderlich, im Zweifel aber dringend anzuraten.

Floskeln (»Gerügt wird die Verletzung materiellen Rechts«) genügen dabei ebenso wenig, wie die bloße Wiederholung der des erstinstanzlichen Standpunkts, unabhängig davon, ob auf diesen nur Bezug genommen oder ob er inhaltlich wiederholt wird (BGH FamRZ 00, 813). Selbst die bloße Bezeichnung der angeblich verletzten Norm (»irrige Anwendung des § ...«) oder deren wörtliche Wiedergabe stellt keine hinreichende Berufungsbegründung dar (BGH NJW 95, 1559).

Anders als im Revisionsrecht (§ 551 III Nr. 2 b.) unterscheiden sich die formalen Anforderungen an die Darlegung einer Verletzung von Verfahrensrecht nicht von denen der Darlegung einer Verletzung von materiellem Recht. Allerdings ergeben sich unterschiedliche Anforderungen häufig aus der Natur der Sache (oben Rn. 336).

Wird ein Verfahrensverstoß geltend gemacht, muss dieser aus der Rüge nachvollziehbar sein. Besteht er zum Beispiel im Übergehen von Sachvortrag oder Beweisanritten, müssen diese unter Angabe der Fundstelle in der Akte (Schriftsatzdatum, Blatt- oder Seitenzahl) benannt werden, wegen anderer Verfahrensverstöße ist auf das entsprechende Protokoll bzw. das Urteil zu verweisen (Musielak/*Ball* § 520 Rn. 3).

Die auf § 520 III Nr. 2 abstellende Berufungsbegründung sollte nach Möglich- 337
keit also enthalten:

- die Bezeichnung der Norm, an der der Berufungsgrund festgemacht wird,
- die Wiedergabe der vom Erstgericht begangenen Rechtsverletzung,
- die nach Auffassung des Berufungsklägers zutreffende Rechtsanwendung,
- die Darlegung, inwieweit diese zutreffende Rechtsanwendung ein für den Berufungskläger günstigeres Ergebnis des Rechtsstreits zur Folge gehabt hätte.

Diese Punkte sollten in der Begründung deutlich erkennbar und so konkret wie möglich auf den Einzelfall bezogen sein.

(3) Erforderlichkeit erneuter Tatsachenfeststellung

Grund für die Fehlerhaftigkeit des Urteils und damit dessen Abänderung in 338
der Berufung kann sein, dass das erstinstanzliche Gericht von einem falschen Sachverhalt ausgegangen ist, dass der richtige Sachverhalt eine andere Entscheidung rechtfertigt (§ 513 I 2. Alt.). Falsch kann der Sachverhalt sein, weil das Gericht die Tatsachen falsch festgestellt hat (§ 529 I Nr. 1). Zur Zulässigkeit der Berufung ist es in diesem Fall erforderlich, dass konkrete Anhaltspunkte bezeichnet werden, die Zweifel an der Richtigkeit oder Vollständigkeit

der Tatsachenfeststellungen im angefochtenen Urteil begründen und deshalb eine erneute Feststellung gebieten (§ 520 III Nr. 3).

339 Problematisch ist dabei schon der Begriff der **Tatsachenfeststellung**.

Obwohl im Zivilprozess Dispositions- und Beibringungsmaxime gelten und deswegen – anders als zum Beispiel in dem vom Offizial- und Inquisitionsmaxime beherrschten Strafprozess (§ 267 StPO) – die der Entscheidung zugrunde gelegten Tatsachen im Urteil nicht »festgestellt«, sondern lediglich »dargestellt« werden (§ 313 II), ist die Auswahl der für das Urteil heranzuziehenden Tatsachen natürlich auch hier Teil der Entscheidung, so dass insoweit auch im Zivilprozess eine Tatsachenfeststellung erfolgt. Diese Feststellung ist dann Beurteilungsgrundlage für die Folgeinstanz (§§ 529, 551).

Zweifelhaft ist, ob es zwischen den festgestellten Tatsachen i. S. d. § 529 (Bindung des Berufungsgerichts an die Tatsachenfeststellungen erster Instanz) und denen des § 551 (Bindung des Revisionsgerichts an die Tatsachenfeststellungen zweiter Instanz) einen Unterschied gibt. § 551 stellt das »Parteivorbringen« ausdrücklich neben die »als wahr oder unwahr festgestellten Behauptungen«, § 529 beschränkt sich auf die »festgestellten Tatsachen«. Hieraus kann aber nicht geschlossen werden, dass § 529 nur die durch eine Beweisaufnahme festgestellten, nicht aber die von den Parteien vorgetragenen, ohne Beweisaufnahme der Entscheidung zugrunde gelegten Tatsachen erfasst. § 529 will sicherstellen, dass die tatsächliche Beurteilungsgrundlage des Berufungsgerichts grundsätzlich identisch mit der der erstinstanzlichen Gerichts ist; nur ein Teil der Entscheidungsgrundlage aber beruht auf einer Beweisaufnahme, ohne Einbeziehung des Sach- und Streitstands im Übrigen wäre die tatsächliche Basis des Berufungsgerichts unvollständig.

Festgestellt sind damit alle Tatsachen, die das erstinstanzliche Gericht seiner Entscheidung zugrunde gelegt hat. Dazu gehören zunächst die Tatsachen, deren Vorliegen das Gericht als Ergebnis einer eigenen Beweiswürdigung festgestellt hat. Weiter gehören dazu alle Tatsachen, die das Gericht als von den Parteien vorgetragen, streitig oder unstreitig und für die Entscheidung erheblich festgestellt und verwendet hat (Rn. 54).

Der Berufungsgrund aus §§ 513 I 2. Alt, 529 I Nr. 1 dient damit primär dem Angriff gegen ein ungünstiges Beweisergebnis, ist darauf aber nicht beschränkt, sondern kann auch darauf gerichtet sein, dass das Gericht den von den Parteien vorgetragenen Streitstoff falsch oder nicht in vollem Umfang zugrunde gelegt hat.

Welche Tatsachen das erstinstanzliche Gericht festgestellt (seiner Entscheidung zugrunde gelegt) hat, ergibt sich aus dem Urteil, insbesondere aus dessen Tatbestand, aber auch aus den Entscheidungsgründen.

340 **Unrichtig** ist die Feststellung, wenn zugrunde gelegte Tatsachen nicht von den Parteien vorgetragen waren, wenn unstreitige Tatsachen als streitig oder strei-

tige Tatsachen als unstreitig behandelt, erhobene Beweise unter Verstoß gegen Beweiswürdigungsgrundsätze gewürdigt (§ 286) wurden.

Unvollständig ist die Feststellung, wenn Vorbringen der Partei übergangen **341**
wird, offenkundige Tatsachen nicht berücksichtigt, vorgetragene Tatsachen zu Unrecht als verspätet zurückgewiesen, angebotene Beweise nicht erhoben oder gebotene Schätzungen (§ 287) nicht durchgeführt wurden.

Die Unrichtigkeit oder Unvollständigkeit der Tatsachenfeststellung beruht damit regelmäßig auf einem Verfahrensverstoß, so dass auch der Berufungsgrund der Rechtsverletzung in Betracht kommt. Unproblematisch ist die Abgrenzung, soweit der Verfahrensverstoß keine Rechts- sondern eine Tatfrage betrifft, insbesondere also im Rahmen von Beweiswürdigung oder Schätzung liegt (oben Rn. 332), im Übrigen kann zur Abgrenzung auf die dazu oben gemachten Ausführungen (Rn. 318) verwiesen werden.

Nicht erforderlich ist die definitive Unrichtigkeit oder Unvollständigkeit der **342**
festgestellten Tatsachen. Ausreichend für die Notwendigkeit einer erneute Feststellung durch das Berufungsgericht sind bereits **konkrete Anhaltspunkte** für Zweifel an der Richtigkeit oder Vollständigkeit.

Diese sind gegeben, wenn auf den Einzelfall bezogene, nicht ohne weiteres von der Hand zu weisende äußere Umstände vorliegen, die bei objektiver Bewertung geeignet sind, die Richtigkeit oder Vollständigkeit der erstinstanzlichen Tatsachengrundlage in Frage zu stellen. Nicht ausreichend sind abstrakte, theoretische oder pauschale Ausführungen, bloß subjektive Zweifel, Vermutungen oder Unterstellungen.

Unzureichend ist damit die früher häufig anzutreffende pauschale Behauptung, die erstinstanzlichen Tatsachenfeststellungen seien unzutreffend (*Stackmann* NJW 02, 781). Erforderlich ist die Anknüpfung dieser Rüge an konkrete, zu bezeichnende Einzelumstände.

Konkrete Anhaltspunkte können sich aus dem erstinstanzlichen **Verfahrens-** **343**
ablauf ergeben.

Verfahrensfehler können auch den Berufungsgrund des § 513 I 1. Alt. ausfüllen. Nach der hier vertretenen Abgrenzung sind darunter Rechtsfehler zu subsumieren, die in einer fehlerhaften Anwendung der festgestellten Tatsachen liegen, während für §§ 513 I 2. Alt., 529 I Nr. 1 die Rechtsfehler verbleiben, die zu einer fehlerhaften Feststellung der Tatsachen geführt haben. Solche Verfahrensfehler liegen vor, wenn das Gericht nicht, nicht vollständig oder nicht richtig Vortrag der Partei zur Kenntnis genommen (§§ 128, 139, 273, 296) bzw. Beweise erhoben und gewürdigt hat (§§ 355 ff.).

344 Solche Anhaltspunkte können nicht darin bestehen, dass die festgestellten Tatsachen vom Inhalt der erstinstanzlichen Schriftsätze abweichen. Welche Tatsachen erstinstanzlich vorgetragen wurden, ergibt sich aus dem Tatbestand, dem insoweit Beweiskraft zukommt, die nur durch das Sitzungsprotokoll widerlegt werden kann (§ 314). Gibt der Tatbestand das Vorbringen der Parteien falsch oder unvollständig wider, muss er nach § 320 berichtigt werden, ansonsten gilt der Inhalt des Tatbestands als vorgetragen, auch dann, wenn er materiell falsch ist. Hat das Gericht die Tatsachen des Tatbestands zugrunde gelegt, sind die Feststellungen nicht unrichtig (*Crückeberg* MDR 03, 199; Musielak/*Ball* § 529 Rn. 6).

Streitig ist, ob dies auch für Tatsachen gilt, die in erstinstanzlichen Schriftsätzen enthalten sind ohne Eingang in den Tatbestand gefunden zu haben. Dies wird verbreitet mit der Behauptung bestritten, dem Tatbestand komme wegen § 313 II keine negative Beweiskraft zu (*Crückeberg* MDR 03, 199 m. w. N.; dazu oben Rn. 175), verkennt aber, dass schriftsätzlicher Vortrag nur angekündigt ist und zum Parteivortrag erst mit dem (gegebenenfalls in Form einer [stillschweigenden] Bezugnahme erfolgenden, § 137 III) Vortrag in der mündlichen Verhandlung wird, wobei die Frage, ob ein solcher Vortrag erfolgt ist, sich aus dem Tatbestand oder dem Protokoll beantwortet. Die h. M. misst deswegen dem Tatbestand auch negative Beweiskraft zu (BGH VersR 90, 974), so dass die Unvollständigkeit des Tatbestands nicht mit dem Inhalt von Schriftsätzen belegt werden kann.

345 Konkrete Anhaltspunkte können sich aus dem angefochtenen **Urteil** ergeben. Ist tatbestandlich festgestelltes Vorbringen in den Gründen übergangen, beruht das Urteil auf einem unvollständigen Sachverhalt. Dies gilt auch für widersprüchliche Feststellungen im angefochtenen Urteil.

Wird im Tatbestand einerseits das Zustandekommen eines Vertrages zwischen den Parteien festgestellt, andererseits, dass sich das entsprechende Vertragsangebot an einen Dritten richtete, entfaltet der Tatbestand keine Beweiskraft, eine unrichtige Feststellung liegt auf der Hand (BGH NJW 00, 3133). Ist Vortrag der Parteien im Tatbestand als streitig dargestellt, wird in den Entscheidungsgründen aber als unstreitig behandelt (BGH NJW 96, 2306), ist eine erneute, klarstellende Feststellung in zweiter Instanz geboten.

346 Konkrete Anhaltspunkte für ein unrichtiges Beweisergebnis können nicht allein darin begründet sein, dass dem Berufungskläger das Beweisergebnis nicht zusagt, er seine (vertretbare) Beweiswürdigung an die Stelle der (ebenfalls vertretbaren) Beweiswürdigung des erstinstanzlichen Gerichts setzt.

Überall dort, wo dem Gericht ein Ermessen eingeräumt ist, liegt es auf der Hand, dass im Rahmen dieses Ermessens auch eine andere Entscheidung möglich gewesen wäre. Dies alleine begründet keine Fehlerhaftigkeit des Urteils, die eine Abänderung in der Berufungsinstanz rechtfertigt. Erforderlich dazu ist vielmehr, dass das Gericht den Rahmen des ihm eingeräumten Ermessens überschritten hat, zum Beispiel, weil die Beweiswürdigung den gesetzlich gebotenen Rahmen verletzt, gesetzliche Beweisregeln unbeachtet bleiben, eine kritische Auseinandersetzung mit einzelnen Beweisergebnissen fehlt, Denkgesetze oder Erfahrungssätze falsch zugrunde gelegt werden, die Beweislast verkannt wird oder gebotene Beweiserleichterungen unerörtert bleiben (vgl. oben Rn. 332).

Zweifel an der Richtigkeit oder Vollständigkeit der Tatsachenfeststellung begründen diese Anhaltspunkte, wenn sich aus ihnen die Fehlerhaftigkeit des angefochtenen Urteils ergeben kann. Dabei reicht es aus, dass die Unrichtigkeit der Tatsachenfeststellung aufgrund des Fehlers nicht auszuschließen ist. **347**

Das Maß dieser Zweifel ist im Gesetz nicht weiter bestimmt. Einerseits dürfen daran keine unzumutbaren Anforderungen gestellt werden. Der Gesetzgeber hat die zunächst beabsichtigte Qualifikation »erheblicher« Zweifel bewusst fallen gelassen, so dass auch andere Einschränkungen (»vernünftige« oder »gewisse« Zweifel) keine Rechtfertigung haben. Andererseits kann die stets bestehende bloß theoretische Möglichkeit einer falschen Tatsachengrundlage die erneute Feststellung nicht begründen. Eine hinreichende Konkretisierung dieses Berufungsgrunds wird aber schon über die Anforderungen an die konkreten Anhaltspunkte einerseits und die Notwendigkeit einer neuen Feststellung andererseits erreicht, so dass es einer zusätzlichen Einschränkung des Begriffs »Zweifel« nicht bedarf.

Geboten ist die erneute Tatsachenfeststellung, wenn die nahe liegende und nicht bloß theoretische Möglichkeit besteht, dass durch sie der entscheidungserhebliche Sachverhalt vollständiger oder richtiger ermittelt werden kann. **348**

Auch bei dem Berufungsgrund aus § 520 III Nr. 3 ist erforderlich, dass ohne den Fehler ein den Berufungskläger nicht oder geringer beschwerendes Urteil ergangen wäre. Wie überall, wo es auf die Kausalität von Verfahrensfehlern ankommt, reicht auch hier die bloße Möglichkeit einer anderen Entscheidung aus. Die Anforderungen an entsprechenden Vortrag sind denkbar gering, weil grundsätzlich jede Änderung entscheidungserheblicher Tatsachen eine abweichende Entscheidung zur Folge hat.

Generell führt die Kumulation schwammiger Rechtsbegriffe (»Konkrete Anhaltspunkte«, »Zweifel«, »geboten«) und die bislang nur unzureichende Klärung in der obergerichtlichen Rechtsprechung zu einem im Einzelfall schwer zu prognostizerenden »Kampf um die zweite Tatsacheninstanz« (*Schellhammer* MDR 02, 1144).

Zusammenfassend gilt damit, dass eine auf § 520 III Nr. 3 abstellende Berufungsbegründung enthalten muss **349**

- der Vortrag konkreter, objektiver Anhaltspunkte im Verfahrensablauf oder im Urteil, die Zweifel an der Vollständigkeit oder Richtigkeit der Tatsachenfeststellung, insbesondere dem Beweisergebnis begründen und
- die Darlegung, dass diese eine erneute Feststellung gebieten, weil bei Neufeststellung der Tatsache auch eine andere Entscheidung möglich ist.

(4) Vortrag neuer Angriffs- und Verteidigungsmittel

350 Grund für die Fehlerhaftigkeit des Urteils und damit dessen Abänderung in der Berufung kann sein, dass das erstinstanzliche Gericht von einem falschen Sachverhalt ausgegangen ist, dass der richtige Sachverhalt eine andere Entscheidung rechtfertigt (§ 513 I 2. Alt.). Falsch kann der Sachverhalt sein, weil die Partei die Tatsachen falsch oder unvollständig vorgetragen hat (§ 529 I Nr. 2). Zur Zulässigkeit der Berufung (§ 520 III Nr. 4) müssen in diesem Fall nicht nur neue Angriffs- und Verteidigungsmittel vorgetragen werden, sondern auch Tatsachen, aufgrund derer dieser neue Vortrag zuzulassen ist (§ 531 II).

Da dem Berufungsgericht mit den neuen Tatsachen eine Entscheidungsgrundlage unterbreitet wird, die dem erstinstanzlichen Gericht nicht vorlag, bedarf es einer Auseinandersetzung mit dem Inhalt des erstinstanzlichen Urteils auch nur insoweit, als sich daraus die Gründe für die Zulassung des neuen Vorbringens (§ 531 II) ergeben.

Geachtet werden muss dabei darauf, dass mit dem Vortrag neuer Tatsachen die im angefochtenen Urteil liegende Beschwer beseitigt wird. Regelmäßig ist dies bei bloßen Angriffs- und Verteidigungsmitteln der Fall, problematisch werden kann es bei eigenständigen Angriffen oder Verteidigungen (vgl. Rn. 298, 326).

351 **Angriffs- und Verteidigungsmittel** sind alle zur Begründung eines Antrags oder zur Verteidigung dagegen vorgebrachten Umstände, insbesondere das Behaupten, Bestreiten und Beweisen von Tatsachen.

Keine Angriffs- und Verteidigungsmittel sind die eigentlichen Angriffe (Sachanträge aus Klage oder Widerklage und deren Änderung) und Verteidigungen (Anträge auf Abweisung der Klage oder Zurückweisung des Rechtsmittels). Die Aufrechnung im Prozess ist die Behauptung, materiell sei ein entsprechendes Gestaltungsrecht wirksam geltend gemacht worden (Rn. 390), ist also bloßes Verteidigungsmittel (BGH NJW 84, 1964; zur Gleichbehandlung mit den Verteidigungen unten Rn. 370, 381).

352 **Neu** sind Angriffs- und Verteidigungsmittel, wenn sie in erster Instanz nicht vorgetragen wurden. Ob dies der Fall war oder nicht, ergibt sich aus dem Urteilstatbestand (§ 314), hilfsweise aus dem Protokoll erster Instanz.

Dazu gehört auch Vorbringen, das in erster Instanz nicht wirksam vorgebracht (zum Beispiel unzulässiges Bestreiten mit Nichtwissen, § 138 IV) oder vor Schluss der ersten Instanz wieder fallen gelassen wurde. Neu sind auch die in Ergänzung oder Substanziierung erstinstanzlichen Vorbringens nachgeschobenen Tatsachen oder Beweisantritte, die zwar schon gebracht waren, jetzt aber auf eine andere Behauptung bezogen werden. Fehlt Vorbringen im Tatbestand, kann die Behauptung, es sei nicht neu, sondern bereits erstinstanzlich vorgetragen, nicht auf den Inhalt der Schriftsätze gestützt werden (oben Rn. 344).

Diese neuen Angriffs- und Verteidigungsmittel müssen **bezeichnet** werden. 353
Dazu reicht es nicht, sie anzudeuten oder anzukündigen, erforderlich ist ein konkreter Vortrag.

Zuzulassen sind solche neuen Angriffs- und Verteidigungsmittel nur in den 354
Fällen des § 531 II.

Ob einer der Fallgruppen des § 513 II tatsächlich vorliegt oder auch nur schlüssig oder substanziiert vorgetragen wird, ist erst im Rahmen der Begründetheit zu prüfen. Dies gilt auch für die nach § 531 II 2 erforderliche Glaubhaftmachung. Für die Zulässigkeit der Berufung reicht die Darlegung von (irgendwelchen) Umständen, mit denen der Berufungsführer ihre Zulassung erreichen will (oben Rn. 320).

Danach sind neue Tatsachen zuzulassen, wenn sie einen Gesichtspunkt betref- 355
fen, der **vom Gericht** des ersten Rechtszugs erkennbar **übersehen oder für unerheblich gehalten** worden ist (§ 531 II Nr. 1).

Dass diese Angriffs- und Verteidigungsmittel erstinstanzlich nicht vorgetragen wurden, beruht auf einem materiellrechtlichen Fehlers des Gerichts. Eine zusätzlich mögliche Nachlässigkeit der Partei ist dabei unerheblich.

Hierunter fallen zum einen Tatsachen, die erstinstanzlich von der Partei nicht vorgetragen wurden, weil es auf sie nach Auffassung des Gerichts nicht ankam. Geht man – wie hier (Rn. 175, 344) von der negativen Beweiskraft des Urteilstatbestands aus, fallen hierunter auch diejenigen Tatsachen, die die Partei vorgetragen hat, die vom Gericht aber nicht in den Tatbestand aufgenommen wurden, weil es sie für unerheblich gehalten hat. »Wiederholt« die Partei diesen Vortrag, handelt es sich technisch um »neue« Tatsachen, weil sie sich nicht aus dem Tatbestand des angefochtenen Urteils ergeben.

Übersehen ist ein Gesichtspunkt, wenn er vom erstinstanzlichen Gericht weder ausdrücklich noch der Sache nach in die Überlegungen zum Verfahren oder zur Entscheidung einbezogen wurde.

Für unerheblich gehalten hat das erstinstanzliche Gericht einen Gesichtspunkt, den es zwar erwogen, aber zu keinem Zeitpunkt als erheblich angesehen hat.

356 Zuzulassen sind neue Tatsachen auch, wenn sie infolge eines **Verfahrensmangels** nicht geltend gemacht wurden (§ 531 II Nr. 2).

Dass diese Angriffs- und Verteidigungsmittel erstinstanzlich nicht vorgetragen wurden, beruht auf einem Fehler des Gerichts. Ob die Partei die Tatsachen dennoch hätte vortragen können, ist dabei unerheblich.

Im Vordergrund steht hier die Verletzung der materiellen Prozessleitungspflicht des Gerichts aus § 139. Danach ist das Gericht verpflichtet, darauf hinzuwirken, dass die Parteien sich rechtzeitig und vollständig über alle erheblichen Tatsachen erklären (Rn. 23 ff.). Unterbleibt Vortrag der Parteien, weil sie auf dessen Erforderlichkeit nicht hingewiesen wurde, muss die Möglichkeit bestehen, diesen Vortrag zur Beseitigung des Verfahrensfehlers in zweiter Instanz nachzuholen.

Andere Verfahrensfehler des Gerichts, die dazu geführt haben, dass Vortrag der Parteien in erster Instanz unterblieben ist, können darin bestehen, dass die Sache entgegen § 136 III in der mündlichen Verhandlung nicht hinreichend erörtert wurde, sachaufklärende Maßnahmen des Gerichts zur Vorbereitung des Termins nach § 273 II Nr. 1 unterblieben sind oder der Partei eine Schriftsatzfrist zum Nachbringen von Vortrag nicht eingeräumt wurde (§§ 139 V, 283; Rn. 35).

357 Zuzulassen sind neue Angriffs- und Verteidigungsmittel schließlich auch, wenn sie im ersten Rechtszug nicht geltend gemacht worden sind, **ohne** dass dies auf einer **Nachlässigkeit der Partei** beruht (§ 531 II Nr. 3). Dies ist der Fall, wenn die Tatsachen in erster Instanz nicht vorgetragen werden konnten oder ihr Vortrag ohne Verletzung der Prozessförderungspflicht nicht erforderlich war.

Dass diese Angriffs- und Verteidigungsmittel erstinstanzlich nicht vorgetragen wurden, beruht weder auf einem verwerfbaren Fehler des Gerichts noch auf einem solchen der Partei.

Nicht möglich war der Vortrag einer Tatsache, wenn sie erstinstanzlich noch gar nicht vorlag, sondern erst nach Schluss der ersten Instanz entstanden ist (sog. »nova producta«). Hier hat die Partei die Wahl, ob sie die neue Tatsache mit der Berufung oder mit der Vollstreckungsgegenklage (§ 767) bzw. einer neuen Klage geltend machen will (oben Rn. 101).

Nicht möglich war der Vortrag einer Tatsache auch dann, wenn sie vor Schluss der mündlichen Verhandlung zwar objektiv vorlag, der Partei aber weder positiv bekannt war noch ihr hätte bekannt sein müssen (sog. »nova reperta«). Meldet sich auf das wegen Beweisfälligkeit hin ergangene klageabweisende Urteil hin beim Kläger ein Zeuge, von dessen Existenz er vorher nichts wusste, so kann er diesen mit der Berufung neu benennen.

Nicht erforderlich war der Vortrag einer Tatsache, die der Partei vor Schluss der mündlichen Verhandlung bekannt war, wenn sie auch unter Beachtung der ihr obliegenden Prozessförderungspflicht (§ 282) davon ausgehen durfte, der Vortrag sei nicht erforderlich. Häufig geht diese Fallgruppe aber bereits in § 531 II Nr. 1 (wenn auch das Gericht die Notwendigkeit des Vortrags nicht erkannte) oder § 531 II Nr. 2 (wenn das Gericht die Erheblichkeit der Tatsache erkannte, die Partei hierauf aber nicht hinwies) auf. Für § 531 II Nr. 3 bleiben nur die Fälle, in denen das Gericht keinen Anlass hat, das Vorliegen der Tatsache zu vermuten, sie im übrigen Vortrag der Partei nicht einmal ansatzweise erkennbar war.

Der Verschuldensmaßstab entspricht dem des § 295 I, ist also objektiv-abstrakt danach zu beurteilen, inwieweit ein typischer Prozessbeteiligter in dieser Funktion (das heißt als Partei, als Rechtsanwalt) die Tatsachen bereits erstinstanzlich vorgetragen hätte.

Soll eine Berufung nach § 520 III Nr. 4 begründet werden, ist es geboten 358

- die neuen Angriffs- und Verteidigungsmittel zu bezeichnen; erforderlich ist es, diese substanziiert und konkret vorzutragen, empfehlenswert ist es, zusätzlich darzulegen, weshalb das Urteil bei Berücksichtigung dieser neuen Tatsachen anders ausfallen muss; und
- die Tatsachen darzulegen, aufgrund derer das neue Vorbringen ausnahmsweise zuzulassen ist; auch hier ist es ratsam, die einschlägige Alternative des § 531 II zu benennen und die zu ihrer Ausfüllung erforderlichen Voraussetzungen im einzelnen auszuführen.

(5) Änderung von Berufungsgründen

Vor Ablauf der Begründungsfrist ist eine Änderung von Berufungsgründen 359
ohne weiteres möglich. Die in der Berufungsbegründung enthaltenen Anträge und Berufungsgründe können beliebig geändert, ergänzt erweitert oder beschränkt werden.

Die Berufungsbegründung muss innerhalb der Begründungsfrist erfolgen, dass sie in einem einzigen Schriftsatz zu erfolgen hat, verlangt die ZPO nicht. Mit Einreichung einer Berufungsbegründung ist die Befugnis des Berufungsklägers, die Berufung zu begründen und dabei Inhalt und Umfang des Berufungsverfahrens zu bestimmen, nicht erschöpft.

Der Zulässigkeit einer in mehrere Schriftsätze aufgeteilten Berufungsbegründung steht § 530, 296 I nicht entgegen, solange alle Schriftsätze innerhalb der Frist eingehen. Auch eine Verletzung der allgemeinen Prozessförderungspflicht aus §§ 525, 296 II, 282 II kommt regelmäßig nicht in Betracht.

Nach Ablauf der Begründungsfrist geht dies nicht mehr. 360

Die Berufungsfrist dient dazu, zu Beginn der Berufungsverfahrens Klarheit darüber herbeizuführen, in inwieweit das erstinstanzliche Urteil angefochten wird. Gegner und Gericht sollen sich darauf einstellen können, was Prozessstoff für die zweite Instanz sein wird. Mit dem Verstreichen der Begründungsfrist endet die Dispositionsmöglichkeit des Berufungsklägers.

361 Möglich bleiben die Ergänzung fristgerecht vorgetragener Berufungsgründe und die Änderung der Berufungsanträge innerhalb solchermaßen fristgerecht vorgetragener Gründe.

Eine bloße Ergänzung von Berufungsgründen nimmt die Rechtsprechung zum Beispiel an, wenn ein Berufungsgrund zu einem einheitlichen, aus mehreren Berechnungspositionen bestehenden Streitgegenstand fristgerecht nur zu einzelnen Positionen substanziiert ist und nach Ablauf der Frist ergänzende Ausführungen bezüglich weiterer Einzelpositionen gemacht werden (BGH NJW 84, 178).

Wegen der Möglichkeit einer Erweiterung von Berufungsanträgen nach Ablauf der Begründungsfrist oben Rn. 308.

(6) Zuständigkeitsrüge

362 Kein statthafter Berufungsgrund ist die Rüge, das erstinstanzliche Gericht habe seine **Zuständigkeit** zu Unrecht **bejaht** (§ 513 II).

Diese Regelung dient der Entlastung der Rechtsmittelgerichte und der Verfahrensbeschleunigung. Verhindert werden soll, dass die vom Erstgericht geleistete Sacharbeit allein wegen Zuständigkeitsfragen hinfällig wird. Abgeändert werden muss die Entscheidung, wenn sie im Ergebnis falsch ist, nicht schon, wenn sie zwar vom falschen Gericht, im Ergebnis aber zutreffend ergangen ist.

Das Verbot einer Zuständigkeitsrüge gilt nicht nur für den Berufungskläger, sondern auch für den Berufungsbeklagten und selbst in den Fällen, in denen über die Zuständigkeit gesondert verhandelt und (durch grundsätzlich berufungsfähiges Zwischenurteil nach § 280) entschieden wurde. Auch das Übersehen einer ausschließlichen Zuständigkeit begründet die Berufung nicht.

363 Streitig ist, auf welche **Arten der Zuständigkeit** § 513 II Anwendung findet.

In zweiter Instanz nach einhelliger Ansicht nicht mehr überprüft wird die Annahme der **sachlichen** und **örtlichen** Zuständigkeit des erstinstanzlichen Gerichts. Dies entspricht dem eindeutigen Wortlaut der §§ 10, 512 a a. F., die in der Neufassung des § 513 II aufgegangen sind.

Auch die fälschliche Annahme, es liege eine **Familiensache** vor, kann mit der Berufung nicht gerügt werden. Die hierfür bis zur ZPO-Reform existierende besondere Vorschrift (§ 529 III a. F.) ist im neuen § 513 II aufgegangen.

Der Nachprüfung durch das Berufungsgericht ist ferner die Abgrenzung der Zuständigkeit zwischen **Kammer für Handelssachen** und Zivilkammer oder zwischen Prozessgericht und Gericht der **freiwilligen Gerichtsbarkeit** entzogen.

Nicht zur Zuständigkeit i. S. d. § 513 II gehört die Zulässigkeit des **Rechtswegs**, die wegen ihrer verfassungsrechtlichen Implikationen nur im Rahmen des § 17 a V GVG überprüft werden kann (*Boin* NJW 98, 3747).

Gestritten wird insbesondere über die Frage, ob die **internationale Zuständigkeit** nachgeprüft werden kann. Während eine verbreitete Auffassung dies wegen des uneingeschränkten Wortlauts von § 513 II verneint (OLG Stuttgart MDR 03, 350; Th/P/*Reichold* § 513 Rn. 3), nimmt der BGH sie aus dem Anwendungsbereich des § 513 II aus, weil diese Norm nur die Zuständigkeitsverteilung unter den deutschen Gerichte erfasse und nicht diejenige zwischen deutschen und ausländischen Gerichten, der wegen der Abgrenzung der Souveränitätsrechte anderer Staaten und der Bedeutung dieser Frage auch für das anzuwendende Rechts ungleich größere Bedeutung zukomme (BGH MDR 03, 348).

Nicht ausgeschlossen ist von § 513 II die Rüge, das erstinstanzliche Gericht **364**
habe seine **Zuständigkeit** zu Unrecht **verneint**.

Ist die Klage mit der Begründung als unzulässig abgewiesen worden, das angerufene erstinstanzliche Gericht sei nicht zuständig, kann der Kläger dies mit der Berufung angreifen und die Zuständigkeit des Erstgerichts dartun. Hier ist in erster Instanz eine Sachentscheidung zu Unrecht unterblieben, die Zuständigkeitsrüge führt dazu, dass diese nachgeholt werden kann. In der Revisionsinstanz ist dann auch diese Rüge ausgeschlossen (§ 545 II).

c) Präklusion von Vorbringen

Die Befugnis der Parteien, im zweiten Rechtszug eine neue Entscheidungs- **365**
grundlage zu schaffen, ist beschränkt. Vorbringen, das darauf gerichtet ist, unterliegt einer ganzen Reihe von Einschränkungen (»**Novenrecht**«).

In erster Instanz können die Parteien grundsätzlich unbeschränkt vortragen, die Möglichkeiten zur Führung eines Angriffs oder einer Verteidigung sind umfassend. Eine wichtige Ausnahme bildet die Prozessförderungspflicht (§§ 282; 273 II Nr. 1, 5; 275 I 1, III, IV; 276 I 2, III; 277), die dazu führen kann, dass Angriffs- und Verteidigungsmittel als verspätet zurückgewiesen und für die Entscheidung nicht verwendet werden (§ 296). Ansonsten ist das Vorbringen der Parteien in vollem Umfang Entscheidungsgrundlage des erstinstanzlichen Gerichts.

In zweiter Instanz soll die aufgrund umfassenden Vortrags und vollständiger Prüfung gefundene erstinstanzliche Entscheidung nur noch kontrolliert und bei Bedarf korrigiert werden. Dazu ist es erforderlich, dass die Entscheidungsgrundlage der Vorinstanz gegenüber unverändert bleibt.

Damit kann in zweiter Instanz eine Verletzung der erstinstanzlichen Prozessförderungspflicht regelmäßig nicht mehr geheilt werden. Die früher neben der »Flucht in die Säumnis« existierende Möglichkeit einer »Flucht in die Berufung« existiert nicht mehr (*Rimmelspacher* Jura 02, 11).

366 Entscheidungsgrundlage des Berufungsgerichts ist der Vortrag der Parteien in zweiter Instanz nur, soweit er zulässig ist.

Zu diesem Vortrag zweiter Instanz gehört regelmäßig die Wiederholung des erstinstanzlichen Vortrags, möglicherweise auch des Vortrags, der in erster Instanz wegen Verspätung zurückgewiesen wurde. Daneben kommen neue Angriffs- und Verteidigungsmittel in Betracht, die entweder in erster Instanz nicht vorgetragen wurden, obwohl dies möglich gewesen wäre, oder die erst nach Abschluss der ersten Instanz entstanden sind.

367 Der gesamte Vortrag der Parteien in zweiter Instanz muss frühzeitig und konzentriert erfolgen. Geschieht dies nicht, muss oder kann er **als verspätet zurückgewiesen** werden. Dies gilt für den Fall der Versäumung einer zweitinstanzlichen Frist, die zu einer Verzögerung des Rechtsstreits führen würde (§§ 530, 296 I) genauso, wie für den Fall einer Verletzung der allgemeinem Prozessförderungspflicht aus § 282 (§§ 525, 296 II; zu beiden Fällen Rn. 369).

368 Für spezielle Formen des Vortrags enthalten die §§ 531 ff. darüber hinaus **weitere Beschränkungen** (*Schneider* NJW 03, 1434):

- Vortrag, der in erster Instanz als verspätet zurückgewiesen worden ist, bleibt in zweiter Instanz ausgeschlossen (§ 531 I); dazu unten (2), Rn. 374.
- Neuer Vortrag, der in erster Instanz nicht gebracht wurde, ist – unabhängig davon, ob er hätte gebracht werden können oder nicht – nur unter den Voraussetzungen des § 531 II möglich; dazu unten (3), Rn. 376.
- Zulässigkeitsrügen die nach Ablauf der Fristen aus §§ 520, 521 vorgebracht werden, sind nur bei genügender Entschuldigung zu berücksichtigen (§ 532); dazu unten (5), Rn. 380.
- Klageänderung, Aufrechnungserklärung und Widerklage dürfen, auch wenn der Gegner einwilligt oder das Gericht sie für sachdienlich hält, nur auf Tatsachen gestützt werden, die ohnehin berücksichtigt werden, neuer Vortrag zur Begründung ist ausgeschlossen (§ 533); dazu unten d), Rn. 381.
- Verfahrensrügen, die die Partei bereits in erster Instanz verloren hat (§ 295), können auch in zweiter Instanz nicht erhoben werden (§ 534); dazu unten VII. 4., Rn. 414.
- Tatsachen, die eine Partei erstinstanzlich zugestanden hat (§ 288), können auch in der Berufung nur beschränkt widerrufen werden (§§ 535, 290); dazu unten VII. 4, Rn. 415.

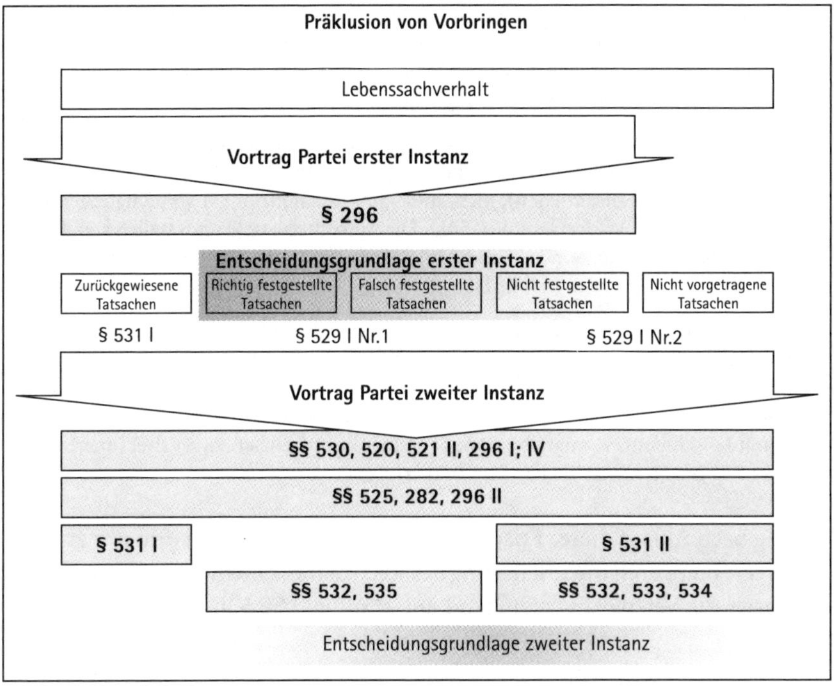

Schaubild 5: Präklusion von Vorbringen

(1) Zurückweisung verspäteten Vorbringens

Die Zurückweisung verspäteten Vorbringens dient der Prozessbeschleunigung. Die Parteien sollen angehalten werden, ihr Vorbringen frühzeitig und konzentriert vorzubringen, so dass der Rechtsstreit sachgerecht betrieben und alsbald entschieden werden kann. Diese ratio ist nicht berufungsspezifisch, sondern entspricht der in erster Instanz. Deswegen sind auch die Regelungen über die Zurückweisung weitgehend identisch. § 530 verweist dazu auf § 296 I. Daneben besteht die Möglichkeit einer Zurückweisung auch über die allgemeine Verweisungsnorm § 525 aus § 296 I und II. 369

Aus der Verweisung des § 530 wird deutlich, dass beide Parteien ihre Angriffs- und Verteidigungsmittel in der ihnen hierfür gesetzten Frist vorzubringen haben, der Berufungskläger in der Berufungsbegründungsfrist (§ 520), der Berufungsbeklagte in der Berufungserwiderungsfrist (§ 521 II). 370

Dieser besonderen Verweisung (neben der allgemeinen aus § 525) bedarf es, weil damit der Katalog der Fristen in § 296, deren Versäumung zu einer Zurückweisung führt, erweitert wird. § 530 stellt für die **Verspätung** allein auf die Versäumung der Berufungsbegründungs- und Berufungserwiderungsfrist ab. Die Begründungsfrist läuft kraft Gesetzes immer, die Erwiderungsfrist nur, wenn sie vom Gericht gesetzt ist. Nicht erfasst wird die Versäumung sonstiger Fristen im Berufungsverfahren, insbesondere der Frist zur Begründung einer Anschlussberufung (§ 524 III); auf diese kommt indes § 296 I über die allgemeine Verweisung des § 525 unmittelbar zur Anwendung, so dass die nachfolgenden Ausführungen auch dafür gelten.

Die Zurückweisungsmöglichkeit erstreckt sich auf die Mittel des Angriffs und der Verteidigung (insbesondere also Tatsachenbehauptungen, Bestreiten von Tatsachen, Beweismittel und Beweiseinreden), nicht indes auf die Angriffe und Verteidigungen selbst (Klage[änderung], Widerklage; Rn. 381). Die Aufrechung ist grundsätzlich keine selbstständige Verteidigung, sondern nur Verteidigungsmittel; sie unterfällt damit sowohl § 530 als auch § 533 (Rn. 351, 381).

Die Notwendigkeit, Angriffs- und Verteidigungsmittel innerhalb der genannten Fristen vorzutragen, erstreckt sich gleichermaßen auf neues wie auf altes Vorbringen. Will eine Partei ihren Vortrag erster Instanz auch in der Berufungsinstanz einbringen, so muss sie diesen erneut vortragen. Die Anforderungen hieran sind nicht besonders hoch, eine sogar nur konkludente Bezugnahme wird regelmäßig ausreichen, muss aber innerhalb der von § 530 gezogenen zeitlichen Grenzen erfolgen.

371 Vortrag nach Ablauf dieser Fristen ist grundsätzlich verspätet und nur zuzulassen, wenn hierdurch die Erledigung des Rechtsstreits nicht verzögert wird und die Partei die Verspätung genügend entschuldigt (**§§ 530, 296 I**).

Für die Frage der Verzögerung ist nach h. M. nicht vom relativen (hypothetischen) Verzögerungsbegriff auszugehen, der die Prozessdauer bei rechtzeitigem Vorbringen mit der bei verspätetem Vorbringen vergleicht, sondern grundsätzlich vom **absoluten Verzögerungsbegriff**, der darauf abstellt, ob der Rechtsstreit bei Zulassung des verspäteten Vorbringens länger dauern würde als bei dessen Zurückweisung.

Zur **Vermeidung** einer verfassungsrechtlich wegen Verletzung des Grundsatzes rechtlichen Gehörs problematischen **Überbeschleunigung** ist dieser absolute Verzögerungsbegriff in einigen Fällen durch eine relative Betrachtungsweise einzuschränken. Keine Verzögerung liegt vor, wenn die Fristversäumung für die Verzögerung nicht kausal wird, zu Beispiel weil auch bei fristgerechtem Vortrag ein Beweisbeschluss erforderlich geworden wäre, der eine sofortige Entscheidung des Rechtsstreits verhindert hätte oder weil das Vorbringen von einem Streitgenossen rechtzeitig vorgebracht wurde und deswegen ohnehin zu berücksichtigen ist (OLG Brandenburg NJW 98, 498). Hierzu gehören auch Fälle, in denen die Fristversäumung der Partei nicht zurechenbar ist, weil etwa ein verspätet benannter, aber noch wirksam zum Termin geladener Zeuge nicht erschienen ist (BGH NJW 89, 719). Keine Verzögerung liegt auch vor, wenn aufgrund des verspäteten Vorbringens die mündliche Verhandlung länger dauert (etwa, weil Zeugen beigeladen und vernommen werden müssen) oder eine Schriftsatznachlassfrist für den Gegner (§ 283) erforderlich wird. Schließlich gehören Fälle hierher, in denen das Gericht zumutbare vorbereitende Maßnahmen unterlassen, hat, mit denen die Verzögerung hätte abgewendet werden können; dafür muss schon bei der Terminsbestimmung Vorsorge getroffen werden (kein »Durchlauftermin«).

Das **Verschulden** der Partei wird im Rahmen des § 296 I widerleglich vermutet. Die Anforderungen an die Entschuldigung entsprechen denen an die Wiedereinsetzung in den vorigen Stand (§ 233). Erforderlich ist deswegen die Darlegung, dass die Partei (und ihr Prozessbevollmächtigter, § 85 II) ohne Verschulden an der Einhaltung der Frist verhindert waren. Selbst einfache Fahrlässigkeit muss dabei ausgeschlossen sein, Prozessverschleppungsabsicht ist nicht erforderlich. Ein Entschuldigungsgrund ist gegeben, wenn der Partei das Angriffs- und Verteidigungsmittel vor Ablauf der Frist nicht bekannt war und sie es auch nicht hätte ermitteln können (BGH NJW 88, 60) oder wenn die vom Gericht bestimmte Frist in Anbetracht des Prozessstoffs unangemessen kurz war (OLG Dresden NJW-RR 99, 214).

Nur auf Verlangen des Gerichts ist der Entschuldigungsgrund glaubhaft zu machen (§ 296 IV).

Die Zurückweisung nach § 296 I steht nicht im Ermessen des Gerichts, sondern ist zwingend.

Die Zurückweisung ist im Berufungsurteil zu begründen und kann mit der Revision überprüft werden. Die Berücksichtigung verspäteten Vorbringens dagegen bedarf keiner Begründung und ist nicht anfechtbar.

Wird in zweiter Instanz nicht die Frist zur Berufungsbegründung oder -erwi- 372
derung verletzt, sondern eine **sonstige**, vom Gericht gesetzte **Frist**, so finden darauf **§§ 525, 296 I** Anwendung, so dass die vorstehenden Ausführungen ebenfalls gelten.

Kaum praktische Relevanz kommt daneben der Möglichkeit zu, Angriffs- und 373
Verteidigungsmittel, die unter Verletzung der allgemeinen Prozessförderungspflicht in zweiter Instanz verspätet vorgetragen wurden, nach **§§ 525, 296 II** zurückzuweisen, wenn ihre Zulassung nach der freien Überzeugung des Gerichts die Erledigung des Rechtsstreits verzögern würde und die Verspätung auf grober Nachlässigkeit beruht.

Die allgemeine Prozessförderungspflicht ist in § 282 geregelt. § 282 I betrifft nur die mündliche Verhandlung und hat deswegen für die Präklusion kaum praktische Relevanz. Nach § 282 II kann die allgemeine Prozessförderungspflicht verletzt sein, wenn Schriftsätze nicht rechtzeitig vor dem Termin eingereicht wurden. Der Verzögerungsbegriff entspricht dem des § 296 I, so dass auf die oben gemachten Ausführungen verwiesen werden kann. Anders als bei § 296 I wird das Verschulden nicht vermutet, sondern muss positiv festgestellt werden. Erforderlich ist dabei grobe Nachlässigkeit, die anzunehmen ist, wenn die Partei ihre Prozessförderungspflicht in besonders hohem Maß verletzt, sich ausnehmend sorglos verhalten und dasjenige unterlassen hat, was jeder anderen Partei in der konkreten Verfahrenslage als notwendig eingeleuchtet hätte (BGH NJW 97, 2244; Musielak/*Huber* § 296 Rn. 31). Im Unterschied zu § 296 I steht die Zurückweisung hier im Ermessen des Gerichts (BGH NJW 81, 1218).

(2) Erstinstanzlich zurückgewiesene Tatsachen

374 Die Präklusionsvorschriften erster Instanz machen nur Sinn, wenn die Zurückweisung verspäteten Vorbringens nicht nur auf die Instanz beschränkt bleibt, sondern für den gesamten Rechtsstreit gilt. Die Präklusionswirkung muss deswegen für die Berufungsinstanz perpetuiert werden.

375 Angriffs- und Verteidigungsmittel, die in erster Instanz zu Recht zurückgewiesen worden sind, bleiben ausgeschlossen (**§ 531 I**).

Der Anwendungsbereich des § 531 I ist damit deutlich beschränkt. Ihm unterfallen nur Angriffs- und Verteidigungsmittel, nicht eigenständige Angriffe und Verteidigungen selbst (dazu oben Rn. 370). Für Vorbringen, das in erster Instanz zu Unrecht zurückgewiesen wurde, gilt § 531 I genauso wenig, wie für Vorbringen, das aus anderen Gründen unberücksichtigt geblieben ist.

Hat die Partei Tatsachen in erster Instanz trotz einer ihr gesetzten Frist nicht oder erst nach Schluss der mündlichen Verhandlung (§ 296 a) vorgetragen, beurteilt sich die Zulässigkeit des Vortrags in zweiter Instanz allein nach § 531 II, nicht nach § 531 I. Dass damit die verspätet vortragende Partei schlechter steht, als die nicht vortragende Partei, ist wenig einleuchtend, aber nicht verfassungswidrig (Musielak/*Ball* § 531 Rn. 5).

Bei Beurteilung der Frage, ob die Zurückweisung erstinstanzlich zu Recht erfolgte, ist das Berufungsgericht nicht an die Einschätzung des Erstgerichts gebunden, sondern hat frei zu entscheiden, ob nach seiner Auffassung die Zurückweisungsvoraussetzungen vorlagen. Allerdings darf das Berufungsgericht die Zurückweisung nicht auf eine andere als die von der Vorinstanz angewendete Vorschrift stützen und eine fehlerhafte Begründung nicht durch eine andere ersetzen (BGH NJW 90, 304).

Das zur Recht zurückgewiesene Vorbringen bleibt zwingend ausgeschlossen. Das Berufungsgericht hat insoweit weder ein Ermessen noch eine Möglichkeit, das Vorbringen zuzulassen. Eine Ausnahme gilt indes für die Tatsachen, die in zweiter Instanz unstreitig geworden sind (BGH NJW 80, 945; unten Rn. 377). Führt die Berufung zu einer Zurückverweisung in die erste Instanz, so ist das Vorbringen dort zu berücksichtigen, da insoweit eine Verzögerung nicht mehr eintreten kann (Musielak/*Ball* § 531 Rn. 12).

Vortrag der in erster Instanz hätte zurückgewiesen werden können, aber nicht zurückgewiesen wurde, wird uneingeschränkt berücksichtigt, da nunmehr eine Verzögerung nicht mehr droht.

(3) Neue Angriffs- und Verteidigungsmittel

376 Gegenstand des Berufungsverfahrens sind die vom erstinstanzlichen Gericht festgestellten (das heißt die von ihm der Entscheidung zugrunde gelegten, oben Rn. 339) Tatsachen (§ 529). Die Parteien hatten in erster Instanz die prinzipiell unbeschränkte Möglichkeit, Tatsachen vorzutragen, hieran sind sie für den weiteren Prozessverlauf gebunden. Sie können in zweiter Instanz nicht Tatsachen behaupten, bestreiten oder unter Beweis stellen, soweit sie

dies nicht in erster Instanz schon getan haben. Sie dürfen grundsätzlich weder etwas anderes vortragen, als in erster Instanz, noch etwas neues.

Die Möglichkeiten neuen Vortrags sind auf die Fälle des **§ 531 II** beschränkt.

Zuzulassen sind neue Tatsachen nur, wenn sie einen Gesichtspunkt betreffen, der vom Gericht des ersten Rechtszugs erkennbar übersehen oder für unerheblich gehalten worden ist, wenn sie infolge eines Verfahrensmangels nicht geltend gemacht wurden oder wenn ihre Nichtgeltendmachung in erster Instanz nicht auf einer Nachlässigkeit der Partei beruht. Zur Ausfüllung dieser Voraussetzungen oben Rn. 354 ff.

Streitig ist, ob über den Wortlaut des § 531 II hinaus neue Angriffs- und Ver- **377**
teidigungsmittel dann zuzulassen sind, wenn sie **unstreitig** sind. Dies wird in der Literatur überwiegend bejaht, in der Praxis aber verbreitet verneint.

Im alten Berufungsrecht war eine Zurückweisung von Vorbringen nur möglich, wenn dieses zu einer Verzögerung des Rechtsstreits führte (§ 528 I a. F.); neues unstreitiges Vorbringen wirkte nie verfahrensverzögernd und war deswegen stets zu berücksichtigen. Mit der ZPO-Reform ist das Verzögerungserfordernis entfallen, so dass sich die Frage einer Zulassung allein aufgrund des Unstreitigseins neu stellt.

Für eine Zulassung unstreitigen neuen Vortrags spricht, dass hierdurch Interessen des Gegners, der die Behauptung zugesteht, nicht beeinträchtigt werden und eine prozessverzögernde neue Tatsachenfeststellung (Beweisaufnahme) des Berufungsgerichts möglicherweise nicht erforderlich ist.

Verkannt wird dabei aber bereits der insoweit eindeutige Wortlaut des § 531 II, der neue Angriffs- und Verteidigungsmittel »nur« in den dort genannten Fällen zulässt, eine Ausnahmevorschrift darstellt und deswegen einer Ausweitung nur sehr beschränkt zugänglich ist. Dass der Gesetzgeber die Berücksichtigung auch unstreitigen neuen Tatsachenvortrags gänzlich verbieten kann, ist für die Revision unbestritten, wird es in der Berufung nach Maßgabe des § 531 II beschränkt, ist das eine (entgegen *Gehrlein* MDR 03, 421) mögliche Beschränkung der Verhandlungsmaxime und führt nicht dazu, dass das Prozessrecht deswegen zum bloßen »Selbstzweck« verkommt (so aber *Hannich/Mayer-Seitz*, ZPO-Reform 2002, § 531 Rn. 8). Wenn die Berufung ihre Aufgabe als Instrument der Fehlerkontrolle und -beseitigung erfüllen soll, muss der erstinstanzlich festgestellte Sachverhalt grundsätzlich unverändert bleiben, das Recht der Parteien zum Vortrag neuer Tatsachen auch dann beschränkt werden, wenn es übereinstimmend erfolgt (so im Ergebnis auch OLG Oldenburg MDR 03, 48).

Etwas anderes kann gelten, wenn die neuen Tatsachen auch mittelbar keine weitere Beweisaufnahme erforderlich machen, über sie ohne weiteres entschieden werden kann (*Crückeberg* MDR 03, 10).

Aus anwaltlicher Sicht spricht allein die Möglichkeit einer Zulassung unstreitigen Vorbringens dafür, neue Angriffs- und Verteidigungsmittel auch dann geltend zu machen, wenn die Voraussetzungen des § 531 II nicht vorliegen. Allerdings muss einkalkuliert werden, dass diese Tatsachen entweder vom Gegner bestritten (unten Rn. 504) oder trotz ihrer Unstreitigkeit vom Gericht nicht berücksichtigt werden, so dass der Erfolg eines entsprechenden Vortrag ungewiss bleibt.

378 Auch wenn man unstreitige neue Angriffs- und Verteidigungsmittel über die Fallgruppen des § 531 II hinaus zulässt, kann darauf die Zulässigkeit einer Berufung nicht gestützt werden. Soweit die Berufung nach § 520 III Nr. 4 mit neuen Angriffs- und Verteidigungsmittel begründet werden soll, sind diese zum Zeitpunkt der Einlegung der Berufung noch nicht unstreitig und werden es auch bis zur nach § 522 I erforderlichen Prüfung des Gerichts nicht, so dass die Berufung durch Beschluss verworfen wird.

Dabei kann dahin stehen, ob man das Gericht für verpflichtet hält, vor einer Entscheidung im Beschlussweg (§ 522 I, II) eine Stellungnahme des Berufungsbeklagten einzuholen. Auch wenn man – entgegen dem Wortlaut des § 522 II 2 – davon ausgehen wollte, braucht der Berufungsbeklagte zum Vorbringen des Berufungsklägers nicht Stellung zu nehmen, so dass einem Nichtbestreiten nicht die Wirkungen des § 138 III zukommen können. Selbst ein schriftsätzliches Einräumen von Behauptungen des Berufungsklägers durch den Berufungsbeklagten kann nicht zu dessen Unstreitigwerden führen. Nach dem Mündlichkeitsgrundsatz im Zivilprozess handelt es sich insoweit nur um die Ankündigung von Vorbringen, das erst durch seine Wiederholung in der mündlichen Verhandlung zum Geständnis wird (MüKo/*Rimmelspacher* § 531 Rn. 14).

379 Keiner Beschränkung unterliegt die **Schaffung neuer Tatsachen**, die dann über § 531 II Nr. 3 vorgetragen werden können, weil ihr Vortrag in erster Instanz noch nicht möglich war.

Ist die Honorarklage des Architekten erstinstanzlich mit der Begründung abgewiesen worden, es fehle an einer wirksamen (und für die Fälligkeit des Anspruchs erforderlichen) Abrechung, so kann der Kläger eine neue Abrechnung erstellen und hierauf seine Berufung stützen. § 531 II Nr. 3 schließt neue Angriffs- und Verteidigungsmittel nur aus, wenn ihr Nichtvortrag auf einer Nachlässigkeit der Partei beruht, der Befugnis der Partei zur Vornahme von Handlungen steht sie nicht entgegen.

(4) Verzichtbare Zulässigkeitsrügen

380 Zu dem Vorbringen, das nach §§ 530, 296 zurückgewiesen werden kann, wenn es nicht innerhalb der Berufungsbegründungs- bzw. -erwiderungsfrist vorgebracht wird, gehören auch verzichtbare Rügen, die die Zulässigkeit der Klage betreffen. Während nach diesen Vorschriften eine Zurückweisung aber nur bei Verzögerung des Verfahrens in Betracht kommt, lässt **§ 532** eine Zurückweisung unabhängig von dieser Voraussetzung, das heißt auch dann zu, wenn sie nicht zu einer Verzögerung des Rechtsstreits führt.

§ 532 erreicht damit eine frühzeitige und endgültige Klärung bestimmter Zulässigkeitsfragen.

Aufgrund des engen Anwendungsbereichs ist die praktische Bedeutung dieser Vorschrift gering. Verzichtbare Zulässigkeitsrügen (oben Rn. 69) sind die Einrede der mangelnden Prozesskostensicherheit eines ausländischen Klägers (§§ 113, 110 ff.), der mangelnden Prozesskostenerstattung nach Klagerücknahme (§ 269 VI) und der Schiedsvereinbarung (§ 1032). Auf die übrigen Zulässigkeitsvoraussetzungen findet § 532 keine Anwendung.

Hätte die verzichtbare Zulässigkeitsrüge bereits in erster Instanz erhoben werden können, muss genügend entschuldigt werden, warum dies nicht geschehen ist (§ 532 S. 2).

d) Erweiterung des Streitstoffs

Die §§ 530, 531 beschränken die Möglichkeit, in zweiter Instanz neue Mittel **381** zum Angriff oder zur Verteidigung (Behaupten, Bestreiten oder Beweisen) vorzubringen. Sie erfassen nicht neue Angriffe oder Verteidigungen (Klage, Widerklage) selbst, doch sind auch die Möglichkeiten der Parteien, mit einer solchen Erweiterung des Streitgegenstands zu einem Erfolg in der Berufungsinstanz zu kommen, stark eingeschränkt.

Auch dies beruht auf der Funktion der Berufung. Soll sie sich auf die Kontrolle der erstinstanzlichen Entscheidung und die Beseitigung festgestellter Fehler beschränken, so muss sie grundsätzlich von der gleichen Entscheidungsgrundlage ausgehen, wie die erste Instanz. Zudem muss der in einer Änderung des Streitstoffs liegenden Gefahr einer Prozessverschleppung vorgebeugt werden.

Die Aufrechnung ist an sich zwar Verteidigungs- (oder, wenn vom Kläger bei der negativen Feststellungs- oder der Vollstreckungsabwehrklage vorgebracht, Angriffs-)mittel (Rn. 351, 370), den selbstständigen Angriffen bzw. Verteidigungen aber gleichgestellt, weil sie wie diese zu einer Erweiterung des Streitstoffs führt und alle zweitinstanzlichen Ausweitungen des Streitstoffs im Interesse der Waffengleichheit der Parteien gleich behandelt werden müssen (BGH NJW 00, 145).

Die Erweiterung des Streitstoffs kann nicht das einzige Ziel der Berufung sein. **382** Sie ist erst in der Berufungsinstanz möglich, der Zugang zu dieser muss zunächst zulässig eröffnet sein. Erforderlich ist deswegen, dass zumindest auch (hilfsweise) eine **Beseitigung** der in der erstinstanzlichen Entscheidung liegenden **Beschwer** erstrebt wird (dazu oben Rn. 297).

Ist der Kläger erstinstanzlich unterlegen, ist die Berufung hiergegen nur zulässig, wenn er seinen erstinstanzlichen Antrag weiterverfolgt. In der so eröffneten Berufungsinstanz kann er dann die Klage ändern. Unzulässig ist die Berufung, wenn mit ihr von Anfang an nur noch der neue Antrag verfolgt wird.

Die zulässige Berufung des Beklagten gegen die erstinstanzliche Klagestattgabe setzt voraus, dass der Beklagte die Gründe seiner Verurteilung angreift. Tut er dies, so kann er zusätzlich auch eine neue Aufrechnung erklären oder eine neue Widerklage erheben. Nicht möglich ist es, den mit der Berufung verfolgten Klageabweisungsantrag ausschließlich auf eine neue Aufrechnung zu stützen.

Sind beide Parteien erstinstanzlich teilweise unterlegen und legt nur eine Partei Berufung ein, so kann der Gegner die Erweiterung des Streitstoffs auch im Rahmen der Anschlussberufung geltend machen. Diese muss nicht ausdrücklich als solche bezeichnet sein, jede Erweiterung des Streitstoffs durch den Berufungsbeklagten ist als Anschlussberufung auszulegen (Rn. 508).

383 Klageänderung, Aufrechnung und Widerklage sind nur möglich, wenn der Gegner einwilligt oder das Gericht sie für sachdienlich hält und dazu keine, der Berufung nicht ohnehin zugrundezulegende Tatsachen erforderlich sind (**§ 533**).

Die bei Sachdienlichkeit entbehrliche Einwilligung entspricht der Voraussetzung für eine Klageänderung in erster Instanz (§ 263).

Eine **Einwilligung** kann ausdrücklich oder konkludent erklärt werden, die rügelose Einlassung auf den neuen Streitstoff kann dazu ausreichen (§ 267). Die Einwilligung ist bedingungsfeindlich und unwiderruflich.

Sachdienlich ist eine Änderung des Streitstoffs, wenn durch die Zulassung ein neues Verfahren vermieden werden kann und der prozessuale Aufwand bei Einbeziehung in das laufende Verfahren geringer ist, als bei Beginn eines neuen Verfahrens (BGH NJW 85, 1842). Die Sachdienlichkeit fehlt, wenn der spruchreife Prozess durch die nicht spruchreife Erweiterung verzögert würde (BGH WM 76, 1278) oder wenn der neue Streitgegenstand bereits in einem anderen Verfahren rechtshängig ist (BGH FamRZ 90, 975). Dass durch die Zulassung eine Instanz verloren geht, ist bei Beurteilung der Sachdienlichkeit einzubeziehen, steht dieser aber nicht grundsätzlich entgegen, weil das Gesetz dies mit der Möglichkeit der Zulassung erkennbar in Kauf nimmt (BGH NJW 92, 2296). Auch der Umstand, dass der neue Streitstoff bereits erstinstanzlich hätte eingeführt werden können, hindert die Sachdienlichkeit nicht.

384 Klageänderung, Aufrechnung und Widerklage können nur auf solche Tatsachen gestützt werden, die das Berufungsgericht seiner Verhandlung und Entscheidung über die Berufung nach § 529 ohnehin zugrunde zu legen hat.

Nach § 529 besteht für die Berufungsinstanz grundsätzlich eine Bindung an den erstinstanzlich festgestellten Sachverhalt. Der Vortrag neuer Tatsachen ist nur unter engen Voraussetzungen möglich (§§ 529 Nr. 2, 531 II). Über Klageänderung, Aufrechnung und Widerklage kann dieses grundsätzliche Verbot des Vortrags neuer Angriffs- und Verteidigungsmittel nicht umgangen werden (keine »Flucht in die Änderung des Streitgegenstands«).

Verhindert werden soll damit auch, dass ein neuer Streitgegenstand zwar wirksam in den Prozess eingeführt wird, er aber rechtskraftfähig (§ 322 I, II) abgewiesen werden muss, weil Tatsachen, die zu seiner Substanziierung erforderlich sind, nicht berücksichtigt werden dürfen. Insoweit dient die zweite Voraussetzung des § 533 auch dem Schutz der Partei vor einem endgültigen Verlust ihrer Forderung.

Die Beschränkung auf ohnehin zu berücksichtigende Tatsachen schränkt die Möglichkeiten der Erweiterung des Streitstoffs praktisch erheblich ein. Statthaft sind diese nur, wenn sie ihren Grund im bisherigen Prozessstoff haben. Im Wesentlichen sind dies Klageerweiterungen.

Liegen diese Voraussetzungen vor, lässt das Berufungsgericht die Klageänderung, Aufrechnung oder Widerklage zu. 385

Die Zulassung erfolgt inzident im Endurteil über die Berufung, ist für die Revisionsinstanz bindend (BGH NJW 00, 3273) und bedarf deswegen keiner Begründung.

Die Nichtzulassung erfolgt durch Prozessurteil, das keine materielle Rechtskraft entfaltet und deswegen der isolierten Geltendmachung der Forderung in einem nachfolgenden Prozess nicht entgegen steht (BGHZ 33, 401). Sie führt nur zur Unzulässigkeit von Klageänderung, Widerklage oder Aufrechnung, die zugrundeliegende (Anschluss-)Berufung ist – wenn keine anderen Gründe greifen – unbegründet. Die Nichtzulassung kann mit der Revision gerügt werden und muss deswegen auch im Berufungsurteil begründet werden (BGH NJW 77, 49).

(1) Klageänderung

Eine Klageänderung setzt voraus, dass der Streitgegenstand in zweiter Instanz von dem erster Instanz abweicht. 386

Nach dem eingliedrigen **Streitgegenstandsbegriff** ist dazu eine Änderung des Antrags erforderlich, nach dem zweigliedrigen Streitgegenstandsbegriff reicht auch die Änderung des zur Begründung vorgetragenen Lebenssachverhalts aus.

Die Klageänderung ist in verschiedenen **Arten** denkbar. Sie kann allgemein im Austausch des bisherigen Streitgegenstands gegen einen neuen (Klagewechsel) oder im Hinzutreten eines weiteren Streitgegenstands neben den verbleibenden (nachträgliche Klagehäufung) liegen; erstinstanzlich richtet sich die Zulässigkeit dann nach §§ 263, 267, bedarf also der Zustimmung des Gegners oder der Sachdienlichkeit. Privilegiert, das heißt nach §§ 264 – 266 kraft Gesetzes ohne Zustimmung und Sachdienlichkeit zulässig sind nachträgliche Änderungen des Umfangs der Klage (Klagebeschränkung, Klageerweiterung, § 264 Nr. 2) oder Anpassungen der Klage an nachträglich veränderte Umstände (§§ 264 Nr. 3, 265 f.).

Die Klageänderung bedarf nach § 533 grundsätzlich der Einwilligung des Gegners oder der Sachdienlichkeit und darf nur auf ohnehin zu berücksichtigende Tatsachen gestützt werden (Rn. 383 f.).

387 Ist die Klageänderung in erster Instanz **ohne Einwilligung** des Gegners und **ohne Sachdienlichkeit** zulässig (§§ 264 – 266), so bedarf sie dieser Voraussetzungen auch in zweiter Instanz nicht. Klageerweiterung, Klagebeschränkung und Klageanpassung sind deswegen allein an § 533 Nr. 2 zu messen.

388 Nach den Regeln der Klageänderung wird von der h. M. auch eine Reihe anderer Fallkonstellationen behandelt.

Der **gewillkürte Parteiwechsel** ist im Gesetz nicht geregelt. Während die Literatur in ihm ein Institut sui generis sieht, wendet die Rechtsprechung auf ihn die §§ 263 ff. entsprechend an. Er ist mit der Berufung regelmäßig nicht möglich, weil die für die Zulässigkeit der Berufung erforderliche Beseitigung der Beschwer nur zwischen den ursprünglichen Parteien begehrt werden kann (Rn. 148, 297). Wegen der mit der Drittwiderklage erreichbaren Parteierweiterung unten Rn. 389.

Die **Abstandsnahme vom Urkundenprozess** ist in § 595 nur für die erste Instanz geregelt. Eine entsprechende Erklärung in der Berufung wird von der h. M. als Klageänderung behandelt und damit von einer Einwilligung oder Sachdienlichkeit abhängig gemacht (BGHZ 29, 337; OLG Frankfurt MDR 88, 326). Der Ausschluss der Möglichkeit neuen Vortrags zur geänderten Klage macht einen solchen Wechsel nach neuem Recht nahezu unmöglich (Zöller/*Greger* § 596 Rn. 4). Vertreten wird deswegen auch eine Zurückverweisung an die erste Instanz analog § 538 II Nr. 5 (Musielak/*Ball* § 596 Rn. 7).

Durch Erweiterung des Klageantrags kann der Kläger im Wege der **Zwischenfeststellungsklage** beantragen, dass ein im Laufe des Prozesses streitig gewordenes Rechtsverhältnis, von dessen Bestehen oder Nichtbestehen die Entscheidung des Rechtsstreits ganz oder zum Teil abhängt, festgestellt wird (§ 256 II). Ihre Zulässigkeit richtet sich allein nach §§ 525, 256 II, die als speziellere Regelung den § 533 verdrängen (BGHZ 53, 92).

(2) Widerklage

389 Eine Widerklage bedarf nach § 533 der Einwilligung des Gegners oder der Sachdienlichkeit und darf nur auf ohnehin zu berücksichtigende Tatsachen gestützt werden (Rn. 383 f.).

Unter § 533 fallen grundsätzlich alle **Arten** von neuen Widerklagen, das heißt neben der unbedingten Widerklage des Beklagten auch die Hilfswiderklage, die Wider-Widerklage des Klägers und die Drittwiderklagen, unabhängig davon, ob sie von einem oder gegen einen Dritten erhoben werden. Nicht von § 533 erfasst wird allein die Zwischenfeststellungswiderklage.

Neu ist eine Widerklage, wenn sie in erster Instanz noch nicht rechtshängig war.

Die **Hilfswiderklage** steht unter einer (zulässigen) innerprozessualen Bedingung (zum Beispiel Stattgabe oder Abweisung der Klage, BGH NJW 96, 2166).

Von einer **Wider-Widerklage** geht die Rechtsprechung aus, wenn der Kläger als Reaktion auf die Erhebung einer Widerklage durch den Beklagten seinerseits die Klage erweitert. In erster Instanz kann hiermit eine Privilegierung erreicht werden, weil die Wider-Widerklage – anders als die Klageänderung – nicht von den Voraussetzungen des § 263 abhängt. In der Berufungsinstanz ist dieser Unterschied wegen der Gleichbehandlung von Klageänderung und Widerklage in § 533 unbeachtlich.

Eine **Drittwiderklage** liegt vor, wenn mit ihr eine Erweiterung des Prozessrechtsverhältnisses auf bislang nicht verfahrensbeteiligte Personen verbunden ist. Der Dritte kann dabei als Widerbeklagter (allein oder gemeinsam mit dem bisherigen Kläger) oder als Widerkläger (allein oder gemeinsam mit dem bisherigen Beklagten) auftreten. Die h. M. lässt eine solche parteierweiternde Widerklage nur zu, wenn der Dritte zusammen mit der bisherigen Partei auftritt und – weil ein nach §§ 263 ff. analog zu behandelnder Fall des Parteibeitritts vorliegt – er zustimmt oder die Erweiterung sachdienlich ist.

Die Feststellung vorgreiflicher Rechtsverhältnisse im laufenden Verfahren kann im Rahmen der **Zwischenfeststellungswiderklage** auch vom Beklagten beantragt werden (§ 256 II). Ihre Zulässigkeit richtet sich allein nach §§ 525, 256 II, die als speziellere Regelung den § 533 verdrängen (BGHZ 53, 92).

(3) Aufrechnung

Die Aufrechnung ist ein **Doppeltatbestand**. Sie stellt sowohl eine materiell- 390
rechtliches Gestaltungsrecht als auch eine Prozesshandlung dar. § 533 regelt insoweit nur die prozessuale Geltendmachung durch den Beklagten (BGH NJW 92, 2575), macht diese von der Einwilligung des Gegners oder der Sachdienlichkeit abhängig und beschränkt sie auf ohnehin zu berücksichtigende Tatsachen (Rn. 383 f.).

§ 533 erfasst deswegen die Aufrechnung des Beklagten, auch die des Widerbeklagten (BGH FamRZ 90, 975), nicht aber die des Klägers, die im Wege der Replik gegen eine Gegenforderung des Beklagten (BGH NJW-RR 90, 1470) oder zur Begründung einer negativen Feststellungsklage oder Vollstreckungsgegenklage erklärt wird.

Neu ist die Aufrechnung, wenn sie mit einer Forderung erfolgt, die in erster 391
Instanz nicht zur Aufrechnung stand.

Hat der Beklagte erstinstanzlich mit einer Forderung aufgerechnet und tauscht er diese in der Berufung gegen eine andere Forderung aus, unterfällt dies § 533. Werden mehrere Forderungen hintereinander zur Aufrechnung gestellt, so müssen die Voraussetzungen des § 533 für alle Aufrechnungsforderungen vorliegen (BGH NJW 00, 143).

Nicht neu ist eine erstinstanzlich hilfsweise erklärte Aufrechnung, über die nicht entschieden wurde (BGH NJW 83, 931). Neu dagegen ist die Aufrechnung, die erstinstanzlich zunächst bereits geltend gemacht war, vor der Entscheidung aber fallen gelassen wurde (BGH MDR 75, 1008).

Die Geltendmachung eines Zurückbehaltungsrechts steht einer Aufrechnung grundsätzlich nicht gleich, es ist allein nach § 531 zu beurteilen. Allerdings ist die »Zurückbehaltung« bei zwei gegenseitigen Geldforderungen unabhängig von ihrer Bezeichnung regelmäßig eine Aufrechnung (OLG Celle OLGZ 72, 477).

Unabhängig von der Bezeichnung der Parteien stellt es keine Aufrechnung dar, wenn der Beklagte das Fehlen von Gegenpositionen in einer Abrechnung rügt oder Gewährleistungsansprüche geltend macht (BGH NJW 78, 814).

392 Wird die Aufrechnung als unzulässig zurückgewiesen, so erfolgt keine der **Rechtskraft** fähige Entscheidung über sie (§ 322 II), sie kann zum Gegenstand eines nachfolgenden Verfahrens gemacht werden.

VII. Verfahren der Berufung

1. Verfahrensablauf

393 Seit der ZPO-Reform ist der Gang des Berufungsverfahrens systematisch nachvollziehbar im Gesetz geregelt. Er ergibt sich aus den §§ 519 ff.

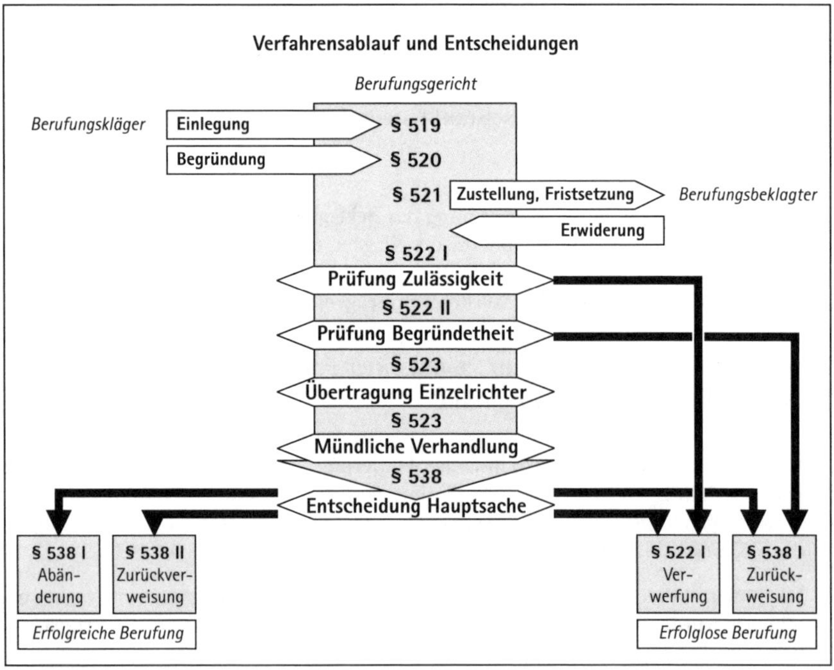

Schaubild 6: Ablauf des Berufungsverfahrens

Das Berufungsverfahren beginnt mit der Einlegung der Berufung (§ 519) und setzt sich – gegebenenfalls nach Verlängerung der Begründungsfrist durch das Gericht – mit deren Begründung (§ 520) durch den Berufungskläger fort (oben Rn. 187 ff., 269 ff.). Beides wird dem Berufungsbeklagten zugestellt, regelmäßig wird ihm eine Frist zur Berufungserwiderung gesetzt (§ 521; unten Rn. 493). Liegt die Erwiderung vor, prüft das Gericht Zulässigkeit und Begründetheit der Berufung; eine unzulässige Berufung kann durch Beschluss verworfen, eine unbegründete Berufung muss durch Beschluss zurückgewiesen werden (§ 522; unten Rn. 394). Erfolgt eine solche Beschlussentscheidung nicht, entscheidet das Gericht über einen Einsatz des Einzelrichters (dazu oben Rn. 235) und bestimmt Termin zur mündlichen Verhandlung (§ 523; unten Rn. 403), an dessen Ende die Entscheidung über die Hauptsache durch Urteil ergeht (unten Rn. 464). Dieses lautet bei unzulässiger Berufung auf Verwerfung, bei unbegründeter Berufung auf Zurückweisung. Ist die Berufung zulässig und begründet, entscheidet das Berufungsgericht grundsätzlich selbst in der Sache durch Abänderung des angefochtenen Urteils, nur ganz ausnahmsweise durch Aufhebung und Zurückverweisung (§ 538; unten Rn. 467).

2. Beschlussentscheidungen Gericht

Bevor über die Befassung des Einzelrichters entschieden oder Termin zur **394** mündlichen Verhandlung bestimmt wird, hat das Gericht in voller Besetzung zu prüfen, ob die Berufung zulässig ist und Aussicht auf Erfolg hat. Ist dies nicht der Fall, ergeht eine Entscheidung im Beschlussweg.

a) Verwerfung unzulässiger Berufung

Die **Zulässigkeitsvoraussetzungen** der Berufung sind Voraussetzungen für **395** die Fortsetzung des Verfahrens in der zweiten Instanz. Nur wenn alle diese Voraussetzungen vorliegen, kann eine Sachprüfung des angefochtenen Urteils erfolgen.

Zu prüfen sind dabei alle Zulässigkeitsvoraussetzungen. Gesetzlich hervorgehoben sind die Statthaftigkeit sowie die Form und Frist von Einlegung und Begründung, die Prüfung hat sich aber auch auf die Beschwer, die Zuständigkeit des Berufungsgerichts und die allgemeinen Prozesshandlungsvoraussetzungen zu erstrecken (Rn. 85).

Sind die zur Ausfüllung der Zulässigkeitsvoraussetzungen erforderlichen Tatsachen streitig, so muss hierüber Beweis erhoben werden. Beweismittel und Beweisverfahren sind dabei nicht an die von den §§ 355 ff. gezogenen Grenzen gebunden, sondern können frei bestimmt werden (sog. »Freibeweis«; BGH NJW 00, 814; BGH NJW 97, 3319), bewiesen ist eine Tatsache aber wie im Strengbeweisverfahren auch erst bei vollständiger Überzeugung des Gerichts (»Vollbeweis«).

396 Ergibt die Prüfung die **Zulässigkeit der Berufung**, so kann diese isoliert in Form eines Beschlusses (§ 522 I 3) oder – nach vorheriger mündlicher Verhandlung – eines Zwischenurteils (§ 303) ausgesprochen werden. Beides ist aber nur dort sinnvoll, wo Zulässigkeitsfragen explizit im Streit stehen und einer Vorabentscheidung bedürfen.

Isolierte Entscheidungen können über die Zulässigkeit insgesamt (»Die Berufung ist zulässig«) ergehen oder über einzelne Zulässigkeitsvoraussetzungen (»Die Berufung ist rechtzeitig begründet worden«). Eine solche Entscheidung bindet das Berufungsgericht für das weitere Verfahren (§ 318), soweit nicht nachträglich entstandene neue Tatsachen eine andere Entscheidung erfordern (h. M., BGH LM § 238 Nr. 2; a. A. BLAH/*Albers* § 522 Rn. 8).

Sowohl Zwischenurteil als auch Beschluss können nicht isoliert, sondern nur im Rahmen der Revision gegen das in der Sache ergehende Endurteil angefochten werden (§ 557 II).

397 Regelmäßig wird die Zulässigkeit der Berufung erst in den Entscheidungsgründen des Endurteils festgestellt.

Während in einem erstinstanzlichen Urteil Ausführungen zur Zulässigkeit der Klage nur gemacht werden, soweit einzelne Zulässigkeitsvoraussetzungen Anlass zu Zweifeln geben (Rn. 64), folgert die h. M. aus § 522 I 1, dass Ausführungen zur Zulässigkeit der Berufung im Berufungsurteil in jedem Fall erforderlich sind. Ist die Zulässigkeit unproblematisch, erschöpft sich die Darlegung insoweit häufig in einer bloßen Floskel (»Die Berufung ist zulässig, insbesondere an sich statthaft sowie form- und fristgerecht eingelegt und begründet worden«).

Auch in diesem Fall kann die Zulässigkeitsentscheidung nur zusammen mit der Hauptsache im Rahmen der Revision angefochten werden.

398 Ergibt die Prüfung die **Unzulässigkeit der Berufung**, so kann hierüber – nach vorheriger mündlicher Verhandlung – durch Endurteil oder – ohne vorherige mündliche Verhandlung – durch Beschluss entschieden werden (§ 522 I 2). Die Frage, ob mündlich verhandelt wird und damit auch, in welcher Form die Entscheidung ergeht, steht im freien Ermessen des Gerichts.

Die Entscheidung lautet in beiden Fällen auf »Verwerfung der Berufung«. Möglich ist eine solche Entscheidung erst, wenn die Unzulässigkeit endgültig feststeht. Dies ist nicht der Fall, solange fehlende Voraussetzungen noch nachgeholt oder Mängel geheilt werden können (BGH VersR 01, 730; Rn. 37). Wegen der Fristabhängigkeit von Einlegung und Begründung ist der Spielraum dafür aber deutlich geringer als in erster Instanz. Vor Ablauf der Begründungsfrist wird eine Verwerfung regelmäßig nicht möglich sein.

Ergeht die Entscheidung nach mündlicher Verhandlung, so handelt es sich auch dann um ein Endurteil, wenn der Berufungsbeklagte säumig ist (»Unechtes Versäumnisurteil«).

Will das Gericht ohne mündliche Verhandlung entscheiden, so muss zuvor gegebenenfalls ein Hinweis nach § 139 erteilt, in jedem Fall aber rechtliches Gehör gewährt werden (BGH NJW 94, 392). Der Verzicht auf eine mündliche Verhandlung empfiehlt sich nur in klaren und einfach gelagerten Fällen. Der Beschluss bedarf der Begründung.

Der Verwerfungsbeschluss unterliegt der Rechtsbeschwerde kraft Gesetzes, das heißt ohne Zulassung (§§ 522 I 4, 574 I Nr. 1). Das Verwerfungsurteil kann mit der Revision angefochten werden, die nur statthaft ist, wenn sie vom Berufungsgericht oder vom Revisionsgericht auf die Nichtzulassungsbeschwerde hin zugelassen wurde (§ 543 I), wobei die Nichtzulassungsbeschwerde (zumindest in einer Übergangsfrist) vom Erreichen der Wertgrenze des § 26 Nr. 8 EGZPO (20.000,– €) abhängig ist. Verhandelt das Berufungsgericht im Streitwertbereich unterhalb von 20.000,– €, wäre die Verwerfungsentscheidung damit nicht anfechtbar. Weil das Berufungsgericht aber die Anfechtbarkeit seiner Entscheidungen nicht nach freiem Ermessen beeinflussen kann, muss die Nichtzulassungsbeschwerde in teleologischer Reduktion des § 26 Nr. 8 EGZPO gegen Verwerfungsurteile auch bei einem Streitwert von weniger als 20.000,– € zulässig sein (*Gehrlein* MDR 03, 547). Dies soll durch eine mit dem JuMoG beabsichtigte Änderung des § 26 Nr. 8 EGZPO voraussichtlich zum 1. 1. 2004 gesetzlich festgeschrieben werden.

Erfolgt die Verwerfung wegen der Versäumung der Einlegungs- oder Begründungsfrist, so kommt auch die Wiedereinsetzung in den vorigen Stand in Betracht (Rn. 194). Diese ist parallel zu Rechtsbeschwerde oder Revision einzulegen, jedoch beim Berufungsgericht (§ 237). Wird die Wiedereinsetzung versagt, ist hiergegen eine weitere Rechtsbeschwerde einzulegen (§ 238 II 1), wird Wiedereinsetzung gewährt, fällt die Verwerfungsentscheidung ohne weiteres weg.

Die Rechtskraft der Verwerfungsentscheidung erfasst nur die eingelegte Berufung selbst. Der Einlegung einer neuen Berufung steht sie nicht entgegen, soweit dabei der Unzulässigkeitsgrund vermieden werden kann.

b) Zurückweisung substanzloser Berufung

Nicht immer muss auf eine zulässige Berufung hin ein aufwändiges Beru- **399**
fungsverfahren mit mündlicher Verhandlung stattfinden. Erkennbar erfolglose Berufungen werden durch Beschluss zurückgewiesen. Hierzu hat das Berufungsgericht in voller Besetzung vor Bestimmung eines Termins und vor Übertragung an den Einzelrichter eine Prüfung der Begründetheit der Berufung durchzuführen.

Diese Vorgehensweise steht – anders die Beschlussentscheidung über die Zulässigkeit nach § 522 I – nicht im Ermessen des Gerichts. Die Vorabprüfung muss erfolgen, ergeben sich dabei die Voraussetzungen des § 522 II, so muss die Berufung durch Beschluss zurückgewiesen werden, eine mündliche Verhandlung darf dann nicht mehr stattfinden. Recht unterschiedlich ist allerdings der Umfang, in dem Berufungsgerichte eine Entscheidung nach § 522 II treffen. Während einzelne Spruchkörper die Hälfte aller Berufungen in dieser Form erledigen, kommt sie bei anderen Spruchkörpern faktisch nicht vor (*Fellner* MDR 03, 69; *Siegel* MDR 03, 481). Dies macht deutlich, dass zumindest bei Beurteilung der Voraussetzungen einer Beschlusszurückweisung erheblicher Ermessensspielraum besteht.

Sind mehrere Streitgegenstände mit der Berufung angefochten, kommt eine Beschlusszurückweisung für einzelne Teile in Betracht (Th/P/*Reichold*, § 523 Rn. 21).

400 **Voraussetzung** der Beschlusszurückweisung ist in materieller Hinsicht, dass die Berufung keine Aussicht auf Erfolg hat, in prozessualer Hinsicht, dass keine der Fallgestaltungen vorliegt, unter denen ein Rechtsmittel zuzulassen wäre. Beides muss vom Spruchkörper einstimmig bejaht werden.

Keine Aussicht auf Erfolg hat die Berufung, wenn das Vorbringen des Berufungsklägers einen Berufungsgrund nach § 513 I nicht ausfüllt, das angefochtene Urteil weder auf einer Rechtsverletzung beruht noch neue Tatsachen eine andere Entscheidung rechtfertigen. Bei Beurteilung der »Erfolgsaussicht« handelt es sich nicht um eine summarische Prognose-, sondern um eine volle Sachprüfung. Die Angriffs- und Verteidigungsmittel des Berufungsklägers liegen bereits vor, nachträglicher Vortrag ist grundsätzlich verspätet (§ 530). Ergibt sich die Erforderlichkeit einer Beweisaufnahme, so wird diese nicht antizipiert, sondern durchgeführt, die Berufung hat dann Aussicht auf Erfolg. Soweit es für die Beurteilung der Erfolgsaussicht auf Vorbringen des Beklagten ankommt, ist dieses in die Prüfung einzubeziehen. Ist dem Berufungskläger bereits Prozesskostenhilfe gewährt (und damit die Erfolgsaussicht bejaht) worden, scheidet eine Beschlusszurückweisung regelmäßig aus (*Hirtz* MDR 02, 1265).

Die Rechtssache darf keine grundsätzliche Bedeutung haben, die Fortbildung des Rechts oder die Sicherung einer einheitlichen Rechtsprechung dürfen eine Entscheidung des Berufungsgerichts nicht erfordern. Das Berufungsgericht ist dabei an eine Beurteilung des erstinstanzlichen Gerichts nicht gebunden so dass die Zulassung der Berufung durch das erstinstanzliche Gericht eine Beschlussentscheidung des Berufungsgerichts nicht ausschließt, wenn das Berufungsgericht die Voraussetzungen des § 511 IV verneint. Hat das Berufungsgericht mit einer Entscheidung nach § 522 das Fehlen der Voraussetzungen für die Zulassung eines Rechtsmittels festgestellt, kommt die Zulassung einer Revision nicht in Betracht und ist konsequenterweise ausgeschlossen (§ 522 III).

Die Notwendigkeit einer Einstimmigkeit beschränkt den Anwendungsbereich der Beschlusszurückweisung auf eindeutige Fälle. Allerdings ist nicht erforderlich, dass die Erfolglosigkeit evident ist, gleichsam »ins Auge springt«. Es reicht aus, wenn diese sich erst nach gründlicher Sachprüfung ergibt und sie aufwändiger Begründung bedarf (BVerfG NJW 03, 281; OLG Rostock NJW 03, 1676).

Vor der Zurückweisung der Berufung durch Beschluss sind die Parteien hierauf unter Darlegung der Gründe hierfür **hinzuweisen**. Dem Berufungskläger muss eine Frist zur Stellungnahme eingeräumt werden (§ 522 II 2). **401**

Die Frist zur Stellungnahme ist gesetzlich nicht vorgegeben, sie steht im freien Ermessen des Gerichts, wird aber in entsprechender Anwendung des § 277 III wenigstens zwei Wochen betragen müssen. Nimmt der Berufungskläger zu dem Hinweis Stellung, so muss dem Berufungsbeklagten hierzu rechtliches Gehör nur dann gewährt werden, wenn die Zurückweisungsentscheidung nicht oder nicht wie angekündigt erfolgen soll.

Die reaktionslose Hinnahme eines solchen Hinweisbeschlusses durch den Prozessbevollmächtigten des Berufungsklägers dürfte regelmäßig eine Pflichtverletzung darstellen. Aus dem Hinweis folgt, dass das Rechtsmittel keinerlei Erfolgsaussichten hat. Möglich ist zum einen eine qualifizierte Stellungnahme zu dem Hinweisbeschluss, um doch noch eine mündliche Verhandlung zu erreichen. Zum anderen kommt eine Rücknahme des Rechtsmittels in Betracht. Hierdurch fallen die Gebühren für den Zurückweisungsbeschluss (Nr. 1226 KV) nicht an, die Verfahrensgebühr ermäßigt sich (Nr. 1221 KV), so dass allein vier Gerichtsgebühren erspart werden können. Beides ist mit dem Mandanten zu erörtern.

Besonderer Überlegungen bedarf der Hinweisbeschluss nach § 522 II bei beiden Parteien im Fall der Anschlussberufung.

Diese verliert ihre Wirkung, wenn die Berufung wegfällt, sei es durch Rücknahme oder durch Beschlusszurückweisung (§ 524 IV). Ein Unterschied besteht indes hinsichtlich der Kosten: Diese fallen dem Berufungskläger zur Last, wenn er die Berufung zurücknimmt, dem Anschlussberufungskläger, wenn eine Entscheidung nach § 522 II ergeht (dazu unten Rn. 472, 519). Der Berufungskläger muss deswegen im Einzelfall abwägen, ob er sein Rechtsmittel zurücknimmt und dann die nach Nr. 1221, 1226 KV reduzierten Gesamtkosten von Berufung und Anschlussberufung trägt oder ob er eine Entscheidung nach § 522 II ergehen lässt und dann nur die (nicht reduzierten) auf die Berufung entfallenden Kosten trägt.

Auch der Berufungsbeklagte muss das eigene Prozessverhalten nach Zugang des Hinweisbeschlusses überdenken. Ist er durch die erstinstanzliche Entscheidung ebenfalls beschwert und läuft ausnahmsweise die eigene Berufungsfrist noch, kommt die Einlegung einer eigenen selbstständigen Berufung in Betracht, wenn deren Erfolg aus dem Hinweisbeschluss erkennbar ist. Die Einlegung einer Anschlussberufung muss unterbleiben oder hilfsweise auf den Fall der Nichtentscheidung nach § 522 bedingt werden.

Erschüttert eine eventuelle Stellungnahme des Berufungsklägers die Überzeugung des Gerichts von den Voraussetzungen des § 522 II 1 nicht, so wird die Berufung durch **Beschluss** endgültig zurückgewiesen. **402**

Der Zurückweisungsbeschluss bedarf der Begründung (§ 522 II 3), doch kann hierbei Bezug genommen werden auf die Gründe des Hinweisbeschlusses. Ist das angefochtene

Urteil fehlerfrei, kann für den Hinweis und die Zurückweisung auch allein auf dessen Entscheidungsgründe Bezug genommen werden. Hat der Berufungskläger zu dem Hinweisbeschluss Stellung genommen, muss die Begründung sich damit auseinandersetzen.

Der Beschluss ist unanfechtbar (§ 522 III), gegen ihn ist weder die sofortige Beschwerde noch die Nichtzulassungsbeschwerde gegeben. In der Literatur diskutiert wird die Anfechtung durch eine Gehörsrüge nach § 321 a analog (Schumann/*Kramer* Rn. 410), eine Gegenvorstellung (BLAH/*Albers* § 522, Rn. 21) oder die Verfassungsbeschwerde (Zöller/*Gummer* § 522, Rn. 42).

3. Mündliche Verhandlung

403 Die mündliche Verhandlung vor dem Berufungsgericht entspricht der vor dem erstinstanzlichen Gericht (§ 525 I).

Dies gilt schon für die Vorbereitung des Termins, die dem Berufungsgericht im gleichen Umfang obliegt und für die ihm die gleichen Instrumente zur Verfügung stehen. Das Gericht kann die Parteien zu weiteren Stellungnahmen auffordern, ihnen (oder Dritten) die Vorlage von Unterlagen aufgeben oder eine Beweisaufnahme vorbereiten (§§ 142 ff, 273 II, 358 a). Hierfür können Fristen gesetzt werden (zum Beispiel §§ 521 II, 277). Häufiger als in erster Instanz wird auch das persönliche Erscheinen der Parteien angeordnet (§ 141).

Die ZPO regelt den Ablauf eines Termins zur mündlichen Verhandlung nicht geschlossen in einer Norm. Es existiert vielmehr eine Vielzahl von Normen, die jeweils einzelne, in der mündlichen Verhandlung erforderliche Teilabschnitte regeln. Das Fehlen einer zwingend vorgegebenen Reihenfolge der einzelnen Verhandlungsabschnitte eröffnet dem Vorsitzenden einen großen Gestaltungsspielraum, so dass der hier dargestellte Ablauf nur eine von verschiedenen denkbaren Alternativen darstellt.

404 Besonderheiten im **Ablauf des Termins** zur mündlichen Verhandlung ergeben sich der ersten Instanz gegenüber zum einen aus dem Gesetz (§§ 522 I 1, 525 S. 2), zum anderen aus dem Wesen der Berufungsinstanz.

405 Der Termin zu mündlichen Verhandlung wird regelmäßig mit der Prüfung einiger Formalia **eröffnet**. Zu diesen gehört in der Berufungsinstanz auch die Zulässigkeit des Rechtsmittels.

Nach dem Aufruf der Sache (§ 220 I) und der formalen Eröffnung der Verhandlung durch den Vorsitzenden (§ 136) ist die Präsenz der Beteiligten (Parteien, Prozessbevollmächtigte, Zeugen, Sachverständige) festzustellen und ins Protokoll aufzunehmen (§ 160 I Nr. 4); gegebenenfalls ist zu klären, inwieweit die Verhandlung öffentlich (§§ 169 ff. GVG) und ob dem entsprochen ist. Vielfach wird das Vorliegen der Zulässigkeitsvoraussetzungen, insbesondere die Zeitpunkte von Urteilszustellung und Eingang von Berufung und Berufungserwiderung, ausdrücklich festgestellt (§ 522 I 1); zwingend erforderlich ist dies nicht.

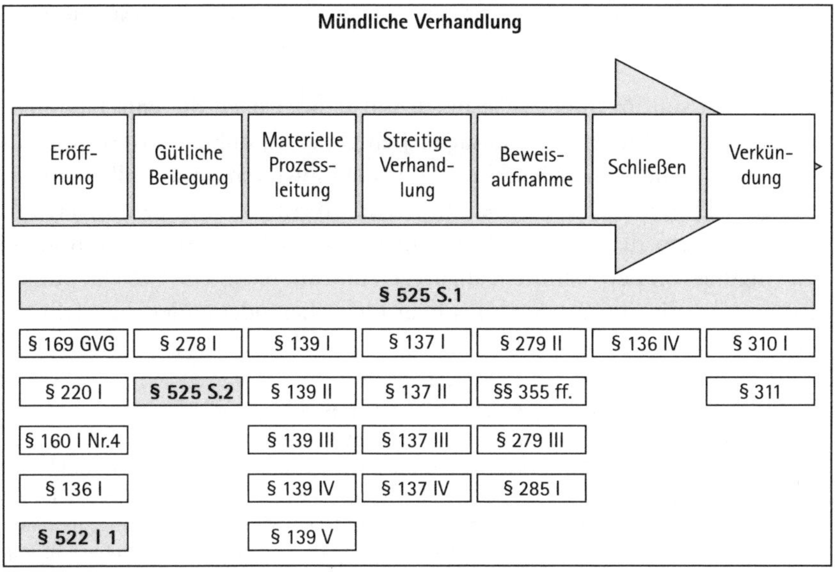

Schaubild 7: Ablauf des Termins zur mündlichen Verhandlung

Die in erster Instanz gebotene Güteverhandlung ist nicht erforderlich (§ 525 **406**
S. 2), auch hier soll das Gericht aber in jeder Lage des Verfahrens auf eine **gütliche Beilegung** des Rechtsstreits bedacht sein (§ 278 I). Die Chancen auf Abschluss eines Vergleichs sind dabei deutlich höher als in erster Instanz.

§ 278 I, VI finden auch in der Berufungsinstanz Anwendung. § 525 S. 2 schließt nur die Güteverhandlung nach § 278 II – V aus, nicht die Vergleichsmöglichkeiten aus I, VI.

Häufiger als in erster Instanz ergehen schon terminsvorbereitend schriftliche Vergleichsvorschläge, die ohne mündliche Verhandlung angenommen werden können (§ 278 VI). Erbringt die nach § 522 gebotene Prüfung der Sach- und Rechtslage kein eindeutiges, eine sofortige Beschlussentscheidung rechtfertigendes Ergebnis, kann sie doch geeignete Grundlage für einen sachlich fundierten Vergleichsvorschlag sein. Auch wenn der Vergleichsvorschlag erst im Termin zur mündlichen Verhandlung gemacht wird, sind die Parteien häufig gut beraten und auch geneigt, diesen anzunehmen. Sie kennen das Prozessrisiko besser als in erster Instanz, weitere Instanzen stehen nur noch beschränkt zur Verfügung. Die Erfolgsaussichten lassen sich den Rechtsausführungen des Gerichts schon deutlich entnehmen, ein Vergleichsvorschlag des Gerichts liegt regelmäßig nahe bei der zu erwartenden Entscheidung. Entscheidende Änderungen durch weitere Angriffs- und Verteidigungsmittel sind meist nicht mehr möglich (§ 530). Auch wenn durch die Annahme des Vergleichsvorschlages kein oder nur ein geringer Sachvorteil erlangt werden kann, spricht dafür, dass das Verfahren abgekürzt, Kosten und die Notwendigkeit einer Zwangsvollstreckung vermieden oder weiterer Streit verhindert werden kann (*Hendel* AnwBl 97, 509). Diese Gründe können auch dafür sprechen, einem Vorschlag auf Berufungsrücknahme oder Anerkenntnis zu folgen.

407 Das Gericht soll im offenen Gespräch mit den Parteien die entscheidungserheblichen rechtlichen oder tatsächlichen Gesichtspunkte erörtern und auf eine allseits sachdienliche Verfahrensführung hinwirken (**materielle Prozessleitung**, § 139). Dazu hat das Gericht das Streitverhältnis mit den Parteien zu erörtern, Fragen zu stellen, die Ergänzung tatsächlichen Vorbringens und die Beibringung von Beweismitteln anzuregen und auf rechtliche Gesichtspunkte hinzuweisen, die die Parteien erkennbar übersehen oder anders beurteilt haben.

Die materielle Prozessleitungspflicht obliegt dem Berufungsgericht im Rahmen seiner Verhandlung und Entscheidung genauso, wie dem erstinstanzlichen Gericht (Rn. 23 ff.). Fehler hierbei können die Revision begründen. Die Einführung in den Sach- und Streitstand durch das Gericht, die im früheren Recht ausdrücklich normiert war (§ 278 I a. F.), findet als »Erörterung« aufgrund der §§ 136 III, 139 nach wie vor statt, verlangt aber – anders als in anderen Verfahrensordnungen (§§ 324 I StPO, 103 II VwGO) – keine vollständige Darstellung des bisherigen Prozessstoffs, sondern kann und soll sich auf die wesentlichen Fragen des Berufungsverfahrens beschränken. Im Unterschied zur ersten Instanz wird hier bereits meist deutlich werden, wie das Gericht zu entscheiden beabsichtigt.

408 Die eigentliche **Verhandlung** der Parteien besteht im Stellen der Anträge (§§ 137 I, 297). Danach begründen die Parteien (regelmäßig durch ihre Prozessbevollmächtigten, gegebenenfalls auch persönlich, § 137 IV) ihre Anträge, indem sie die tatsächlichen und rechtlichen Aspekte des Streitverhältnisses aus ihrer Sicht mündlich vortragen (§ 137 II). Während sich dies in erster Instanz häufig in einer Bezugnahme auf die bisher gewechselten Schriftsätze erschöpft (§ 137 III), erwarten Berufungsgerichte, insbesondere Oberlandesgerichte, regelmäßig einen substanziierten Vortrag und eine inhaltliche Auseinandersetzung mit den Darlegungen des Gerichts und des Gegners (»Plädoyer im Zivilprozess«).

Ein solches Plädoyer bedarf neben allgemeinen Kenntnissen über Inhalt, Aufbau und Darstellungsform eines solchen Vortrags im Allgemeinen auch besonderer Vorbereitung im Einzelfall, wobei auf unvorhergesehene Entwicklungen flexibel und angemessen zu reagieren einen versierten Berufungsanwalt auszeichnet. Mangelnde Erfahrung in zivilrechtlichen Berufungssachen tritt hier häufig auffallend deutlich zutage.

Aus Erörterung und Vortrag der Parteien entwickelt sich regelmäßig ein offenes Rechtsgespräch, dessen Bedeutung auch für den Ausgang des Rechtsstreits nicht unterschätzt werden sollte. Trotz Vorbereitung des Termins ist es grundsätzlich immer möglich, das Gericht noch von der eigenen Ansicht zu überzeugen. Viele Spruchkörper beraten terminsvorbereitend nur sehr oberflächlich und gehen zumindest für schwierige Rechtsfragen »offen« in den Termin. Dieser sollte deswegen nicht als bloße Förmelei, sondern als echte Chance zur Durchsetzung der eigenen Position gesehen und entsprechend genutzt werden.

Ist eine **Beweisaufnahme** erforderlich, so erfolgt diese als Teil der mündlichen Verhandlung (§ 355 ff.). Im Anschluss an die Beweisaufnahme ist der Sach- und Streitstand erneut mit den Parteien zu erörtern (§ 279 II), die Parteien haben nochmals streitig zu verhandeln (§ 285 I). Hierbei müssen die Anträge nicht erneut gestellt werden, es reicht aus, wenn im Rahmen der Gewährung rechtlichen Gehörs Gelegenheit hierzu besteht. **409**

Wegen der Besonderheiten einer Beweisaufnahme in der Berufungsinstanz unten Rn. 417.

Die mündliche Verhandlung wird - wenn nicht eine weitere mündliche Verhandlung erforderlich ist - vom Vorsitzenden **geschlossen** (§ 136 IV). Es folgt nur noch die **Verkündung** der Entscheidung des Gerichts, sei es im Verhandlungstermin bzw. an dessen Ende, sei es in einem besonders hierzu anberaumten Verkündungstermin (§ 310 I 1). **410**

Vor der Verkündung kann die mündliche Verhandlung wiedereröffnet werden (§ 156). Hierzu ist das Gericht verpflichtet, wenn sich nachträglich herausstellt, dass es einen Verfahrensfehler begangen, insbesondere einen Hinweis nach § 139 oder die Gewährung rechtlichen Gehörs unterlassen hat. Die Geltendmachung neuer Angriffs- und Verteidigungsmittel durch eine Partei rechtfertigt die Wiedereröffnung regelmäßig nicht (vgl. §§ 283, 296 a), es sei denn, hieraus ergibt sich ein Grund zur Wiederaufnahme des Verfahrens (§§ 579, 580).

Die mündliche Verhandlung setzt regelmäßig die körperliche Anwesenheit einer postulationsfähigen Person auf Parteiseite voraus. In der ZPO vorgesehen ist die Möglichkeit, die Verhandlung auch in Form einer **Videokonferenz** durchzuführen (§ 128 a). Die Notwendigkeit einer entsprechenden technischen Ausrüstung auf Seiten der Gerichte setzt dieser Möglichkeit derzeit noch enge Grenzen. **411**

Alle in der Verhandlung vorzunehmenden Prozesshandlungen (unter Einschluss einer etwaigen Beweisaufnahme) werden dabei per Bild und Ton an den Ort oder die Orte übertragen, an denen sich die übrigen Prozessbeteiligten befinden. Erste Modellversuche laufen in vielen Landesjustizverwaltungen, insbesondere in den Flächenstaaten mit wenigen zentralen Oberlandesgerichten werden voraussichtlich in wenigen Jahren Möglichkeiten der Durchführung entsprechender Verhandlungen zur Verfügung stehen (*Schultzky* NJW 03, 313).

4. Bindungswirkungen

412 Damit die Berufung ihre Funktion als Instrument der Fehlerkontrolle und Fehlerberichtigung erfüllen kann, muss grundsätzlich verhindert werden, dass in zweiter Instanz eine abweichende Entscheidungsgrundlage entsteht. Hierzu dient eine Reihe von Bindungswirkungen des Gesetzes.

Eine solche Bindung besteht zunächst an die erstinstanzliche Geltendmachung von Streitgegenständen und den Vortrag entsprechender Angriffs- und Verteidigungsmittel. Der Streitstoff kann nur in engen Grenzen erweitert (§ 533), ein neues Angriffs- und Verteidigungsmittel nur ausnahmsweise vorgetragen (§ 531 II, 533), eine unterlassene Verfahrensrüge nicht mehr erhoben werden (§ 532 S. 2), zurückgewiesenes Vorbringen bleibt ausgeschlossen (§ 530; Rn. 350, 365 ff.).

413 Zum Wesen des erstinstanzlichen Prozesses gehört es, dass er sich bis zum Schluss der letzten mündlichen Verhandlung entwickelt, erst dann Entscheidungsreife eintritt. Das Recht der Parteien, bis zu diesem Zeitpunkt gestaltend auf das Prozessrechtsverhältnis einzuwirken und beliebig Angriffs- und Verteidigungsmittel vorzutragen, ist aber im Interesse der Rechtssicherheit und einer stringenten Prozessführung in mehrfacher Hinsicht beschränkt. Ist eine solche Beschränkung in erster Instanz eingetreten, muss sie in zweiter Instanz fortdauern, die Partei wird insoweit für die Berufungsverfahren an die Rechtssituation gebunden, in der sie sich in der Vorinstanz befand. Diese Bindungen der Partei an ihr erstinstanzliches Prozessverhalten schränkt ihre Möglichkeiten in der zweitinstanzlichen Verhandlung ein.

Nur über eine solche Erstreckung der Bindungswirkung auch auf die Rechtsmittelinstanz wird die erstinstanzliche bezweckte Beschränkung effizient.

414 Nach § 295 I verliert die Partei das Recht, die Verletzung einer verzichtbaren Verfahrensnorm zu rügen, wenn sie sich in der nächsten mündlichen Verhandlung rügelos eingelassen hat. Verfahrensrügen, die die Partei so bereits erstinstanzlich verloren hat, kann sie auch in zweiter Instanz nicht mehr erheben (**§ 534**).

Wegen des Anwendungsbereichs von § 295 oben Rn. 40.

§ 534 erfasst alle Verfahrensverstöße, die vor Schluss der mündlichen Verhandlung erster Instanz entstanden sind. Erhebt die Partei eine entsprechende Rüge, wird sie damit im Berufungsverfahren nicht gehört. Nicht von § 534 erfasst werden Verfahrensverstöße, die im Erlass des Urteils liegen, nach dessen Verkündung zwischen den Instanzen oder erst im Berufungsverfahren selbst entstanden sind. Diese können im Berufungsverfahren grundsätzlich gerügt werden, allerdings nur bis zur nächsten mündlichen Verhandlung, eine rügelose Einlassung führt dann auch hier zum Rügeverlust (§§ 525, 295).

Hat eine Partei eine Behauptung des Gegners zugestanden, so gilt die Tatsache als wahr (§ 288 I). Sie kann im weiteren Prozessverlauf nicht mehr einfach bestritten werden, nur unter engen Voraussetzungen ist der Widerruf eines solchen Geständnisses noch möglich (§ 290). Diese Beschränkung dauert in zweiter Instanz fort (**§ 535**). 415

Voraussetzung dafür ist ein in erster Instanz wirksam erklärtes Geständnis. Klassischerweise treten hier Abgrenzungsprobleme zum bloßen Nichtbestreiten nach § 138 III auf, das Bindungswirkungen nicht – auch nicht in zweiter Instanz – entfaltet (BGH NJW 95, 1432; OLG Köln NJW 97, 213). Entscheidend ist nicht die Beurteilung des Erstgerichts, sondern die des Berufungsgerichts, so dass eine Bindungswirkung auch dann eintreten kann, wenn eine erstinstanzliche Erklärung der Partei in erster Instanz nicht, wohl aber in zweiter Instanz als Geständnis gewertet wird. Zulässig ist damit auch die mit der Berufung erhobene Rüge, die Annahme eines Geständnisses durch die erste Instanz sei fehlerhaft.

Die Fortdauer der Bindungswirkung des Geständnisses für die Berufungsinstanz kann nicht dadurch ausgeschlossen werden, dass das Geständnis erstinstanzlich ausdrücklich »nur für diese Instanz« erklärt wurde, da eine entsprechende Einschränkung prozessual unbeachtlich ist (*Schneider* MDR 91, 298).

Nur bedingte Fortdauer in zweiter Instanz hat die erstinstanzlich erklärte Verweigerung einer Parteivernehmung (**§ 536**). 416

Der Antrag auf Parteivernehmung führt grundsätzlich zur Vernehmung des Gegners. Dieser kann seine Vernehmung und / oder seine Beeidigung verweigern (§§ 446, 453 II). Eine solche Weigerung entfaltet Bindungswirkung für die zweite Instanz nur, wenn die Gründe dafür fortdauern oder unvernünftig waren (dazu unten Rn. 424).

5. Beweisaufnahme

Ihrer Funktion als Instrument der Fehlerkontrolle und –beseitigung entsprechend erfolgt in der Berufungsinstanz grundsätzlich eine Nachprüfung der erstinstanzlich durchgeführten Beweisaufnahme. Hat das Erstgericht alle erforderlichen Beweise erhoben und verfahrensrechtlich einwandfrei gewürdigt, wird die Beweisaufnahme nicht wiederholt. 417

Zur Frage, wann in der Berufungsinstanz eine Beweisaufnahme erfolgt, sind Rechtsprechung und Literatur zum alten Recht kaum mehr heranziehbar. § 525 a. F. sah eine vollständige Wiederholung des Rechtsstreits vor dem Berufungsgericht vor, ob dieses eine bereits durchgeführte Beweisaufnahme wiederholen wollte, stand in seinem freien Ermessen (§ 398), unbeschränkt mögliche neue Angriffs- und Verteidigungsmittel führten zu einer neuen Beweisaufnahme. Als Problem diskutiert wurde allein die Frage, wann sich das Ermessen des Gerichts auf Null reduzierte, wann also eine Beweisaufnahme notwendig zu wiederholen war. Zur Gewährleistung der Unmittelbarkeit der Beweisaufnahme (§ 355) und weil die protokollierte Aussage regelmäßig nur einen Teil der dem Erstgericht zur Beweiswürdigung zur Verfügung stehenden Grundlage wiedergibt, wurde dies in immer mehr Fallgruppen angenommen. Auf die erneute Erhebung eines Beweises konnte nur verzichtet werden, wenn das Berufungsgericht allein aufgrund des in der Akte schriftlich fixierten Beweisergebnisses (protokollierte Aussage, schriftliches Gutachten) zum gleichen Ergebnis gelangte wie das Erstgericht. Dies galt insbesondere für die Zeugenvernehmung (BGH NJW 97, 466; BGH NJW 99, 2972), aber auch für Sachverständigengutachten (BGH NJW 96, 1597; BGH NJW 94, 803) und alle anderen Beweismittel.

Nach der ZPO-Reform ist das Berufungsgericht nach § 529 I Nr. 1 an die Tatsachenfeststellungen des erstinstanzlichen Gerichts grundsätzlich gebunden. Diese Bindung kann nicht schon durch den bloßen Wunsch beseitigt werden, eine Beweisaufnahme zu wiederholen, unabhängig davon, ob dieser von den Parteien oder vom Gericht herrührt.

418 Eine Beweisaufnahme in zweiter Instanz ist einerseits nur erforderlich, andererseits nur gestattet, wenn sich die Tatsachenfeststellung des erstinstanzlichen Gerichts als fehlerhaft erweist (wiederholte oder ergänzende Beweisaufnahme) oder zulässig neu vorgebrachte, erhebliche Angriffs- und Verteidigungsmittel streitig werden (neue Beweisaufnahme).

419 Voraussetzung für eine **wiederholte oder ergänzende Beweisaufnahme** ist, dass konkrete Anhaltspunkte Zweifel an der Richtigkeit oder Vollständigkeit der erstinstanzlich durchgeführten Beweisaufnahme begründen und deshalb eine erneute Tatsachenfeststellung gebieten (§§ 513 I 2. Alt, 529 I Nr. 1).

Zu den Voraussetzungen der §§ 513 I 2. Alt, 529 I Nr. 1 oben Rn. 338.

Liegt der Fehler der Tatsachenfeststellung erster Instanz darin, dass eine aufgrund des dortigen Sach- und Streitstands erforderliche Beweisaufnahme nicht durchgeführt wurde, ist diese Beweisaufnahme in zweiter Instanz ergänzend durchzuführen. Liegt der Fehler der Tatsachenfeststellung in der Würdigung erhobener Beweise, so wird die Beweisaufnahme wiederholt.

Für die Frage, ob die Zweifel an der erstinstanzlichen Feststellung eine solche Wiederholung »gebieten«, kann die zum alten Recht ergangene Rechtsprechung über die Notwendigkeit einer Wiederholung der Beweisaufnahme Bedeutung behalten. Trotz der Zweifel an der Richtigkeit oder Vollständigkeit der erstinstanzlichen Beweiswürdigung bedarf es einer Wiederholung nicht, wenn das Berufungsgericht allein aufgrund des in der Akte schriftlich fixierten Beweisergebnisses zum gleichen Ergebnis gelangt wie das Erstgericht. Erforderlich ist eine bestimmte, nicht notwendig überwiegende Wahrscheinlichkeit dafür, dass die Wiederholung der Beweisaufnahme zu einem anderen Ergebnis führen wird.

Voraussetzung für eine **neue Beweisaufnahme** in zweiter Instanz ist, dass eine Partei aufgrund einer der gesetzlichen Ausnahmefälle zulässig neue Angriffs- und Verteidigungsmittel vorgebracht hat, die vom Gegner bestritten werden und auf die es für Entscheidung ankommt (§§ 513 I 2. Alt., 529 I Nr. 2, 531 II). 420

Zu den Voraussetzungen, unter denen neue Angriffs- und Verteidigungsmittel zuzulassen sind, oben Rn. 350.

Eine Beweisaufnahme in der Berufungsinstanz findet damit heute deutlich seltener statt, als nach altem Recht. Ergibt sich die Erforderlichkeit einer Beweisaufnahme erst in zweiter Instanz, so wird diese auch vom Berufungsgericht selbst durchgeführt, eine Aufhebung und Zurückverweisung in die erste Instanz kommt grundsätzlich nicht in Betracht. 421

Die bloße Notwendigkeit einer Beweisaufnahme ist nie ein Grund für die Zurückverweisung. Erforderlich ist vielmehr das Vorliegen eines der Ausnahmetatbestände des § 538 II. Ein solcher kann in einem erheblichen Mangel des erstinstanzlichen Verfahrens bestehen, insbesondere auch in einer unzureichenden Sachaufklärung, zum Beispiel einer fehlerhaften Nichterhebung von Beweisen (OLG FamRZ 99, 453) oder einer mangelhaften Beweiswürdigung (OLG Köln 97, 712). Hinzu kommen muss – neben dem Antrag einer Partei auf Zurückverweisung (Rn. 312) – stets, dass die durch den Verfahrensmangel erforderlich werdende Beweisaufnahme »umfangreich oder aufwändig« ist. Umfangreich ist die Beweisaufnahme, wenn zahlreiche Zeugen oder mehrere Sachverständige zu hören sind, aufwändig ist sie, wenn sie an einem weit entfernten Ort, etwa im Ausland, vorzunehmen ist (Rn. 467).

Die Beweisaufnahme durch das Berufungsgericht erfolgt regelmäßig vor dem kompletten Spruchkörper, ist der Rechtsstreit nach § 526 dem **Einzelrichter** zur Entscheidung übertragen, vor diesem. Nur in beschränktem Rahmen möglich ist die Durchführung der Beweisaufnahme vor dem Einzelrichter, wenn die Entscheidung später vom Spruchkörper getroffen werden soll. 422

Nach § 527 kann der Rechtsstreit zur Vorbereitung der Entscheidung dem Einzelrichter zugewiesen werden. Die vorbereitende Durchführung einer Beweisaufnahme, ist wegen des Gebots der Unmittelbarkeit (§§ 309, 355) nur möglich, wenn anzunehmen ist, dass der Spruchkörper, an den die Sache später zur Entscheidung zurückgegeben wird, das Beweisergebnis auch ohne unmittelbaren Eindruck vom Verlauf der Beweisaufnahme sachgemäß zu würdigen vermag. Die Rechtsprechung verneint dies bei einigen typischerweise problematischen Verfahrensgegenständen (zum Beispiel Arzthaftungssachen, BGH NJW 94, 802) genauso, wie bei einigen typischerweise problematischen Beweismitteln (zum Beispiel sich widersprechenden Zeugenaussagen). Wegen der Möglichkeiten, die Übertragung der Beweisaufnahme auf den Einzelrichter anzufechten Rn. 236.

Unter den Voraussetzungen der §§ 372 II (Augenscheinseinnahme), 375 (Zeugenvernehmung), 402 (Sachverständige), 434 (Urkunden) oder 451 (Parteivernehmung) ist auch die Übertragung der Beweisaufnahme auf ein Mitglied des Prozessgerichts als beauftragter Richter möglich; fehlt es an diesen Voraussetzungen, ist die Übertragung gesetzwidrig, ihr Ergebnis unverwertbar (BGH NJW 00, 2024).

423 **Voraussetzungen**, **Ablauf** und **Folgen** einer Beweisaufnahme entsprechen in vollem Umfang denen erster Instanz (§ 525 S. 1).

Entsprechend anwendbar sind die Vorschriften über das Beweisverfahren und die Beweiswürdigung (§§ 284 ff.), die allgemeinen Vorschriften über die Beweisaufnahme (§§ 355 ff.), über die einzelnen Beweismittel (§§ 371 ff, 373 ff., 402 ff., 415 ff., 445 ff.) und über die Beeidigung (§§ 478 ff.).

424 Besonderheiten gelten für die **Parteivernehmung**.

Der Antrag auf Parteivernehmung führt grundsätzlich zur Vernehmung des Gegners. Dieser kann seine Vernehmung und / oder seine Beeidigung verweigern (§§ 446, 453 II). Diese Weigerung muss in zweiter Instanz nicht unbedingt fortgelten.

Das Berufungsgericht kann eine in erster Instanz ganz oder teilweise verweigerte Parteivernehmung anordnen, wenn die Verweigerung auf vernünftigen Gründen beruhte, die zwischenzeitlich weggefallen sind (§ 536 I).

An ihre erstinstanzliche Weigerung ist die Partei damit gebunden, wenn sie willkürlich erfolgte oder wenn die Gründe dafür nach wie vor bestehen.

Ist in erster Instanz eine Partei eidlich vernommen worden, kann die Gegenpartei in zweiter Instanz grundsätzlich nicht ebenfalls eidlich vernommen werden (§ 536 II).

Verhindert werden soll damit, dass sich zwei widersprechende eidliche Aussagen gegenüber stehen. Zum einen wird so der besondere Beweiswert beeideter Aussagen geschützt, zum anderen soll das Gericht nicht bei der Leistung eines Meineids mitwirken, auch wenn nicht geklärt werden kann, welche der beiden Aussagen falsch ist.

Eine eidliche Vernehmung auch der zweiten Partei ist dann statthaft, wenn die Vernehmung oder Beeidigung in erster Instanz unzulässig war, da dieser Aussage dann keine Beweiskraft zukommt und der erstinstanzliche Fehler zweitinstanzlich korrigiert werden muss.

6. Säumnisverfahren

Erscheint der Berufungskläger im Termin zur mündlichen Verhandlung nicht, so ist seine Berufung auf Antrag des Gegners durch Versäumnisurteil zurückzuweisen (§ 539 I). Erscheint der Berufungsbeklagte nicht und beantragt der Berufungskläger den Erlass eines Versäumnisurteils, so ist das zulässige tatsächliche Vorbringen des Berufungsklägers als zugestanden anzunehmen (§ 539 II). Die Bestimmungen entsprechen den Regelungen der Säumnis im erstinstanzlichen Verfahren (§§ 330 ff.), auf die wegen der Einzelheiten Bezug genommen wird (§ 539 III). 425

Das Versäumnisverfahren, das in erster Instanz rein statistisch eine erhebliche Rolle spielt, kommt in zweiter Instanz nur sehr selten vor. Der Berufungskläger will eine Abänderung des ihn beschwerenden Urteils erreichen, der Berufungsbeklagte will den erstinstanzlichen Erfolg nicht aufs Spiel setzen. Beide Parteien sind deswegen an einer aktiven Beteiligung am Verfahren interessiert.

Die **Voraussetzungen** eines Versäumnisurteils ergeben sich damit zunächst aus den §§ 330 ff. 426

Erforderlich ist der Antrag einer Partei, der im Wege der Auslegung auch angenommen werden kann wenn nur der Sachantrag gestellt ist (BGHZ 37, 79). Säumig ist, wer in einem Termin zur mündlichen Verhandlung (nicht bloß in einem Termin zur Verkündung einer Entscheidung) nicht erscheint oder nicht verhandelt (§ 333), wobei die Verhandlung durch einen notwendigen Streitgenossen (§ 62) oder einen Streithelfer (§ 67) ausreicht, nicht jedoch die eines einfachen Streitgenossen (§ 63). Trotz Säumnis ist ein Versäumnisurteil nicht möglich, wenn ein Erlasshindernis nach §§ 337, 335 vorliegt. Als Sachurteil bedarf das Versäumnisurteil des Vorliegens aller Zulässigkeitsvoraussetzungen, ein Versäumnisurteil gegen den Beklagten ist nur möglich, wenn das Vorbringen des Klägers dessen Verurteilung rechtfertigt (§ 331). Ist die Klage unzulässig oder unschlüssig, ergeht unabhängig von der Säumnis ein klageabweisendes Sachurteil (»unechtes Versäumnisurteil«).

Aus dem Wesen der Berufungsinstanz folgen dabei zwei wesentliche **Besonderheiten**. 427

Im Rahmen der vor Erlass des Versäumnisurteils stets anzustellenden Zulässigkeitsprüfung ist sowohl die Zulässigkeit der Berufung als auch die Zulässigkeit der Klage zu prüfen. In die Prüfung der Zulässigkeit der Klage sind auch Zulässigkeitsfragen einzubeziehen, die sich erst aus dem Ablauf des erstinstanzlichen Verfahrens oder der Entscheidung selbst ergeben. Fehlt eine dieser Voraussetzungen, kann kein echtes, sondern nur ein »unechtes«Versäumnisurteil ergehen. Als solches bezeichnet man ein Urteil, das zwar bei Säumnis einer

Partei ergeht, sich aber nicht darauf, sondern auf andere Gründe stützt und das deswegen auch dann so ergangen wäre, wenn kein Fall der Säumnis vorgelegen hätte. Dies gilt unabhängig davon, welche Partei Berufung eingelegt hat und welche Partei säumig ist.

Ist die Berufung unzulässig, so muss sie verworfen werden (§ 522 I). Dies erfolgt durch Prozessurteil und ohne Rücksicht darauf, dass eine Partei säumig ist. Gegen das Verwerfungsurteil ist die Revision nach allgemeinen Grundsätzen gegeben.

Verfahren und Entscheidung erster Instanz müssen eine wirksame Grundlage für das weitere Verfahren abgeben. Hat das erstinstanzliche Gericht die Unzulässigkeit eines Einspruchs gegen ein (erstinstanzliches) Versäumnisurteil übersehen, muss das Berufungsgericht das Endurteil aufheben und den Einspruch verwerfen. Ist das angefochtene Urteil ein Teilurteil, das nicht hätte ergehen dürfen, muss es aufgehoben und die Sache an die erste Instanz zurückverwiesen werden (§ 538 II Nr. 7). Entsprechendes gilt, wenn unzulässigerweise ohne mündliche Verhandlung oder trotz Unterbrechung des Verfahrens entschieden wurde (OLG Frankfurt OLGZ 94, 77; OLG Nürnberg NJW-RR 96, 58). Alle diese Entscheidungen des Berufungsgerichts sind keine echten Versäumnisurteile.

Fehlt eine Voraussetzung für die Zulässigkeit der Klage, so muss die Klage als unzulässig abgewiesen werden. Die Parteirolle in zweiter Instanz und die Frage, wer säumig ist, spielt dabei nur eine Rolle für die Formulierung des Tenors, nicht für das Ergebnis. Hat das erstinstanzliche Gericht dies übersehen und die Klage für zulässig und begründet gehalten, ist die Klage in Abänderung dieses Urteils als unzulässig abzuweisen. Richtet sich die Berufung des Klägers gegen die Abweisung der Klage als unzulässig oder als unbegründet, so wird die Berufung zurückgewiesen, die Unzulässigkeit der Klage in den Gründen festgestellt. Alle diese Entscheidungen wären gleichlautend auch ohne Säumnis der Partei ergangen, es handelt sich um unechte Versäumnisurteile, gegen die die Revision unter den allgemeinen Voraussetzungen statthaft ist.

428 Ist der Berufungsbeklagte säumig, und ist für die dann zu treffende Entscheidung das Vorbringen des Berufungsklägers als zugestanden anzunehmen, so erstreckt sich die Schlüssigkeitsprüfung auf das zulässige tatsächliche Vorbringen des Berufungsklägers in beiden Instanzen.

Schlüssig ist der Vortrag des Berufungsklägers, wenn sein Vorbringen eine Abänderung des angefochtenen Urteils rechtfertigt, wenn also insbesondere ein Berufungsgrund aus § 513 I dargetan, wenn der Klage auf die Berufung des Klägers stattzugeben, sie auf die Berufung des Beklagten hin abzuweisen ist. Der Berufungsgrund muss im Vorbringen zweiter Instanz gegeben sein, die Schlüssigkeit des Sachvorbringens wird sich regelmäßig aus dem Vorbringen erster Instanz ergeben, kann aber ausnahmsweise auch in zweiter Instanz nachgeholt werden.

Die Schlüssigkeitsprüfung darf sich dabei nur auf das zulässige tatsächliche Vorbringen des Berufungsklägers stützen. Nicht berücksichtigt werden deswegen Tatsachen, die bereits im ersten Rechtszug zu Recht zurückgewiesen worden sind (§ 531 I) oder die in zweiter Instanz neu vorgetragen wurden, ohne dass einer der Ausnahmetatbestände nach §§ 529 I Nr. 2, 531 II vorliegt (Th/P/*Reichhold* § 539 Rn. 10). Auch Vorbringen des Berufungsbeklagten und Beweisergebnisse aus beiden Instanzen bleiben unberücksichtigt (BGH MDR 79, 930).

Rechtfertigt die Schlüssigkeitsprüfung eine Abänderung des angefochtenen Urteils nicht, ist die Berufung durch unechtes Versäumnisurteil zurückzuweisen.

Auch für den **Inhalt** des Versäumnisurteils und den weiteren **Ablauf des Säumnisverfahrens** gelten die erstinstanzlichen Vorschriften (§§ 539 III, 330 ff.), insoweit gibt es Besonderheiten für das zweitinstanzliche Versäumnisverfahren nicht. **429**

Das Versäumnisurteil ist als solches zu bezeichnen, bedarf aber keiner Begründung (§ 313 b I). Es lautet wie das Endurteil auf die (zu konkretisierende) Abänderung des angefochtenen Urteils oder auf Zurückweisung der Berufung, enthält eine Kostenentscheidung zu Lasten der säumigen Partei (§ 91) und ist ohne Sicherheitsleistung für vorläufig vollstreckbar zu erklären (§ 708 Nr. 2). Zu weiteren Besonderheiten unten Rn. 488.

Gegen das Versäumnisurteil findet der Einspruch statt (§ 338), der im Fall der Unzulässigkeit durch Endurteil verworfen wird (§ 341), ansonsten zur Fortsetzung des Berufungsverfahrens führt (§ 342). In dem zu treffenden Endurteil sind der säumigen Partei die Kosten der Säumnis auch dann aufzuerlegen, wenn sie in der Hauptsache obsiegt (§ 344). Ist der Einspruchsführer im Einspruchstermin erneut säumig, ergeht zweites Versäumnisurteil (§ 345), das nur noch mit der Revision angefochten werden kann (§§ 565, 514; BGH NJW 79, 166)

Sind beide Parteien säumig, kommt ein Ruhen des Verfahrens (§§ 525 S. 1, 251 a III, 251) oder eine Vertagung in Betracht (§§ 525 S. 1, 251 a III, 227). Gegebenenfalls kann das Berufungsgericht auch nach Lage der Akten entscheiden (§§ 525 S. 1, 251 a I, II).

Alle (echten und unechten) Säumnisentscheidungen können auch durch den vorbereitenden Einzelrichter ergehen (§ 527 III Nr. 2). **430**

VIII. Beendigung der Berufung

Das Berufungsverfahren muss nicht durch streitige Entscheidung des Gerichts enden. Die Parteien können über die Berufung disponieren, insbesondere einen Vergleich schließen. Möglich sind daneben Anerkenntnis, Verzicht, Rücknahme und Erledigung. **431**

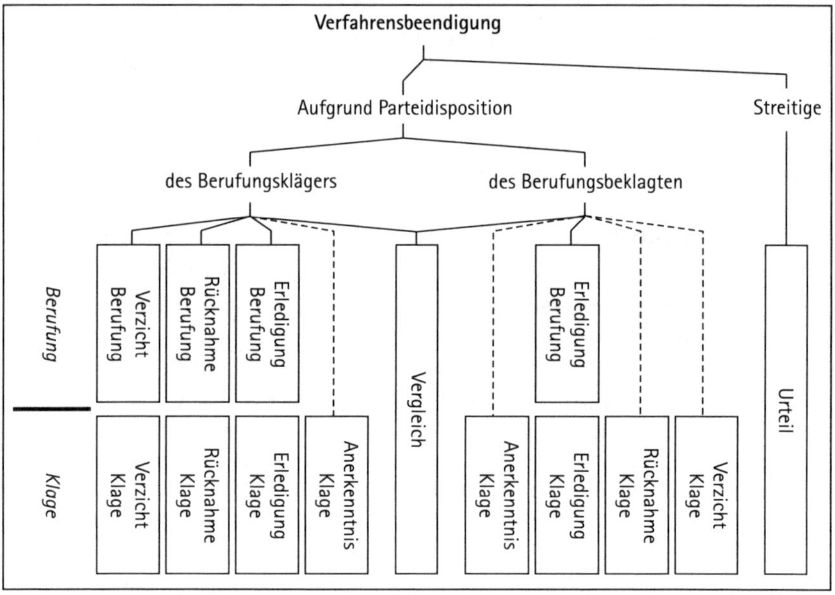

Schaubild 8: Formen der Beendigung des Berufungsverfahrens

Anlass für eine solch alternative Verfahrensbeendigung kann die erkennbar gewordene Aussichtslosigkeit der Berufung sein, sei es infolge geänderter tatsächlicher Umstände, sei es infolge eines entsprechenden Hinweises des Gerichts. Ist die Berufung zunächst nur zur Fristwahrung eingelegt worden, kann eine eigene Sach- oder Rechtsprüfung oder die Entscheidung des Mandaten der Durchführung entgegenstehen. Eine außergerichtlich herbeigeführte Einigung mit dem Gegner oder eine Risikoänderung, zum Beispiel als Folge einer Anschlussberufung des Gegners sind weitere denkbare Motive.

Praktisch endet nur etwa die Hälfte aller Rechtsmittelverfahren durch ein streitiges Urteil (Landgerichte 52%, Oberlandesgerichte 48%). Bei den alternativen Beendigungsformen stehen die Rücknahme mit gut einem Viertel (26%) und der Vergleich (Landgerichte 12%, Oberlandesgerichte 19%) im Vordergrund (alle Zahlen noch für das alte Berufungsrecht).

432 In zweiter Instanz können sich diese Dispositionsakte der Parteien entweder auf die **Berufung oder** auf die **Klage** beziehen. Wird das Rechtsmittel beendet, bleibt das angefochtene Urteil bestehen, bezieht sich die Beendigung dagegen auf die Klage, verliert das angefochtene Urteil seine Wirkung.

Der Berufungskläger kann auf die Berufung verzichten, diese zurücknehmen, für erledigt erklären oder sich vergleichen. War er erstinstanzlich Kläger, kann er auch auf die Klage verzichten, sie zurücknehmen oder für erledigt erklären, war er erstinstanzlich Beklagter, kann er die Klage anerkennen oder sich einer diesbezüglichen Erledigungserklärung des Klägers anschließen. Der Berufungsbeklagte kann sich vergleichen oder sich der Erledigungserklärung des Berufungsklägers anschließen, seine Dispositionsbefugnis bezüglich der Klage hängt von seiner erstinstanzlichen Parteistellung ab.

Hat der Kläger gegen die teilweise Abweisung seiner Klage Berufung eingelegt, und nimmt er die Berufung zurück, so wird das Urteil erster Instanz rechtskräftig (§ 705 S. 1); er behält den erstinstanzlich zugesprochenen Teil als Vollstreckungstitel (§ 704), kann aber eine neue Klage über den abgewiesenen Teil nicht erheben, weil dem die Rechtskraft des Urteils entgegensteht (§ 322). Nimmt der Kläger dagegen in der Berufungsinstanz die Klage zurück, so wird das erstinstanzliche Urteil wirkungslos (§ 269 III 1); der Kläger kann auch den erstinstanzlich zugesprochenen Teil nicht mehr vollstrecken, jederzeit aber eine neue Klage über den gesamten Streitgegenstand erheben.

Wer eine dispositive Beendigung des Rechtsstreits in zweiter Instanz anstrebt, muss deswegen genau überlegen, wodurch sein Rechtsschutzziel erreicht werden kann und muss bei Abgabe der Erklärung deren Inhalt und Reichweite zweifelsfrei bestimmen.

1. Rücknahme

Häufigste Form alternativer Beendigung des Berufungsverfahrens ist die Rücknahme der Berufung (**§ 516**). **433**

Eine Rücknahme ist häufig mit **Kostenvorteilen** verbunden. Erfolgt die Rücknahme vor Erlass eines Beweisbeschlusses oder Bestimmung eines Termins, ermäßigt sich die gerichtliche Verfahrensgebühr von 1,5 auf 0,5 (Nr. 1221 KV), die Urteilsgebühr (3,0) entfällt vollständig. Auf Seiten der Rechtsanwälte kann die Beweisgebühr entfallen, gegebenenfalls sogar auch die Verhandlungs- bzw. Erörterungsgebühr. **434**

Voraussetzung für den Wegfall der Verhandlungs- und Erörterungsgebühr ist, dass die Rücknahme erfolgt, bevor der Antrag gestellt oder die Sache erörtert wird. Vereinzelt wird vertreten, eine solche Erörterung habe nicht stattgefunden, wenn das Gericht den Berufungskläger in der mündlichen Verhandlung begründet auf die Erfolglosigkeit seines Rechtsmittels hinweist und dieser die Rücknahme erklärt, bevor die Parteien zu den Ausführungen des Gerichts Stellung genommen haben. Richtigerweise liegt aber bereits in der Darstellung der Sach- und Rechtslage durch das Gericht eine Erörterung i. S. d. § 31 I Nr. 4 BRAGO. Eine Ersparnis dieser Gebühr kommt allenfalls dann in Betracht, wenn das Gericht den Kläger vor Aufruf der Sache auf die drohende Zurückweisung hinweist und die Rücknahme erfolgt, bevor das Gericht oder die Parteien Ausführungen zur Sache machen. Fälle, die sich hierfür eignen, sind bei richtiger Sachbehandlung durch das Gericht aber bereits nach § 522 im Beschlussweg entschieden, dürften nach der ZPO-Reform praktisch nicht mehr vorkommen.

Zum Umfang des gegnerischen Kostenerstattungsanspruchs, wenn eine zunächst nur zur Fristwahrung eingelegte Berufung zurück genommen wird, siehe unten Rn. 526.

435 Die Zurücknahme der Berufung ist nach § 516 zwischen der Einlegung der Berufung und der Verkündung des Berufungsurteils (auch noch nach Schluss der mündlichen Verhandlung) **möglich**. Sie ist von dem Prozessbevollmächtigten dem Gericht gegenüber schriftlich oder in mündlicher Verhandlung zu erklären. Der Zustimmung des Beklagten bedarf es (anders als vor der ZPO-Reform) in keinem Fall.

Eine bereits vor Einlegung der Berufung erfolgte »Rücknahmeerklärung« ist als Verzicht zu behandeln (dazu unten Rn. 441). Besonderer Form bedarf die Rücknahme nicht, sie ist damit auch konkludent möglich. Voraussetzung ist der eindeutig erkennbare Wille des Berufungsklägers, die Berufung nicht weiter zu verfolgen. Dies kann auch dann der Fall sein, wenn die Erklärung als »Erledigung« bezeichnet ist.

Sind mehrere Berufungen von derselben Partei eingelegt (Rn. 210), so ist im Wege der Auslegung zu klären, ob sich die Rücknahmeerklärung nur auf einzelne Einlegungsakte oder auf das gesamte Rechtsmittel erstreckt (OLG München MDR 79, 409; BSG NJW 98, 2078).

Zurückgenommen werden kann auch eine unzulässige Berufung. Trotz des grundsätzlichen Anwaltszwangs lässt die h. M. die wirksame Rücknahme einer Berufung durch die Partei selbst zu, wenn diese auch die Berufung ohne Anwaltsbeteiligung eingelegt hat, um ihr die durch die Beauftragung eines Anwalts allein zum Zwecke der Rechtsmittelrücknahme entstehenden Kosten zu ersparen.

Hält der Berufungskläger eine außergerichtliche Vereinbarung über die Berufungsrücknahme nicht ein, so steht dem Berufungsbeklagten eine Einrede zu, auf deren Geltendmachung hin die Berufung als unzulässig verworfen wird (BGH NJW 84, 805).

Die Rücknahmeerklärung ist bedingungsfeindlich und kann (auch mit Zustimmung des Gegners) nicht angefochten oder zurückgenommen werden. Eine Ausnahme gilt nur beim Vorliegen eines Restitutionsgrunds (BGHZ 12, 294; 33, 73). Auch die durch einen Irrtum veranlasste Rücknahmeerklärung beendet deswegen die Berufung endgültig.

Die durch die ZPO-Reform über den Schluss der mündlichen Verhandlung vor dem Berufungsgericht hinaus bis zur Verkündung des Urteils verlängerte Möglichkeit einer Rücknahme hat die Befürchtung auftauchen lassen, die zu unterliegen drohende Partei könne noch »in die Verkündung hinein« die Rücknahme erklären, um einen Teil der Kosten zu ersparen (*Hartmann* NJW 01, 25, 77, 2591). Dies hat sich praktisch jedoch als irrelevant erwiesen (*von Cube* NJW 02, 40).

436 **Folge** der Rücknahme ist der kostenpflichtige Verlust des Rechtsmittels, der – auch ohne Antrag – durch Beschluss festgestellt wird, einer neuen Berufung (soweit eine solche fristgerecht noch möglich ist) aber nicht entgegensteht. Das angefochtene Urteil wird dann unverändert rechtskräftig. Mit der Rücknahme verliert auch eine Anschlussberufung des Gegners ihre Wirkung (§ 524 IV), eine eigenständige Berufung des Gegners indes bleibt wirksam.

Keine Kostenentscheidung durch Beschluss kann (wegen des Grundsatzes der Einheit der Kosten des Rechtsstreits) ergehen, wenn beide Parteien Berufung eingelegt haben, die Rücknahme aber nur durch eine Partei erfolgt ist; dann ergeht eine, die Kostenlast der zurücknehmenden Partei berücksichtigende einheitliche Kostenentscheidung im Endurteil über die verbleibende Berufung des Gegners. Werden beide Berufungen zurückgenommen, sind die Kosten im Beschluss nach § 516 III gemäß § 92 zu quoteln. Erfolgt die Klagerücknahme als Folge einer außergerichtlichen vergleichsweisen Einigung der Parteien, so kann an die Stelle der zwingenden Kostenlast des Berufungsklägers eine Kostenvereinbarung der Parteien treten (BGH NJW 89, 39).

Wird eine zunächst nur zur Fristwahrung eingelegte Berufung zurückgenommen, so trifft die Kostenlast zwar dem Grunde nach allein den Kläger, im Rahmen der Kostenfestsetzung können aber die dem Beklagten zu erstattenden Kosten herabgesetzt werden (dazu unten Rn. 526).

Im Unterschied dazu verliert das angefochtene Urteil seine Wirkung, wenn in **437** der Berufungsinstanz der Kläger (unabhängig davon, ob er Berufungskläger oder Berufungsbeklagter ist) die **Klage zurücknimmt** (§ 269 III 1; Rn. 432), was stets die Zustimmung des Beklagten voraussetzt. In diesem Fall bedarf es der zusätzlichen Rücknahme der Berufung nicht, da mit der Klagerücknahme die Rechtshängigkeit der Streitsache insgesamt und damit auch ihr Anfall in zweiter Instanz entfällt.

2. Verzicht

Der Berufungskläger kann auf sein Rechtsmittel auch verzichten (**§ 515**). Dies **438** kann durch einseitige Erklärung oder durch Vereinbarung mit dem Gegner geschehen.

Einseitig kann der Verzicht dem Gegner oder dem Gericht gegenüber **erklärt** **439** werden und ist erst nach Verkündung des anzufechtenden Urteils möglich. Nur wenn er dem Gericht gegenüber erklärt wird, unterliegt er dem Anwaltszwang (BGH NJW-RR 94, 386), die Erklärung dem Gegner gegenüber ist formfrei möglich. Der einseitige Verzicht muss vom Gegner nicht angenommen werden.

Als Vereinbarung zwischen den Parteien ist ein Verzicht auch bereits vor Erlass **440** des Urteils wirksam. Hier ist eine Annahmeerklärung des Gegners erforderlich.

Möglich bleibt der Verzicht bis zum Abschluss des Rechtsmittelverfahrens, das heißt bis zur Verkündung des Berufungsurteils und kann deswegen auch im laufenden Berufungsverfahren noch erklärt werden. Eine Zustimmung des Gegners ist in keinem Fall erforderlich.

441 Der Verzicht bedarf keiner besonderen **Form** und muss, auch wenn er dem Gericht gegenüber erklärt wird, nicht unbedingt wirksam protokolliert sein (BGH FamRZ 84, 372; BGH FamRZ 86, 1089, 1090). Er ist damit konkludent möglich, entscheidend ist der erkennbar gewordene Wille der Partei, es bei dem erstinstanzlichen Urteil zu belassen, dieses einer Überprüfung durch die Berufung nicht zuführen zu wollen.

Die Erklärung, »man werde keine Berufung einlegen« reicht als Verzicht regelmäßig genauso aus, wie die Erklärung »man akzeptiere die Entscheidung«, während die Erklärung, eine Rechtsmitteleinlegung sei »nicht beabsichtigt«, im allgemeinen keinen Verzicht darstellt. Der bloße Verzicht auf die Begründung des Urteils (§ 313 a I, II) kann sich im Einzelfall als Berufungsverzicht darstellen (OLG Braunschweig MDR 01, 1009 m. Anm. *Schneider*). Dies gilt auch für den Antrag auf Erteilung des Rechtskraftzeugnisses, nicht aber für die bloße Beschränkung des Berufung auf einen Teil der Beschwer oder den Kostenfestsetzungsantrag. Zahlt der Beklagte nach dem erstinstanzlichen Urteil, so liegt darin ein Verzicht auf die Berufung, wenn die Zahlung als vorbehaltlose Erfüllung erfolgt, nicht dagegen, wenn sie lediglich die Zwangsvollstreckung abwenden soll (BGH NJW 81, 1729). Auch ein nach Erlass des erstinstanzlichen Urteils geschlossener Vergleich kann sich im Wege der Auslegung als Verzicht darstellen (BGH MDR 69, 477). Die Vereinbarung der Parteien über die Einlegung der Sprungrevision gilt kraft Gesetzes als Verzicht auf die Berufung (§ 566 I 2).

442 **Folge** eines wirksamen Rechtsmittelverzichts ist, dass das Urteil rechtskräftig wird, eine dennoch eingelegte Berufung unzulässig ist und verworfen wird. Trotz des Verzichts auf eine Berufung möglich bleibt eine Anschlussberufung.

Dies gilt auch bei einem nur teilweisen Verzicht. Beschränkt der Berufungskläger sein Rechtsmittel auf einen Teil seiner Beschwer und erklärt im Übrigen einen Verzicht auf die Anfechtung, so wird das Urteil hinsichtlich des nicht angefochtenen Teils rechtskräftig. Die bloße Nichtanfechtung eines Teils des erstinstanzlichen Urteils hat diese Wirkung nicht (§ 705 S. 2), da auch dieser Teil später noch über eine Erweiterung des Berufungsantrags in die Anfechtung einbezogen werden kann. Soweit der Teil, auf den der Rechtsmittelverzicht sich erstreckt, mit der Anschlussberufung angefochten werden kann, tritt Rechtskraft erst mit Ablauf der Anschlussberufungsfrist ein.

Einer Anschließung an die Berufung des Gegners (Rn. 511) steht der Verzicht auf ein eigenes Rechtsmittel nicht entgegen (§ 524 II 1), weil diese Anschließung eben kein solches eigenes Rechtsmittel darstellt. Möglich ist allerdings auch ein Verzicht auch auf die Anschließung. Ob eine solche in der Verzichtserklärung zu sehen ist, bedarf der Auslegung im Einzelfall, wird aber nur ganz ausnahmsweise zu bejahen sein (OLG Hamm FamRZ 79, 944).

Eine trotz wirksamen Verzichts eingelegte Berufung ist unzulässig. Von Amts wegen berücksichtigt werden kann der Verzicht nur, wenn er dem Gericht gegenüber erklärt wurde. Erfolgte der Verzicht nur dem Gegner gegenüber, kann er nur auf dessen Einrede hin berücksichtigt werden. Ist die bereits eingelegte Berufung wegen eines Verzichts unzulássig, so wird sie verworfen (§ 522 I). Das angefochtene Urteil wird dann unverändert rechtskräftig.

Der einmal wirksam erklärte oder vereinbarte Verzicht kann nachträglich **beseitigt** werden. Dies ist indes – unabhängig davon, wie er zustande gekommen ist – stets nur mit Zustimmung des Gegners möglich (BGH MDR 85, 830); eine Ausnahme gilt bei Vorliegen eines Restitutionsgrunds (BGH NJW-RR 94, 386). **443**

Verzichtet der Kläger (unabhängig davon, ob er Berufungskläger oder Berufungsbeklagter ist) in der Berufungsinstanz auf den geltend gemachten (prozessualen) **Anspruch**, so ergeht ein das angefochtene Urteil abänderndes, klageabweisendes Verzichtsurteil nach § 306, dessen Rechtskraft einer erneuten Geltendmachung des Anspruchs entgegensteht. **444**

3. Übereinstimmende Erledigungserklärung

Die übereinstimmende Erledigungserklärung ist im Gesetz nur unvollständig (nämlich hinsichtlich ihrer Kostenfolge, § 91 a) geregelt. Sie ist Ausfluss der **Dispositionsmaxime**, nach der eine streitige Entscheidung über die Hauptsache nicht ergeht, wenn die Parteien eine solche nicht mehr wünschen. **445**

Die übereinstimmende Erledigungserklärung der Parteien ist in allen Verfahrensstadien möglich, auch in der Berufungsinstanz (BGH NJW 86, 852).

Hier ist eine Unterscheidung danach erforderlich, was sich erledigt hat. Dies kann die Hauptsache selbst oder bloß das eingelegte Rechtsmittel sein (Rn. 432).

Voraussetzung ist in beiden Fällen eine Erklärung beider Parteien, dass eine streitige Entscheidung nicht mehr angestrebt wird. **446**

Diese Erklärungen können, müssen aber nicht ausdrücklich auf »Erledigung« lauten. Erforderlich und ausreichend ist eine Erklärung, aus der deutlich wird, dass der bisherige, auf Erlass einer streitigen Entscheidung gerichtete Antrag nicht weiter verfolgt wird, andererseits aber auch keine Bereitschaft besteht, die Kosten des Rechtsstreits zu tragen, weil nur so eine Abgrenzung von der Klagerücknahme möglich ist. Auf Seiten des Beklagten reicht eine Zustimmung, keine solche liegt vor, wenn der bisherige Antrag auf Abweisung der Klage bzw. Zurückweisung der Berufung aufrecht erhalten wird. Die Erledigungserklärungen unterliegen nicht dem Anwaltszwang (§§ 91 a I 1, 78 III). Sie können auch unter eine prozessuale Bedingung gestellt, also zum Beispiel hilfsweise für den Fall einer zulässigen Berufung abgegeben werden (OLG Düsseldorf NJW-RR 98, 776).

In der Berufungsinstanz können Erledigungserklärungen nur abgegeben werden, wenn die Berufung wirksam ist (BGHZ 50, 197). Fehlt es daran, wird die Berufung trotz der Erledigungserklärungen verworfen.

a) Erledigung der Hauptsache

447 Die Erklärung der Erledigung wird sich regelmäßig auf die Hauptsache selbst beziehen. Dies kommt in Betracht, wenn ein Interesse an der Aufrechterhaltung des erstinstanzlichen Urteils nicht mehr besteht.

Insoweit erledigend wirken können die Erfüllung durch den Beklagten oder einen Dritten, der Wegfall der Rechts- und damit der Parteifähigkeit einer juristischen Person oder ein die Kosten aussparender Vergleich der Parteien. Wird ein klageabweisendes Urteil in der Berufungsinstanz (zum Beispiel durch zulässiges, erhebliches neues Verteidigungsvorbringen des Beklagten) richtig, kann die zwingende Kostenfolge der Klage- oder Rechtsmittelrücknahme durch eine Erledigungserklärung vermieden werden.

448 **Folge** einer solchen Erklärung ist, dass die bislang ergangenen Entscheidungen (analog § 269 III 1) wirkungslos werden, das Rechtsmittelverfahren endet und eine Entscheidung des Gerichts nur noch über die Kosten zu erfolgen hat (§ 91 a).

Nicht geprüft wird, ob das behauptete erledigende Ereignis vorliegt, ob es erledigend wirkt oder wann es eingetreten ist. Entscheidend ist allein die Erklärung der Erledigung, nicht deren Eintritt.

449 Deswegen kann eine übereinstimmende Erledigungserklärung unzweifelhaft auf Umstände gestützt werden, die noch vor Einlegung der Berufung (»**zwischen den Instanzen**«) eingetreten sind. Ist bereits Berufung eingelegt, sind die Erklärungen dem Berufungsgericht gegenüber abzugeben. Nach h. M. (BGH NJW 95, 1096; *Bergerfurth* NJW 92, 1655) ist die Einlegung einer Berufung nur zum Zwecke der Erledigungserklärung aber nicht zwingend, vielmehr können die Erklärungen ohne Rechtsmittel auch dem erstinstanzlichen Gericht gegenüber abgegeben werden.

Unerheblich ist dabei, wann das erledigende Ereignis eingetreten ist. Ereignisse nach Verkündung des Urteils stehen denen zwischen Verkündung und Schluss der mündlichen Verhandlung gleich (§ 296 a). Aber auch Umstände, die schon vor Schluss der erstinstanzlichen mündlichen Verhandlung entstanden sind und in erster Instanz noch hätten geltend gemacht werden können, stehen einer Erklärung der Erledigung erst nach Abschluss der Instanz nicht entgegen (OLG Nürnberg FamRZ 00, 1025).

Die Erklärung dem erstinstanzlichen Gericht gegenüber ist schriftlich möglich, das Gericht kann (analog §§ 159, 321) auf Antrag der Parteien aber auch einen Termin zur mündlichen Verhandlung bestimmen. Das erstinstanzliche Gericht erlässt dann einen

Kostenbeschluss nach § 91 a, der einen Verstoß gegen § 318 nicht darstellt, weil eine Bindung an das vorher erlassene Urteil wegen § 269 III 1 und der eingetretenen Änderung der Umstände nicht mehr besteht.

Nur dem Berufungsgericht gegenüber abgegeben werden können die Erklärungen beider Parteien, wenn das erledigende Ereignis **nach Einlegung der Berufung** eingetreten ist. 450

Problematisch ist hierbei, ob nach der Erledigung der Hauptsache überhaupt noch eine Beschwer vorliegt, die Berufung also noch zulässig ist. Grundsätzlich wird dies bejaht (BGH NJW 67, 564), ausnahmsweise aber zumindest für den Fall der vorbehaltlosen Erfüllung durch den Beklagten verneint, weil der Beklagte nicht einerseits erfüllen und andererseits Berufung einlegen kann (BGH NJW 00, 1120); die Berufung ist danach zu verwerfen, die Erledigungserklärung geht ins Leere. Nach a. A. (Zöller/*Vollkommer* § 91 a Rn. 20) ist der Eintritt des erledigenden Ereignisses für die Rechtsmittelbeschwer ohne Bedeutung, die Erledigungserklärung damit uneingeschränkt möglich.

Streitig ist, ob die Kostenentscheidung des Berufungsgerichts nach § 91 a nur die Kosten des Berufungsverfahrens (KG MDR 86, 592) oder die Kosten des gesamten Rechtsstreits in beiden Instanzen umfasst (MüKo/*Lindacher* § 91 a Rn. 129). Zumindest, wenn die Hauptsache selbst für erledigt erklärt wird, muss das Berufungsgericht befugt sein, über alle Kosten neu zu entscheiden.

b) Erledigung der Berufung

Ein praktisches Bedürfnis für eine Erledigung nur des Rechtsmittels besteht nur **ganz ausnahmsweise**. Allein der Umstand, dass das Rechtsmittel durch eine nach Einlegung eingetretene Veränderung unzulässig oder unbegründet geworden ist, reicht dazu grundsätzlich nicht aus. Hinzu kommen müssen ein Interesse am Fortbestand des erstinstanzlichen Urteils und der Ausschluss eines sofortigen Anerkenntnisses durch den Beklagten. 451

Ist der Kläger Berufungskläger, kann er auf Umstände hin, die sein Rechtsmittel unzulässig oder unbegründet machen, problemlos die Hauptsache für erledigt erklären, ein Bedürfnis an der Aufrechterhaltung des (klageabweisenden) Urteils erster Instanz besteht für ihn nicht. Ist der Beklagte Berufungskläger, kann er auf eine in der Berufungsinstanz eintretende Zulässigkeit oder Begründetheit der Klage (und die damit einhergehende Unbegründetheit seiner Berufung) mit einem Anerkenntnis reagieren, wobei seinem Kosteninteresse über § 93 Rechnung getragen wird.

Eine Erledigung des Rechtsmittels kommt somit nur in seltenen Ausnahmefällen in Betracht. Für den Beklagten kann sie erforderlich sein, wenn ein von ihm eingelegtes Rechtsmittel nachträglich unzulässig oder unbegründet wird und ein sofortiges Anerkenntnis ausgeschlossen ist (nicht bloß, dass das Anerkenntnis nicht »sofort« erfolgte), für beide Parteien, wenn das Rechtsmittel durch eine nachträgliche Fortentwicklung des Prozesses überflüssig wird. Denkbar ist der Wegfall der Beschwer des Beklagten infolge einer Urteilsberichtigung nach § 319 (OLG Bamberg RPfl 95, 289) oder der Wegfall eines Verfahrensmangels, auf den die Berufung zunächst gestützt war (OLG Frankfurt NJW-RR 89, 63; zu weiteren Beispielsfällen MüKo/*Lindacher* § 91 a Rn. 126).

452 **Folge** einer Erledigung der Berufung ist die Beendigung des Rechtsmittelverfahrens, erforderlich ist lediglich noch eine Entscheidung über die Kosten (§ 91 a).

Auch wenn nur das Rechtsmittel für erledigt erklärt wird, muss das Berufungsgerichts im Interesse der Sachgerechtigkeit befugt sein, über alle Kosten des Rechtsstreits (und nicht bloß über die des Rechtsmittels) neu zu entscheiden (MüKo/*Lindacher* § 91 a Rn. 129).

Die erstinstanzliche Entscheidung bleibt in diesem Fall bestehen und wird rechtskräftig.

4. Einseitige Erledigungserklärung

453 Geht der Kläger davon aus, die Hauptsache habe sich durch ein nachträgliches Ereignis erledigt, während der Beklagte der Auffassung ist, die Klage sei von Anfang an unzulässig oder unbegründet gewesen, so widerspricht der Beklagte der Erledigungserklärung des Klägers und beantragt weiterhin Abweisung der Klage. Die h. M. sieht in einer solchen einseitigen Erledigungserklärung des Klägers einen Übergang zum Antrag auf Feststellung der nachträglichen Erledigung des ursprünglich zulässigen und begründeten Hauptantrags, so dass nach wie vor eine streitige Entscheidung über die Hauptsache erforderlich ist.

454 Auch die einseitige Erledigungserklärung in zweiter Instanz bezieht sich regelmäßig auf die **Hauptsache** selbst, nur ganz ausnahmsweise kann sie sich auf die **Berufung** beziehen.

Zumindest in den oben (Rn. 451) dargestellten seltenen Ausnahmefällen kann ein Interesse auch an einer einseitigen Erledigungserklärung des Rechtsmittels bestehen, wenn der Gegner einer Erledigungserklärung widersprochen hat.

455 Die für die übereinstimmende Erledigungserklärung anerkannte Möglichkeit einer Abgabe der Erklärungen vor Einlegung der Berufung noch gegenüber dem erstinstanzlichen Gericht besteht bei der einseitigen Erledigungserklärung unzweifelhaft nicht. Tritt die Erledigung nach Schluss der mündlichen Verhandlung in erster Instanz (»**zwischen den Instanzen**«) ein, muss das Verfahren zuerst durch Berufungseinlegung fortgesetzt werden, bevor die Erklä-

rung dem Berufungsgericht gegenüber abgegeben werden kann (BGH NJW-RR 92, 1032).

Sieht man in der einseitigen Erledigungserklärung eine Klageänderung, muss sie auf die Zeiträume beschränkt werden, in denen Sachanträge gestellt werden können. Zwischen den Instanzen fehlt eine Hauptsache, die sich erledigen und ein Sachantrag, der geändert werden könnte (BGH NJW 92, 1032).

Auf die einseitige Erledigungserklärung hin hat das Gericht zu **prüfen**, ob die Klage zulässig und begründet war und sich durch ein nachträglich eingetretenes Ereignis erledigt hat, das heißt unzulässig oder unbegründet geworden ist. **456**

Streitig ist, ob im Fall der Erledigung des Rechtsmittels zusätzlich erforderlich ist, dass das Rechtsmittel ursprünglich zulässig und begründet war (AK/*Röhl* § 91 a Rn. 51). Dies hängt von der zur Rechtsnatur der einseitigen Erledigung vertretenen Ansicht ab und wird von der h. M. verneint.

Hat der Kläger mit seinem einseitig erklärten Erledigungsantrag Erfolg, wird die Erledigung unter Abänderung des erstinstanzlichen Urteils festgestellt. Ist eine Erledigung nicht eingetreten, wird – je nach Inhalt der angefochtenen Entscheidung – die Berufung zurückgewiesen oder die Klage in Abänderung des Urteils abgewiesen (*Pape/Notthoff* JuS 96, 344).

5. Vergleich

Einen Vergleich können die Parteien jederzeit (§ 278 I) und damit auch noch in der Berufungsinstanz schließen. Für den Anwalt bleibt der Vergleich auch in zweiter Instanz wichtiges, häufig sogar vorrangiges Prozessziel (*Hendel* AnwBl 97, 509). **457**

Vergleiche sind in der Berufung häufiger als in erster Instanz. In der Regel ist zumindest dem Berufungskläger, häufig auch dem Berufungsbeklagten das Prozessrisiko durch den Abschluss der ersten Instanz deutlich geworden, weitere Instanzen stehen gar nicht oder nur mit sehr beschränktem Prüfungsumfang zur Verfügung. Die Erfolgsaussichten lassen sich den Rechtsausführungen des Gerichts schon deutlich entnehmen, ein Vergleichsvorschlag des Gerichts liegt regelmäßig nahe bei der zu erwartenden Entscheidung. Entscheidende Änderungen durch weitere Angriffs- und Verteidigungsmittel sind oft nicht mehr möglich (§ 530). Auch wenn durch die Annahme des Vergleichsvorschlages kein oder nur ein geringer Sachvorteil erlangt werden kann, spricht dafür, dass das Verfahren abgekürzt, weitere Kosten und Notwendigkeit einer Zwangsvollstreckung vermieden oder weiterer Streit verhindert werden kann.

Solange das Urteil noch nicht rechtskräftig ist, verliert es durch den Vergleich seine Wirkung und wird durch diesen als Vollstreckungstitel (§ 794 Nr. 1) er- **458** setzt, es sei denn, die Parteien halten das Urteil durch entsprechende Vergleichsformulierung ausdrücklich aufrecht.

Bei Formulierung des Vergleichs bedarf es der Aufhebung oder Abänderung des angefochtenen Urteils grundsätzlich nicht. Dieses ist durch die Einlegung der Berufung nicht rechtskräftig geworden und wird es auch nicht, da der Rechtsstreit mit Wirksamwerden des Vergleichs endet. Besteht ein Bedürfnis der Parteien, die Wirkungen des angefochtenen Urteils aufrechtzuerhalten, können sie dies im Vergleich wirksam vereinbaren.

459 Der Vergleich besteht regelmäßig aus verschiedenen Teilen. Dabei sind in zweiter Instanz einige Besonderheiten zu berücksichtigen.

In der **Präambel** wird häufig das Motiv des Vergleichs genannt

Dies kann von Bedeutung sein, wenn der Vergleich von der noch ausstehenden Zustimmung Dritter (zum Beispiel der Rechtsschutzversicherung) abhängt oder wenn es um seine spätere Auslegung bei Unklarheiten geht.

Ein Vergleich kann zum Beispiel geschlossen werden »auf (dringendes) Anraten des Gerichts«, »ohne Anerkennung einer Rechtspflicht« oder »nach eingehender Erörterung der Sach- und Rechtslage«.

Wichtig ist es, den genauen **Regelungsumfang** des Vergleichs festzuhalten.

Der Vergleich kann die Klageforderung ganz oder teilweise, alle in den Prozess eingeführten Ansprüche (also insbesondere auch Hilfs- und Aufrechnungsforderungen) oder alle gegenseitigen Ansprüche der Parteien (und damit sogar die, denen sie sich gegenwärtig gar nicht bewusst sind) erfassen. Alle Lösungen können im Einzelfall sinnvoll sein, was genau gewollt ist, muss klargestellt werden.

Bestimmt werden muss auch die **Leistungspflicht** der Parteien.

Diese sollte autonom und ohne Bezugnahme auf das erstinstanzliche **Urteil** bestimmt werden. Weil das Urteil mangels Rechtskraft keinerlei Wirkungen entfaltet, kann es auch bei Bestimmung der zu erbringenden Leistung grundsätzlich nicht herangezogen werden. Unterbleiben sollten deswegen Formulierungen wie »über den bereits tenorierten Betrag hinaus weitere ... zu zahlen«.

Der Klarstellung bedarf, ob auf den genannten Betrag noch Nebenforderungen (**Mehrwertsteuer** oder **Zinsen**) zu zahlen sind, wann die Leistung fällig sein soll, ob die Leistung Zug-um-Zug von Gegenleistungen abhängen und ob bereits gezahlte, vollstreckte oder titulierte Teilbeträge angerechnet werden sollen soll. Fehlt eine ausdrückliche Vereinbarung, wird allein der Vergleichsbetrag geschuldet, dieser ist sofort fällig (§ 271 BGB), bei einer noch offenen Gegenleistung Zug-um-Zug gegen diese (§ 320 BGB), zur Erfüllung der abgegoltenen Ansprüche bereits erbrachte Leistungen werden darauf angerechnet (§ 362 BGB).

Problematisch ist die Formulierung einer Verpflichtung zur **Abgabe von Willenserklärungen**. Wird der Schuldner zu einer solchen verurteilt, gilt sie mit Rechtskraft des Urteils als abgegeben (§ 894). Für Vergleiche gilt diese Fiktion nicht (BGHZ 98, 127), so dass hier nicht bloß die Verpflichtung zur Abgabe vereinbart werden darf, sondern die Erklärung selbst abgegeben werden muss, will man eine neue Klage oder eine Vollstreckung nach § 888 vermeiden.

Materiell ist eine Vielzahl von **Sonderformen** des Vergleichs denkbar, mit de- **460**
nen unterschiedlichen Bedürfnissen der Parteien Rechnung getragen werden können.

Enthalten sein kann eine **Erlassklausel**, wonach bei Zahlung eines bestimmten (Teil-)Betrages bis zu einem festgelegten Zeitpunkt der (grundsätzlich ebenfalls titulierte) Restbetrag der Forderung als erlassen gelten soll (sog. »Las-Vegas-Vergleich«).

Kann oder will der Beklagte nicht in einem Betrag zahlen, kommt eine **Ratenzahlungsvereinbarung** in Betracht. Hier bedürfen Zahl, Höhe und Fälligkeit der einzelnen Raten sowie die Voraussetzungen einer etwaigen Vorfälligkeitsklausel sorgfältiger Formulierung (*Prechtel* S. 217).

In den Vergleich können – mit deren Zustimmung – **weitere**, am Prozess nicht beteiligte **Personen** einbezogen werden. Soll der Vergleich auch für und gegen sie einen Vollstreckungstitel darstellen (§ 794 I Nr. 1), ist erforderlich, dass auch beide Parteien des Rechtsstreit am Vergleich beteiligt sind, und empfehlenswert, dass die Dritten dem Rechtsstreit »zum Zwecke des Vergleichsschlusses« beitreten (§§ 59 f.). Hierfür bedürfen sie keines eigenen Anwalts (BGHZ 86, 160). Unterbleibt der Beitritt, liegt jedenfalls ein wirksamer materieller Vergleichsvertrag oder ein Vertrag zwischen den Parteien zugunsten Dritter vor (KG NJW 73, 2032).

In den Vergleich können auch **weitere**, bislang in den Prozess nicht eingeführte **Streitpunkte** zwischen den Parteien einbezogen werden (OLG Oldenburg VersR 92, 377). Häufig liegt gerade darin die besondere Chance einer Befriedung der Parteien (*Hendel* AnwBl 97, 509). Zu den dabei auftauchenden gebührenrechtlichen Fragen siehe unten Rn. 461.

Im Vergleich können die Parteien die **Kostentragungspflicht** frei vereinbaren; **461**
tun sie das nicht, werden die Kosten nach § 98 gegeneinander aufgehoben.

Können die Parteien sich über die Kosten nicht einigen (oder wollen sie dies nicht wegen der sog. »sekundären Risikobegrenzung« bei der Rechtsschutzversicherung, § 5 III a) ARB 2000), kann der Rechtsstreit nach Abschluss eines (Teil-)Vergleichs nur über die Hauptsache für erledigt erklärt und die Kostenentscheidung dann vom Gericht nach § 91 a getroffen werden. Richtiger, wenn auch bestrittener Ansicht zufolge darf dann nicht auf das Nachgeben im Vergleich abgestellt werden, sondern auf die Erfolgsaussichten der Klage ohne den Vergleich.

Durch den Vergleich entsteht auf Seiten der beteiligten Rechtsanwälte je eine um 3/10 erhöhte Vergleichsgebühr (§§ 23 I S. 3, 11 I 4 BRAGO). Werden in den Vergleich Streitpunkte einbezogen, die im Berufungsverfahren nicht rechtshängig waren, so fällt die Vergleichsgebühr insoweit aus § 23 I S. 1 BRAGO in Höhe von 15/10 an; streitig ist, ob auch diese Gebühr nach § 11 I 4 BRAGO um weitere 3/10 zu erhöhen ist (Nw. bei *Doukoff* Fn. 1148 f.). Auf Seiten des Gerichts entsteht durch den Vergleich die (dreifache) Urteilsgebühr nach Nr. 1226 KV nicht, lassen die Parteien das Gericht jedoch nach § 91 a über die Kosten des Rechtsstreits entscheiden und verzichten insoweit nicht auf die Begründung, fällt die 1,5-fache Gebühr aus Nr. 1228 KV an.

462 Kann oder will der Anwalt den Vergleich nicht sofort unbedingt und endgültig akzeptieren, so kann er diesen unter **Vorbehalt** schließen. Vorbehalten kann er sich dabei die Bestätigung, den Widerruf oder den Rücktritt. Auch insoweit bedarf es deswegen einer hinreichend klaren Abgrenzung und eindeutiger Formulierung (*Schapernack* MDR 96, 883).

Dies ist in der Regel erforderlich, wenn der Vergleich von der Zustimmung eines nicht Anwesenden abhängt, insbesondere der Anwalt nicht vorab ausdrücklich zum Vergleichsschluss ermächtigt wurde (§ 83).

Der **Bestätigungsvorbehalt** ist eine aufschiebende Bedingung (§ 158 I BGB). Wirksam wird der Vergleich erst, wenn er durch eine nachträgliche Erklärung akzeptiert wird. Bleibt die nachträgliche Erklärung aus, wird der Vergleich nicht wirksam.

Praktisch häufiger ist der **Widerrufsvorbehalt**, der eine auflösende Bedingung darstellt (§ 158 II BGB). Der Vergleich kommt zunächst zustande, kann aber durch nachträgliche Erklärung wieder beseitigt werden. Bleibt eine solche Erklärung aus, ist der Vergleich wirksam.

In beiden Fällen müssen nicht nur die gewollte Form des Vorbehalts, sondern auch Adressat, Form und Frist der nachträglichen Erklärung eindeutig bestimmt sein. Der Festlegung bedarf, ob die Erklärung (nur) dem Gericht oder auch dem Gegner gegenüber abgegeben werden kann, ob sie nur schriftlich oder auch mündlich und bis zu welchem Zeitpunkt sie möglich sein soll (zur Vielzahl dabei möglicher Probleme *Doukoff* Rn. 186 ff.).

Der **Rücktrittsvorbehalt** stellt die vertragliche Vereinbarung eines Rücktrittsrechts (§ 346 BGB) dar. Der Vergleich wird hier unbedingt wirksam, bei Vorliegen der vereinbarten Voraussetzungen kann (nicht muss) eine Partei nachträglich vom Vergleichsvertrag zurücktreten. Der Vergleich wird also nicht automatisch unwirksam, die Partei behält das Recht, an ihm festzuhalten. Die Rücktrittserklärung richtet sich nach § 349 BGB, die Rückabwicklung des Schuldverhältnisses erfolgt dann nach §§ 346 ff. BGB.

463 Zu beachten ist, dass ein Prozessvergleich nicht zwingend der Protokollierung in einer mündlichen Verhandlung (§ 160 III Nr. 1) bedarf, sondern auch schriftlich geschlossen werden kann und dann durch deklaratorischen **Beschluss** des Gerichts seine vollstreckungsfähige Form erhält (§ 278 VI).

Diese Form des Beschlussvergleichs ist entgegen der systematischen Stellung nicht auf das Güteverfahren beschränkt und findet damit trotz § 525 S. 2 auch im Berufungsverfahren Anwendung (Rn. 406). Er ist auch nicht darauf beschränkt, dass der Vergleichsvorschlag vom Gericht herrührt. Nimmt eine Partei den schriftlichen Vergleichsvorschlag des Gegners schriftlich an, so kann der Vergleich nach § 278 VI durch Beschluss des Gerichts festgestellt werden.

Schriftliche Vergleichsvorschläge des Gerichts sind in der Berufung häufiger als in erster Instanz, weil hier die Sach- und Rechtslage oft schon nach Eingang der Berufungserwiderung verhältnismäßig sicher abgeschätzt werden kann und im Rahmen der nach § 522 gebotenen Prüfung frühzeitig eine Beratung des Spruchkörpers erfolgt, die sich auch auf Vergleichsmöglichkeiten erstrecken kann (§ 278 VI).

6. Urteil

Für das Berufungsurteil gelten gemäß §§ 525 S. 1 grundsätzlich die Vorschriften über erstinstanzliche Urteile (§§ 313 ff.) entsprechend. Wichtige Abweichungen hiervon enthält § 540, der es ermöglicht, das Urteil sehr kurz zu halten. **464**

Form und Inhalt des Berufungsurteils sind gesetzlich nur spärlich geregelt. Während sich in der Praxis vor Inkrafttreten der ZPO-Reform zahlreiche Details zumindest durch die revisionsgerichtliche Rechtsprechung und (wenn auch zum Teil örtlich unterschiedliche) Gewohnheiten entwickelt hatten, wird der Inhalt des neuen § 540 S. 1 zum Teil noch sehr unterschiedlich interpretiert. Mangelnde Akzeptanz der Reform und Beharrungsvermögen der Praxis führen verbreitet auch noch zu Entscheidungen nach altem Recht.

Die Neufassung des § 540 soll zum einen eine Mehrbelastung der Berufungsgerichte verhindern. Die nach altem Recht möglichen Erleichterungen (Verzicht auf Tatbestand und gegebenenfalls auch auf Entscheidungsgründe, wenn Revision nicht statthaft, § 543 a. F.) greifen (jedenfalls nach Auslauf der Übergangsregelungen nach § 26 Nr. 8 EGZPO zum 31. 12. 2006) nicht mehr, da dann gegen alle Berufungsurteile die Revision oder die Nichtzulassungsbeschwerde gegeben ist. Verhindert werden musste deswegen, dass zukünftig in allen Berufungsurteilen aufwändige Tatbestände gefertigt werden müssen. Zum anderen trägt § 540 der neuen Funktion der Berufungsinstanz Rechnung. Dient diese nur noch der Fehlerkontrolle und -beseitigung, nicht mehr wie früher einer völligen Neuverhandlung des Rechtsstreits, so muss auch das Berufungsurteil keine vollständige, aus sich selbst heraus verständliche Begründung der Sachentscheidung mehr enthalten. Es reicht aus, wenn die bezüglich der erstinstanzlichen Entscheidung vorgenommenen Ergänzungen und Veränderungen dargestellt werden. Dies gilt für Tatbestand und Entscheidungsgründe gleichermaßen.

Nachteil der Neuregelung ist, dass Berufungsurteile, die den Vorgaben des § 540 entsprechen, ohne Kenntnis des erstinstanzlichen Urteils häufig nicht mehr verständlich oder nachvollziehbar sind. Soll ein solches Urteil veröffentlicht werden, bedarf es über die gesetzlichen Minimalanforderungen hinaus weiterer Darstellungen.

a) Urteilseingang und Formalia

465 Keine Besonderheiten dem erstinstanzlichen Urteil gegenüber enthält der Urteilseingang.

Die Floskel »**Im Namen des Volkes**« ist erforderlich (§ 311), eine Bezeichnung der **Urteilsart** nur in den Fällen des § 313 b.

Im **Rubrum** sind die Parteien mit ihren Parteirollen aus beiden Instanzen zu bezeichnen (»Beklagter und Berufungskläger«), gegebenenfalls ergänzt um die Parteistellung in weiteren Prozessrechtsverhältnissen (»Widerkläger, Anschlussberufungsbeklagter«). Keine zwingende Regelung gibt es für die Reihenfolge der Darstellung. Ob hier – wie verbreitet üblich – stets mit dem Berufungskläger begonnen wird (auch wenn dieser erstinstanzlich Beklagter war), oder ob die Reihenfolge der ersten Instanz beibehalten wird (so dass der Berufungskläger möglicherweise erst an zweiter Stelle steht), ist gesetzlich nicht vorgegeben.

Aus Gründen der Klarheit und Lesbarkeit sollten die Parteien im weiteren Text des Urteils einheitlich und nur mit einer Parteirolle (am einfachsten als Kläger und Beklagter) bezeichnet werden. Hier alle Parteistellungen zu verwenden oder zwischen diesen zu wechseln (den Kläger einmal als solchen, dann als Berufungsbeklagten und später als Anschlussberufungskläger zu bezeichnen) führt zu unnötiger Verwirrung.

Für die Angabe eventueller gesetzlicher Vertreter und der Prozessbevollmächtigten der Parteien gelten die allgemeinen Vorschriften genauso, wie für die Bezeichnung des Gerichts, die Namen der Richter, die bei der Entscheidung mitgewirkt haben, den Tag, an dem die mündliche Verhandlung geschlossen worden ist und die Unterschriften der Richter sowie für das Aktenzeichen und den Verkündungsvermerk (Rn. 42).

b) Tenor

466 Die Urteilsformel enthält neben der Entscheidung über die Hauptsache (Erfolg oder Misserfolg der Berufung) auch die von Amts wegen erforderlichen Nebenentscheidungen über die Kosten, die vorläufige Vollstreckbarkeit und die Zulassung der Revision.

(1) Entscheidung über die Hauptsache

467 In der Hauptsache sind vielfältige Entscheidungen möglich.

Ist die **Berufung unzulässig**, so wird sie verworfen (§ 522 I 2). Ist dies nicht schon durch Beschluss geschehen, ist es auch im Urteil möglich.

Der Hauptsachetenor lautet in beiden Fällen gleichermaßen:
Die Berufung des ... gegen das Urteil des ...-gerichts vom ... wird verworfen.«

Ist die **Berufung** zulässig, aber **unbegründet**, so wird sie zurückgewiesen.

Der Hauptsachetenor lautet dann:
»Die Berufung des ... gegen das Urteil des ...-gerichts vom ... wird zurückgewiesen.«

Ist die **Berufung zulässig und begründet**, so kann das Berufungsgericht ausnahmsweise das angefochtene Urteil aufheben und die Sache ohne eigene Sachentscheidung zur erneuten Verhandlung und Entscheidung an das erstinstanzliche Gericht zurückverweisen. Möglich ist dies nur unter den engen Voraussetzungen des § 538 II.

Im Wesentlichen sind dies die Fälle, in denen das Erstgericht über die Klageforderung sachlich nicht oder nicht endgültig entschieden hat, den Parteien also eine Instanz verloren ginge, wenn das Berufungsgericht eine Sachentscheidung träfe. Eine Zurückverweisung ist deswegen möglich,

- wenn das Erstgericht den Einspruch gegen ein Versäumnisurteil als unzulässig zurückgewiesen hat, das Berufungsgericht ihn aber für zulässig hält (**Nr. 2**).
- wenn das Erstgericht nur über die Zulässigkeit der Klage entschieden hat (**Nr. 3**), sei es durch ein die Zulässigkeit verneinendes, klageabweisendes, sei es durch ein die Zulässigkeit bejahendes Zwischenurteil (§ 280) und aufgrund der Entscheidung des Berufungsgerichts eine Verhandlung und Entscheidung über die Begründetheit erforderlich wird. Dies gilt auch, wenn das Erstgericht die Klage wegen Fehlens einer Zulässigkeitsvoraussetzung irrig als unbegründet abgewiesen hat (BGH NJW 84, 128). Streitig ist, ob diese Alternative entsprechend anwendbar ist, wenn die Abweisung der Klage zwar aus sachlichen Gründen, aber ohne vollständige Sachprüfung erfolgt, zum Beispiel wegen Verjährung, Fristversäumung oder wegen fehlender Aktivlegitimation; die h. M. verneint dies (BGH VersR 00, 1391), verbreitet ist aber auch die gegenteilige Auffassung (OLG Hamm MDR 77, 585; OLG Frankfurt VersR 86, 1195).
- wenn das Erstgericht nur über den Grund des Anspruchs entschieden hat, sei es durch bejahendes Grundurteil, sei es durch klageabweisendes Endurteil (**Nr. 4**). Eine Zurückverweisung ist hier möglich, wenn aufgrund der Entscheidung des Berufungsgerichts eine Verhandlung und Entscheidung über die Höhe erforderlich wird. Entsprechend angewandt wird diese Fallgruppe auf die Stufenklage.
- wenn das Erstgericht durch Vorbehaltsurteil (§ 599) entschieden hat (**Nr. 5**) oder das Berufungsgericht ein solches Vorbehaltsurteil erlässt. In beiden Fällen kommt eine Zurückverweisung zur Durchführung des Nachverfahrens in Betracht.
- wenn das Erstgericht durch (zweites, §§ 345, 514 II) Versäumnisurteil entschieden hat (**Nr. 6**).
- wenn das Erstgericht ein unzulässiges Teilurteil erlassen hat (**Nr. 7**). Zulässig ist ein Teilurteil nur über einen selbstständig abtrennbaren Teil, dessen Entscheidung ohne Einfluss auf den nicht entschiedenen Teil ist, so dass keine Gefahr sich widersprechender Entscheidungen besteht. Dies ist der Fall bei der Entscheidung über einzelne

selbstständige Streitgegenstände, über Klage- bzw. Widerklageforderung oder bezüglich einzelnen einfachen Streitgenossen. Unzulässig ist ein Teilurteil über den Hilfsantrag, solange kein Urteil über den Hauptanspruch vorliegt, über Ansprüche, die auf demselben tatsächlichen Geschehen beruhen oder über einzelne notwendige Streitgenossen (zur Vielzahl weiterer Problemfälle BLAH/*Hartmann* § 301 Rn. 5 ff.). Nur hier ist eine Zurückverweisung von Amts wegen auch ohne Antrag einer Partei möglich.

Wichtigster Fall des § 538 II ist die Generalklausel der **Nr. 1**. Danach ist eine Zurückverweisung möglich, wenn das erstinstanzliche Verfahren an einem wesentlichen Mangel leidet und deswegen eine umfangreiche oder aufwändige Beweisaufnahme erforderlich ist. Wesentlich sind alle Mängel, die so schwerwiegend sind, dass das erstinstanzliche Verfahren keine ordnungsgemäße Grundlage für die Entscheidung abgibt, wobei nicht auf die Schwere des Mangels an sich, sondern auf seine Bedeutung für die Entscheidung abzustellen ist (BGH NJW 57, 714). Ein solcher wesentlicher Mangel kann in der (für die Entscheidung ursächlich gewordenen) Verletzung rechtlichen Gehörs (Art. 103 GG), der Öffentlichkeit (§§ 169 ff. GVG), des gesetzlichen Richters (Art. 101 GG), in einer Überschreitung des Parteiantrags (§ 308 I) oder in der Unwirksamkeit einer Prozessvollmacht (§ 85) liegen, nicht jedoch in (noch so schweren) inhaltlichen Fehlern, das heißt der unrichtigen Anwendung materiellen Rechts. Umfangreich ist eine Beweisaufnahme, wenn zahlreiche Beweise erhoben werden müssen, aufwändig ist sie, wenn sie nicht in einem Termin vor dem Prozessgericht durchgeführt werden kann (sondern zum Beispiel im Wege der Auslandsrechtshilfe).

Gemeinsame Voraussetzung der Nr. 1 bis 6 ist der Antrag zumindest einer Partei auf Zurückverweisung (dazu Rn. 312). Ohne einen solchen Antrag ist eine Zurückverweisung allein bei Nr. 7 möglich. In allen Fällen (Nr. 1 bis 7) Voraussetzung ist ferner, dass eine weitere Verhandlung zur Sache erforderlich ist. Keine Zurückverweisung erfolgt (trotz des insoweit missglückten Wortlauts von § 538 II) deswegen in den Fällen der Nr. 3 bis 6, wenn das Berufungsgericht das angefochtene Urteil bestätigt (BGHZ 27, 15; BGHZ 15, 26).

Wird zurückverwiesen, lautet der Hauptsachetenor:
»Auf die Berufung des ... wird das Urteil des ...-gerichts vom ... aufgehoben und die Sache zur erneuten (weiteren) Verhandlung und Entscheidung an das erstinstanzliche Gericht zurückverwiesen.«

Nach der Zurückverweisung wird der Rechtsstreit in der ersten Instanz neu bzw. weiter verhandelt. Die Präklusionsvorschriften der zweiten Instanz gelten nicht mehr, so dass neuer Vortrag allein in den Grenzen des § 296 möglich ist. Entsprechend § 563 II ist das erstinstanzliche Gericht an die Entscheidung des Berufungsgerichts gebunden, darf davon also nicht mehr abweichen.

Grundsätzlich hat das Berufungsgericht jedoch eine eigene Sachentscheidung zu treffen (§ 538 I). Dazu wird das angefochtene Urteil abgeändert.

Der Hauptsachetenor lautet dann:
»Auf die Berufung des ... wird das Urteil des ...-gerichts vom ... abgeändert und wie folgt neu gefasst: ...«

Hier folgt dann die normale Sachentscheidung über Klagestattgabe bzw. -abweisung. Diese sollte zur Vermeidung von Missverständnissen oder Unklarheiten vollständig (das heißt auch bezüglich der von der Abänderung nicht erfassten Teile) und nach den erstinstanzlich geltenden Grundsätzen formuliert werden. Dies gilt insbesondere für die Aufrechterhaltung von erst- und zweitinstanzlichen Versäumnisurteilen oder im Beschlussweg ergangenen Eilanordnungen (Arrest, einstweilige Verfügung).

Eine **Kombination** der genannten Formulierungen kann erforderlich werden, wenn die Berufung nur teilweise Erfolg hat. Daneben gibt es zahlreiche **Sonderfälle**, auf die hier nicht im Einzelnen eingegangen werden kann. 468

Im Fall teilweise erfolgreicher Berufung beider Parteien kann der Tenor zum Beispiel lauten:
»Auf die Berufung des Klägers wird das Urteil des ...-gerichts vom ... unter Zurückweisung der Berufung im Übrigen und unter vollständiger Zurückweisung der Berufung des Beklagten teilweise abgeändert und wie folgt neu gefasst: ...«.

Entsprechendes gilt im Fall der Anschlussberufung. Besondere Tenorierungen können auch erforderlich werden, wenn die Partei nur mit einem neu geltend gemachten Streitgegenstand obsiegt oder wenn ein Teil des Streitgegenstands in der Berufung wegfällt (insbesondere durch teilweise Klagerücknahme, Erledigungserklärung oder Vergleich).

Hat der Kläger auf die Berufung des Beklagten hin einen Teil der Klage zurückgenommen und hat das Rechtsmittel im Übrigen Erfolg, muss im Tenor zum Ausdruck kommen, dass ein Teil der Abänderung nicht auf die Berufung hin erfolgt, sondern auf die Wirkungslosigkeit des Urteils kraft Gesetzes (§ 269 III 1), beispielsweise durch die Formulierung:
»Das Urteil des ...-gerichts vom ... ist wirkungslos, soweit der Beklagte zur Zahlung von mehr als ... verurteilt worden ist. Im Übrigen wird das Urteil unter Zurückweisung des weitergehenden Rechtsmittels abgeändert und wie folgt neu gefasst: ...«.

Hat der Kläger im Rahmen einer Anschlussberufung die Klage geändert und nur mit dem geänderten Antrag Erfolg, kommt folgende Formulierung in Betracht:
»Die Berufung des Beklagten gegen das Urteil des ...-gerichts vom ... wird zurückgewiesen. Auf die Anschlussberufung des Klägers wird das Urteil abgeändert und wie folgt neu gefasst: ...«.

(2) Entscheidung über die Kosten

Für die Kostenentscheidung kommt es darauf an, ob das Rechtsmittel erfolgreich oder erfolglos war. 469

Die Kosten eines erfolglosen Rechtsmittels hat nach **§ 97 I** grundsätzlich der Rechtsmittelführer zu tragen.

Da es sich hier um eine Ausnahme vom Grundsatz der einheitlichen Kostenentscheidung handelt, braucht keine einheitliche Quote aus allen Kosten des Rechtsstreits berechnet zu werden; möglich ist vielmehr eine Trennung in die Kosten erster und zweiter Instanz, so dass bei Aufrechterhaltung des erstinstanzlichen Urteils (einschließlich dessen Entscheidung über die Kosten erster Instanz) die Kostenentscheidung bei erfolglosem Rechtsmittel lauten kann: »Die Kosten der Berufung hat der Berufungskläger zu tragen.« Die Kosten erster Instanz fallen dem Berufungsführer schon nach dem aufrechterhaltenen erstinstanzlichen Urteil zur Last.

Trotz Erfolglosigkeit der Berufung kann das Berufungsgericht die erstinstanzliche Kostenentscheidung abändern, auch zum Nachteil des Berufungsklägers, weil insoweit das Verschlechterungsverbot aus § 528 S. 2 nicht gilt (BGH WM 81, 46; Rn. 81).

Ausnahmsweise hat die obsiegende Partei die Kosten der Berufung zu tragen, wenn sie auf Grund eines Vortrags gewinnt, der bereits in erste Instanz möglich gewesen wäre (**§ 97 II**).

Obsiegt der in erster Instanz unterlegene Kläger in der Berufung auf Grund eines erst jetzt benannten neuen Zeugen, so lautet die Kostenentscheidung: »Die Kosten des Rechtsstreits hat der Beklagte zu tragen. Hiervon ausgenommen sind die Kosten des Berufungsverfahrens; diese hat der Kläger zu tragen.« In Anbetracht der engen Voraussetzungen, unter denen solch neuer Vortrag möglich ist (§ 531 II), sind die Fälle des § 97 II praktisch selten geworden.

470 Bei erfolgreichem Rechtsmittel hat das angefochtene Urteil und damit auch die dort getroffene Kostenentscheidung keinen Bestand. Es reicht deswegen nicht aus, allein über die Kosten des Rechtsmittels zu entscheiden, erforderlich ist eine Entscheidung über die Kosten des Rechtsstreits beider Instanzen. Deren Verteilung richtet sich nach allgemeinen Grundsätzen, entscheidend ist das Unterliegen in der Hauptsache auf der Grundlage der Berufungsentscheidung (**§§ 91, 92**).

Probleme bereitet die nach § 92 vorzunehmende Kostenquotelung, wenn die Kostenstreitwerte in beiden Instanzen unterschiedlich waren, zum Beispiel, weil der Berufungskläger erstinstanzlich teilweise obsiegt oder er nur einen Teil seiner Beschwer angefochten hat. Um eine aufwändige gebührenbezogene Quotelung – bei der festgestellt werden muss, welche einzelnen Gebühren in den beiden Instanzen aus jeweils welchem Streitwert entstanden und inwieweit diese von welcher Partei zu tragen sind – zu vermeiden, lässt die Praxis auch hier eine Trennung zwischen den Kosten erster und zweiter Instanz (nach einer Zurückverweisung durch den BGH auch über die Kosten dritter Instanz) zu und ermöglicht so die einfachere streitwertbezogene Quotelung.

Hat das Landgericht dem Zahlung von 20.000,– € verlangenden Kläger 5.000,– € zugesprochen und erhöht das Oberlandesgericht diesen Betrag auf die Berufung des Klägers hin auf insgesamt 10.000,– €, so beträgt der Kostenstreitwert in erster Instanz 20.000,– €, in zweiter Instanz 15.000,– €. Davon hat der Kläger letztlich 10.000,– € nicht erhalten, so dass er von den Kosten erster Instanz ½, von den Kosten zweiter Instanz 2/3 zu tragen hat.

Einer Quotelung der Kosten bedarf es auch, wenn der Berufungskläger sein Rechtsmittel teilweise zurückgenommen und im Übrigen Erfolg hat.

Lässt sich eine Aussage über das Unterliegen nicht treffen, weil der Rechtsstreit 471
ohne Sachentscheidung an das erstinstanzliche Gericht **zurückverwiesen** wurde, muss auch die Kostenentscheidung diesem Gericht überlassen werden.

Die Kostenentscheidung lautet dann: »Dem erstinstanzlichen Gericht bleibt auch die Entscheidung über die Kosten der Berufung vorbehalten.«

Besonderheiten gelten für die Kostenentscheidung bei der **Anschlussberu-** 472
fung.

Verliert die Anschließung aufgrund einer Handlung des Berufungsklägers nachträglich ihre Wirkung, zum Beispiel, weil er die Berufung zurücknimmt oder durch verspätete Begründung unzulässig werden lässt, hat der Berufungskläger auch die Kosten der Anschließung zu tragen. Bleibt die Anschließung aufgrund eines Fehlers des Berufungsbeklagten ohne Sachentscheidung, zum Beispiel weil die Anschließung unzulässig ist oder an eine von Anfang an unzulässige Berufung erfolgte, fallen die Kosten der Anschließung dem Berufungsbeklagten zur Last. Dies gilt auch, wenn die Berufung nach der Anschließung nach § 522 II zurückgewiesen wird (*Pape*, NJW 03, 1150; Rn. 401, 519; a. A. *Ludwig*, MDR 03, 670). Ergeht eine Sachentscheidung über Berufung und Anschließung, so folgt die Kostenentscheidung den allgemeinen Regelungen (§§ 91 ff.), grundsätzlich durch Quotelung nach § 92 (*Finger* MDR 86, 881).

(3) Entscheidung über die vorläufige Vollstreckbarkeit

Unabhängig von Erfolg oder Misserfolg der Berufung in der Hauptsache be- 473
zieht sich die Entscheidung über die vorläufige Vollstreckbarkeit immer allein auf das Berufungsurteil selbst, eine Entscheidung über die Vollstreckbarkeit des erstinstanzlichen Urteils ergeht nicht mehr. Soweit das erstinstanzliche Urteil abgeändert oder aufgehoben wird, tritt auch seine Vollstreckbarkeitserklärung außer Kraft (§ 717 I), soweit es aufrechterhalten wird, erfolgt die Vollstreckung daraus nur noch nach Maßgabe der Vollstreckbarkeitsanordnung des Berufungsurteils.

Die Entscheidung zur vorläufigen Vollstreckbarkeit des Berufungsurteils folgt grundsätzlich den allgemeinen Bestimmungen der **§§ 708 ff.**

Besonderheiten ergeben sich daraus, dass Berufungsurteile in Arrest- und einstweiligen Verfügungssachen (§ 542 II 1) mit Verkündung rechtskräftig werden (BGH NJW 03, 69) und keiner vorläufigen Vollstreckbarkeit mehr bedürfen.

474 Nach **§ 708 Nr. 10** ist das Berufungsurteil eines Oberlandesgerichts ohne Sicherheitsleistung für vorläufig vollstreckbar zu erklären, weil die Wahrscheinlichkeit einer Abänderung des Urteils nur noch gering ist und **§ 717 III** Privilegierungen für den Fall der Aufhebung der vorläufigen Vollstreckbarkeit enthält. Streitig ist, ob dies entgegen dem Wortlaut der Norm auch für die Berufungsurteile der Landgerichte gilt.

Gestützt auf die Entstehungsgeschichte der Norm wird vertreten, die Nichtberücksichtigung landgerichtlicher Berufungsurteile in § 708 Nr. 10 beruhe auf einem gesetzgeberischen Versehen, nachdem mit der ZPO-Reform auch gegen diese die Revision möglich geworden sei (LG Landau NJW 02, 973; *Oberheim*, Reform des Zivilprozesses, S. 18). Die Gegenansicht stellt darauf ab, dass es mit § 717 II, III nach wie vor inhaltliche Unterschiede zwischen Berufungsurteilen von LG und OLG gibt (LG Bad Kreuznach NJW 03, 72; *Greger* NJW 02, 3052).

475 Von der nach § 711 erforderlichen Abwendungsbefugnis kann im Anwendungsbereich des § 26 Nr. 8 EGZPO – das heißt bei einem Wert des Beschwerdegegenstands unter 20.000,– € – nach **§ 713** abgesehen werden.

476 Einer Berechnung der Höhe einer Sicherheitsleistung nach § 709 oder § 711 bedarf es nicht mehr, wenn wegen einer Geldforderung vollstreckt wird. Ausreichend ist dann eine pauschale Koppelung an die Höhe des jeweils (§ 709) bzw. nach dem Urteil (§ 711) vollstreckbaren Betrages. Die konkrete Festsetzung der Sicherheitsleistung ist Aufgabe des Gerichtsvollziehers, sind die Parteien damit nicht einverstanden, stehen ihnen die vollstreckungsrechtlichen Rechtsbehelfe aus §§ 751 II, 766 offen.

Lässt das Urteil eine Nicht-Zahlungsvollstreckung zu, ist eine Berechnung der Sicherheitsleistung erforderlich. Diese hat dann die Hauptsache und die in beiden Instanzen angefallenen Kosten zu umfassen.

(4) Entscheidung über die Zulassung der Revision

477 Erforderlich ist auch eine Entscheidung über die **Zulassung der Revision**.

Diese hat nach § 543 II ZPO zu erfolgen, wenn die Sache grundsätzliche Bedeutung hat oder wenn die Fortbildung des Rechts oder die Sicherung einer einheitlichen Rechtsprechung eine Entscheidung des Revisionsgerichts erfordert. Sie kann auf abtrennbare Teile des Rechtsstreits beschränkt werden. In Bayern muss zusammen mit der Zulassung entschieden werden, ob die Revision vor dem BayObLG oder vor dem BGH durchzuführen ist (§ 7 I EGZPO).

Für die Zulassung ist ein fester Platz im Urteil nicht vorgeschrieben. Sie kann in den Gründen erfolgen, vorzuziehen ist die Aufnahme in den Tenor mit der Formulierung »Die Revision wird zugelassen / nicht zugelassen«. Erfolgt eine Entscheidung über die Zulassung oder Nichtzulassung nicht ausdrücklich, bedarf es keiner Urteilsergänzung (§ 319); vielmehr ist hiervon davon auszugehen, dass die Revision nicht zugelassen wurde.

Die Zulassung ist für die Parteien unanfechtbar und für das Revisionsgericht bindend. Gegen die Nichtzulassung ist die Beschwerde nach § 544 ZPO eröffnet, bis zum 31. 12. 2006 aber nur, wenn der Wert des Beschwerdegegenstands 20.000,– € übersteigt (§ 26 Nr. 8 EGZPO).

Einer **Festsetzung des Werts der Beschwer** bedarf es nach der Abschaffung der Wertrevision durch die ZPO-Reform 2002 nicht mehr. 478

Da für die Frage der Zulässigkeit einer Nichtzulassungsbeschwerde nach § 26 Nr. 8 EGZPO auf den Wert des Beschwerdegegenstands und nicht auf den des Werts der Beschwer abzustellen ist, ist eine Wertfestsetzung durch das Berufungsgericht auch im Hinblick darauf nicht mehr erforderlich (BGH NJW 02, 2720).

(5) Sonstiges

Früher vereinzelt gebräuchlich, prozessual aber nicht geboten und zukünftig 479
nur noch ganz ausnahmsweise möglich ist die Floskel »**Das Urteil ist rechtskräftig**«. Sie sollte grundsätzlich unterbleiben (BGHZ 109, 211).

Nach Ablauf der Übergangsfrist des § 26 Nr. 8 EGZPO zum 31. 12. 2006 sind (mit Ausnahme der Urteile in Arrest- und einstweiligen Verfügungssachen, § 542 II; BGH NJW 03, 69) alle Berufungsurteile mit der Revision oder der Nichtzulassungsbeschwerde angreifbar und werden nicht mehr mit der Verkündung rechtskräftig, so dass diese Floskel nur in seltenen Ausnahmefällen noch möglich ist.

Der Zusatz »**Von Rechts wegen**« ist bei Revisionsurteilen des Bundesgerichtshofs gebräuchlich, für Berufungsurteile ist er weder in der ZPO vorgesehen, noch üblich.

Eine **Rechtsmittelbelehrung** sieht die ZPO nicht vor, ob ein weiteres Rechts- 480
mittel statthaft ist, haben die Parteien eigenverantwortlich zu klären.

Dies unterscheidet den Zivilprozess von den meisten anderen Verfahrensordnungen, die eine Rechtsmittelbelehrung inzwischen zwingend vorsehen. Ausnahmsweise erforderlich ist eine Rechtsmittelbelehrung, wenn ein Bundesland von der Experimentierklausel des § 119 III GVG Gebrauch macht und durch Landesgesetz bestimmt, dass die Oberlandesgerichte für alle Berufungen zuständig sind (§ 119 IV GVG). Dies ist bislang aber weder geschehen noch beabsichtigt.

c) Sonderformen der Entscheidung

481 Wie das erstinstanzliche Gericht kann auch das Berufungsgericht ein **Grundurteil** erlassen, wenn der bei ihm anhängige Anspruch nach Grund und Betrag streitig ist (§ 304 I).

Das Betragsverfahren findet dann regelmäßig vor dem Berufungsgericht statt (§ 538 I), wenn nicht – ausnahmsweise – nach § 538 I Nr. 4 analog an die erste Instanz zurückverwiesen wird.

482 Möglich sind auch **Teilurteile**. Solche kommen nach § 301 in Betracht, wenn von mehreren in einer Klage geltend gemachten Ansprüchen nur einzelne zur Entscheidung reif sind.

d) Tatbestand und Entscheidungsgründe

483 § 540 S. 1 stellt klar, dass das Berufungsurteil Tatbestand und Entscheidungsgründe i. S. d. § 313 II, III nicht enthält. Damit entfällt auch die im erstinstanzlichen Urteil übliche mit den jeweiligen Überschriften versehene Untergliederung in diese beiden Begründungsteile. Berufungsurteile enthalten nur noch einheitliche »**Gründe**«, die aus einem tatsächlichen und einem rechtlichen Teil bestehen.

Möglich, prozessual aber nicht geboten ist eine erkennbare Untergliederung (I., II.). Insoweit entspricht der Aufbau dem von Beschwerdeentscheidungen.

Sinn des § 540 ist es, die Begründung von Berufungsurteilen möglichst kurz zu halten. Diese sollen keine Wiederholung der erstinstanzlichen Urteilsbegründung enthalten und müssen aus sich selbst heraus weder vollständig noch verständlich sein. Nur zusammen mit dem erstinstanzlichen Urteil machen sie deutlich, worauf die Entscheidung beruht.

484 Eines **Tatbestands** bedarf das Berufungsurteil nicht. Es enthält stattdessen eine Bezugnahme auf die tatsächlichen Feststellungen im angefochtenen Urteil mit Darstellung etwaiger Änderungen oder Ergänzungen.

Trotz der gebotenen Kürze muss das Urteil den Umfang der Rechtskraft noch erkennen lassen, insbesondere also den Streitgegenstand in tatsächlicher Hinsicht hinreichend konkretisieren. Nicht gefordert, für das Verständnis der Entscheidung aber förderlich ist eine kurze, nicht notwendig nach unstreitig/streitig gegliederte Zusammenfassung des Streitstoffs. Beides kann manchmal schon durch einen – gegebenenfalls auch erweiterten – **Einleitungssatz** geleistet werden.

Die **Bezugnahme** auf den Tatbestand des angefochtenen Urteils muss erkennen lassen, welcher erstinstanzliche Vortrag in der Berufungsinstanz aufrecht erhalten bzw. fallen gelassen wurde. Sie sollte deswegen möglichst konkret sein, doch lässt die Praxis durchweg auch pauschale Verweisungen »auf den Akteninhalt« oder »auf den Inhalt der gewechselten Schriftsätze« zu, ja selbst konkludente Verweisungen, von denen auszugehen ist, wenn Urteil und Sitzungsprotokoll nichts anderes erkennen lassen (BGH VersR 92, 1136).

Der vom erstinstanzlichen Gericht erstellte und vom Berufungsgericht in Bezug genommene Tatbestand behält damit seine Gültigkeit bis in die Revisionsinstanz, ist tatsächliche Grundlage für die Beurteilung des Rechtsstreits in allen Instanzen (§§ 529 I, 559).

Gänzlich auf den Tatbestand **verzichtet** werden kann, wenn gegen das Urteil kein Rechtsmittel möglich ist, das heißt weder die Revision noch die Nichtzulassungsbeschwerde (§ 313 a I). Dies ist nur noch bis zum Ablauf der Übergangsfrist in § 26 Nr. 8 EGZPO (derzeit bis zum 31. 12. 2006) der Fall, wenn der Wert der Beschwer 20.000,– € nicht übersteigt. Nach Auslaufen dieser befristeten Vorschrift ist die Nichtzulassungsbeschwerde (oder die Revision) gegen alle Berufungsurteile möglich.

Entbehrlich sind tatsächliche Feststellungen im Berufungsurteil auch dann, wenn die Parteien auf die Einlegung von Rechtsmitteln gegen das Urteil verzichtet haben (§ 313 a II); Rn. 489).

Darzustellen sind die Änderungen der tatsächlichen Feststellungen, die durch eine erneute Tatsachenfeststellung gemäß § 529 I Nr. 1 gedeckt sind, sowie die Ergänzungen, die durch den nach §§ 529 I Nr. 2, 531 II möglichen neuen Tatsachenvortrag eingetreten sind. **485**

Geänderte tatsächliche Feststellungen folgen aus einer wiederholt oder neu durchgeführten Beweisaufnahme, Ergänzungen aus neu vorgetragenen Angriffs- und Verteidigungsmitteln.

Erforderlich ist in Regel die Angabe der zweitinstanzlich gestellten **Anträge** sowie der für die Entscheidung relevanten **Prozessgeschichte**, insbesondere der für die Zulässigkeit der Berufung bedeutsamen Einzelumstände (Urteilszustellung, Eingang von Berufung und Begründung). Hat das Berufungsgericht selbst Beweis erhoben, muss das Ergebnis wiedergegeben werden, doch geschieht dies – wie in erster Instanz auch – regelmäßig durch Verweisung auf die entsprechenden Protokolle. Nicht erforderlich ist die Darstellung des bereits erstinstanzlich gehaltenen Parteivortrags, auch wenn dieser in zweiter Instanz wiederholt wird.

Für die Revisionsinstanz entfalten auch die Feststellungen nach § 540 Beweiskraft i. S. d. § 314 und unterliegen der Möglichkeit einer Tatbestandsberichtigung nach § 320. Diese wird aber seltener erforderlich werden als nach altem Recht.

Anstelle der **Entscheidungsgründe** im Sinne des § 313 III enthält das Berufungsurteil eine kurze Begründung für die Abänderung, Aufhebung oder Bestätigung der angefochtenen Entscheidung. **486**

Auch hier gilt zunächst, dass zutreffende und aufrecht erhaltene rechtliche Ausführungen des angefochtenen Urteils keiner Wiederholung bedürfen, sondern in Form einer (auch stillschweigenden) **Verweisung** einbezogen werden können. Dies kann bei Zurückweisung der Berufung bis hin zum völligen Verzicht auf eine eigene Begründung des Berufungsgerichts führen (»Bezugsurteil«), wenn dadurch das Vorbringen der Parteien in zweiter Instanz ausgeschöpft wird.

Wegen § 522 I 1 bedarf die **Zulässigkeit** der Berufung grundsätzlich der Darlegung, erschöpft sich aber häufig in einer bloßen Floskel (»Die Berufung ist zulässig, insbesondere an sich statthaft sowie frist- und formgerecht eingelegt und begründet«).

Im Rahmen der **Begründetheit** setzt sich das Berufungsurteil nicht mehr mit den denkbaren Anspruchsgrundlagen und den für diese erforderlichen Anspruchsvoraussetzungen auseinander, sondern mit der Frage, inwieweit diese im erstinstanzlichen Urteil möglicherweise unzutreffend dargestellt wurden. Ausgangspunkt der Darstellung werden dabei regelmäßig die mit der Berufung vorbrachten Gründe für die begehrte Abänderung sein. Klarzustellen ist deswegen, inwieweit eine Rechtsverletzung vorliegt oder die nach § 529 zugrunde zu legenden Tatsachen eine andere Entscheidung rechtfertigen.

Werden der Entscheidung neue Angriffs- und Verteidigungsmittel zugrunde gelegt, ist darzulegen, warum deren Berücksichtigung zulässig ist. Erfolgt eine Änderung des Streitstoffs durch Klageänderung, Widerklage oder Aufrechnung, bedarf es Ausführungen zu deren Zulassung. Ist eine Beweisaufnahme durchgeführt worden, so muss deren Ergebnis unter Verarbeitung des wesentlichen Beweisstoffs gewürdigt werden (BVerfGE 56, 46). Wird eine Rechtsverletzung angenommen, muss erkennbar werden, welche rechtliche Bewertung des Erstgerichts für falsch gehalten und durch welche andere rechtliche Bewertung sie ersetzt wird.

Diese Prinzipien gelten auch für die **Nebenforderungen** (Zinsen) und **Nebenentscheidungen** (Kosten, vorläufige Vollstreckbarkeit), doch sind die Anforderungen an die Begründung hier – wie schon in erster Instanz – deutlich niedriger. Die Entscheidung über die Nichtzulassung der Revision bedarf einer Begründung nur, wenn die Parteien zu den Voraussetzungen des § 543 II besonders vorgetragen haben, die Zulassung der Revision bedarf – weil nicht anfechtbar – nie einer Begründung.

Das Berufungsurteil ist damit aus sich selbst heraus häufig nicht mehr verständlich, sondern erschließt sich nur zusammen mit dem angefochtenen Urteil. Soll das Urteil veröffentlicht werden, ist deswegen häufig eine erweiterte Begründung sinnvoll.

Die neue Funktion der Berufung als Instrument der Fehlerkontrolle und -behebung zwingt nicht dazu, Ergebnis oder Ausführungen des erstinstanzlichen Gerichts herabzuwürdigen. Entscheidungserheblich für das Berufungsgericht ist nicht, dass der »Vorderrichter« »in völliger Verkennung der Sach- und Rechtslage«, »rechtsirrig« oder »unvertretbar« entschieden hat, es reicht regelmäßig völlig aus, dass die Auffassung des Berufungsgerichts darlegt wird, ohne dass eine Auseinandersetzung mit der des erstinstanzlichen Gerichts erfolgt. Dies entspricht nicht nur dem rechtsstaatlich wie sozial gebotenen Verhältnis der Instanzen zueinander, sondern auch dem Wesen des Urteils als staatlichem Hoheitsakt.

Ist schon der Tatbestand entbehrlich (Rn. 484, 489), können auch die Gründe wegfallen, wenn die Parteien auf sie verzichten oder das Gericht den wesentlichen Inhalt ins Protokoll aufnimmt (§ 313 a I 2). Für einen solchen Verzicht auf die Gründe kann sprechen, dass sich dann die Gebühr für das Berufungsurteil auf die Hälfte ermäßigt (Nr. 1225, 1227 KV).

e) Vereinfachtes Urteil

Ausnahmsweise kann das Berufungsurteil auch in vereinfachter Form ergehen. 487

Wird das Urteil im Termin zur mündlichen Verhandlung verkündet (sog. »Stuhlurteil«), so können die tatsächlichen Feststellungen und rechtlichen Begründungen auch ins **Protokoll** aufgenommen werden (§ 540 I 2).

Die Anwesenheit der Parteien ist dazu nicht erforderlich, so dass insoweit auch am Schluss der Sitzung verfahren werden kann. Bei Spruchkörperentscheidungen ist stets erforderlich, dass nicht bloß der Vorsitzende, sondern das Kollegium von dieser Erleichterung Gebrauch machen will und die ins Protokoll aufzunehmenden Sätze formuliert oder zumindest gebilligt hat.

Keiner tatsächlichen Feststellungen und rechtlichen Begründungen bedürfen 488 **Versäumnisurteile** (Rn. 429), **Anerkenntnisurteile** und **Verzichtsurteile** (§§ 540 II 1, 313 b). Diese Urteile sind im Urteilseingang (Überschrift) als solche zu bezeichnen und können weitere Formerleichterungen aufweisen (§ 313 b II).

Das Urteil kann auf die Klageschrift gesetzt und auch so ausgefertigt werden, die Namen der Richter, die Bezeichnung der Parteien und ihrer Prozessbevollmächtigten können fehlen, an die Stelle des Tenors kann eine Bezugnahme auf den Klageantrag treten. Die Formerleichterungen greifen nicht für Versäumnis- oder Anerkenntnisurteile, die im Ausland geltend gemacht werden sollen (§ 313 b III).

Tatbestand und Entscheidungsgründe können aufgrund eines **Verzichts der** 489 **Parteien** entbehrlich werden (§§ 540, 313 a).

Die Möglichkeit, den Tatbestand wegzulassen, weil ein Rechtsmittel gegen das Urteil unzweifelhaft nicht zulässig ist (§ 313 a I 1) besteht nur, solange die Übergangsregelung des § 26 Nr. 8 EGZPO noch gilt (derzeit bis 31. 12. 2006). Dies macht die Einlegung einer Nichtzulassungsbeschwerde gegen ein Berufungsurteil vom Erreichen eines Beschwerdewerts von mehr als 20.000,– € abhängig. Liegt der Wert der Beschwer der Parteien darunter und ist die Revision nicht zugelassen, so ist ein Rechtsmittel nicht zulässig, der Tatbestand kann dann vollständig entfallen. In diesem Fall bedarf es auch keiner rechtlichen Begründung, wenn beide Parteien hierauf verzichten oder ihr wesentlicher Inhalt ins Protokoll aufgenommen worden ist (§ 313 a I 2). Für einen solchen Verzicht auf die

Begründung sprechen kostenrechtliche Überlegungen, da das ohne Begründung ergehende Berufungsurteil nur 1,5 statt sonst 3 Gerichtsgebühren auslöst (Nr. 1227 KV).

Auch nach Ablauf der Übergangsfrist des § 26 Nr. 8 EGZPO sind Tatbestand und Entscheidungsgründe entbehrlich, wenn die Parteien auf die Einlegung von Rechtsmitteln (Revision, Nichtzulassungsbeschwerde) verzichten (§ 313 a II). Der Verzicht ist dabei nur von der Partei erforderlich, für die ein Rechtsmittel möglich wäre. Diese Erleichterungen gelten nicht in Familiensachen und wenn das Urteil im Ausland geltend gemacht werden soll.

Der Verzicht nach § 313 a I bezieht sich auf die Begründung des Urteils, der Verzicht nach § 313 a II auf die Einlegung des Rechtsmittels (§ 515). In beiden Fällen handelt es sich um bedingungsfeindliche, unwiderrufliche Prozesshandlungen. Streitig ist, ob der eine Verzicht in den anderen umgedeutet werden kann (OLG Braunschweig MDR 01, 1009 m. Anm. *Schneider;* oben Rn. 59), im Zweifelsfall sollte der Inhalt des Verzichts eindeutig klargestellt werden.

IX. Vorbereitung der Revision

490 Bereits im Berufungsverfahren sollte die mögliche spätere Anfechtung des Berufungsurteils mit der Revision bedacht werden, sei es dass diese für die eigene Partei **ermöglicht**, sei es, dass sie für gegnerische Partei **ausgeschlossen** werden soll.

In erster Linie dient dazu der Vortrag von Tatsachen zu den Voraussetzungen einer Revisionszulassung (§ 543 II, Rn. 313). Häufig können die Parteien zum Beispiel die grundsätzliche Bedeutung einer Rechtsfrage besser beurteilen, als das Gericht. Lässt das Berufungsgericht eine Revision zu, ist das Revisionsgericht daran gebunden, die Revision in jedem Fall zulässig; ob sie durchgeführt wird, bleibt der Entscheidung der Parteien vorbehalten. Ist die Revision nicht zugelassen, bleibt nur die Möglichkeit einer Beschwerde (»Nichtzulassungsbeschwerde«, § 544).

Da die Nichtzulassungsbeschwerde in der bislang bis zum 31. 12. 2006 befristeten Übergangszeit erst ab einer Beschwer von mehr als 20.000,– € statthaft ist (§ 26 Nr. 8 EGZPO), kann es zudem erforderlich sein, den Streitwert des erstinstanzlichen oder des Berufungsverfahrens im Hinblick darauf zu gestalten. Liegt die Beschwer im Grenzbereich, kann sie durch Beschränkung des Werts des Beschwerdegegenstands bei Einlegung der Berufung reduziert oder durch Erweiterung um weitere Ansprüche erhöht werden.

491 **Statistisch** ist die Einlegung einer Revision oder die Erhebung der Nichtzulassungsbeschwerde nur wenig erfolgversprechend.

Von den im Jahr 2002 eingelegten Nichtzulassungsbeschwerden führten nur rund 7% zu einem Revisionsverfahren, 93% waren erfolglos. Trotz der durch die ZPO-Reform geschaffenen neuen Möglichkeiten des Zugangs zum BGH ist die Zahl der dort eingelegten Revisionen und Nichtzulassungsbeschwerden nur gering (gegenüber dem Höchststand aus dem Jahr 2000 um etwa 3,5%) gestiegen. Grund hierfür ist unter anderem auch die restriktive Handhabung der Zulassungsvoraussetzungen (§ 543 II; *Wenzel* NJW 02, 3353; *Nasall* NJW 03, 1345). Hierdurch konnte auch unter Geltung des neuen Rechts die bisherige durchschnittliche Verfahrensdauer in der Revisionsinstanz weitgehend gehalten werden. Rund 2/3 aller Revisionsverfahren sind innerhalb von zwölf Monaten erledigt.

Die Durchführung des Revisionsverfahrens unter Einschluss der Einlegung **492**
von Revision oder Nichtzulassungsbeschwerde ist den beim BGH zugelassenen Rechtsanwälten vorbehalten. Einer Darstellung der dabei einzuhaltenden Voraussetzungen (*Büttner* MDR 01, 1201) bedarf es deswegen vorliegend nicht.

Kommt es zu einem Verfahren vor dem BGH, können den **Berufungsbevollmächtigten Aufgaben** der Revisionsinstanz auch dann treffen, wenn er beim BGH nicht zugelassen ist.

Ohne besonderen Gebührenanspruch gehören zur zweitinstanzlichen Tätigkeit (§ 37 BRAGO) insbesondere die Erörterung von Anfechtungsmöglichkeiten mit dem Mandanten, die Berichtigung oder Ergänzung des Berufungsurteils (§§ 319 ff.) und die Entgegennahme und Weiterleitung von Zustellungen der Revisionsschrift bzw. -begründung.

An Bedeutung verloren hat die nach altem Recht noch wichtige Tatbestandsberichtigung (§ 320). Zwar ist tatsächliche Grundlage des Revisionsverfahrens nach wie vor dasjenige Vorbringen, das aus dem Berufungsurteil ersichtlich ist. Nach § 540 I Nr. 1 enthält das Berufungsurteil aber keinen eigenständigen Tatbestand mehr, sondern anstelle dessen eine Bezugnahme auf die tatsächlichen Feststellungen im angefochtenen Urteil. Nur soweit das Berufungsgericht darüber hinaus eigene Änderungen oder Ergänzungen wiedergegeben hat, liegt beurkundetes Parteivorbringen vor, das nach § 320 abgeändert werden kann (Zöller/*Vollkommer* § 320 Rn. 5). Ansonsten wird auch für die Revision das im Tatbestand des erstinstanzlichen Urteils festgehaltene Vorbringen zugrunde gelegt.

Dritter Teil:
Die Tätigkeit des Anwalts für den Berufungsbeklagten

I. Berufungserwiderung

Nachdem dem Berufungsbeklagten die Berufungsschrift und die Berufungsbegründung zugestellt wurden (§ 521 I), ist es an ihm, auf die Berufung zu erwidern (§ 521 II). Zum Verfahrensablauf oben Rn. 393, Schaubild 6. 493

1. Möglichkeiten

Die Möglichkeiten des Beklagten, auf die Berufung zu reagieren, sind vielfältig. 494

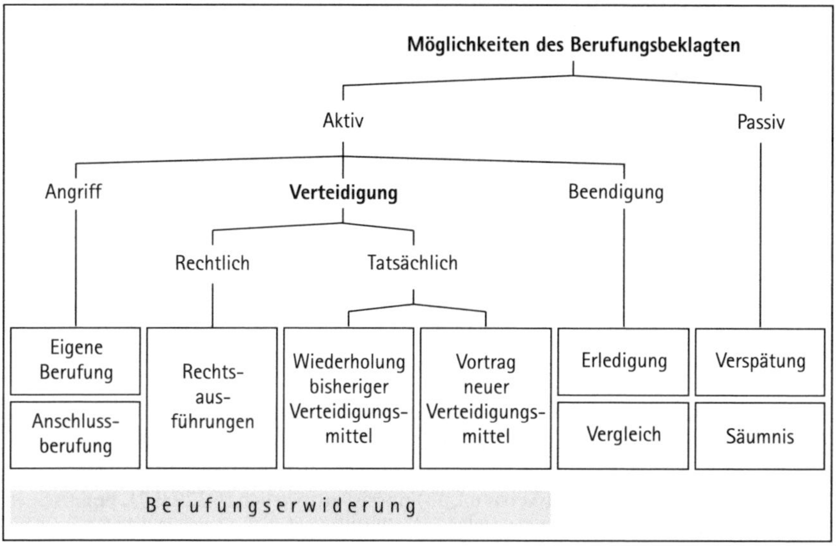

Schaubild 9: Möglichkeiten des Berufungsbeklagten

Neben der bloßen Untätigkeit, die Verspätungs- oder Säumnisfolgen zu seinen Lasten auslöst (§§ 530, 539; oben Rn. 369, 425), kann er im Zusammenwirken mit dem Berufungsführer den Rechtsstreit durch Erklärung beenden (Erledigungserklärung, Vergleich; oben Rn. 445, 457).

Im Regelfall wird der Berufungsbeklagte sich verteidigen, was er (ohne jede Einschränkung) mit Rechtsausführungen (Rn. 501) oder (im Rahmen der

§§ 529 ff., oben Rn. 338, 350, 365) mit dem Vortrag von Angriffs- und Verteidigungsmitteln tun kann (Rn. 503 f.).

Darüber hinaus kann der Berufungsbeklagte das erstinstanzliche Urteil seinerseits anfechten, sei es durch eigene Berufung, sei es durch Anschluss an die Berufung des Gegners (unten Rn. 505 ff.).

2. Erwiderungsschrift

495 Eine Erwiderung auf die Berufung durch den Berufungsbeklagten ist prozessual nicht zwingend, aber sachlich grundsätzlich geboten.

Auch ohne Berufungserwiderung kann das Gericht über die Fehlerhaftigkeit des angefochtenen Urteils entscheiden. Ist die Berufung unzulässig oder schon aufgrund der Berufungsbegründung erkennbar aussichtslos, kommt eine Beschlussentscheidung vor Einreichung der Berufungserwiderung in Betracht.

Mit der Berufungserwiderung macht der Berufungsbeklagte von seinem Anspruch auf rechtliches Gehör Gebrauch, kann seine Rechtsansichten vortragen, bringt seine Angriffs- und Verteidigungsmittel vor und hat die Möglichkeit, den Umfang des Berufungsverfahrens durch eigene Anträge zu gestalten (BGH NJW 81, 1378). Wie die Klageerwiderung ist auch die Berufungserwiderung konkrete Ausprägung der Prozessförderungspflicht, dient der Straffung des Prozesses und soll die Entscheidung in einem Haupttermin ermöglichen (§§ 525 S. 1, 272 I, 273).

496 Eine **Frist** zur Berufungserwiderung ist nicht gesetzlich vorgeschrieben. § 521 II 1 erlaubt es dem Gericht, eine Frist zu setzen, was regelmäßig geschieht.

Für die Fristsetzung ist – anders als für die Setzung der Frist zur Klageerwiderung – nur der Vorsitzende oder der komplette Spruchkörper zuständig, nicht der Berichterstatter. Eine ordnungsgemäße Fristsetzung muss unterschrieben sein, eine bloße Paraphe des Richters genügt nicht (BGH VersR 83, 33) und ist zuzustellen (§ 329 II 2). Praktisch erfolgt dies zusammen mit der Zustellung der Berufungsbegründung (§ 521 I).

Die Dauer der Frist beträgt mindestens zwei Wochen (§ 277 III), wird aber insbesondere vor dem Oberlandesgericht und in nicht erkennbar unkomplizierten Fällen zur Wahrung der Waffengleichheit regelmäßig einen Monat betragen.

Für die Frist gelten die §§ 221 ff. Die Frist beginnt mit Zustellung der Fristsetzung und wird nach §§ 187 ff. BGB berechnet (oben Rn. 190). Eine – auch wiederholte – Verlängerung ist möglich. Zu beachten ist allerdings, dass eine solche Fristverlängerung nur die Berufungserwiderung, nicht auch die Möglichkeit zur Einlegung einer Anschlussberufung betrifft; die Frist hierzu (§ 524 II 2) kann nicht verlängert werden (unten Rn. 514).

Ist die Frist versäumt, können Angriffs- und Verteidigungsmittel des Berufungsbeklagten nur zugelassen werden, wenn er die Verspätung genügend entschuldigt hat oder wenn deren Zulassung die Erledigung des Rechtsstreits nicht verzögern würde (§§ 530, 296 I; Rn. 371). Eine Wiedereinsetzung in den vorigen Stand ist nicht möglich.

Wird eine Frist ausnahmsweise nicht gesetzt, muss die Erwiderung so zeitig vor der mündlichen Verhandlung eingereicht werden, dass der Gegner die erforderlichen Erkundigungen noch einziehen kann (§ 282 II). Eine verspätete Berufungserwiderung unterfällt dann §§ 525, 296 II.

Auch für die **Form** der Berufungserwiderung existieren zwingende gesetzliche Vorgaben nicht. Insoweit enthält § 521 II 2 eine Verweisung auf § 277, im Übrigen gelten die Regeln für Schriftsätze im Allgemeinen (§ 130). Die Erwiderungsschrift muss damit insbesondere die Parteien bezeichnen, einen Antrag und eine Begründung enthalten und von einem zugelassenen Rechtsanwalt unterschrieben sein. **497**

Die nach § 130 Nr. 1 erforderliche Bezeichnung von Parteien und Gericht kann in abgekürzter Form erfolgen. Es reicht aus, dass der Schriftsatz dem richtigen Verfahren zugeordnet werden kann, wofür regelmäßig ein Kurzrubrum, die Angabe des Gerichts und das Aktenzeichen genügen. Wegen der Anforderungen an die Schriftform kann auf die Ausführungen zur Berufung und Berufungsbegründung verwiesen werden (oben Rn. 214, 279).

Eine Äußerung dazu, ob einer Entscheidung der Sache durch den Einzelrichter Gründe entgegenstehen (§ 277 I 2) ist möglich, aber nicht erforderlich (oben Rn. 236).

Der **Antrag** des Berufungsbeklagten lautet regelmäßig auf »Zurückweisung der Berufung«. **498**

Hält der Berufungsbeklagte die Berufung für unzulässig, hat er »Verwerfung« der Berufung zu beantragen. Liegen die Voraussetzungen des § 538 II vor und will der Berufungsbeklagte eine Zurückverweisung in die erste Instanz, lautet der Antrag auf »Aufhebung und Zurückverweisung« (oben Rn. 312). Hinzu kommen können – wie beim Berufungskläger auch – Anträge zur Prozesskostenhilfe, Zwangsvollstreckung oder (hilfsweisen) Zulassung der Revision (oben Rn. 158, 250, 313).

Hat der Berufungskläger mit der Berufung durch Klageerweiterung oder Widerklage einen neuen Streitgegenstand eingeführt, so reicht auch insoweit der Antrag, die Berufung zurückzuweisen. Ein zusätzlicher Antrag auf »Klageabweisung« insoweit schadet nicht.

Inhaltlich hat der Berufungsbeklagte in der Berufungserwiderung seine Verteidigungsmittel vorzubringen, soweit es nach der Prozesslage einer sorgfältigen und auf Förderung des Verfahrens bedachten Prozessführung entspricht. Dabei gilt § 520 III nicht, der Berufungsbeklagte ist auf die dort genannten Be- **499**

rufungsgründe nicht beschränkt, er kann zu dem Vorbringen des Berufungsklägers in der Berufungsbegründung Stellung nehmen oder unabhängig davon neues Vorbringen in den Rechtsstreit einführen (BGH NJW 81, 1378).

Die Prozesslage zu Beginn der zweiten Instanz erlaubt und gebietet es regelmäßig, die gesamte Verteidigung in der Berufungserwiderung vorzubringen. Weitere Schriftsätze, wie sie in erster Instanz regelmäßig folgen, sind hier eher die Ausnahme und müssen sich an §§ 530, 296 I messen lassen.

Formal ist es empfehlenswert, sich an die Berufungsbegründung anzulehnen. Mit dieser wird der Gegenstand zweiter Instanz bezeichnet und zusammengefasst. Die Berufungserwiderung muss sich deswegen weder mit dem gesamten erstinstanzlichen Prozessstoff noch mit dem gesamten angefochtenen Urteil auseinandersetzen, sondern kann sich grundsätzlich auf eine Auseinandersetzung mit den vom Gegner geltend gemachte Berufungsgründen beschränken. Sind diese in der Berufungsbegründung in irgendeiner Form gegliedert, empfiehlt es sich, diese Gliederung im Interesse einer einheitlichen Strukturierung des Berufungsstoffs zu übernehmen. Dies dient auch der Selbstkontrolle und der Vollständigkeit der Erwiderung.

3. Verteidigung

500 Kommt es dem Berufungsbeklagten nur darauf an, eine Abänderung des angefochtenen Urteils zu verhindern, so genügt es, sich gegen die Berufung zu verteidigen. Je nach Lage des Falles kommen dazu Rechtsausführungen, eine Wiederholung des erstinstanzlichen Vorbringens oder der Vortrag neuer Verteidigungsmittel in Betracht.

501 Stehen Rechtsfragen im Vordergrund, wird Schwerpunkt der Berufungserwiderung der Vortrag von **Rechtsansichten** sein.

In Betracht kommt dies, wenn der Berufungskläger sich auf den Berufungsgrund der Rechtsverletzung gestützt hat. Aber auch im Rahmen der Berufungsgründe aus §§ 529 I Nr. 1, Nr. 2 i. V. m. 531 II können Rechtsfragen eine Rolle spielen.

502 Häufige Prozesstaktik des Berufungsbeklagten ist dabei die **Verteidigung des angefochtenen Urteils**. Sie verlangt keine aufwändigen eigenen Überlegungen, ist regelmäßig nicht abwegig, weil sie bereits von einem Gericht geteilt wurde und ist in vielen Fällen sachlich erfolgversprechend. Erforderlich ist sie indes nicht. Das Berufungsgericht kennt das angefochtene Urteil und wird sich mit dessen Argumenten auch dann auseinandersetzen, wenn eine »Verteidigung« durch den Berufungsbeklagten nicht erfolgt.

Die Gefahr einer solchen Vorgehensweise liegt darin, dass relevante Argumente des Gegners übergangen, Entwicklungen des Rechtsstreits über den erstinstanzlichen Ansatz hinaus übersehen werden. Vorzuziehen ist deswegen eine eigenständige argumentative Auseinandersetzung mit der Berufungsbegründung.

Streiten die Parteien um Tatsachen, genügt in vielen Fällen eine **Wiederholung und Vertiefung des erstinstanzlichen Vorbringens**. Dies hat bereits erstinstanzlich für den Prozesserfolg genügt und reicht häufig auch für die Berufung. 503

Zum alten Recht wurde vertreten, dies sei nicht erforderlich, weil mit der Wiederholung des Antrags aus erster Instanz auch das Vorbringen erster Instanz wiederholt, konkludent in Bezug genommen werde (BVerfG NJW 00, 131). Dies galt insbesondere auch für Vorbringen, das vom erstinstanzlichen Gericht für unerheblich gehalten worden war (KG NJW 90, 844). Ob dies mit der Neufassung der §§ 529 I, 531 II so aufrecht zu erhalten werden kann, bleibt abzuwarten. Eine ausdrückliche Bezugnahme auf das eigene erstinstanzliche Vorbringen ist zur Wahrung anwaltlicher Sorgfalt stets anzuraten.

Wird die Verteidigung auf eine solche Wiederholung beschränkt, bedarf sorgfältiger Prüfung, ob damit das Vorbringen des Berufungsklägers in vollem Umfang abgedeckt ist. Dies ist regelmäßig dann nicht der Fall, wenn dieser seine Berufung auf neue Angriffs- und Verteidigungsmittel gestützt hat (§ 529 I Nr. 1).

Möglich ist schließlich das Vorbringen **neuer Angriffs- und Verteidigungsmittel**. Deren Zulässigkeit ist zwar – wie das neue Vorbringen des Berufungsklägers auch – grundsätzlich an § 531 II zu messen, doch stellt diese Vorschrift für den Berufungsbeklagten meist keine ernsthafte Hürde dar. 504

Nach § 531 II Nr. 1 sind neue Verteidigungsmittel zuzulassen, wenn sie einen Gesichtspunkt betreffen, der vom Gerichts des ersten Rechtszugs für unerheblich gehalten wurde. Da das erstinstanzliche Vorbringen des Berufungsbeklagten bereits für seinen Prozesserfolg ausgereicht hat, war jedes weitere Vorbringen aus der Sicht des erstinstanzlichen Gerichts unerheblich. Wird es in der Berufung jetzt neu vorgetragen und ist es aus der Sicht der Berufungsgerichts erheblich, so muss es zugelassen werden.

Hierzu gehört auch die nach § 137 II erforderliche Erklärung zu den neuen Angriffs- und Verteidigungsmitteln des Berufungsklägers. Sind die vom Gegner behaupteten Tatsachen unwahr, müssen sie **bestritten** werden, soll nicht die Geständnisfiktion des § 138 III greifen.

Besondere Bedeutung kommt diesem Bestreiten zu, weil unstreitige Tatsachen einer in der Literatur verbreitet vertretenen Auffassung in zweiter Instanz auch dann zu berücksichtigen sind, wenn die Voraussetzungen des § 531 II nicht vorliegen (oben Rn. 377).

4. Gegenangriff

505 Das Berufungsgericht ist bei seiner Prüfung und Entscheidung an die Berufungsanträge gebunden, darf eine Abänderung also nur insoweit vornehmen, als diese beantragt ist (§ 528). Hat allein der Berufungskläger einen Sachantrag gestellt, so kommt eine Abänderung nur zu seinen Gunsten, nicht auch zu seinen Ungunsten in Betracht (Verbot der reformatio in peius, Rn. 80). Für den Berufungsbeklagten kann die zweite Instanz deswegen zunächst nur Verschlechterungen seiner Rechtsposition bringen. Will er eine **Abänderung auch zu seinen Gunsten** ermöglichen, so muss er einen eigenen Antrag auf Abänderung des Urteils stellen. Dies kann er entweder im Rahmen einer eigenen Berufung oder im Rahmen der vom Gegner bereits eingelegten Berufung tun, indem er sich dieser anschließt.

Für einen solchen Gegenangriff des Berufungsbeklagten spricht nicht nur die Möglichkeit, damit eine Abänderung zu eigenen Gunsten zu erreichen. Mit dem Gegenangriff wird das Rechtsmittel für den Berufungskläger zu einem Risiko, das ihn möglicherweise zu einer Rücknahme veranlasst. Zumindest aber wird die Position des Berufungsbeklagten für eventuelle Vergleichsverhandlungen besser, weil er eine eigene Dispositionsmasse erhält.

Auf der anderen Seite ist ein Gegenangriff regelmäßig mit einem zusätzlichen Kostenrisiko für den Berufungsbeklagten verbunden. Durch den Gegenangriff erhöht sich der Kostenstreitwert zweiter Instanz, bleibt er erfolglos, entfällt auf den Berufungsbeklagten hieraus eine Kotenquote (§§ 97, 92).

506 Eines Gegenangriffs durch eigene Berufung oder Anschlussberufung bedarf es grundsätzlich, wenn die Abänderung des angefochtenen Urteils über die vom Berufungskläger gestellten Anträge hinaus erfolgen soll, wenn der **Streitgegenstand** zweiter Instanz über den vom Berufungskläger bestimmten Umfang hinaus erweitert werden soll. Eine solche Erweiterung kann im Rahmen von Klage oder Widerklage erfolgen, sie kann sich auf Punkte erstrecken, die bereits erstinstanzlich Verfahrensgegenstand waren oder die neu ins Verfahren eingeführt werden.

Ist der Kläger, der erstinstanzlich im Rahmen objektiver **Klagehäufung** (§ 260) mehrere Anträge nebeneinander verfolgte, mit einem Antrag unterlegen und hat zunächst nur der Beklagte Berufung gegen den Stattgabe der übrigen Anträge eingelegt, so kann der Kläger im Wege des Gegenangriffs seinen erstinstanzlich abgewiesenen Antrag in der Berufung weiter verfolgen.

Besondere Bedeutung hat dies für den Fall, dass einer der Anträge erstinstanzlich nur hilfsweise gestellt war. Hat der Beklagte gegen seine Verurteilung aus dem Hauptantrag Berufung eingelegt, so wird in zweiter Instanz nur über den Hauptantrag verhandelt und entschieden. Will der Kläger für den Fall seines Unterliegens Verurteilung wenigstens aus dem **Hilfsantrag**, so muss er diesen im Wege der Anschlussberufung ins Berufungsverfahren einführen (Rn. 293).

Der Kläger kann auf die Berufung des Beklagten hin seine **Klage erweitern** und einen Streitgegenstand neu geltend machen, der bisher nicht eingeklagt war. Dies gilt in erster Linie für die Fälle des § 264, die das Gesetz nicht den allgemeinen Regeln über die Klageänderung unterstellt und die deswegen auch ohne Zustimmung des Gegners bzw. Bejahung der Sachdienlichkeit durch das Gericht (§§ 263, 533 Nr. 1) zulässig sind (in zweiter Instanz aber der Einschränkung des § 533 Nr. 2, Rn. 507) unterliegen. Denkbar ist aber auch eine nicht der Privilegierung des § 264 unterfallende Erweiterung des Klagegrunds.

Der Beklagte und Berufungsbeklagte kann in zweiter Instanz eine erstinstanzlich erhobene Widerklage erweitern oder eine bislang nicht realisierte **Widerklage** neu erheben.

Nicht erforderlich (aber zulässig) ist ein Gegenangriff, wenn der erstinstanzliche Antrag lediglich berichtigt wird (dies hat der BGH auch angenommen bei Umstellung des Klageantrags auf Leistung an einen Zessionar, BGH MDR 78, 398) oder wenn die Kostenentscheidung geändert werden soll. Nicht erforderlich ist ein Gegenangriff auch, wenn der Beklagte in zweiter Instanz einen neuen Aufrechnungsanspruch einführen will, da das damit verbundene Prozessziel (Klageabweisung) nicht über die bereits gestellten Anträge hinausgeht (zu den Erfordernissen aus § 533 unten Rn. 507).

Nicht möglich ist grundsätzlich die Parteierweiterung (Rn. 147); dies gilt auch für die Anschlussberufung (BGH NJW 89, 441; BLAH/*Albers* § 524 Rn. 9). Nicht mit einem Gegenangriff verfolgt werden können auch Ansprüche, die noch unentschieden in erster Instanz anhängig sind.

Auch im Rahmen einer selbstständigen Berufung oder Anschlussberufung des **507**
Berufungsbeklagten können Klageänderung, Aufrechnung und Widerklage nur unter den Voraussetzungen des **§ 533** geltend gemacht werden, sind also nur möglich, wenn der Gegner einwilligt oder das Gericht sie für sachdienlich hält und dazu keine, der Berufung nicht ohnehin zugrundezulegende Tatsachen erforderlich sind (Rn. 367).

Weil die Berufung sich auf die Kontrolle des erstinstanzlichen Urteils und eine Beseitigung dort vorliegender Fehler beschränkt, und zudem eine Prozessverschleppung verhindert werden muss, ist eine Änderung des Streitstoffs in zweiter Instanz nur ausnahmsweise möglich, unabhängig davon, ob sie vom Berufungskläger oder vom Berufungsbeklagten vorgenommen wird. Soweit der Berufungsbeklagte lediglich Streitgegenstände in die Berufungsinstanz einbringt, die bereits Gegenstand der ersten Instanz waren, stellt § 533 regelmäßig keine ernsthafte Hürde dar.

Obwohl an sich nur unselbständiges Verteidigungs- (oder, wenn vom Kläger bei der negativen Feststellungs- oder der Vollstreckungsabwehrklage vorgebracht, Angriffs-)mittel (BGH NJW 84, 1964), ist die **Aufrechnung** den selbstständigen Angriffen bzw. Verteidigungen gleichgestellt, weil sie wie diese zu einer Erweiterung des Streitstoffs führt.

508 Zwischen eigenständiger Berufung und Anschlussberufung gibt es eine Reihe von **Unterschieden**. Als Alternative zu beiden kommt manchmal auch eine neue Klage in Betracht.

Anders als die Berufung kann die Anschließung auch schon erfolgen, wenn der Wert des Beschwerdegegenstands 600,– € nicht erreicht. Mit der Anschließung muss auch nicht zwingend die Beseitigung der erstinstanzlichen Beschwer erstrebt werden, die Beschränkung auf den neuen Anspruch ist ausreichend (dazu oben Rn. 297).

Die Frist für die Einlegung von Berufung und Anschlussberufung ist mit einem Monat identisch, beginnt für die Berufung aber schon mit Zustellung des Urteils, für die Anschlussberufung erst mit Zustellung der Berufungsbegründung (§ 524 II 2). Hat der Berufungsbeklagte auf die Einlegung eines eigenen Rechtsmittels verzichtet, steht dies zwar einer Berufung, nicht aber einer Anschlussberufung entgegen (§ 524 II 1).

Während die Berufung immer selbstständig ist, eine Entscheidung über sie unabhängig vom Schicksal des gegnerischen Rechtsmittels ergeht, ist die Anschließung nur unselbstständig. Wird die Berufung vom Gegner zurückgenommen (§ 516) oder vom Gericht verworfen (§ 522 I) bzw. durch Beschluss zurückgewiesen (§ 522 II), so verliert auch die Anschließung ihre Wirkung (§ 524 IV, Rn. 518)

Erfolgt die Erweiterung des Streitstoffs ausdrücklich im Rahmen einer selbstständigen Berufung, die sich als unzulässig erweist, ist diese in ein Anschlussberufung umzudeuten, wenn deren Voraussetzungen vorliegen.

Wegen des mit der Anschlussberufung verbundenen Risikos (der Berufungsbeklagte hat die Kosten zu tragen, wenn die Berufung nach § 522 I zurückgewiesen wird, oben Rn. 472, 518), ist für den Berufungsbeklagten stets zu überlegen, ob eine Gegenforderung nicht besser in einem eigenständigen Prozess geltend gemacht wird. Stets erforderlich ist eine solch neue Klage, wenn die Erweiterung des Streitgegenstands erst nach Ablauf der Anschlussfrist geltend gemacht werden soll.

a) Selbstständige Berufung

509 Ist auch der Berufungsbeklagte aus dem erstinstanzlichen Urteil beschwert, so kann er – unabhängig von der Berufung des Gegners – seinerseits eine eigene Berufung einlegen.

Wie alle Prozesshandlungen ist auch die selbstständige Berufung nicht von der korrekten Bezeichnung abhängig. Stellt der Berufungsbeklagte vor Ablauf der eigenen Berufungsfrist einen eigenen Sachantrag, bezüglich dessen auch die übrigen Zulässigkeitsvoraussetzungen einer Berufung erfüllt sind, handelt es sich auch dann um eine selbstständige Berufung, wenn die Erklärung lediglich als »Anschlussberufung« bezeichnet ist (*Heiderhoff* NJW 02, 1402).

In diesem Fall wird der Berufungsbeklagte seinerseits zum **Berufungskläger**, Insoweit gelten deswegen die im zweiten Teil gemachten Ausführungen in vollem Umfang.

Die Berufung muss zulässig sein. Insbesondere muss der Berufungsbeklagte hinreichend beschwert oder die Berufung für ihn zugelassen sein, Einlegung und Begründung müssen form- und fristgerecht erfolgen und einen Berufungsgrund ausfüllen.

Beide Rechtsmittel werden im selben Verfahren, inhaltlich aber unabhängig **510**
voneinander **selbstständig** auf ihre Zulässigkeit und Begründetheit geprüft.

Es entstehen – ähnlich wie bei Klage und Widerklage – zwei Prozessrechtsverhältnisse. Erweist sich eine Berufung als (un-)zulässig oder (un-)begründet, kommt dem für die andere Berufung grundsätzlich keine Bedeutung zu. Ohne dass ein besonderer Verbindungsbeschluss (§ 147) erforderlich ist, werden beide Berufungen in einem Verfahren verhandelt, entschieden wird über sie (wenn keine Teilurteile ergehen) in einem Urteil. Zu den Besonderheiten der dabei erforderlichen Tenorierung oben Rn. 297.

Da das Urteil jetzt auch in dem den Berufungskläger begünstigenden Teil angefochten ist, kann es auch zu dessen Nachteil abgeändert werden (§ 528 S. 2).

b) Anschlussberufung

Konnte oder wollte der Berufungsbeklagte die für ihn im erstinstanzlichen Ur- **511**
teil enthaltene Beschwer zunächst nicht durch ein eigenes Rechtsmittel beseitigen, so kann er eine Abänderung des auf die Berufung des Gegners ohnehin zu überprüfenden Urteils erreichen, indem er sich der Berufung des Gegners anschließt und im Rahmen dieses gegnerischen Rechtsmittels einen **eigenen Sachantrag** stellt (§ 524).

Bei der Anschließung handelt es sich nicht um ein Rechtsmittel, sondern um einen angriffsweise wirkenden Antrag innerhalb der fremden Berufung (BLAH/*Lauterbach* § 524 Rn. 2). Die Möglichkeit der Anschließung, die es auch bei den anderen Rechtsmitteln gibt (§§ 554, 567 III, 574 IV), dient der Herstellung der Chancengleichheit der Parteien im Prozess.

Da es sich bei der Anschließung damit nicht um ein eigenes Rechtsmittel han- **512**
delt, bedarf es der Zulässigkeitsvoraussetzungen einer **Berufung** nicht. Erforderlich ist allerdings das Vorliegen einer wirksamen Berufung, weil nur daran ein wirksamer Anschluss möglich ist. Das Risiko einer wirksamen Berufung trägt insoweit der Berufungsbeklagte.

Die Anschlussberufung setzt keine Beschwer und damit erst recht keinen besonderen Beschwerdegegenstandswert und keine Zulassung durch das Erstgericht voraus, wohl aber ein eigenständiges Ziel. Dieses kann nicht bloß in der Zurückweisung der Berufung oder in der Wiederholung eines (zum Beispiel von einem Streitgenossen) schon gestellten Antrags liegen, erforderlich ist die Verfolgung eines neuen Prozessziels. Im Gegensatz zur Berufung reicht es aus, dass nur dieses neue Ziel (zum Beispiel allein die Klageerweiterung) verfolgt wird und nicht auch eine Beseitigung der erstinstanzlichen Beschwer (Rn. 297) erstrebt wird (*Piekenbrock* MDR 02, 676).

Die Anschlussberufung ist auch nach Ablauf der Berufungsfrist und sogar dann noch möglich, wenn auf ein eigenes Rechtsmittel verzichtet oder eine eigene Berufung bereits zurückgenommen wurde. Sehr streitig ist, ob ein Verzicht auch auf die Anschließung möglich ist (dafür BLAH/*Albers* § 524, Rn. 10, dagegen Zöller/*Gummer* § 524 Rn. 19, beide m. w. N.). Verzicht oder Anerkenntnis nach §§ 306, 307 machen die Anschließung nicht unzulässig, wegen der darin liegenden materiellen Verfügung über den Anspruch aber unbegründet.

Erweist sich die Berufung nachträglich als unzulässig oder aussichtslos und ergeht deswegen eine Beschlussentscheidung des Gerichts (§ 522 I, II), verliert die Anschließung nicht nur ihre Wirkung (§ 524 IV), die hierdurch entstandenen Kosten sind auch vom Anschließenden zu tragen (Rn. 472, 518). Dies begründet ein erhebliches (Kosten-)Risiko für den Berufungsbeklagten, der eigenverantwortlich prüfen muss, ob die eingelegte Berufung zulässig ist und Aussicht auf Erfolg hat. Ist schon ein Hinweis nach § 522 II erteilt, sollte eine Anschließung in keinem Fall mehr erfolgen (Rn. 401), steht eine solche Entscheidung noch aus, kommt zumindest eine nur hilfsweise für den Fall, dass nicht nach § 522 I, II entschieden wird, erhobene Anschlussberufung in Betracht (unten Rn. 511).

513 Die Anschlussberufung hat eigene **Zulässigkeitsvoraussetzungen**. Sie muss sich zunächst auf eine wirksame Berufung beziehen, sich in deren sachlichen und persönlichen Rahmen halten.

Nur wenn zum Zeitpunkt der Anschließung eine wirksame Berufung vorliegt, kann der Anschluss wirksam werden. Erforderlich ist deswegen, dass die Berufung bereits eingelegt wurde, sie zulässig ist und sie nicht bereits zurückgenommen oder über sie entschieden wurde (BGHZ 17, 399).

Die Anschließung darf sich nicht gegen ein mit der Berufung nicht angefochtenes (Teil-)Urteil und nicht gegen Personen richten, die bislang nicht am Berufungsverfahren beteiligt sind (BGH NJW 83, 1318; BGH NJW 95, 198). Im Fall einfacher Streitgenossenschaft können sich nur die Streitgenossen anschließen, gegen die die Berufung des Gegners eingelegt ist, Hat ein Streitgenosse Berufung eingelegt, kann sich die Anschließung des Gegners nur gegen diesen, nicht gegen die übrigen Streitgenossen richten (BGH NJW 91, 2569).

514 Besondere Voraussetzungen enthält § 524 darüber hinaus für die Frist und die Form der Anschließung.

Die Anschließung kann nur binnen eines Monats nach Zustellung der Berufungsbegründung erklärt und muss gleichzeitig auch begründet werden (§ 524 II 2). Diese **Frist** kann nicht verlängert werden, läuft also auch bei Verlängerung der Erwiderungsfrist bereits nach einem Monat ab. Eine Wiedereinsetzung in den vorigen Stand ist nicht möglich.

Hierin liegt eine erhebliche Fehlerquelle für die anwaltliche Tätigkeit. Häufig wird die Verlängerung der Frist zur Erwiderung auf die Berufung beantragt und genehmigt. Damit ist eine Verlängerung der Frist zur Einlegung der Anschlussberufung nicht verbunden. Erfolgen Mandantenbesprechung und Sachbearbeitung erst innerhalb der verlängerten Frist, ist eine Anschlussberufung regelmäßig nicht mehr möglich. Auch bei Verlängerung der Erwiderungsfrist muss deswegen die Frage einer Anschlussberufung zwingend innerhalb eines Monats nach Zustellung der Berufungsbegründung geklärt werden (*Liesching* NJW 03, 1224).

Die Möglichkeit der Anschließung auch noch nach Ablauf der Berufungsfrist macht die vorsorgliche Berufungseinlegung in vielen Fällen überflüssig. Die Abschaffung der »selbstständigen Anschlussberufung« durch die ZPO-Reform hindert die Einlegung der Anschlussberufung vor Ablauf der eigenen Berufungsfrist nicht (*v. Olshausen* NJW 02, 802).

Ausnahmsweise kann eine Anschlussberufung auch nach Ablauf der Monatsfrist noch eingelegt werden.

Vertreten wird dies für die Fälle, in denen die Klage aus einem Grund geändert werden soll, der erst nach Fristablauf eingetreten ist (dazu oben Rn. 506). Will der Kläger beispielsweise die Klage um zusätzliche, erst nachträglich entstandene Schadensersatzpositionen erweitern, kann er dies als Berufungskläger nach §§ 265, 533 Nr. 2, 529 I Nr. 2, 531 II Nr. 3 bis zum Schluss der mündlichen Verhandlung vor dem Berufungsgericht; als Berufungsbeklagter setzt ihm die Anschlussfrist eine zeitliche Grenze. Diese Benachteiligung allein aufgrund der Parteistellung verletzt den verfassungsrechtlich gewährleisteten Grundsatz der Waffengleichheit (*Piekenbrock* MDR 02, 676; a. A. *Gerken* NJW 02, 1095). Teilweise wird dem Kläger eine solche Antragsänderung auch ohne eigenen Angriff gestattet, besser erscheint es, eine teleologische Reduktion des § 524 II 2 vorzunehmen und die Einlegung der Anschlussberufung auch nach Ablauf der Frist noch zu ermöglichen.

Die **Form** der Anschlussschrift entspricht der von Berufungsschrift bzw. Beru- **515**
fungsbegründung (§§ 519 II, III, 520 III). Die Anschließung erfolgt durch Einreichung eines Schriftsatzes beim Berufungsgericht und ist auch bloß hilfsweise möglich.

Enthalten muss die Anschlussschrift neben der Bezeichnung des Urteils, dessen Abänderung beantragt wird, die Erklärung, dass eine Anschließung an die Berufung des Gegners erfolgen soll. Allerdings ist die Verwendung des Begriffs Anschließung nicht erforderlich, es genügt jede Erklärung, die ihrem Sinn nach eine dem Erklärenden vorteilhafte, über die bloße Abwehr der Berufung hinausgehende Entscheidung erstrebt. Ist eine selbstständige Berufung eingelegt, wäre diese aber unzulässig, so kommt eine Umdeutung in eine Anschließung in Betracht (BGH NJW 95, 1560; BGH NJW 95, 2363).

516 Die Anschließung kann auch nur **hilfsweise** erfolgen, sofern es sich bei der Bedingung, von der sie abhängig gemacht werden soll, um eine innerprozessuale Bedingung handelt.

Bedenken, durch den späten Eintritt der Bedingung könne die Einlegungsfrist verletzt sein (*Pape* NJW 03, 1150) verkennen, dass es sich um eine auflösende, nicht um aufschiebende Bedingung handelt.

Häufigster Fall einer zulässigen Bedingung ist der Erfolg der Berufung des Gegners (BGH NJW-RR 91, 510; *Grunsky*, Taktik im Zivilprozess, Rn. 209); ist die Berufung unzulässig oder unbegründet, fällt die Anschlussberufung weg, ohne besondere Kosten zu verursachen (§ 19 I 2 GKG). Denkbar sind aber auch andere innerprozessuale Bedingungen, zum Beispiel die bestimmte Beurteilung einer entscheidungserheblichen Rechtsfrage durch das Gericht (BGH NJW 84, 1240) oder das Unterbleiben einer Beschlussentscheidung des Gerichts nach § 522 I, II.

517 Die Anschließung muss zusammen mit der Einlegung **begründet** werden.

Die Begründung in einem separaten Schriftsatz ist dann ausreichend, wenn dieser noch innerhalb der Anschlussfrist eingeht. Nach Ablauf der Anschlussfrist ist eine Änderung nur noch im Rahmen der rechtzeitig vorgebrachten Anschließungsgründe möglich.

Auch für die Begründung gelten die Berufungsvorschriften (§ 520 III) entsprechend. Erforderlich ist neben einem Antrag die Angabe zumindest eines Grunds, auf den das Abänderungsbegehren gestützt wird. Wie die Berufung kann auch die Anschließung nur darauf gestützt werden, dass die Entscheidung auf einer Rechtsverletzung beruht oder nach § 529 zugrunde zu legende Tatsachen eine andere Entscheidung rechtfertigen (§ 513 I). Wegen der Darlegung eines solchen Grunds kann auf die zur Berufung gemachten Ausführungen verwiesen werden (Rn. 314 ff.).

518 Da die Anschließung kein eigenes Rechtsmittel darstellt, ist ihr **Schicksal** von dem des Hauptrechtsmittels abhängig. Wird die Berufung vom Gegner zurückgenommen (§ 516) oder vom Gericht verworfen (§ 522 I) bzw. durch Beschluss zurückgewiesen (§ 522 II), so verliert auch die Anschließung ihre Wirkung (§ 524 IV).

Das gilt auch für den Verzicht auf das Rechtsmittel durch den Berufungskläger, für die übereinstimmende Erklärung der Erledigung des Rechtsmittels oder den Vergleich über den Streitgegenstand der Berufung. Unberührt bleibt die Anschließung durch ein (Teil-

oder Versäumnis-)Urteil, mit dem die Berufung zurückgewiesen oder das angefochtene Urteil abgeändert wird.

Eine Entscheidung über die Anschließung kann wegen der Abhängigkeit von der Berufung erst ergehen, wenn das Schicksal der Berufung klar ist, ein Teilurteil nur über die Anschließung ist nicht möglich (BGH NJW 94, 2236), wohl aber ein Teilurteil, mit dem sowohl über einen Teil der Berufung als auch über die Anschließung entschieden wird.

Die Wirkungslosigkeit der Anschlussberufung tritt ipso iure ein, bedarf also keiner gerichtlichen Entscheidung, doch wird sie regelmäßig in dem die Berufung erledigenden Beschluss oder Urteil deklaratorisch ausgesprochen.

Die **Kosten** der Anschließung richten sich nach ihrem Erfolg. 519

Durch Berufung und Anschließung entsteht die allgemeine Verfahrensgebühr des Gerichts (Nr. 1220 KV) nur einmal, allerdings aus dem kumulierten Wert beider Anträge, wenn diese verschieden sind (§ 9 I, II GKG). Auch für die Rechtsanwälte liegt nur eine Gebühreninstanz vor, so dass durch die Anschließung kein besonderer Gebührentatbestand verwirklicht wird, beide Anträge aber bei der Wertberechnung Berücksichtigung finden.

Ergeht eine Sachentscheidung über Berufung und Anschließung, so folgt die Kostenentscheidung den allgemeinen Vorschriften (§§ 91 ff.), in der Regel erfolgt eine Quotelung nach § 92 (*Finger* MDR 86, 881). Ergeht eine Sachentscheidung über die Anschließung nicht, so ist für den auf die Anschließung entfallenden Teil der Kosten des Rechtsstreits darauf abzustellen, wer die Nichtentscheidung veranlasst hat. Dies ist der Berufungskläger, wenn er die Berufung einseitig zurückgenommen (OLG Oldenburg NJW 02, 3555; OLG Köln NJW 03, 1879) hat oder diese nach der Anschließung unzulässig wird. Hat der Anschließende sich einer unzulässigen Berufung angeschlossen, oder war die Anschließung selbst unzulässig, so hat er die hierdurch entstandenen Kosten zu tragen (*Maurer* NJW 91, 72).

Problematisch ist die Frage, wer die Kosten einer Anschlussberufung zu tragen hat, wenn die Berufung nach § 522 II mangels Erfolgsaussicht durch Beschluss zurückgewiesen wird. Auch in diesem Fall kommt es nicht zu einer Sachentscheidung über die Anschlussberufung (Th/P/*Reichhold* § 524 Rn. 20), anders als bei der Berufungsrücknahme beruht dies jedoch nicht auf einer willentlichen Beendigung der Berufungsinstanz durch den Berufungskläger. Wie im Fall der Nichtannahme einer Revision, der sich der Revisionsbeklagte bereits angeschlossen hat (BGH NJW 81, 1790), fallen hier die Kosten der Anschließung dem Anschließenden zur Last, weil er grundsätzlich das Risiko trägt, dass es nicht zur Verhandlung und Entscheidung über seinen Antrag kommt (*Pape* NJW 03, 1150; oben Rn. 401, 472; a. A. *Ludwig* MDR 03, 670).

c) Gehörsrüge

Ist im erstinstanzlichen Verfahren der Anspruch des Berufungsbeklagten auf 520 rechtliches Gehör verletzt, so kann er dies mit einer eigenen Berufung oder einer Anschlussberufung gegen das Urteil rügen. Ist eine Berufung wegen

Nichterreichens der Berufungssumme und Nichtzulassung der Berufung nicht möglich, so bleibt zumindest die Möglichkeit der Anschließung, da diese vom Erreichen eines bestimmten Werts nicht abhängig ist. **Alternativ** dazu kommt ein Abhilfeverfahren nach § 321 a in Betracht.

Hat der Gegner bereits Berufung eingelegt und liegt die eigene Beschwer unterhalb der Berufungssumme, so kann der Berufungsbeklagte frei zwischen der Anschließung und der Gehörsrüge wählen. Entscheidet er sich für letztere, bleibt das Verfahren zunächst in erster Instanz, wo das Verfahren nach § 321 a durchzuführen ist; das Berufungsverfahren ist bis zu dessen Abschluss auszusetzen (*Schmidt* MDR 02, 915).

521 Die **Rüge** der Verletzung rechtlichen Gehörs ist innerhalb von zwei Wochen nach Zustellung des Urteils schriftlich beim Gericht des ersten Rechtszugs zu erheben. In ihr muss der Prozess bezeichnet und die Verletzung des Anspruchs auf rechtliches Gehör sowie deren Kausalität für die Entscheidung (entsprechend § 551 III Nr. 2 b) dargelegt werden. Letzteres setzt voraus, dass auch dargetan wird, was bei Gewährung rechtlichen Gehörs vorgetragen worden wäre und inwieweit deswegen die Entscheidung hätte anders ausfallen müssen.

Für die vorliegende Betrachtung, die auf das Konkurrenzverhältnis von Gehörsrüge und Berufung beschränkt bleibt, spielt die Frage nach einer analogen Ausdehnung des Anwendungsbereichs von § 321 a (zum einen über die nicht berufungsfähigen Urteile hinaus auf alle Entscheidungen, gegen die ein Rechtsmittel nicht mehr gegeben ist, zum anderen über die Verletzung rechtlichen Gehörs hinaus auf alle Verletzungen von Verfahrensgrundrechten) keine Rolle.

522 Das **Gericht** des ersten Rechtszugs prüft Zulässigkeit und Begründetheit der Rüge, hört den Gegner nur insoweit an, als dies erforderlich ist, und entscheidet durch kurz begründeten Beschluss. Dieser ist stets unanfechtbar.

523 Ist die Rüge **begründet**, wird das erstinstanzliche Verfahren durch einen neuen Termin zur mündlichen Verhandlung fortgesetzt und durch ein neu zu erlassendes Urteil abgeschlossen.

Mit diesem neuen Urteil wird das vorherige Urteil aufrechterhalten oder abgeändert.

Nach Abschluss des Verfahrens gemäß § 321 a wird auf die Berufung des Gegners das Rechtsmittelverfahren durchgeführt. Dessen Gegenstand ist das neue Urteil erster Instanz, nur nach diesem bestimmt sich die Zulässigkeit der Berufung. Mit der Zustellung des neuen Urteils werden Berufungs- und Berufungsbegründungsfrist neu in Gang gesetzt, können aber durch die schon vorher eingelegte Berufung bereits gewahrt sein. Die Beschwer ist allein anhand des neuen Urteils zu bestimmen. Da das Verbot der reformatio in peius im Verfahren nach § 321 a nicht gilt, ist es möglich, dass das neue Urteil eine

Beschwer für den Berufungskläger nicht mehr oder nicht mehr in ausreichender Höhe enthält; eine schon vorher eingelegte Berufung ist dann für erledigt zu erklären.

Kostenrechtlich ist die Gehörsrüge für den Anwalt nicht attraktiv. 524

War der Anwalt schon vorher als Prozessbevollmächtigter tätig, gehört die Gehörsrüge zur Instanz und löst keine zusätzliche Gebühr aus (§ 37 Nr. 5 BRAGO). Wird der Anwalt nur mit der Vertretung im Verfahren der Gehörsrüge beauftragt, fällt eine 3/10-Gebühr aus § 55 BRAGO an, erst wenn das Verfahren auf die begründete Rüge hin fortgesetzt wird, entstehen die Gebühren aus § 31 BRAGO. Gerichtsgebühren fallen bei der (teilweise) begründeten Rüge nicht, bei der erfolglosen Rüge in Höhe von 50,– € an (Nr. 1960 KV; *Schneider* NJW 02, 1094) .

II. Taktische Überlegungen

Taktisch stellen sich für den Prozessbevollmächtigten des Berufungsbeklagten zwei Fragen: 525

- Empfiehlt es sich, schon auf die Berufungseinlegung zu reagieren, also bereits vor Einreichung der Berufungsbegründung einen eigenen Antrag zu stellen?

Diese Frage ist grundsätzlich zu bejahen, da mit der eigenen Antragsstellung unabhängig vom weiteren Verlauf des Berufungsverfahrens die Prozessgebühr anfällt (§§ 31 I Nr. 1, 11 I 4 BRAGO). Fraglich ist allein, ob dies auch gilt, wenn der Berufungskläger die mögliche Rücknahme seiner Berufung angekündigt hat und dies später tatsächlich tut (unten Rn. 526).

- Empfiehlt es sich, aus dem erstinstanzlichen Urteil trotz der Einlegung der Berufung durch den Gegner vorläufig zu vollstrecken?

Auch dies wird grundsätzlich zu bejahen sein, bedarf jedoch im Hinblick auf die beim Erfolg der Berufung möglichen Schadensersatzansprüche einer Prüfung im Einzelfall (unten Rn. 530).

1. Reaktion auf Berufung zur Fristwahrung

Hat der Berufungskläger die Berufung nur fristwahrend eingelegt (oben Rn. 244) und nimmt er sie später zurück, so ist fraglich, welche Gebühren für den Bevollmächtigten des Berufungsbeklagten anfallen. 526

Eine solche »Berufung zur Fristwahrung« kann auf Seiten des Berufungsklägers erforderlich sein, wenn vor Ablauf der Berufungsfrist eine abschließende Entscheidung über die Durchführung des Berufungsverfahrens nicht getroffen werden konnte. Der Berufungskläger hat dann ein Interesse daran, die durch die Berufungseinlegung entstehenden Kosten möglichst niedrig zu halten. Hierzu kann er entweder eine besondere Vereinbarung mit dem Berufungsbeklagten dahin treffen, sich am Berufungsverfahren zunächst nicht zu beteiligen oder seine Berufung als »nur zur Fristwahrung eingelegt« bezeichnen.

527 Haben die Parteien ein besonderes **Stillhalteabkommen** getroffen, so sind die Kosten eines gleichwohl unmittelbar nach Berufungseinlegung für den Berufungsbeklagten tätig werdenden Rechtsanwalts nicht notwendig und werden nicht erstattet. Die Bindung an das Stillhalteabkommen endet möglicherweise schon mit einem Antrag auf Verlängerung der Begründungsfrist (OLG Köln FamRZ 98, 841), spätestens aber mit der Berufungsbegründung. Wird der Bevollmächtigte dann tätig, so erhält er eine (für die Berufungsinstanz um 3/10 erhöhte) volle Prozessgebühr (§ 31 I Nr. 1 BRAGO), ohne Antragstellung eine (erhöhte) halbe Gebühr (§ 32 BRAGO).

528 Sehr streitig und im Einzelfall nicht abschätzbar ist, welche Gebühren für eine Tätigkeit auf Seiten des Berufungsbeklagten zu erstatten sind, wenn der Berufungskläger die Berufung nur durch einseitige Erklärung als »**fristwahrend**« bezeichnet. Zum Teil wird dem Gegner ein Erstattungsanspruch völlig versagt (OLG Dresden MDR 98, 1309), zum Teil wird ihm ein voller Erstattungsanspruch zugesprochen (OLG Karlsruhe JurBüro 90, 342). Die h. M. geht von einem Erstattungsanspruch in Höhe der (erhöhten) halben Prozessgebühr (13/20) aus § 32 BRAGO aus (BGH NJW 03, 756; OLG Saarbrücken JurBüro 92, 37; *Madert* NJW 03, 1496). Für die Parteien ist diese Kostenfrage im vorhinein nicht abschätzbar, eine verlässliche Rechtsprechung existiert weder für einzelne Gerichte noch für einzelne Spruchkörper (eingehend zum Ganzen *Doukoff*, Rn. 86 ff.).

529 Für den Bevollmächtigten des Berufungsbeklagten ist das Risiko aber gering. Der Aufwand für einen die Vertretung des Beklagten anzeigenden und einen Antrag auf Zurückweisung der Berufung ankündigenden Schriftsatz ist nur gering, eine Begründung ist hier noch nicht erforderlich. Wenn ein solcher Schriftsatz bei dem einzelnen Berufungsgericht keine oder keine volle Prozessgebühr auslöst, ist nicht viel verloren. Unterbleibt ein solcher Schriftsatz, besteht ein Anspruch aber in keinem Fall. Ohne konkrete Absprache mit dem Berufungskläger ist deswegen eine Beteiligung am Berufungsverfahren auch dann anzuraten, wenn die Berufung nur »fristwahrend« eingelegt wurde.

2. Vorläufige Vollstreckung

Besonderer Überlegung bedarf die Frage, ob der Berufungsbeklagte, der erstinstanzlich gewonnen hat, von der ihm eingeräumten Befugnis zur vorläufigen Vollstreckung aus dem Urteil Gebrauch machen soll. Dies kann wegen der Schadensersatzpflicht bei Abänderung des Urteils in der Berufung (§ 717 II) zu erheblichen Nachteilen führen. Im Einzelfall kann es deswegen angezeigt sein, vor Abschluss des Berufungsverfahrens auf eine Vollstreckung aus dem Urteil zu verzichten. 530

Wird das Urteil erster Instanz, auf das die Vollstreckung gestützt wurde, in der Berufung aufgehoben oder abgeändert, so ist der Vollstreckungsgläubiger zum Ersatz des Schadens verpflichtet, der dem Vollstreckungsschuldner durch die Vollstreckung aus dem Urteil oder durch eine zur Abwendung der Vollstreckung gemachte Leistung entstanden ist (§ 717 II). Der Gläubiger haftet dabei verschuldensunabhängig und ohne Rücksicht darauf, ob das abändernde Urteil richtig ist oder nicht (BGH MDR 83, 221). Auch eine Beschränkung auf die selbst erlangten Beträge oder eine Berufung auf die Entreicherungseinrede ist nicht möglich. Der Gläubiger muss deswegen unter Wiederherstellung des vor der Vollstreckung bestehenden Zustands nicht nur das herausgeben, was er durch die Vollstreckung erlangt hat, sondern den vollen dem Schuldner entstandenen Schaden ersetzen. Dieser Schaden umfasst alle kausal durch die Vollstreckung eingetretenen Vermögensnachteile des Schuldners und kann den Betrag einer Sicherheitsleistung übersteigen. Kaum im voraus zu kalkulierende Schäden des Vollstreckungsschuldners können in außergewöhnlichen Aufwendungen zur Beschaffung einer Sicherheit, entgangenem Gewinn oder einem Zinsverlust bestehen (OLG Hamburg MDR 99, 188).

Hat der Beklagte gegen seine erstinstanzliche Verurteilung zur Erteilung einer Auskunft Berufung eingelegt, kann der Kläger nach § 888 vorläufig vollstrecken. Ein dabei festgesetztes Zwangsgeld wird auf Antrag des Klägers zugunsten der Staatskasse beigetrieben und kann nach Abänderung des Urteils und Aufhebung des darauf beruhenden Zwangsgeldbeschlusses zurückgezahlt werden (§§ 775, 776; BAG NJW 90, 2579). Die Vollstreckung von Zwangshaft stellt allein keinen ersatzfähigen Vermögensschaden dar, kann aber einen solchen mittelbar (zum Beispiel über entgangene Einkünfte) auslösen.

Der Schuldner (entgegen dem Wortlaut des § 717 II 2 nicht nur der Beklagte) kann seinen Schadensersatzanspruch in einem gesonderten Prozess oder im noch anhängigen Berufungsverfahren geltend machen. Letzteres geschieht durch einen Zwischenantrag oder (durch den Beklagten) einredeweise im Wege der Aufrechnung gegen den Klageanspruch.

Vierter Teil: Die Tätigkeit des Anwalts für sonstige Beteiligte des Berufungsverfahrens

I. Streitgenossen

Streitgenossen sind Personen, die gemeinsam eine Parteirolle (Kläger oder Beklagter) ausfüllen (§§ 59 ff.). Ihre Rechte und Pflichten sind also die der Parteien, besonderer Regelung bedarf insoweit nur, unter welchen Voraussetzungen eine solche Parteimehrheit zulässig ist und welche Folgen sie im Berufungsverfahren hat. 531

An die Zulässigkeit der Streitgenossenschaft stellen die §§ 59, 60 im Interesse der Prozessökonomie keine besonders hohen Anforderungen. Streitgenossen können sich im Prozess durch einen gemeinsamen Bevollmächtigten vertreten lassen (dann liegen gebührenrechtlich mehrere Auftraggeber i. S. d. § 6 BRAGO vor) oder eigene Bevollmächtigte haben. Für die prozessualen Folgen differenzieren die §§ 61, 62 zwischen der einfachen und der notwendigen Streitgenossenschaft.

Die **einfache Streitgenossenschaft** ist die bloß organisatorische Verbindung mehrerer Klagen (Prozessrechtsverhältnisse) zu einem einheitlichen Verfahren zwecks gemeinsamer Verhandlung, Beweisaufnahme und eventuell (aber nicht zwingend inhaltsgleicher) Entscheidung. Sie dient damit ausschließlich der Verfahrensökonomie und soll die mehrfache Vornahme identischer Prozesshandlungen in verschiedenen Verfahren vermeiden; die Verbindung der Klagen ist damit nur zufällig, lose und jederzeit wieder aufhebbar. 532

Jeder Streitgenossen handelt dabei nur in seinem eigenen Prozessrechtsverhältnis, dieses ist in seinem Bestand und seinem Inhalt von dem Prozessrechtsverhältnis der übrigen Streitgenossen unabhängig. Handlungen eines Streitgenossen gereichen den anderen weder zum Vorteil noch zum Nachteil (§ 61).

Bei der praktisch seltenen **notwendigen Streitgenossenschaft** muss die Sachentscheidung in allen Klagen notwendig einheitlich sein, weil hier auf Grund gesetzlicher Bestimmungen ein enger Sachzusammenhang vorliegt. 533

Ein solcher enger Sachzusammenhang besteht gemäß § 62 I 1. Alt., wenn das »Rechtsverhältnis nur einheitlich festgestellt werden kann«, das heißt, wenn die Streitgenossen, für den Fall, dass sie gemeinsam klagen, solidarisch verbunden sind, ihnen gegenüber nicht unterschiedliche Sachentscheidungen ergehen können; ob die Streitgenossen gemeinsam oder alleine klagen, ist ihnen überlassen, sie müssen nicht gemeinsam vorgehen, sie können es bloß. Die Notwendigkeit einheitlicher Sachentscheidung folgt dann stets **aus** dem **Prozessrecht**, regelmäßig aus einer Rechtskrafterstreckung.

Der für die notwendige Streitgenossenschaft erforderliche enge Sachzusammenhang kann gemäß § 62 I 2. Alt. auch vorliegen, wenn die »Streitgenossenschaft aus sonstigem Grund notwendig« ist, das heißt, wenn das materielle Recht die Streitgenossen dazu zwingt, gemeinsam zu klagen bzw. verklagt zu werden. Hier müssen die Streitgenossen immer zusammen auftreten, Einzelklagen von oder gegen einzelne Streitgenossen sind stets unzulässig. Hier spricht man von einer notwendigen Streitgenossenschaft **aus materiellem Recht**. Gegeben ist diese zum Beispiel bei der Klage gegen die Mitglieder einer Erbengemeinschaft.

Einfache und notwendige Streitgenossenschaft unterscheiden sich also dadurch, dass bei ersterer die Sachentscheidung unabhängig voneinander, bei letzterer zwingend einheitlich ergeht. Innerhalb der notwendigen Streitgenossenschaft wird weiter danach differenziert, ob die Streitgenossen nur zusammen oder auch alleine prozessieren können.

Notwendige Streitgenossen sind notwendig in beiden Instanzen gleichermaßen beteiligt (Rn. 536), einfache Streitgenossen können entweder bereits erstinstanzlich am Verfahren beteiligt gewesen sein oder dem Verfahren erst in der zweiten Instanz beitreten.

534 Ein **Beitritt erst in zweiter Instanz** ist grundsätzlich nur dort möglich, wo ihn das Gesetz ausdrücklich zulässt.

Dies ist zum Beispiel der Fall beim Beitritt eines weiteren Pfändungsgläubigers zur Drittschuldnerklage nach § 856.

Der gewillkürte Beitritt eines weiteren Streitgenossen scheitert dagegen regelmäßig an §§ 533, 263.

Die h. M. behandelt den Parteibeitritt als Klageänderung. Diese ist in zweiter Instanz nur möglich, wenn sie auf Tatsachen gestützt wird, die berücksichtigt werden können und der Gegner einwilligt oder das Gericht sie für sachdienlich hält (§§ 263, 533). An die Sachdienlichkeit (Rn. 383) werden dabei schon beim Beitritt auf Klägerseite besondere Anforderungen gestellt (BGH NJW 89, 3225), beim Beitritt auf Beklagtenseite kann auf die Einwilligung des neuen Streitgenossen nur verzichtet werden, wenn sich deren Verweigerung als rechtsmissbräuchlich darstellt (BGH NJW 98, 1497).

535 Einfache Streitgenossen, die **schon in 1. Instanz beteiligt** waren, nehmen am Berufungsverfahren nur teil, wenn sie selbst Berufung eingelegt haben oder sich die Berufung des Gegners gegen sie richtet. Zulässigkeit und Begründetheit der Berufung müssen dabei für jeden Streitgenossen gesondert geprüft werden und können unabhängig voneinander Erfolg haben.

Da einfache Streitgenossen kein gemeinsames Prozessrechtsverhältnis haben, erfolgt eine Fortsetzung des Prozesses nur in den Verhältnissen, die in die Berufung getragen werden. Ist die Klage gegen zwei Beklagte abgewiesen worden, steht es dem Kläger frei, Berufung nur gegen einen Streitgenossen einzulegen, die Abweisung der Klage gegen den anderen wird dann rechtskräftig. Umgekehrt kann bei Verurteilung beider Beklagter auch nur einer von ihnen Berufung einlegen, der andere sich rechtskräftig mit seiner Verurteilung abfinden. Es bedarf deswegen bei der Berufungseinlegung einer eindeutigen Bezeichnung der Streitgenossen, die am Berufungsverfahren teilnehmen sollen (Rn. 206). Eine nicht auf einzelne Streitgenossen beschränkte Berufung erfasst im Zweifel alle Streitgenossen, jedenfalls dann, wenn diese im Rubrum bezeichnet sind (BGH NJW 94, 514).

Die Berufung muss für jeden einzelnen Streitgenossen zulässig sein. Die Berufungsfristen laufen für jeden Streitgenossen mit Zustellung des Urteils an ihn, können also unterschiedlich sein (BGH VersR 80, 928). Jeder Streitgenosse muss beschwert sein (OLG Köln VersR 73, 641; BGH MDR 91, 427), für die Berechnung des Werts können jedoch die einzelnen Werte der Beschwer addiert werden, so dass es ausreicht, wenn nur der Gesamtbetrag die Berufungssumme übersteigt.

Für die Sachentscheidung wird nur das berücksichtigt, was jeder Streitgenosse in seinem Prozessrechtsverhältnis vorgebracht hat. Allerdings ist eine Bezugnahme auf das Vorbringen anderer Streitgenossen auch konkludent möglich, zu vermuten ist eine solche Bezugnahme regelmäßig, wenn die Prozessführung anderen Streitgenossen überlassen wird und eigener Vortrag nicht erfolgt.

Dispositionsakte (Rücknahme, Verzicht, Vergleich, Erledigung) betreffen nur das Prozessrechtsverhältnis des jeweiligen Streitgenossen.

Gemeinsam ist für alle Streitgenossen die Prozessführung (§ 63). Ladungen ergehen stets an alle Streitgenossen, jeder erhält rechtliches Gehör zum Vorbringen aller übrigen Beteiligten, Entscheidungen werden allen zugestellt. Diese Prozessbeteiligung endet, so bald ein Streitgenosse wirksam aus dem Prozess ausgeschieden ist, insbesondere also, wenn er am Berufungsverfahren nicht teilnimmt.

Die Folgen **notwendiger Streitgenossenschaft** sind im Gesetz nur lückenhaft **536**
geregelt. Die Berufungseinlegung von oder gegen einen notwendigen Streitgenossen führt zur Beteiligung auch der übrigen Streitgenossen am Berufungsverfahren. Zur Kostentragung verpflichtet sind aber nur die Streitgenossen, die sich am Berufungserfahren auch aktiv beteiligt haben (Zöller/*Herget* § 87 Rn. 4).

Nach § 62 wird ein säumiger Streitgenosse als von einem erschienenen vertreten angesehen. Vermieden wird dadurch, dass es zu inhaltlich divergierenden Entscheidungen dadurch kommt, dass ein Streitgenosse wegen seiner Säumnis unterliegt, während andere Streitgenossen sachlich obsiegen. § 62 kann nicht verallgemeinernd entnommen werden, dass stets eine übereinstimmende Beurteilung aller Prozesshandlungen der Streitgenossen oder den Streitgenossen gegenüber vorzunehmen ist. Eine »einheitliche

Streitpartei« gibt es nicht. Vielmehr bleiben die Streitgenossen auch hier selbstständige Streitparteien in jeweils besonderen Prozessrechtsverhältnissen zum gemeinsamen Gegner. Ob die Prozesshandlung eines Streitgenossen oder gegenüber einem Streitgenossen Wirkung auch im Verhältnis zu den anderen Streitgenossen entfaltet, ist daher eine Frage des einzelnen Regelungsproblems, die differenzierend unter Berücksichtigung des Zwecks der notwendigen Streitgenossenschaft und des Grundsatzes der Selbstständigkeit der Streitgenossen zu beurteilen ist. Die Vielzahl dabei auftretender, zum Teil ungelöster Streitfragen kann hier – auch in Anbetracht der Seltenheit notwendiger Streitgenossenschaft in der Praxis – nicht dargestellt werden (dazu *Oberheim*, Zivilprozessrecht, § 16 Rn. 32 ff.).

II. Streithelfer

537 Die Nebenintervention ist der Beitritt eines Dritten zur Unterstützung einer Partei in einem bereits anhängigen Prozess; sie wird auch als »Streithilfe« bezeichnet. Der Streithelfer ist nicht Partei und nicht Vertreter der Partei, sondern Dritter, der am Prozess zur Unterstützung der Partei teilnimmt und im eigenen Namen und kraft eigenen Rechts handelt (§§ 66 ff.).

Im Berufungsverfahren kann ein Streithelfer beteiligt sein, der erst hier beitritt oder der bereits in erster Instanz beigetreten war.

Für die Vertretung eines Streithelfers entstehen auf Seiten des Rechtsanwalts die gleichen Gebühren wie für die Vertretung einer Partei. Mehrere Streithelfer sind mehrere Auftraggeber i. S. d. § 6 BRAGO, dies gilt auch für Streithelfer und Partei, es sei denn, beide sind personenidentisch (dazu unten Rn. 541).

1. Beitritt in der Berufungsinstanz

538 War der Streithelfer erstinstanzlich am Verfahren noch nicht beteiligt, so kann er diesem auch in der Berufungsinstanz noch beitreten. Der Beitritt kann auch in Verbindung mit der Berufungseinlegung erfolgen (§ 66 II, Rn. 150, 545).

Ein solcher zweitinstanzlicher Beitritt kann erforderlich werden, wenn der Streithelfer erst durch den Ausgang der ersten Instanz erkannt hat, dass das Unterliegen der Hauptpartei rechtliche oder tatsächliche Nachteile auch für ihn zur Folge haben kann, weil er dadurch eigenen Regressforderungen ausgesetzt ist oder ihm solche abgeschnitten werden.

539 Bezüglich der **Voraussetzungen** eines solchen Beitritts bestehen grundsätzliche Unterschiede zur ersten Instanz nicht.

Der Streithelfer muss die Prozesshandlungsvoraussetzungen erfüllen, vor dem Berufungsgericht also auch anwaltlich vertreten sein. Der Beitritt erfolgt mittels eines Schriftsatzes, der den Anforderungen des § 70 I entspricht, insbesondere also die Parteien des Rechtsstreits bezeichnet, die Erklärung enthält, dass und auf welcher Parteiseite dem Rechtsstreit beigetreten werden soll und das Interventionsinteresse darlegt. Letzteres besteht, wenn der Streithelfer ein rechtliches Interesse am Obsiegen der Hauptpartei hat. Ein solches ist gegeben, wenn im Fall des Unterliegens der Hauptpartei für den Beitretenden rechtliche oder tatsächliche Nachteile zu erwarten sind, sei es, dass er dann eigenen Regressforderungen ausgesetzt ist bzw. ihm solche abgeschnitten würden oder sei es, dass die Rechtskraft des Urteils auf ihn erstreckt wird. Von Amts wegen geprüft wird nur das Vorliegen der Prozesshandlungsvoraussetzungen des Beitretenden, alle übrigen Voraussetzungen nur auf »Antrag«, das heißt auf ausdrücklichen Widerspruch einer Partei gegen den Beitritt (§ 71). Ein solcher Widerspruch führt zu einem Zwischenstreit über die Zulässigkeit der Nebenintervention und endet entweder mit einem Zwischenurteil oder wird im Endurteil mitentschieden; in beiden Fällen kann die Entscheidung über die Nebenintervention nur mit der sofortigen Beschwerde angegriffen werden.

Auch die **Rechtsstellung** des Streithelfers im Berufungsverfahren entspricht der in erster Instanz. **540**

Der (einfache) Streithelfer ist weder Partei noch Parteivertreter ist, sondern bloß deren Gehilfe, er handelt aber im eigenen Namen und kraft eigenen Rechts. Der Nebenintervenient kann alle Prozesshandlungen selbst im gleichen Umfang wirksam vornehmen, wie die Partei dies auch könnte; beschränkt sind seine Befugnisse nur durch die vorrangigen Kompetenzen der Hauptpartei: Besteht ein Widerspruch zwischen Prozesshandlungen des Nebenintervenienten und der Partei, so gehen die der Partei immer vor (§ 67 S. 2). Soweit die Partei Prozesshandlungen nicht vornehmen kann, kann dies auch der Streithelfer nicht.

Angriffs- und Verteidigungsmittel (das heißt insbesondere Tatsachen behaupten, bestreiten oder beweisen) kann der Nebenintervenient geltend machen, soweit nicht die Hauptpartei ausdrücklich ein anderes vorgetragen hat oder die Partei (und damit auch der Streithelfer) durch die §§ 529 ff. hieran gehindert ist (dazu oben Rn. 365 ff.). In diesen Grenzen kann der Nebenintervenient auch selbstständig Anträge stellen, dabei aber nicht über den Streitgegenstand disponieren. Unzulässig sind daher Klagerücknahme, Klageänderung, Verzicht, Erledigungserklärung, Anerkenntnis oder Vergleich. Auch materiell-rechtliche Erklärungen (zum Beispiel Gestaltungsrechte oder Einreden) kann nur die Partei als Rechtsinhaber, nicht der Nebenintervenient abgeben. Die Wiederholung von Prozesshandlungen (zum Beispiel einer bereits durchgeführten Beweisaufnahme) kann der Streithelfer nur verlangen, wenn dies auch die Partei verlangen könnte (etwa nach § 398).

Der Nebenintervenient kann auch prozessuale Lasten für die Partei erfüllen. Ist er, nicht aber die Partei anwesend, kann kein Versäumnisurteil ergehen. Hat er, nicht aber die Partei eine Frist eingehalten, so liegt keine Versäumung vor.

541 Weil die Handlungen des Nebenintervenienten damit im Prozessrechtsverhältnis der Hauptpartei wirken, während die eines Streitgenossen nur dessen eigenes Prozessrechtsverhältnis betreffen, kann es im Einzelfall auch für eine **Partei** sinnvoll sein, einem Streitgenossen **zusätzlich als Streithelfer** beizutreten. Die Möglichkeit hierzu besteht (BGHZ 68, 85).

Ist eine Partei säumig, kann ein Versäumnisurteil gegen sie auch bei Erscheinen eines (einfachen) Streitgenossen nicht abgewendet werden (§ 61). Ist der Streitgenosse dagegen zugleich Streithelfer, wirkt dessen Erscheinen zugunsten der säumigen Partei (§ 67 2. HS), so dass ein Versäumnisurteil nicht ergeht.

Auch die Notwendigkeit dieses »zusätzlichen« Beitritts eines Streitgenossen ergibt sich häufig erst in zweiter Instanz, wenn der andere Streitgenosse erstinstanzlich relevante Prozesshandlungen nicht oder nicht hinreichend vorgenommen hat, sein Unterliegen aber verhindert werden soll.

Streitig ist, ob der Rechtsanwalt hier »mehrere Auftraggeber« i. S. d. § 6 BRAGO hat. Die h. M. lehnt dies zu Recht ab (OLG München MDR 94, 735; *Hartmann*, § 6 BRAGO Rn. 19).

542 Für **Antrag und Entscheidung** ist zu beachten, dass nur der Kläger Leistung verlangen, nur der Beklagte verurteilt werden kann.

Der Streithelfer taucht deswegen weder im Antrag noch im Tenor zur Hauptsache auf.

Im Rubrum wird der Nebenintervenient nach der Partei aufgeführt, der er beigetreten ist und besonders bezeichnet (Beispiel: »Klage des ... (Klägers) und des ... (Nebenintervenienten) gegen den ...«).

Für die Kostenentscheidung enthält § 101 eine Ausnahme vom Grundsatz der einheitlichen Kostenentscheidung: Die Kosten der Nebenintervention sind von den Kosten des Rechtsstreits zu trennen und gesondert zu verquoteln, wobei erstere zwischen dem Streithelfer und dem Gegner, letztere zwischen den Parteien zu verteilen sind.

Im Tatbestand kann es erforderlich sein, das Vorbringen von Partei und Streithelfer gesondert darzustellen, wenn es hierbei Unterschiede gibt; der Beitritt selbst gehört als Prozessgeschichte in der Regel ans Ende des unstreitigen Teils, gegebenenfalls auch zur übrigen Prozessgeschichte ganz ans Ende des Tatbestands.

543 Besonderheiten für den Streithelfer gelten – wie in erster Instanz auch – wenn es sich um eine sog. **streitgenössische Nebenintervention** i. S. d. § 69 handelt

Der Streithelfer hat dann mehr eigene Befugnisse, ist weniger durch Handlungen der Partei beschränkt und steht damit im Prinzip einem Streitgenossen gleich. Insbesondere kann der streitgenössische Nebenintervenient Prozesshandlungen auch dann wirksam vornehmen, wenn sie im Widerspruch zu solchen der unterstützten Partei stehen. Er kann nur als Partei, nicht als Zeuge vernommen werden und Prozesshandlungen in für ihn eigenständig laufenden Fristen vornehmen. In Teile der Prozesskosten kann er verurteilt werden, da für die hier zu treffende Kostenentscheidung nicht § 101 I, sondern – wie für den Streitgenossen – § 100 gilt (§ 101 II ZPO).

Eine streitgenössische und nicht bloß eine einfache Nebenintervention liegt immer dann vor, wenn die Rechtskraft der Entscheidung zwischen den Parteien sich auch auf den Nebenintervenienten erstreckt (§ 69). Diesbezüglich kann auf die zur notwendigen Streitgenossenschaft aus Prozessrecht gemachten Ausführungen verwiesen werden.

Unabhängig von der Art der Nebenintervention tritt als Folge des Beitritts regelmäßig die »**Interventionswirkung**« (§ 68) ein, mit der der Nebenintervenient an die Ergebnisse des Prozesses gebunden wird und mit der erreicht werden soll, dass in einem möglicherweise folgenden Regressprozess zwischen dem Streithelfer und der Partei nicht dieselben Fragen nochmals geklärt werden müssen. **544**

§ 68 bestimmt hierzu, dass der Nebenintervenient im Verhältnis zur Hauptpartei mit der Behauptung, der Vorprozess sei falsch entschieden, nicht gehört wird. Bindungswirkung besteht damit zunächst einmal nur zwischen dem Streithelfer und »seiner« Partei, nicht etwa zugunsten oder zu Lasten des Gegners. Streitig ist, ob Bindungswirkung nur zugunsten der Hauptpartei eintritt oder auch zu deren Lasten; die Rechtsprechung lässt die Interventionswirkung nur für die Partei wirken, weil der Nebenintervenient, wenn er eine für ihn günstige Bindungswirkung erreichen will, ja Partei werden könnte.

Die Interventionswirkung geht im Ergebnis weiter als die Rechtskraft. Sie erfasst neben der tenorierten Rechtsfolge alle entscheidungserheblichen Einzeltatsachen und deren rechtliche Bewertung, soweit die Entscheidung darauf beruht. Damit können bindend für den Folgeprozess feststehen der Ablauf von Vertragsverhandlungen, der Hergang eines Unfalls, die Gültigkeit eines Vertrages oder das Eigentum an einer Sache. Wurde nur ein Teil der Forderung anhängig gemacht, erfasst die Interventionswirkung die gesamte Forderung. Nicht unter die Interventionswirkung fallen sog. »obiter dicta«, Ausführungen des Gerichts, die zur Entscheidung des konkreten Falles nicht erforderlich gewesen wären. Nicht von der Interventionswirkung erfasst wird auch das Gegenteil der festgestellten Tatsachen: Muss die im Vorprozess unterlegene Partei im Folgeprozess das Gegenteil der ursprünglichen Tatsache beweisen und gelingt ihr das nicht, so unterliegt sie erneut; die Interventionswirkung ändert die Beweislastverteilung nicht. Eine Bindungswirkung für den Folgeprozess tritt auch dann nicht ein, wenn dieser in einem anderen Gerichtsbarkeitszweig stattfindet.

Die Interventionswirkung ist von Amts wegen zu beachten. Dabei wird die Wirksamkeit bzw. Zulässigkeit des Beitritts nicht mehr geprüft, dies erfolgte ja bereits im Vorprozess. Gegen die Interventionswirkung ist lediglich die Einrede der mangelhaften Prozessführung (§ 68 S. 2) möglich: Vermag der frühere Nebenintervenient darzulegen und zu beweisen, dass er im Vorprozess Angriffs- und Verteidigungsmittel nicht geltend machen konnte (zum Beispiel, weil die Partei dem ausdrücklich widersprochen hat), oder dass die Partei selbst dort absichtlich oder grob schuldhaft Angriffs- und Verteidigungsmittel nicht geltend machte, die ihm – dem Nebenintervenienten – damals nicht bekannt waren, so sind diese im Folgeprozess nicht ausgeschlossen. Diese Einrede hat besondere Bedeutung, wenn der Beitritt erst in zweiter Instanz erfolgte und hier die Möglichkeiten des Streithelfers wegen des Novenrechts beschränkt sind.

2. Beitritt in erster Instanz

545 War der Streithelfer bereits in erster Instanz am Verfahren beteiligt, so ist er auch am Berufungsverfahren beteiligt, wenn die **Partei** selbst **Berufung** einlegt.

Unabhängig davon, ob der Streithelfer auf Seiten des Berufungsklägers oder des Berufungsbeklagten beteiligt ist, werden ihm Berufungsschrift und Berufungsbegründung, Berufungserwiderung und weitere Schriftsätze im Berufungsverfahren sowie Ladungen zu Terminen und Entscheidungen des Gerichts im Rahmen seines Anspruchs auf rechtliches Gehör zugestellt (OLG Oldenburg NJW-RR 96, 829).

Der Streithelfer kann dann entscheiden, ob er sich aktiv am Berufungsverfahren beteiligen will, indem er einen Anwalt bestellt, Schriftsätze einreicht oder an der mündlichen Verhandlung teilnimmt. Tut er dies, entstehen Kosten der Streithilfe, über die im Berufungsurteil nach §§ 97, 101 zu entscheiden ist. Beteiligt sich der Streithelfer nicht, werden die Kosten des Berufungsverfahrens nur zwischen den Parteien verteilt.

546 Der **Streithelfer** kann auch selbst **Berufung** einlegen. Erforderlich ist, dass er sich dabei im Rahmen seiner Befugnisse hält. Wirksam ist die Einlegung der Berufung durch den Streithelfer nur, wenn sie nicht mit Erklärungen der Partei im Widerspruch steht (§ 67 2. HS).

Ein solcher Widerspruch besteht, wenn die Partei eindeutig (ausdrücklich oder konkludent) erklärt hat, sie wolle das Urteil rechtskräftig werden lassen. Sorgfältiger Abgrenzung bedarf der Widerspruch jedoch vom bloßen Untätigbleiben der Partei. Deren Erklärungen können nämlich auch dahin verstanden werden, sie selbst wolle zwar kein Rechtsmittel einlegen, stelle sich einem Rechtsmittel des Streithelfers aber nicht entgegen.

Als Widerspruch reicht es nicht aus, dass die Partei auf eine eigene Berufung verzichtet (OLG Hamburg NJW 89, 1362), eine von ihr eingelegte Berufung nicht weiter betreibt (BGH NJW 85, 2480) oder diese zurücknimmt (BGH NJW 80, 1693). Als eindeutig gegen die Durchführung eines Berufungsverfahrens durch den Streithelfer gerichtete Erklärung hat die Rechtsprechung einen Vergleich der Hauptpartei mit dem Gegner angesehen (BGH NJW 88, 712).

Hat die Partei bereits eindeutig widersprochen, so ist die dennoch eingelegte Berufung des Streithelfers unzulässig und nach § 522 I zu verwerfen. Widerspricht die Partei erst nach Einlegung der Berufung, so ist streitig, ob sie – anstelle der stets möglichen Verwerfung – die Berufung zurücknehmen kann (dafür Zöller/*Gummer*, vor § 511 Rn. 24, dagegen OLG Hamm FamRZ 84, 810); in jedem Fall treffen die Kosten der Berufung den Streithelfer.

Die vom Streithelfer eingelegte Berufung ist das **Rechtsmittel der Partei**. Zulässig ist sie nur, wenn auch die Berufung der Partei zulässig wäre. 547

Deutlich wird dies, wenn Partei und Streithelfer gleichermaßen Berufung einlegen. Dann handelt es sich nur um ein Rechtsmittel, über das nur eine Entscheidung ergeht (BGH NJW 93, 2944). Gesondert ist das Rechtsmittel des Streithelfers dann zu behandeln, wenn sein Antrag – zulässigerweise – weiter geht, als der der Partei (OLG Hamm NJW-RR 97, 1156). Nimmt die Partei die von ihr eingelegte Berufung zurück, ist das Berufungsverfahren auch für den Streithelfer beendet (BGH NJW 88, 712). Im Rubrum eines Urteil erscheint die Partei, auch wenn sie sich am Berufungsverfahren nicht aktiv beteiligt hat.

Auch wenn die Berufungseinlegung durch den Streithelfer im eigenen Namen erfolgt, handelt er für die Partei (BGH NJW 90, 190, BGH NJW 97, 2386).

Die Fristen zur Einlegung und Begründung der Berufung (ebenso, wie die für die vorbereitende Tatbestandsberichtigung, BGH NJW 63, 1251) beginnen mit der Zustellung des Urteils an die Partei, ob und wann eine Zustellung an den Streithelfer erfolgt ist, interessiert nicht (BGH NJW 01, 1355). Der Streithelfer muss sich nach dem Zeitpunkt des Fristbeginns erkundigen; erfährt er diesen unverschuldet nicht oder falsch, so kommt eine auf sein mangelndes Verschulden abstellende Wiedereinsetzung in den vorigen Stand in Betracht (Zöller/*Vollkommer*, § 67 Rn. 5; streitig). Geht innerhalb dieser Fristen eine hinreichende Erklärung entweder der Partei oder des Streithelfers ein, wirkt diese fristwahrend, Einlegung und Begründung müssen nicht vom selben Beteiligten stammen (BGH MDR 85, 751). Fristverlängerungen, die einem gewährt werden, wirken zugunsten beider (BGH NJW 82, 2069).

Abzustellen ist auf die Beschwer der Partei. Auf eine Beschwer des Streithelfers kommt es nicht an, sie ist weder erforderlich noch ausreichend (BGH NJW 97, 2386; OLG Köln NJW 75, 2108).

Die Prozesshandlungsvoraussetzungen (Rn. 65), insbesondere also die Vertretung durch einen beim Berufungsgericht postulationsfähigen Rechtsanwalt, müssen vom jeweils handelnden Beteiligten erfüllt werden.

Hat nur der Streithelfer Berufung eingelegt und ist die Partei untätig geblieben, so kann der Streithelfer die Berufung ohne Zustimmung der Hauptpartei zurücknehmen oder beschränken (BGH NJW-RR 99, 285).

Die Kosten eines erfolglosen Rechtsmittels treffen nur den Streithelfer, wenn die Partei sich am Berufungsverfahren nicht beteiligt hat, ansonsten gelten die §§ 97, 101.

Die Grundsätze für die Einlegung der Berufung durch den Streithelfer gelten auch für die Einlegung der **Anschlussberufung** (RGZ 68, 14). 548

549 Besonderheiten gelten auch hier für den **streitgenössischen Nebenintervenienten** (§ 69).

Da der streitgenössische Nebenintervenient prozessual wie ein Streitgenosse behandelt wird, ist seine Berufung auch gegen den Widerspruch der Partei möglich und stellt ein eigenständiges Rechtsmittel dar, über das eine gesonderte Entscheidung ergeht und für dessen Zulässigkeit auf den streitgenössischen Nebenintervenienten abzustellen ist. Für ihn beginnen eigene Berufungsfristen mit Zustellung des erstinstanzlichen Urteils an ihn (RGZ 108, 132).

550 **Gegen** einen erstinstanzlichen **Streithelfer** kann Berufung nicht eingelegt werden.

Die Berufung muss sich gegen die Partei richten, der Streithelfer kann auf Seiten des Berufungsbeklagten am Berufungsverfahren teilnehmen.

III. Streitverkündungsempfänger

551 Die Streitverkündung ist die förmliche Benachrichtigung eines Dritten von einem anhängigen Prozess durch eine der Parteien. Sinnvoll ist sie insbesondere dort, wo die Partei für einen möglichen späteren Regressprozess die ihr günstige Interventionswirkung herbeiführen will, der Dritte dem Prozess aber zunächst nicht freiwillig beitritt.

Die Streitverkündung erfolgt gemäß § 73 durch Einreichung eines Schriftsatzes, der den Rechtsstreit und seine derzeitige Lage bezeichnet und in dem der Streitverkündungsgrund angegeben wird, bei Gericht; von dort wird er dem Gegner und dem Streitverkündeten zugestellt. Als Streitverkündungsgrund verlangt § 72 für den Fall des Unterliegens der Partei das Bestehen eines Anspruchs zwischen ihr und dem Dritten.

552 Eine Streitverkündung kann sowohl in erster Instanz als auch in zweiter Instanz erfolgen. In beiden Fällen stellt sich für den Dritten die Frage nach einem **Beitritt** zu dem Berufungsverfahren (§ 74 I).

Tritt der Dritte der streitverkündenden Partei oder deren Gegner bei, so wird er deren Streithelfer. Für einen solchen Beitritt bedarf es der Voraussetzungen des § 66 I nicht, anstelle dessen müssen die (weitgehend identischen) Voraussetzungen der Streitverkündung vorliegen. Die Rechtsstellung des Streithelfers richtet sich nach § 67, Folge des Beitritts ist der Eintritt der Interventionswirkung zu Lasten des Beitretenden, § 68. Zu beiden Punkten kann auf die entsprechenden Ausführungen zur Streithilfe verwiesen werden.

Lehnt der Dritte den Beitritt ab oder erklärt er sich hierzu nicht (wie in der Praxis meist), so wird der Rechtsstreit ohne ihn fortgesetzt. Der Dritte wird dann über den weiteren Prozessverlauf nicht informiert, er erhält weder die Schriftsätze der Parteien noch Ladungen zu den Terminen oder die Entscheidungen des Gerichts. Will der Streitverkündungsempfänger sich über den weiteren Verlauf des Verfahrens auf dem Laufenden halten, so trifft ihn eine Erkundigungspflicht. Ein Recht auf Akteneinsicht steht ihm nur nach § 299 II (nicht nach § 299 I) zu, ein materieller Auskunftsanspruch gegen den Streitverkünder ergibt sich häufig aus dem Streitverkündungsgrund. Auch im Fall eines Nichtbeitritts wird der Dritte über die Interventionswirkung an die Prozessergebnisse gebunden (§ 74 II, III), wenn die Streitverkündung wirksam erfolgt ist (§§ 72, 73), was dann im Folgeprozess zwischen Partei und Drittem geprüft wird.

Gegen die in allen Fällen eintretende Interventionswirkung ist – wie bei der Nebenintervention auch – nur die Einrede der mangelhaften Prozessführung durch die Partei möglich (§ 68), die bei einem Beitritt erst in der Berufungsinstanz auch darauf gestützt werden kann, dass dort präkludiertes Vorbringen nicht schon in erster Instanz vorgetragen war.

Ein Beitritt ist für den Dritten immer dann **zu empfehlen**, wenn zum einen zu befürchten ist, dass er in einem Folgeprozess von der Partei in Anspruch genommen wird und zum anderen die Chance besteht, durch Teilnahme am laufenden Verfahren dessen Ergebnis zum eigenen Vorteil zu beeinflussen. **553**

Kann der Dritte aufgrund eigener Rechtsprüfung davon ausgehen, dass ein Regressanspruch gegen ihn nicht besteht, bedarf es eines Beitritts nicht. Entsprechendes gilt, wenn es im Prozess nur um Fragen geht, die im Verhältnis zu ihm unstreitig oder unerheblich sind oder wenn der Dritte zu diesen Fragen selbst weder rechtlich noch tatsächlich Entscheidendes beizutragen hat und er davon ausgehen darf, die Partei werde sich bezüglich dieser Fragen hinreichend verteidigen.

Beide Punkte lassen sich aufgrund des erstinstanzlichen Urteils und gegebenenfalls der Berufungsbegründung häufig besser beurteilen als zu Beginn des Verfahrens. Ein Beitritt ist **in der Berufungsinstanz** möglich, unabhängig davon, ob die Streitverkündung erst hier oder bereits in erster Instanz erfolgt ist (§ 66). **554**

Vielfach wird deswegen für den Rechtsanwalt, der einen Streitverkündungsempfänger bereits erstinstanzlich beraten, von einem Beitritt aber abgesehen hat, die Notwendigkeit bestehen, nach dem Urteil erster Instanz die Frage des Beitritts erneut zu prüfen.

Allerdings werden weder das erstinstanzliche Urteil noch Berufungsschriftsätze dem Streitverkündungsempfänger von Amts wegen zugestellt, wenn er dem Rechtsstreit nicht beigetreten ist (§ § 74 II). Daran ändert auch der »Antrag« an das Gerichts nichts, vom weiteren Prozessverlauf informiert zu werden. Erforderlich ist, dass der Dritte sich nach dem Verfahrensstand und dem Inhalt etwaiger Entscheidungen erkundigt, sei es durch Akteneinsichtsanträge nach § 299 II, sei es durch Auskunftsverlangen der Partei gegenüber (oben Rn. 20).

555 Zu prüfen ist auch die Frage, ob eine **weitere Streitverkündung** an Personen erforderlich ist, die bislang nicht prozessbeteiligt sind. Hierzu ist der Streitverkündete nach § 72 II unabhängig davon berechtigt, ob er dem Rechtsstreit selbst beitritt oder nicht (BGH WM 97, 1757).

Praktische Bedeutung hat dies in den Fällen des Kettenregresses, etwa beim Unternehmerrückgriff im Verbrauchsgüterkauf nach § 478 BGB.

IV. Weitere Verfahrensbeteiligte

556 Ausnahmsweise können auch andere Prozessbeteiligte anwaltlicher Vertretung bedürfen.

557 Dies gilt insbesondere für **Zeugen**. Diese haben – auch in nichtöffentlicher Sitzung – ein verfassungsrechtlich abgesichertes Recht darauf, ihre Aussage von der Anwesenheit eines eigenen Rechtsbeistands abhängig zu machen (BVerfG NJW 75, 103). Die Tätigkeit des Anwalts bei der Vertretung eines Zeugen unterscheidet sich in der Berufungsinstanz nicht von einer Vertretung in erster Instanz.

Die Befugnisse des Rechtsbeistands sind auf die Beratung des eigenen Mandanten beschränkt, dem Gericht oder den übrigen Verfahrensbeteiligten gegenüber bestehen Befugnisse nicht. So hat der Rechtsbeistand keinen Anspruch auf Teilnahme an anderen nichtöffentlichen Teilen der Verhandlung, hat kein eigenes Fragerecht bei der Vernehmung seines Mandanten, kann keine Beweisanträge stellen und kann Akteneinsicht nicht über § 299 I, sondern nur über § 299 II verlangen.

Ein Gebührenanspruch steht dem Anwalt nur gegen seinen Mandanten zu, gegenüber dem Gericht oder einer der Parteien besteht weder ein prozessualer noch ein materiellrechtlicher Kostenerstattungsanspruch.

558 Wegen ihrer praktischen Seltenheit insbesondere im Berufungsverfahren keiner besonderen Darstellung bedürfen die Sonderformen der Drittbeteiligung am Verfahren (**Hauptintervention**, §§ 64 f., **Prätendentenstreit**, § 75, **Urhebernennung**, §§ 76 f.; *Oberheim*, Zivilprozessrecht, § 16 Rn. 59 ff.)

559 Ein aus dem Verfahren resultierendes Interesse an rechtlicher Beratung können auch **dritte Personen** haben, die in keiner Form am Verfahren beteiligt

sind. Prozessuale Befugnisse stehen ihnen außerhalb der §§ 64 ff. grundsätzlich nicht zu.

Enthält das Urteil aufgrund von Vortrag der Parteien tatsächliche Feststellungen auch in Bezug auf einen Dritten, so kann dieser ein Interesse an einer Richtigstellung haben. Da solche Feststellungen dem Dritten gegenüber grundsätzlich weder in materieller Rechtskraft erwachsen noch Vollstreckungswirkung entfalten, gewährt ihm die Zivilprozessordnung über die bloße Akteneinsicht (§ 299 II) und gegebenenfalls die Möglichkeit eines Beitritts (§§ 64 ff.) hinaus praktisch keine Rechte (oben Rn. 151). Er ist auf die eigenständige Durchsetzung seiner Rechte in einem eigenen Verfahren angewiesen (*Hager* NJW 89, 885).

Anhang: Muster

Muster 1:
Antrag auf Urteilsberichtigung

Rn. An das
Amtsgericht / Landgericht
– Abteilung . . . / . . . Zivilkammer –

281 In dem Rechtsstreit
. . .,

Kläger,

– Prozessbevollmächtigter RA . . . –
gegen
. . .,

Beklagte,

– Prozessbevollmächtigte RA'in . . . –

Aktenzeichen des Erstgerichts . . .

beantrage ich, im Wege der

Urteilsberichtigung

172 das am . . . verkündete Urteil im Hauptsachetenor dahin zu berichtigen, dass die Beklagte nicht zur Zahlung von 3.250,–, sondern zur Zahlung von 3.520,– € verurteilt wird.

Begründung

170 Der Kläger hat erstinstanzlich beantragt, die Beklagte zur Zahlung von 3.520,– € zu verurteilen (Klageschrift vom . . ., Bl. d. A.). Diesen Antrag hat das Gericht zutreffend im Tatbestand wiedergegeben. Auch in den Entscheidungsgründen wird ausgeführt, der Kläger könne den geltend gemachten Betrag in Höhe von 3.520,– € in voller Höhe verlangen. Allein im Tenor des Urteils findet sich der Betrag von 3.250,– €. Offensichtlich handelt es sich dabei um einen bloßen Schreibfehler, der nach § 319 zu berichtigen ist.

214 gez. . . .

Rechtsanwalt

Muster 2: Antrag auf Tatbestandsberichtigung

Rn.

An das
Amtsgericht / Landgericht *178*
– Abteilung . . . / . . . Zivilkammer –

In dem Rechtsstreit *281*
. . ., Kläger,
– Prozessbevollmächtigter RA . . . –
gegen
. . ., Beklagte,
– Prozessbevollmächtigte RA'in . . . –

Aktenzeichen des Erstgerichts . . .

beantrage ich, im Wege der

Tatbestandsberichtigung *178*

den Tatbestand des am . . . verkündeten Urteils dahin zu berichtigen,

1. dass die Behauptung des Klägers, die Beklagte habe auf die Äußerung des Klägers, sein Auto sei zum Preis von 2.000,– € verkäuflich, geantwortet »Ja, zu dem Preis nehme ich das Auto«, nicht im unstreitigen Parteivortrag widergegeben wird, sondern als streitige Behauptung des Klägers;
2. dass in den streitigen Beklagtenvortrag zusätzlich die Behauptung der Beklagten aufgenommen wird, der Kläger habe auf Nachfragen mehrfach erklärt, das Fahrzeug sei unfallfrei.

Begründung

1. Im Tatbestand des Urteils findet sich auf Seite 3 der Urteilsausfertigung, zweiter Absatz und damit im unstreitigen Vorbringen der Parteien die Feststellung: *178*

> »Auf die Äußerung des Klägers, sein Auto sei zum Preis von 2.000,– € verkäuflich, antwortete die Beklagte ›Ja, zu dem Preis nehme ich das Auto‹.«

Diese Feststellung ist unrichtig. Tatsächlich hat die Beklagte in der mündlichen Verhandlung vom . . . auf ihren Schriftsatz vom . . . (Bl. . . . d. A.) Bezug genommen (§ 137 III), in dem sie auf Seite 2 oben klargestellt hatte, dass sie lediglich sagte »Ich überlege mir die Sache noch einmal«. Darin liegt ein eindeutiges Bestreiten der klägerischen Behauptung.

2. Mit Schriftsatz vom . . ., auf den in der mündlichen Verhandlung vom . . . Bezug genommen wurde, hat die Beklagte vorgetragen, der Kläger habe im Gespräch am . . . auf Nachfragen mehrfach erklärt, das Fahrzeug sei unfallfrei. Diese Behauptung ist nicht in den Tatbestand aufgenommen worden. Sie ist jedoch entscheidungserheblich. Trifft sie zu, liegt eine Beschaffenheitsvereinbarung vor, deren Fehlen einen Sachmangel begründet (§ 434 I 1 BGB) und die hilfsweise Rücktrittserklärung der Beklagten rechtfertigt (§ 437 Nr. 2 BGB).

gez. . . . *214*
Rechtsanwältin

Muster 3:
Antrag auf Urteilsergänzung

Rn.

An das
Amtsgericht / Landgericht
– Abteilung … / … Zivilkammer –

281 In dem Rechtsstreit

…, Kläger,

– Prozessbevollmächtigte RA … –

gegen

…, Beklagte,

– Prozessbevollmächtigter RA'in … –

Aktenzeichen des Erstgerichts …

beantrage ich, im Wege der

185 **Urteilsergänzung**

182 über das am … verkündete Urteil hinaus

festzustellen, dass die Beklagte verpflichtet ist, zukünftig entstehende Schäden aus dem Verkehrsunfall vom … zu ersetzen.

Begründung

183 f. Der Kläger hat in der Klageschrift zunächst nur den bezifferten Zahlungsantrag gestellt, über den im Tenor des Urteils vom … entschieden ist. In der mündlichen Verhandlung vom … hat der Kläger seine Klage um den oben wiederholten Feststellungsantrag erweitert, die Beklagte hat insoweit Klageabweisung beantragt. Beide Anträge sind im Tatbestand des Urteils richtig wiedergegeben, weder im Tenor noch in den Entscheidungsgründen findet sich jedoch eine Entscheidung des Gerichts hierüber, so dass diese nachgeholt werden muss.

214 gez. …
Rechtsanwalt

Muster 4:
Antrag auf Gewährung von Prozesskostenhilfe

Rn.

An das
Landgericht / Oberlandesgericht …
– … Zivilkammer / Zivilsenat –

In dem Rechtsstreit *281*
…, Kläger,
– Prozessbevollmächtigte RA … –
gegen
…, Beklagte,
– Prozessbevollmächtigter RA'in … –

beantrage ich, der Beklagten

Prozesskostenhilfe
für den zweiten Rechtszug *159*

zu gewähren und ihr die Unterzeichnerin als Prozessbevollmächtigte beizuordnen.

Begründung

Mit Urteil vom … hat das …-gericht die Beklagte verurteilt, an den Kläger … zu zahlen. Eine beglaubigte Abschrift des Urteils ist beigefügt. Die Beklagte beabsichtigt, gegen dieses Urteil Berufung einzulegen. Wegen der Erfolgsaussichten wird auf den beigefügten Entwurf einer Berufungsbegründung Bezug genommen. Die Beklagte kann die Kosten des Rechtsmittels nicht aufbringen; hierzu wird auf die beigefügte Erklärung über die persönlichen und wirtschaftlichen Verhältnisse und die Anlagen hierzu verwiesen. *160*

Für den Fall, dass eine Entscheidung über den Prozesskostenhilfeantrag erst nach Ablauf der Berufungsfrist ergeht, wird die Beklagte Wiedereinsetzung in den vorigen Stand beantragen. *245*

gez. … *214*
Rechtsanwältin

Muster 5:
Antrag auf Wiedereinsetzung in den vorigen Stand

Rn. An das
205 Landgericht / Oberlandesgericht ...
219 – ... Zivilkammer / Zivilsenat –

In dem Rechtsstreit

206 ..., Beklagte und Berufungsklägerin,
281 – Prozessbevollmächtigte RA'in ... –
gegen
..., Kläger und Berufungsbeklagter,
– Prozessbevollmächtigter RA ... –

207 lege ich gegen das Urteil des ...-gerichts vom ... (Az. ...)

209 **Berufung**

ein. Gleichzeitig beantrage ich, der Beklagten

Wiedereinsetzung in den vorigen Stand
196 **gegen die Versäumung der Berufungsfrist**

zu gewähren. Zudem beantrage ich vorsorglich

die Frist zur Begründung der Berufung
272 **um einen Monat zu verlängern.**

Begründung

Eine beglaubigte Abschrift des angefochtenen Urteils ist beigefügt.

198 Der Beklagten wurde das Urteil am ... zugestellt. Sie war ohne ihr Verschulden gehindert, die am ... abgelaufene Frist zur Einlegung der Berufung einzuhalten. Ihr erstinstanzlicher Prozessbevollmächtigter informierte die Unterzeichnerin am 19.8., dass möglicherweise beabsichtigt sei, im vorliegenden Fall Berufung einzulegen. Eine endgültige Entscheidung stehe aber noch aus. Falls Berufung eingelegt werden solle, werde er dies spätestens am 22.8., dem letzten Tag der Berufungsfrist bis 12.00 Uhr per Fax mitteilen. Die Unterzeichnerin war an diesem Tag auswärts unterwegs, rief um 13.00 Uhr in ihrem Büro an, fragte nach einem Fax und erfuhr von ihrer Angestellten A., dass ein solches nicht eingegangen sei. Sie beauftragte ihre Angestellte, telefonisch Kontakt mit dem Büro des Kollegen aufzunehmen und nachzufragen. Weitere Anrufe und 14.00, 16.00 und 17.00 Uhr ergaben, dass im Büro des erstinstanzlichen Prozessbevollmächtigten niemand zu erreichen und ein Fax noch immer nicht eingegangen sei. Die Unterzeichnerin sah deswegen davon ab, nach Rückkehr von dem auswärtigen Termin gegen 22.00 Uhr nochmals ins Büro zu fahren. Am nächsten Tag fand sie in einer anderen ihr vorgelegten Fristsache das Fax mit dem Berufungsauftrag, das fristgerecht eingegangen und von der Angestellten A. versehentlich falsch abgelegt worden war. Bei Frau A. handelt es sich um eine sehr erfahrene, langjährig im Büro der Unterzeichnerin tätige gelernte Anwaltsgehilfin. Sie hat vorliegend gegen die allgemeine Anweisung gehandelt, eingehende Faxe unabhängig von der übrigen Post sofort mit der zugehörigen Akte in einer besonderen Eilmappe der Unterzeichnerin vorzulegen. Diese Anweisung ist ihr bekannt, sie hat sich in der Vergangenheit stets daran gehalten, wovon die Unterzeichnerin sich in regelmäßigen Abständen durch Kontrollen überzeugt hat. Wie es vorliegend zu dem Übersehen des Faxes und der Falschablage gekommen ist, lässt sich nicht mehr aufklären.

Zur Glaubhaftmachung der geschilderten Vorgänge nehme ich auf anliegende eidesstattliche Versicherungen der Angestellten A. und von mir selbst Bezug. *196*

Eine beglaubigte Abschrift des angefochtenen Urteils ist beigefügt. *208*

Berufungsanträge und Berufungsgründe bleiben der Berufungsbegründung vorbehalten. *212*

Eine Verlängerung der Frist zur Berufungsbegründung ist erforderlich, weil diese bereits am … abläuft und bis dahin eine Besprechung mit der Mandantin, die sich bis zum … in ihrem Jahresurlaub im Ausland befindet, nicht möglich ist. *272*

gez. … *214*
Rechtsanwältin

Muster 6: Berufungseinlegung

Rn. An das
205 Landgericht / Oberlandesgericht …
219 – … Zivilkammer / Zivilsenat –

In dem Rechtsstreit

206 …, Beklagte und Berufungsklägerin,
281 – Prozessbevollmächtigte RA'in … –
gegen
…, Kläger und Berufungsbeklagter,

– Prozessbevollmächtigter RA … –

lege ich für die Beklagte

209 **Berufung**

207 ein gegen das Urteil des …-gerichts vom … (Az. …) .

208 Eine beglaubigte Abschrift des angefochtenen Urteils ist beigefügt.

212 Anträge und Begründung bleiben der Berufungsbegründung vorbehalten.

214 gez. …
Rechtsanwältin

Muster 7:
Antrag auf Verlängerung der Berufungsbegründungsfrist

An das *Rn.*
Landgericht / Oberlandesgericht ... *205*
–... Zivilkammer / Zivilsenat – *219*

In dem Rechtsstreit *281*
...,
Beklagte und Berufungsklägerin,
– Prozessbevollmächtigte RA'in ... –
gegen
...,
Kläger und Berufungsbeklagter,
– Prozessbevollmächtigter RA ... –

Aktenzeichen des Berufungsgerichts ...

beantrage ich,

die Frist zur Begründung der Berufung *272*
um einen Monat zu verlängern.

Begründung

Die Frist zur Begründung der Berufung läuft am ... ab. Die Unterzeichnerin ist aufgrund einer *273*
Arbeitsüberlastung nicht in der Lage, den Schriftsatz fristgerecht zu fertigen. Sie vertritt derzeit den weiteren in der Sozietät tätigen Anwalt, der seit drei Wochen arbeitsunfähig erkrankt ist. Bis zum Ablauf der Begründungsfrist sind mehrere umfangreiche Fristsachen zu bearbeiten, bei denen eine Fristverlängerung nicht möglich ist.

gez. ... *214*
Rechtsanwältin

Muster 8: Berufungsbegründung

Rn. An das
205 Landgericht / Oberlandesgericht …
219 – … Zivilkammer / Zivilsenat –

206 In dem Rechtsstreit
281 …, Beklagte und Berufungsklägerin,
– Prozessbevollmächtigte RA'in … –
gegen
…, Kläger und Berufungsbeklagter,
– Prozessbevollmächtigter RA … –

Aktenzeichen des Berufungsgerichts …

lege ich zu dem am … eingelegten Rechtsmittel folgende

282 **Berufungsbegründung**

286 ff. vor. Im Termin zur mündlichen Verhandlung werde ich beantragen,

das angefochtene Urteil abzuändern und die Klage abzuweisen.

314 Dieser Antrag rechtfertigt sich wie folgt:

330 1. Das angefochtene Urteil beruht auf einer Rechtsverletzung (§§ 513 I 1. Alt, 546).
Das Erstgericht hat verkannt, dass der Anspruch der Klägerin bereits verjährt ist. Im neuen, auf den vorliegenden Fall anwendbaren Schuldrecht (§ 634 a I Nr. 1 BGB) verjähren auch Ansprüche auf Ersatz eines entfernten Mangelfolgeschadens bereits in drei und nicht – wie im angefochtenen Urteil ausgeführt – erst in dreißig Jahren. Die Einrede der Verjährung hat der Beklagte ausweislich des Tatbestands im angefochtenen Urteil bereits in erster Instanz erhoben.

338 f. 2. Zudem ist eine erneute Tatsachenfeststellung durch das Berufungsgericht geboten (§§ 513 I 2. Alt, 529 I Nr. 1).
Das Erstgericht hat zu der zwischen den Parteien streitigen Frage eines Werkmangels den von der
Klägerin benannten Zeugen Z., nicht jedoch den zum gleichen Thema von der Beklagten be-
343 ff. nannten Zeugen X. vernommen. Soweit im angefochtenen Urteil ausgeführt ist, dies beruhe da-
rauf, dass es sich beim Zeugen um den Bruder des Beklagten handele, dem auch dann nicht ge-
glaubt werden könne, wenn er den Vortrag des Beklagten bestätige, hat das Landgericht eine un-
347 ff. zulässige antizipierte Beweiswürdigung vorgenommen. Der Zeuge X. hätte bekundet, dass die von
der Klägerin erbrachte Leistung mangelhaft ist, so dass der vom Beklagten erklärte Rücktritt begründet ist (§ 634, 636, 323 BGB).

350 ff. 3. Das angefochtene Urteil ist schließlich auch deswegen abzuändern, weil neue, zuzulassende Verteidigungsmittel die Klage unbegründet machen (§§ 513 I 2. Alt., 529 I Nr. 2, 531 II Nr. 3).
Die Werkleistung der Beklagten ist bislang nicht abgenommen, die Unterschrift unter dem Abnah-
meprotokoll vom … ist gefälscht. Zum Beweis hierfür beziehe ich mich auf die Vernehmung der
354 ff. Architekten A. und eines Einholung Sachverständigengutachtens. Diese, in erster Instanz noch
nicht aufgestellte Behauptung, ist zuzulassen, weil der Beklagte erst jetzt Kenntnis davon erhalten hat. Der für ihn tätige Architekt, der auch das Abnahmeprotokoll unterschrieben haben soll, war bis vor wenigen Tage auf einer Baustelle im Ausland und konnte deswegen nicht befragt werden. Nach seiner Rückkehr hat er nunmehr erklärt, er habe das Protokoll nicht unterschrieben, sondern von Anfang an Mängel des Werks gerügt.

Einer Entscheidung der Sache durch den Einzelrichter stehen Gründe nicht entgegen. *284*

gez. … *279*
Rechtsanwältin *214*

Muster 9:
Antrag auf einstweilige Einstellung der Zwangsvollstreckung

Rn. An das
205 Landgericht / Oberlandesgericht ...
219 – ... Zivilkammer / Zivilsenat –

In dem Rechtsstreit

206 ..., Beklagte, Berufungsklägerin
281 und Antragstellerin

– Prozessbevollmächtigte RA'in ... –

gegen

..., Kläger, Berufungsbeklagter und Antragsgegner

– Prozessbevollmächtigter RA ... –

Aktenzeichen des Berufungsgerichts ...

beantrage ich,

262 **die Zwangsvollstreckung aus dem angefochtenen Urteil einstweilen einzustellen**

262 und zwar ohne, hilfsweise gegen Sicherheitsleistung.

Begründung

263 Mit Urteil vom ... hat das ...-gericht die Beklagte zur Zahlung von ... verurteilt, ihr die Kosten des Rechtsstreits auferlegt und das Urteil aus § 709 gegen Sicherheitsleistung für vorläufig vollstreckbar erklärt. Die Beklagte hat gegen das Urteil Berufung eingelegt. Wegen deren Erfolgsaussicht wird auf die bereits vorgelegte Berufungsbegründung Bezug genommen.

Der Kläger betreibt aus dem Urteil die Zwangsvollstreckung. Der Gerichtsvollzieher hat am ... bei der Beklagten eine Armbanduhr gepfändet. Diese hat einen Wert von rund 500,– €. Für die Beklagte ist sie jedoch von enormem persönlichen Interesse. Sie hat die Uhr von ihrer Mutter geerbt und seither als Erinnerung an diese stets hoch geachtet. Sie möchte die Uhr in jedem Fall behalten. Wird diese im Wege der Zwangsversteigerung verwertet, ist sie für die Beklagte dauerhaft verloren.

Die Beklagte verfügt nicht über die zur Leistung einer Sicherheit erforderlichen Mittel. Sie bezieht Sozialhilfe, im vorliegenden Rechtstreit ist ihr Prozesskostenhilfe bewilligt. Zur Glaubhaftmachung wird auf die beigefügten Bescheide Bezug genommen. Die Zwangsvollstreckung würde der Beklagten durch den Verlust des einmaligen Erinnerungsstücks einen nicht zu ersetzenden Nachteil bringen.

214 gez. ...
Rechtsanwältin

Muster 10: Antrag auf Vorabentscheidung über die vorläufige Vollstreckbarkeit

An das *Rn.*
Landgericht / Oberlandesgericht ... *205*
– ... Zivilkammer / Zivilsenat – *219*

In dem Rechtsstreit
..., Beklagte und Berufungsklägerin, *206*
– Prozessbevollmächtigte RA'in ... – *281*
gegen
..., Kläger und Berufungsbeklagter,
– Prozessbevollmächtigter RA ... –

Aktenzeichen des Berufungsgerichts ...

beantrage ich, im Wege der *258*

Vorabentscheidung über die vorläufige Vollstreckbarkeit

das angefochtene Urteil nur gegen Sicherheitsleistung für vorläufig vollstreckbar zu erklären.

Begründung *259*

Mit Urteil vom ... hat das ...-gericht die Beklagte zur Zahlung von ... verurteilt, ihr die Kosten des Rechtsstreits auferlegt und das Urteil aus § 708 Nr. 11 ohne Sicherheitsleistung für vorläufig vollstreckbar erklärt. Diese Vollstreckbarkeitsentscheidung ist falsch. Nach § 708 Nr. 11 kommt ein Verzicht auf die Sicherheitsleistung nur in Betracht, wenn der Gegenstand der Verurteilung in der Hauptsache 1.250,– € nicht übersteigt oder wenn nur die Entscheidung über die Kosten vollstreckbar ist und eine Vollstreckung im Wert von nicht mehr als 1.500,– € ermöglicht. Keine dieser Alternativen ist vorliegend erfüllt. Das Urteil hätte deswegen nach § 709 nur gegen Sicherheitsleistung für vorläufig vollstreckbar erklärt werden dürfen.

Die Beklagte hat gegen das Urteil Berufung eingelegt, muss jedoch befürchten, dass der Kläger schon vor der Entscheidung hierüber Vollstreckungsmaßnahmen einleitet.

gez. ... *214*
Rechtsanwältin

Muster 11: Berufungserwiderung

Rn. An das
205 Landgericht / Oberlandesgericht …
219 – … Zivilkammer / Zivilsenat –

In dem Rechtsstreit

…, Beklagte und Berufungsklägerin,
– Prozessbevollmächtigte RA'in … –
gegen
…, Kläger und Berufungsbeklagter,
– Prozessbevollmächtigter RA … –

497 Aktenzeichen des Berufungsgerichts …

werde ich zur

Berufungserwiderung

498 im Termin zur mündlichen Verhandlung beantragen,

die Berufung zurückzuweisen.

499 ff. Begründung

1. Das angefochtene Urteil ist entgegen den Ausführungen in der Berufungsbegründung rechtlich und tatsächlich nicht zu beanstanden.

a) Entgegen der Ansicht des Beklagten kann dahin stehen, ob das Erstgericht verpflichtet gewesen wäre, den Sach- und Streitstand mit den Parteien nach der Beweisaufnahme erneut zu erörtern. Selbst wenn man hierin einen Verfahrensfehler sieht, beruht das Urteil nicht darauf. Es ist weder dargetan noch ersichtlich, was der Beklagte dabei vorgetragen hätte. Das Urteil wäre auch bei einer Erörterung nicht anders ausgefallen.

b) Eine erneute Tatsachenfeststellung zum Zustandekommen des Vertrages ist nicht geboten. Insoweit fehlt es an konkreten Anhaltspunkten dafür, dass der Sachverhalt vom Erstgericht falsch oder unvollständig festgestellt wurde. Entgegen der Ansicht des Beklagten reicht es dazu nicht aus, dass das Gericht dem Zeugen X. im Ergebnis nicht geglaubt hat. Die Entscheidungsgründe enthalten eine ausführliche und umfassende Würdigung des Ergebnisses der Beweisaufnahme unter Berücksichtigung des gesamten Inhalts der Verhandlungen; dass man hierbei auch hätte zu einem anderen Ergebnis kommen können, rechtfertigt eine Wiederholung der Beweisaufnahme nicht.

c) Soweit der Beklagte seinen Erfüllungseinwand nunmehr durch den Zeugen Z. unter Beweis stellt, ist dieser neue Vortrag nicht zu berücksichtigen. Der Beweisantritt wäre dem Beklagten bereits in erster Instanz möglich und zumutbar gewesen. Dem steht es nicht entgegen, dass der Beklagte auf die Notwendigkeit eines Beweisantritts vom erstinstanzlichen Gericht nicht ausdrücklich hingewiesen wurde. Ein solcher Hinweis war entbehrlich, weil die Klägerin im Schriftsatz vom … (Bl. … d. A.) ausdrücklich gerügt hatte, dass der Beklagte für seine Behauptung beweisfällig sei.

504 2. Sollte das Berufungsgericht das angefochtene Urteil nicht für zutreffend halten, ist der Klage auch aus anderen Gründen stattzugeben.

a) Der Vertrag ist auch durch die Verhandlungen der Beklagten mit der Ehefrau des Klägers zustande gekommen. Diese hatte Vollmacht für den Beklagten (Beweis: Zeugnis der Ehefrau). Dass dies erstinstanzlich noch nicht vorgetragen wurde, steht einer Berücksichtigung in der Berufungsinstanz nicht entgegen, da das Erstgericht bereits einen Vertragsschluss mit dem Kläger selbst angenommen hat und deswegen aus seiner Sicht die Vollmacht der Ehefrau unerheblich war (§ 531 II Nr. 1).

b) Ein Anspruch steht dem Kläger auch aus ungerechtfertigter Bereicherung zu (§ 812 I 1 BGB). Hierzu wird auf die erstinstanzlichen Ausführungen im Schriftsatz vom … (Bl. … d. A.) Bezug genommen.

gez. … 497
Rechtsanwalt

Muster 12:
Anschlussberufung

Rn. An das

205 Landgericht / Oberlandesgericht …

219 – … Zivilkammer / Zivilsenat –

515 In dem Rechtsstreit

…,

Beklagte, Berufungsklägerin
und Anschlussberufungsbeklagte

– Prozessbevollmächtigte RA'in … –

gegen

…,

Kläger, Berufungsbeklagter
und Anschlussberufungskläger,

– Prozessbevollmächtigter RA … –

Aktenzeichen des Berufungsgerichts …

lege ich gegen das Urteil des …-gerichts vom …

515 **Anschlussberufung**

505 ff. ein und werde im Termin zur mündlichen Verhandlung beantragen,

515 den Beklagten zu verurteilen, an den Kläger weitere … zu zahlen.

Begründung

517 Mit dem von der Beklagten angefochtenen Urteil wurde die Beklagte verurteilt, an den Kläger die Mieten für … bis … in Höhe von insgesamt … zu zahlen. Zwischenzeitlich sind auch die Mieten von … bis … in Höhe von … fällig geworden. Hierauf wird die im Wege der Anschlussberufung geltend gemachte Klageerweiterung gestützt. Diese Klageerweiterung ist zulässig (§ 533). Einer Einwilligung des Beklagten bedarf es nicht, da ein Fall des § 264 Nr. 2 vorliegt, der erweiterte Antrag wird auf die Tatsachen gestützt, die das Berufungsgericht seiner Entscheidung über den erstinstanzlichen Antrag ohnehin zugrunde zu legen hat. Hierzu wird auf die Ausführungen in der Berufungserwiderung vom … Bezug genommen.

515 gez. …

Rechtsanwalt

Normenverzeichnis

Nachgewiesen sind nur Vorschriften der ZPO; die kursiven Zahlen benennen den Paragrafen, die danach folgenden Zahlen (Fundstellen) verweisen auf die Randnummern.

Stichwortverzeichnis

Die Fundstellen verweisen auf die Randnummern.

K

L

M

N

W

Z